한정록

閑情錄

한정록

閑情錄

허경진 옮김

보고사
BOGOSA

문천본 『한정록』 표지

隠逸第一

巢父者堯時隠人也年老以樹為巢而寢息上故時
人號曰巢父堯之讓許由也由以告巢父曰汝何不
隠汝形藏汝光若非吾友也擊其膺而法之由悵然
不自得乃過清泠之水洗其耳拭其目曰向聞貪言
負吾之友遂去終身不相見○許由隠於沛澤
之中克讓天下由曰子治天下已治矣我猶代子吾
将為名乎名者實之賓也吾将為賓乎予無所用天
下為庖人雖不治庖尸祝不越乎樽俎而代之矣不
受而去耕於中嶽潁水之陽箕山之下克又召為九
州己長由木欲聞之洗其耳於潁水其友巢父牽犢而

『한정록』 상책 첫 장

氣相与析則南村之伶宣庸之之士孚杜少陵在錦
里亦与南邨朱山人往還其詩云錦里先生烏角巾
圍收芋栗不全貧慣着賓客児童喜得食堦除烏雀
馴秋水緫深四五尺野航恰受兩三人白沙翠竹江
邨暮相逢朱門月色新又云相近竹茶差相遇人不
知幽花歛滿樹山水細通泑啟窖村非遠樽席使
移着若多道氣泑此數追随所謂朱山人者固亦非
常流李太白尋魯诚此范士误落蒼耳中詩云忽
憶花野人閒園養歲姿又云還傾三四酌自咏稿佈
調近作十日觀速高千歲朗風流自鈒蕩謔浪編相
冝范野人者固亦可人之流已○樊青着書人事都

권3 「한적」편은 필사자가 거의 모든 페이지에 청색과 적색 먹으로 비점을 치면서 읽었다.

崇儉

晏子相齊一狐裘三十年○孫叔敖為楚令尹鹿裘
以朝菜羹不飽糲不厭風雨○蕭何置田宅必居窮僻
處為家不治垣屋曰後世賢師吾儉不賢毋為勢家
所奪○王良為大司徒布被尾笼良妻布裙曳柴迎
田中歸○荀彧絜行廉約韓𣳅章遺絹百匹不受減
五十匹遂不受如是減半遂至一匹終不受韓後知
范同車中裂二丈與范云人寧可使婦無禅耶范
笑而受之○淵明高簡閑靖為晉宋第一人語貧飢
則簞瓢屢空無儲粟語貧寒則短褐穿結絺綌冬
陳語貧屋則環堵蕭然風日不蔽窮困之狀可謂至

『한정록』 하책은 권7 「숭검」편부터 실려 있다.

甲痕新前措置○一莊嚴卅瑪墻逅縈壬金
白玉夫犀舊剝官室軸緣帶内床拉閫宝女桉Ｂ書收
屏記古辭而布玉重奇綵裏裹名矣題○版一胡Ｂ入村
財郤邢移徐跂全漕珠毋名青莳橿直○薜一劫Ｂ入村
水洪于賀錢献豪門勞作綵胡襪樣不有子盗陵酒食

閑情錄附篇終

閑情錄有兩本一則第十三
七一九瓶花鵠改書筆及金湯或有一則第十三
詳其末不知孰為巨本查者墓兩本雖出一人之
手未未知孰為巨本於是然互考枝略加存
耽溺其術出旦農者本也文者末也逐則第十
者彫笑歎死史以下附之書末者滑旡爲閑而具十

『한정록 부록』이 끝난 뒤에 필사기를 써 놓았다.

머리말

『한정록』은 허균 최후의 저술이다. 그는『한정록』을 두 차례 편집하였는데, 42세 되던 1610년 여름에 천추사(千秋使) 직을 사퇴하고 병으로 누워 있으면서 1차로 편집하였다. 당시의 심정을 벗에게 보낸 편지와『한정록』서문에서 이렇게 밝혔다.

"내 목숨이 있은 다음에라야 벼슬도 있는 법이다."

"형세에 급급한 채 끝내 한가하지 못하여 조그만 이해라도 어긋날까 마음이 두렵고, 하찮은 자들의 칭찬이나 헐뜯음에도 마음이 흔들렸다. 그래서 발걸음을 멈추고 숨을 죽이며, 덫이나 함정에서 벗어나기만 바랐다."

그는 덫이나 함정에서 벗어나기 위해 선현들의 책을 찾아 읽었다. 그가 찾은 선현들은 유교의 성현이 아니라 "혼탁한 세상을 벗어난 옛날의 어진 이"들이었으며 그들에게서 지혜를 구하기 위해 유의경(劉義慶)·하양준(何良俊)의『서일전(棲逸傳)』, 여조겸(呂祖謙)의『와유록(臥遊錄)』, 도목(都穆)의『옥호빙(玉壺氷)』을 읽었다. 그러자 거기 담긴 정취가 가슴에 와 닿아 이 네 사람의 기록을 합하고, 그 사이에 다른 책에서 보고 기록한 것도 덧붙여 10권 분량의 책을 만들었다.

1차 편집본이 남아 있지는 않지만, 첫째는 은일(隱逸), 둘째는 한적(閑寂), 셋째는 퇴휴(退休), 넷째는 청사(淸事)에 대한 이야기들이라고 허균 자신이 밝혀 놓았다. 1차 편집본은『세설신어』를 바탕으로 편집한 셈인데, 그가 이즈음『세설산보(世說刪補)』에 주해(註解)를 덧붙인 사실과 무관하지 않다.

그러나 그는 1차 편집본 10권을 만들어 놓고도, 한적하게 실지 못하였다. 이듬해에는 과거시험 채점에 개입한 혐의로 함열에 유배되었으며, 풀려난 뒤에는 대북파 정권의 핵심으로 뛰어들었다.

47세 되던 1615년 동지 겸 진주부사로 북경에 갔던 그는 이듬해 봄에 사천여 권의 책을 사 가지고 돌아왔는데, 틈이 날 때마다 읽으면서 표시를 해 놓았다. 원굉도의 「상정(觴政)」도 이때 구해 읽었음이 확인된다. 독서하면서 『한정록』 2차 편집의 자료를 수집해 놓은 것이다.

나의 지도교수인 연민 이가원 박사 구장본 『한정록』에 실린 2차 서문은 그가 세상을 떠나기 전의 불안한 심정을 그대로 보여준다.

"올해 봄에 남의 고발을 당해 죄인의 몸이 되자 두렵고 놀란 가운데 깊은 시름을 떨쳐낼 방법이 없었다. 그래서 여러 책을 가져다가 끼워 놓은 찌를 찾아 베껴냈다. 이것을 다시 열여섯 갈래로 나누니, 책의 분량 또한 16권이 되었다. 아! 이제야 『한정록』이 거의 이루어졌고, 산림으로 돌아가려는 나의 마음이 이로써 더욱 드러나게 되었다."

이 글에 의하면, 2차 편집도 1차와 마찬가지로 여름에 진행된 듯한데, 지금 남아 있는 『한정록』은 자신이 권력에 집착하지 않고 자연으로 돌아가 살려 했다는 뜻을 남들에게 보여주기 위해서 편집했다고도 볼 수 있다.

그는 8월 17일 잡혀가기 직전에 살아서 나오기 힘들 것을 예감하고 자신의 유고들을 딸네 집으로 보냈다. 외손자 이필진이 52년 뒤에 공개한 유고 목록에 『한정록』은 없지만, 그의 저술 가운데 『학산초담』 다음으로 많은 이본이 전해지고 있다. 그가 20대에 최초로 저술한 『학산초담』과 50대에 최후로 저술한 『한정록』을 많은 독자들이 관심을 가지고 베껴서 읽었던 것이다.

사방에 흩어져 전해오던 허균의 저술을 모두 수집해 번역한다는 취지를 살리기 위해 『성소부부고』에 들어 있지 않던 『한정록』도 번역하게 되었다. 국립중앙도서관 소장본이 일찍이 영인되어 선본으로 알려졌지만, 이미 고전번역원에서 번역 출판되었기에 다른 본을 선택하였다. 단국대학교 퇴계기념도서관에 소장된 연민문고본 『한정록』이 서문과 범례를 갖춘 데다 20권본이어서 선본이지만, 국도본과 거의 같아서 일부러 번역할 필요가 없었다.

문천본은 그에 비하면 전문을 필사한 것이 아니라 산삭한 것이어서 가치가 적다고 볼 수도 있지만, 나름대로 필사자의 취향을 짐작할 수 있어서 흥미로웠다. 중간중간에 국도본이나 연세대본에 없는 항목들도 보였으며, 발문까지 실려 있어서 이본의 전승과정을 살펴볼 수 있는 단서들을 제공하기도 한다.

현재 소개된 17종 이본 가운데 발문이 실린 것은 규장각 소장본 『한정록 부(閑情錄附)』뿐인데, 문천본과 발문 내용이 같다. 규장각본 권수(卷首)에 '안정복집(安鼎福輯)'이라 쓰여 있어서, 허균이 『한정록』 16권을 저술한 뒤에 순암 안정복이 부록을 편집했다고 볼 수도 있다. 그랬기에 부록만 따로 필사되어 전하기도 하는 것이다. 그러나 안정복이 부록을 편집했다는 근거는 이밖에 찾아볼 수 없어서, 그 이상의 추측은 유보하기로 한다.

문천본은 규장각본 『한정록 부』와 같은 계열이면서 권1부터 권16까지의 『한정록』 본문도 함께 필사되어 있는데다 다른 이본에 없는 항목들도 많이 들어 있어서, 안정복, 또는 이름을 알 수 없는 2차 편집자가 필사 저본으로 삼았던 초기 본의 모습을 웬만큼 보여준다. 독자와 연구자들을 위해 문천본을 『한정록』 18번째 이본으로 공개한다.

번역하면서 문천본을 국도본이나 연세대본과 대조하여 교감하였으며, 이들 이본에 없는 항목에는 각주를 달고, 같은 항목에서 삭제한 구절에는 ( ) 표시를 하였다. 어느 부분을 삭제하고 어느 부분을 추가했는지 비교해보면, 20권본 한정록을 필사하고 청색 먹과 적색 먹으로 비점을 찍어가며 열심히 읽었던 한 독자의 열정을 느껴볼 수 있을 것이다.

껄끄러운 문장은 고전번역원 번역본과 심경호 교수의『원중랑전집』을 참조하였다. 문천본의 필사자는 권17「치농(治農)」편의 각론은 대폭 삭제하였지만, 권3「한적(閒寂)」편은 거의 모든 페이지에 청색과 적색 먹으로 비점을 치면서 읽었으니, 그가 발췌한 권3「한적」편을 주의 깊게 읽어보면 조선시대 독자들이『한정록』을 왜 즐겨 읽었는지 짐작할 수 있을 것이다.

2022년 10월 10일
허경진

차례

한가롭게 살 준비를 하면서 위안을 얻던 읽을거리
『한정록』

문천본 서지사항

16권 부록 포함 2책. 31.5×19.5cm. 본문은 1면 11행 20자로 필사하고, 15권 섭생(攝生)부터 부록까지는 1면 22행 20자로 필사했는데, 각 권 분량은 일정치 않다. '청림산방 박영순장(靑林山房朴永淳藏)'이라는 인기(印記)를 통해 전승과정의 일부를 확인할 수는 있지만, 정확한 필사 시기를 알 수는 없다.

"『한정록(閑情錄)』에는 두 가지 본이 있는데, 하나는 제16권 「치농(治農)」까지 있고, 하나는 제16권, 제17권, 제18권, 제19권인 「병화(瓶花)」·「상정(觴政)」·「서헌(書憲)」·「서화금탕(書畫金湯)」까지 있다. 혹은 한 가지 일을 두고 자세하거나 간략해 같지 않은 것도 있으며, 문류(門類)를 각기 둔 것도 있다. 두 본이 비록 (허균) 한 사람의 손에서 나왔지만, 어느 것이 정본인지 참으로 알 수가 없다.

내가 그래서 (이 두 가지 본을) 서로 참조하며 상고하고 교정해, 줄이고 더하며 남기고 깎아냈는데, 간략하기를 따랐다. 농사가 본(本)이고 문장은 말(末)이기에, 제16권 「치농(治農)」을 남겨 두었다. 「병화사(瓶花史)」 이하는 책 끝에 붙였다. 한가로우면서도 안목을 갖춘 자에게 웃음거리나 되지 않기를 빈다."

필사자가 16권본과 부록 포함 20권본의 두 가지 본을 참조하여 산삭(刪削)했다는 필사기를 통해, 필사자 나름의 기준에 따라 제16권 「치농(治農)」이 대폭 산삭된 것이 특징이다. 발문 성격의 필사기가 실린 이본은 규장각본 『한정록 부(閑情錄附)』와 문천본뿐인데, 부록은 같은 내용이지만 부록만 단행본으로 유통되는 규장각본 『한정록 부』와 달리 문천본은 본문 16권도 함께 실려 있어서 발문이 실린 계열로는 선본이다. 오자가 보여서 선본은 아니지만, 개인 인기와 필사기가 있다는 점이 문천본의 특징이다. 청색과 적색의 비점이 군데군데 보여 필사자가 열심히 읽었다는 점을 알 수 있고, 어느 부분에서 허균과 공감했는지도 알 수 있다.

허균이 이 책을 편찬한 과정

허균은 평소에 방대한 분량의 독서를 했는데, 유가(儒家) 경전보다는 유가에서 이단시하던 불가서(佛家書), 도가서(道家書), 소설가류(小說家類)에 관심이 더 많았다. 그가 30세 되던 1568년 10월 13일에 병조좌랑에 제수되었는데, 그날의 실록에는 "타고난 성품이 총명하여 모든 서적을 널리 읽었으므로 글을 잘했다. 그러나 사람됨이 경망하여 볼 만한 것이 없다"는 사관의 평이 덧붙어 있다.

"박통군서(博通群書), 장어사장(長於詞章)"이라는 표현은 그의 독서를 가장 잘 나타낸 말인데, 그는 좋은 글을 읽을 때마다 다른 독자를 위해 비평가의 안목으로 선집(選集)했다. 그의 문집에 서문이나 발문이 실린 순서대로 소개한다면 『고시선(古詩選)』 6권 300수, 『당시선(唐詩選)』 60권 2,600수, 『송오가시초(宋五家詩鈔)』, 『명사가시선(明四家詩選)』 24권 1,300수(이상 권4), 『사체성당(四體盛唐)』, 『당절선산(唐絶選刪)』 10권(이상 권5), 『시산(詩刪)』 10권, 『사가궁사(四家宮詞)』, 『명척독(明尺牘)』 4권,

『구소문략(歐蘇文略)』 8권 140편, 『명시산보(明詩刪補)』 624편, 『온리염체(溫李艶體)』 1권 39수(이상 권13) 등의 시문선들을 선집했다.

이 가운데 『시산(詩刪)』은 박태순이 『국조시산(國朝詩刪)』이라는 책명으로 9권 및 부록 형태의 책을 간행했으며, 부유섭 선생이 『당절선산(唐絶選刪)』과 『형공이체시초(荊公二體詩鈔)』를 최근에 발견해 소개했다. 『형공이체시초』는 1617년 11월에 선집했기에 1611년에 편집한 그의 문집에는 서문이 실려 있지 않은데, 칠언율시 367수와 칠언절구 506수를 6권으로 편집한 것이다. 이러한 시문선집들은 몇몇 시인 문장가의 시문집이나 선집을 가지고 선집한 것이기에 작업도 쉬웠고 시간도 많이 걸리지 않았지만, 『한정록』은 오랜 세월을 두고 수십 종의 책을 독서 사색한 결과물이다.

그는 42세 되던 1610년 4월에 명나라 황태자의 생신을 축하하는 천추사(千秋使)에 임명되었는데, 병 때문에 갈 수 없다고 두 차례나 상소했다. 방물을 포장할 때에도 나와서 참여하지 않았다. 광해군이 비망기(備忘記)를 내려서 잘못을 지적하자, 28일에 사헌부에서 그를 곧 잡아다가 죄를 따지겠다고 청했다. 광해군은 허균의 직책을 바꾸어, 성절사(聖節使) 황시를 천추사로 보내라고 명했다. 사헌부에서 허균을 잡아다 묶어놓고 죄를 따지겠다고 몇 차례 아뢰었지만, 광해군은 그때마다 허락하지 않았다.

허균의 병이 깊었던 것은 사실인데, 그즈음 벗에게 편지를 보내면서 "내 목숨이 있은 다음에라야 벼슬도 있는 법이다."라고 하며 중국에 가지 않은 자신의 행동이 떳떳함을 밝혔다. 그의 병이 깊어지자, 어느 날 점쟁이가 찾아와 "집에 그대로 있는 것이 좋지 못하다."고 말했다. 그래서 조카의 집으로 가서 머물다가, 수표교 가까이 있는 종의 집으로 옮겼다. 이곳에서 「궁사(宮詞)」 100수를 비롯해 많은 글을 지었다.

이 여름 동안 1606년에 명나라 사신 주지번이 주고 간 『서일전(棲逸傳)』, 『와유록(臥遊錄)』, 『옥호빙(玉壺氷)』을 여러 차례 읽었는데, 세속을 떠나 자연으로 돌아간 사람들이 즐겁게 사는 이야기가 자신의 뜻과 맞았다. 그래서 이 이야기들을 네 가지 주제로 다시 엮어 『한정록(閑情錄)』을 만들었다. 첫째는 은일(隱逸), 둘째는 한적(閑寂), 셋째는 퇴휴(退休), 넷째는 청사(淸事)에 대한 이야기들로 묶었는데, 깨끗한 글씨로 베껴놓고는 뜻이 맞는 벗들이 찾아올 때마다 보여주었다. 언젠가 자연으로 돌아가 살게 되면 이 책을 생활지침으로 삼으리라 생각했다. "다음 날 언젠가 숲 아래에서 세상을 버리고 속세와 인연을 끊은 선비를 만나게 되면, 이 책을 꺼내 가지고 서로 즐겨 읽어 타고난 내 본성을 저버리지는 않으리라."고 기대하며 서문을 썼다. 그러나 이때 만든 10편짜리 『한정록』은 현재 남아 있지 않다.

하량준(何良俊)의 『서일전』은 『세설신어(世說新語)』를 모방해 만든 『하씨어림(何氏語林)』 속에 들어 있는 「서일(棲逸)」편이다. 여조겸(呂祖謙)의 『와유록』과 도목(都穆)의 『옥호빙』도 이전의 전적 몇 종에서 발췌 편집한 책들인데, 『세설신어』가 상당한 분량 인용되어 있다. 허균이 1차 편집한 『한정록』은 『세설신어』를 바탕으로 편집한 셈인데, 그가 이즈음 『세설산보(世說刪補)』에 주해(註解)를 덧붙인 사실과 무관하지 않다.

그는 1614년과 1615년 두 차례에 걸쳐 중국을 다녀오면서 4천여 권의 책을 사 왔는데, 1614년 천추사 때에는 짐 12개 가운데 9개가 책 보따리였을 만큼 많은 책을 사 왔다. 그는 중국 행산역(杏山驛)에서 표류인 방초양(方初陽)에게 『열선전(列仙傳)』을 보라고 주었는데, 『열선전』 또한 『한정록』에 인용된 책이다. 1615년에 중국을 오가며 지은 시를 모은 『을병조천록(乙丙朝天錄)』에는 이지(李贄)의 무덤이 있는 통주에서 지은 시가 몇 편 실려 있다. 그 가운데 「독이씨분서(讀李氏焚書)」
는 그가 이지(李贄)의 『분서(焚書)』를 읽고 분서 이후에도 태워버릴 수
없었던 그의 도를 찬양한 시인데, 그 자신이 탄핵을 당했지만 책까지
태워 없애지는 않아 통쾌하게 여겼음을 알 수 있다. 이어 실린 시
「제원중랑주평후(題袁中郞酒評後)」에 "원중랑의 평주(評註)가 평시(評詩)
와 흡사하다.[石公評酒似評詩]"는 구절이 있어, 원굉도의 「상정(觴政)」을
이때 구해 읽었음이 확인된다.

이때 구입해온 책들을 읽으면서 한정(閑情)에 관계되는 기록에 찌를
끼워 두었다가 나중에 옮겨 적을 때 쓰려고 했는데, 1616년에 형조판서
에 임명되자 공무가 바빠 진행하지 못했다. 그러다가 1618년 1월에 제
자 기준격이 상소하여 역모(逆謀) 혐의를 받자, 불안한 마음을 달래기
위해 서둘러 16권과 부록으로 마무리했다. 허균은 『한정록』「범례」에
서 이때 심정을 이렇게 표현했다.

"올해 봄에 남의 고발을 당해 죄인의 몸이 되자 두렵고 놀란 가운데
깊은 시름을 떨쳐낼 방법이 없었다. 그래서 여러 책들을 가져다가 끼
워놓은 찌를 찾아 베껴냈다. 이것을 다시 열여섯 갈래로 나누니, 책의
분량 또한 16권이 되었다. 아! 이제야 『한정록』이 거의 이루어졌고,
산림으로 돌아가려는 나의 마음이 이로써 더욱 드러나게 되었다."

이 글에 의한다면, 2차본 『한정록』은 자신이 권력에 집착하지 않고
자연으로 돌아가 살려 했다는 뜻을 남들에게 보여주기 위해서 편집했
다고도 볼 수 있다. 그러나 그는 자연으로 돌아가 살고 싶다던 자신의
염원을 끝내 이루지 못하고 8월 17일 옥에 갇혔다. 잡히기 전날 『성소
부부고』 초고와 문집에 실리지 않은 원고들을 딸네 집으로 보냈는데,
『한정록』도 이때 보내졌을 것이라고 짐작되지만 외손자 이필진(李必
進)의 발문에는 밝혀져 있지 않다. 8월 24일에 허균이 결안도 없이 동

지들과 함께 저잣거리에서 죽으면서 그의 저작들도 끝내 간행되지 못하고 흩어졌다.

문천본의 구성

11행 20자 체재로 필사한 2책인데, 글자체는 일정치 않다. 16권과 부록으로 구성되었는데, 권1「은둔(隱遁)」부터 권6「아치(雅致)」까지 건(乾), 권7「숭검(崇儉)」부터 권16「치농(治農)」과 부록까지 곤(坤)의 2책으로 편집되었다.

규장각본『한정록』은 문집『성소부부고』에 부록으로 실려 있지만, 문천본은 단행본으로 유통된 것이다.『성소부부고』는 1611년에 편집되었고,『한정록』은 1610년에 1차 편집되었다가 1618년에 수정 보완되어 재편집되었기 때문에, 문천본같이 단행본으로 유통되는 것이 원래 형태이다.

「범례」는 18조로 되어 있는데, 그 가운데 16조까지는 각 권의 내용을 간단히 설명했다.

제17조는 "시부(詩賦)나 잡문(雜文) 가운데 한정(閑情)에 대해 읊은 것을 모아 별집을 만들어,『한정록』위에 붙여야 한다."는 내용인데, 별집이 따로 보이지는 않는다. 1610년에 지은「한정록서(閑情錄序)」에도 "또 옛사람의 시부(詩賦)나 잡문 가운데 한일(閑逸)에 대해 읊은 것을 가져와 후집을 만들었다."는 기록이 있었으니, 어떤 형태로든지 후집, 또는 별집이 있었던 것은 분명하지만 아직까지 실물이 확인되지는 않았다. 아직까지 발견되지 않은 것을 보면 끝내 완성치 못했을 가능성도 있지만, 최근 허균의 저술들이 하나둘 발견되는 것을 보면 언젠가 찾아질 가능성도 없지는 않다.

제18조는 "오영야(吳寧野)의「서헌(書憲)」, 석공(石公) 원굉도(袁宏道)

의 「병화사(甁花史)」와 「상정(觴政)」, 미공(眉公) 진계유(陳繼儒)의 「서화
금탕(書畵金湯)」 등은 모두 사람의 본성에 맞는 놀이의 도구이니, 한정
(閑情)에 없을 수 없는 것이다. 그러므로 『한정록』의 끝에 부록으로 붙
여 고요하게 감상할 자료로 삼게 한다.”는 내용이다.

권15까지는 96종의 중국 책에서 발췌한 문장들이고, 권16 「치농(治
農)」은 김용섭 교수가 이미 밝혀낸 것처럼 진계유가 찬집한 「도주공치
부기서(陶朱公致富奇書)」를 발췌한 것이다. 권15까지와는 달리, 출전을
밝히지 않았다. 부록은 중국 책을 발췌한 것이 아니라 전문을 인용했다.

문천본에는 ‘부록(附錄)’이라 쓰지는 않고 “병화사인(甁花史引) 원석
공저(袁石公著)”라고 제목과 저자를 써서 부록임을 밝혔다. 「병화사(甁
花史)」, 「상정(觴政)」, 「서헌(書憲)」, 「서화금탕(書畵金湯)」 순으로 필사
하고, 마지막 장에 “한정록 부편 종(閑情錄附篇終)”이라고 쓴 다음, 필사
기가 실려 있다.

「범례」에서는 부록에 「병화사(甁花史)」, 「상정(觴政)」, 「서헌(書憲)」,
「서화금탕(書畵金湯)」 등의 4종을 『한정록』 끝에 부록으로 붙여 고요하
게 감상할 자료로 삼았다고 하였지만, 「병화사」 뒤에 한 항목처럼 붙어
있는 글은 원굉도의 글이 아니라 오종선의 「화안(花案)」이다. 17종 이
본 가운데 하버드대학본 『한정록』에 “花案 吳從先”이라는 제목을 밝혀
필사했기에, 이 번역서에도 권17에는 「병화사」와 「화안」이라는 제목
을 함께 소개하였다.

96종의 「한정록전거서목(閑情錄典據書目)」은 신승운 선생이 조사해
『국역 성소부부고 Ⅳ』(민족문화추진회, 1981)에 소개했다.

내용

권1 은둔(隱遁)에서는 물외(物外)에서 자족하며 살아가는 은둔자의

모습 65칙(則)을 소개하고, 권2 고일(高逸)에서는 은둔하거나 높은 벼
슬에 있으면서 행적이 뛰어난 사람의 이야기 38칙을 소개했다. 1610년
에 '은일(隱逸)' 하나로 묶었던 이야기를 1618년에 보완해 두 권으로 나
눈 듯하다.

권3 한적(閑寂)에서는 물외(物外)건 속세(俗世)건 거처하는 곳에 관계
없이 유유자적하는 사람들의 이야기 39칙을 소개했으며, 권4 퇴휴(退
休)에서는 세상과 뜻이 맞지 않아 경륜을 펼칠 수 없거나 늙고 몸이
쇠약해 벼슬할 수 없을 때에 관직에서 물러나 즐겁게 사는 사람들의
이야기 51칙을 소개했다. 권3과 권4는 1610년 체제 그대로이다.

권5부터 권15까지는 주로 청사(清事)에 관한 이야기를 주제별로 나
눈 것이다. 권1부터 권4까지 네 권에서 허균이 도달하려고 했던 목표를
제시하고 있다면, 아래 열한 권에서는 산림에서 구체적으로 즐겁게
사는 방법을 제시하고 있다. 권5 유흥(游興)에서는 산천의 경치를 구경
하며 정신을 편안하게 하는 이야기 30칙을 소개했고, 권6 아치(雅致)에
서는 자연에서 한가로움을 즐기는 이야기 51칙을 소개했으며, 권7 숭
검(崇儉)에서는 청빈하게 살았던 사람들의 이야기 28칙을 소개했다. 권
8 임탄(任誕)에서는 세속에 구애받지 않고 제멋대로 사는 사람들의 이
야기 24칙을 소개했고, 권9 광회(曠懷)에서는 활달한 마음으로 순리에
따라 살았던 사람들의 이야기 20칙을 소개했으며, 권10 유사(幽事)에서
는 산림에서 유유자적하게 사는 사람들의 이야기 23칙을 소개했다.
권11 명훈(名訓)에서는 청담(清談)과 현학(玄學)을 즐기는 이야기 50칙
이 소개됐고, 권12 정업(靜業)에서는 독서하는 즐거움 26칙을 소개했으
며, 권13 현상(玄賞)에서는 옛사람들의 취미생활 32칙을 소개했다. 권
14 청공(清供)에서는 산림에 살면서 필요한 도구 15칙을 소개했고, 권
15 섭생(攝生)에서는 장수에 필요한 섭생법 54칙을 소개했다. 『한정록』

에는 인용한 이야기마다 출전이 밝혀져 있는데, 여기까지 모두 546칙이 인용되었다.

권16 치농(治農)에서 대부분의 이본들과는 달리, 문천본은 택지(擇地), 자본(資本), 정거(定居), 종곡(種穀), 종소(種蔬), 수식(樹植), 잠소(蠶繰), 목양(牧養), 순시(順時), 무근(務勤) 등 10가지의 총론만 필사하고, 나머지는 모두 삭제했다. 필사기 설명의 의하면 제16권 치농(治農)은 농사가 본(本)이고 문장은 말(末)이기 때문이라고 한다. 결국 문천본의 필사자는 『한정록』을 농사 교본이 아니라 문장 교본으로 받아들여 필사하고 읽었던 셈이다.

부록은 중국 책 5종을 발췌하지 않고 그대로 필사했다. 원굉도(袁宏道)의 「병화사(甁花史)」는 꽃병에 품위 있게 꽃을 꽂으며 감상하는 법을 소개한 글인데, 원제목은 「병사(甁史)」이다. 「화안(花案)」은 여러 가지 꽃을 품평한 오종선의 글이다. 「상정(觴政)」은 술 마실 때의 규칙을 소개한 글인데, 역시 원굉도의 저작이다. 오종선의 「서헌(書憲)」은 책을 이용하고 소장하는 법을 소개한 글이며, 진계유(陳繼儒)의 「서화금탕(書畵金湯)」은 서화에 관한 금언을 이상은(李商隱)의 「잡찬(雜纂)」 형식으로 모은 글이다.

가치

역적으로 몰려 죽은 허균의 저술이 제대로 남아 있지 않은 상황에서, 다양한 형태의 『한정록』 이본들이 남아 있어 연구 및 읽을거리로 가치가 크다. 문천본에는 특히 '청림산방 박영순장(靑林山房朴永淳藏)'이라는 인기(印記)와 필사기(筆寫記)가 남아 있어서 개인 독자의 편집과 필사 과정 및 전승 과정을 보여준다는 특징이 있다.

유교 사회에서 거리낌 없는 언행으로 자주 비난받거나 탄핵당했던 허균은 속세를 떠나 한가롭게 살기를 원했으며, 귀거래(歸去來)의 염원을 담은 시와 함께 『한정록』을 편찬하였다. 권15까지는 하거(閑居)에 관한 중국 문인들의 기록을 선집(選集)했는데, 허균의 문학과 사상을 이해하는데 중요한 자료이다. 자신과 같은 시대의 중국 청언집(淸言集)들을 적극 활용한 것을 보면 그의 놀라운 독서량을 짐작할 수 있다.

권16 「치농(治農)」은 실용적인 지식이어서, 후대 실학자 홍만선의 『산림경제(山林經濟)』, 박지원의 『과농소초(課農小抄)』, 서유구의 『임원십육지(林園十六志)』 등에 큰 영향을 미쳤다. 특히 『산림경제』는 「목양(牧養)」편과 「치농(治農)」편의 많은 부분을 이 책 권16 「치농(治農)」에서 그대로 인용하였다. 허균이 역적으로 몰려 죽은 뒤에도 이 책이 여러 사람에게 베껴지며 생활백과전서로 읽혔던 것을 알 수 있다.

김은술 박사는 『한정록』 이본 17종을 조사하여 「한정록 현전본에 나타난 문헌의 인용방식과 그 체계」라는 논문을 발표하면서 「부록」을 언제 누가 편집한 것인지에 대하여 다양한 해석을 내어놓았다. 허균 사후에 어느 독자에 의해 부록이 편집되었다면, 부록에 실린 4종의 서적을 소개한 「범례」도 허균 사후에 덧붙인 글이 될 것이다.

2020년 8월 20일 강릉향교 강연에서 미국 버클리대학 아사미문고 소장본 『한정록』을 소개하면서 박춘영(朴春榮)이 쓴 필사기를 함께 읽으며, 이 집안 여러 사람들이 참여한 필사과정에서 『한정록』의 문장이 조금씩 달라지거나 비어(批語)가 덧붙은 모습을 확인하였다.

문천본의 필사자도 이 책을 허균의 저작물이라기보다는 자신의 독서물로 받아들여서 필사했다. 그랬기에 제16권 「치농(治農)」에서 본론이라고 할 수 있는 각론은 과감하게 삭제했으며, 15권까지도 필요에 따라 산삭하거나 추가한 부분이 보인다. 이 추가한 부분이 이 필사자가 열람한 허균의 원본에 있던 내용인지, 필사자가 자의적으로 추가한

내용인지는 알 수가 없다. 허균의 원본을 알 수 없기 때문이다. 복잡한
세상을 떠나 한가롭게 살려던 허균의 꿈은 관인(官人)이건 처사(處士)
건 조선시대 지식인이라면 누구에게나 훌륭한 독서물이자 삶의 지침
이었다.

일러두기

1. 항목마다 일련번호를 붙였다.

2. 항목의 주인공이라 생각되는 인물 이름을 고딕으로 표시하였는데, 경우에 따라서는 두 사람을 표시하였다.

3. 처음에 자를 쓰다가 뒤에서는 이름을 쓴 경우도 있는데, 혼동될 여지가 없으면 각주를 달지 않고 그대로 썼다.

4. 문천본은 연세대본처럼 앞의 항목과 같은 경우에는 출전을 쓰지 않았으며, 다른데도 쓰지 않은 경우가 있다. 혼란을 피하기 위해 가능하면 출전을 다 찾아 적었다. 그러나 문천본에만 있는 항목 가운데 밝히지 못한 경우도 있다.

5. 같은 출전이 이어지는 경우에 출전을 밝히지 않은 곳도 있다.

6. 문천본에 몇 글자를 줄여서 쓴 경우에 가능하면 다른 본을 대조하여 문장을 보완하였는데, 각주를 달거나 괄호를 넣어 구분하였다.

7. 등장하는 인물이 워낙 많기 때문에, 문맥에 지장이 없으면 일일이 소개하지 않았다.

권1
은둔(隱遁) – 숨어사는 삶

1)[1] **소부**(巢父)는 요(堯) 임금 때의 은인(隱人)인데, 산에 살며 세속의 이욕을 도모하지 않았다. 늙자 나무 위에 집을 만들어 그 위에서 자므로 당시 사람들이 '소부'라고 했다. 요가 천하(天下)를 허유(許由)에게 양여(讓與)하려 하자, 허유가 소부에게 가서 그 말을 하였다. 그러자 소부가,

"자네는 어찌하여 자네의 형체를 숨기지 않고 자네의 빛깔을 감추지 않는가? 나의 벗이 아니다."

하며 그의 가슴을 밀쳐 버렸다. 허유가 서글픔을 이기지 못해, 맑은 물가를 지나다가 귀를 씻고 눈을 씻으며 말하였다.

"탐욕스러운 말을 들어 나의 벗을 저버렸구나."

그러고는 떠나 죽을 때까지 서로 만나지 않았다. 『고사전(高士傳)』

2) **허유**(許由)는 사람됨이 의리를 지키고 행실이 발라, 부정한 자리에는 앉지 않고 부정한 음식은 먹지 않았다. 뒷날 패택(沛澤) 지방에 숨어 사는데, 요(堯)가 허유에게 천하를 양여하려 하자, 허유가 말하였다.

---

1 각 조목의 일련번호는 역자가 편의상 붙인 것이다.

"당신이 천하를 다스려 천하가 이미 다스려졌는데, 내가 당신을 대신한다면 내가 장차 명예를 바라는 것이 되지 않겠습니까. 명예는 사실의 객체인데, 내가 장차 객체가 되겠습니까. 나는 천하가 소용이 없습니다. 포인(庖人)이 비록 주방(廚房) 일을 제대로 못하더라도 시축(尸祝)이 도마를 넘어가서 그 일을 대신할 수는 없는 법입니다.[2]"

그러고는 받아들이지 않고 달아났다. 허유가 중악(中岳)으로 가 영수(潁水)의 북쪽인 기산(箕山) 아래서 농사를 짓는데 요가 또 구주(九州)의 장관으로 부르자, 허유가 듣지 않으려고 영수 가에서 귀를 씻었다. 그때 그의 벗 소부가 송아지를 끌고 와 물을 먹이려다가 허유가 귀를 씻는 것을 보고 까닭을 묻자, 허유가 대답하였다.

"요가 나를 불러 구주의 장관으로 삼으려기에, 그런 소리를 들은 게 싫어서 귀를 씻는 것일세."

소부가 말하였다.

"자네가 만일 사람들이 다니지 않는 높은 절벽 깊은 골짜기에 산다면 누가 자네를 보았겠는가. 자네가 떠돌아다니며 명예를 구하려 했기 때문에 그렇게 되었으니, 내 송아지의 입이 더러워지겠네."

그러고는 송아지를 끌고 상류로 올라가 물을 먹었다. 『고사전』[3]

3) 상용(商容)은 어떤 사람인지 알 수 없다. 그가 병으로 눕자 노자(老子)가 말하였다.

"선생께서 교훈을 남겨 우리 제자들에게 일러줄 것이 없으십니까?"

2　『장자』「소요유(逍遙遊)」에 있는 말. 포인(庖人)은 요리 맡은 관원, 시축(尸祝)은 종묘 제사의 축관(祝官)이니, 요 임금의 천하를 누구도 대신하여 맡을 수 없다는 뜻이다.
3　출전을 쓰지 않은 항목은 국립중앙도서관본을 참조하여 밝혔다.

상용이 말하였다.

"차차 자네에게 말해 주겠는데, 고향을 지나다 수레에서 내리면 알게 될 걸세."

노자가 말하였다.

"고토(故土)를 잊어버리지 말라고 이르시는 것이 아닙니까?"

상용이 말하였다.

"높은 나무[喬木] 밑을 지나가 보면 알게 될 걸세."

노자가 말하였다.

"노인을 공경하라고 이르시는 것이 아닙니까?"

상용이 입을 벌리며 말하였다.

"내 혀가 남아 있는가?"

"남아 있습니다."

"내 이는 남아 있는가?"

"없습니다."

상용이 말하였다.

"알겠는가?"

노자가 말하였다.

"강한 것은 없어지고, 약한 것은 남게 됨을 이르시는 것이 아닙니까?"

상용이 말하였다.

"천하(天下)의 일을 다 말했다." 『준생팔전(遵生八牋)』

4) 노래자(老萊子)는 초(楚)나라 사람이다. 당시 세상이 어지러우므로, 세상을 피해 몽산(蒙山) 남쪽에서 농사를 지었다. 부들과 갈대로 울타리를 엮고 쑥대로 집을 지었으며, 나뭇가지로 평상을 만들고 톱풀로 방석을 만들었다. 맹물에 콩밥을 먹고 지내며, 산을 개간하여 곡식을

심었다. 사람들이 어쩌다 초나라 왕에게 이런 사실을 말하자 왕이 수레를 타고 노래지의 집에 갔는데, 노래자가 마침 삼태기를 짜고 있었다. 왕이 말했다.

"나라 지키는 정책을 내가 선생에게 맡기고 싶소."

노래자가, "그리 하십시오." 하니, 왕이 돌아갔다. 그의 아내가 나무를 해가지고 돌아와 말하였다.

"당신이 승낙했습니까?"

노래자가, "그랬소."라고 하자, 아내가 말하였다.

"제가 들으니, 술과 고기로 먹이는 사람은 채찍으로 칠 수 있고, 벼슬과 녹을 주는 사람은 부월(鈇鉞)로 처벌할 수 있다고 했습니다. 저는 남에게 견제 받는 사람이 될 수 없습니다."

짜던 삼태기를 던져버리고 떠나자, 노래자도 그 아내를 따라 강남(江南)에 이르러 거처를 정하고 말하였다.

"새나 짐승의 털로 짜서 옷을 해 입을 수 있고, 흘린 곡식알을 먹고 살 만하구려."

공자(孔子)가 그 말을 듣고서, 걱정스러워하는 기색을 했다. 『고사전』

5) 피구(披裘)[4]는 오(吳)나라 사람이다. 연릉 계자(延陵季子)가 나다니다 길에 금이 떨어져 있는 것을 발견하고, 피구공을 돌아다보며 말하였다.

"저 금을 가져가시오."

그러자 공이 낫을 던지며 눈을 부릅뜨고 손을 저으며 말하였다.

---

4   그가 이름을 밝히지 않았으므로 피구(披裘)는 고유명사가 아니다. 조엽(趙曄)이 『오월춘추(吳越春秋)』 10권을 지으면서 "갖옷을 입고 사는 사람"이라고 이름을 붙여준 것이다.

"어찌하여 당신은 높게 처신하면서 남의 처신은 낮게 봅니까? 내가 갖옷을 걸치고 나무를 짊어지긴 했지만, 어찌 남이 흘린 금을 가져가겠습니까?"

계자가 크게 놀라 말하다가 성명을 물으니, 그가 말하였다.

"내 성명은 말해 줄 게 없습니다."『오월춘추(吳越春秋)』

6) 영계기(榮啓期)는 어디 사람인지 알 수 없다. 사슴 가죽 갖옷에 새끼 띠를 띠고 거문고를 타며 노래하니, 공자가 태산(泰山)에서 노닐다가 보고서 물었다.

"선생은 어찌 그리 즐거워하십니까?"

그가 대답하였다.

"내 즐거움이 몹시 많습니다. 하늘이 낸 만물 가운데 오직 사람이 귀중한데 내가 사람이 되었으니 첫째 즐거움입니다. 남녀의 구별이 있어 남자가 높고 여자가 낮기 때문에 남자를 귀중하게 여기는데 내가 이미 남자가 되었으니 이것이 둘째 즐거움입니다. 사람이 나서 해와 달을 보지도 못하거나 포대기에서 벗어나지도 못하고 죽는 사람이 있는데 나는 이미 90세를 살았으니 이것이 셋째 즐거움입니다. 가난은 선비의 일상사고 죽음은 사람의 종말인데, 일상 속에서 살며 종말을 기다리니 어찌 즐겁지 않겠습니까?"『고사전』

7) 육통(陸通)은 자가 접여(接輿)인데, 초(楚)나라 사람이다. 수양하기 좋아하는 천성이어서, 직접 농사를 지어 먹고 지냈다. 소왕(昭王) 때에 육통이 초나라 정사가 무상한 것을 보고는, 거짓 미친 척하며 벼슬하지 않았기 때문에 당시 사람들이 초광(楚狂)이라 불렀다. 공자가 초나라에 갔을 때, 초광 접여가 그 문 앞에서 노닐며 말했다.

"봉(鳳) 같은 사람이여! 봉 같은 사람이여! 어찌 덕이 그리 쇠퇴하였는 가. 올 세상을 기대할 것도 없고, 지난 세상을 추구(追求)할 것도 없네."

공자가 수레에서 내려 말하려 하자, 종종걸음으로 피해 버려 말을 걸지 못했다. 초왕(楚王)은 육통이 현명하다는 말을 듣고 사자를 보내 금 1백 일(鎰)과 거마(車馬) 두 대를 가지고 가 청빙해오도록 했는데, 육통이 웃기만 하고 응답하지 않았다. 사자가 떠나자 아내가 시장에서 돌아와 말했다.

"선생께서 젊어서는 의롭게 일을 하다가 늙어서는 어찌하여 어깁니까? 문밖에 수레 자국이 어찌 그리 깊게 났습니까? 제가 들으니, '의로운 선비는 예(禮)가 아니면 행동하지 않는다'고 했습니다. 제가 선생을 섬기며 몸소 농사지어 살 만하고 친히 길쌈해서 옷을 지어 입을 만하여, 배부르게 먹고 옷이 따뜻하므로 우리의 즐거움이 스스로 족했습니다. 그러니 떠나는 것이 좋겠습니다."

이에 지아비는 솥과 시루를 지고 아내는 이부자리와 그릇을 이고서, 성명을 바꾸고 여러 명산에서 노닐었다. 『고사전』

8) 상산 사호(商山四皓)는 하내(河內)의 지(軹) 사람들인데, 더러는 급(汲)에서 살기도 하였다. 첫째는 동원공(東園公), 둘째는 녹리 선생(角里先生), 셋째는 기리계(綺里季), 넷째는 하황공(夏黃公)인데, 모두 도를 닦아 자신을 정결하게 하였고, 의리가 아니면 행동하지 않았다. 진 시황(秦始皇) 때에 진나라 정사가 포악한 것을 보고 남전산(藍田山)으로 피해들어가 노래를 지어 불렀다.

아득히 높은 산 꾸불꾸불 깊은 골짝의
윤기 나는 자지(紫芝)는 주림을 풀 수 있도다.

요순(堯舜)의 세상 멀리 갔으니 우리는 장차 어디로 가랴.

높은 일산 좋은 수레 타는 사람은 근심 매우 큰 법이라,

부귀해도 남 두려워하면 빈천하고 마음대로 함만 못하지.

함께 상락(商雒)으로 들어가 지폐산(地肺山)에 숨어 살았다.[5] 천하가 안정되기를 기다렸다. 진나라가 패망하자 한 고조(漢高祖)가 듣고서 불렀으나 가지 않고 종남산(終南山)에 깊이 숨어버려, 굴종(屈從)시키지 못하였다. 『고사전』

9) **동방만천(東方曼倩)**이 한 무제(漢武帝) 때에 낭관(郎官)이 되었는데, 제멋대로 하고 구속받지 않으므로 사람들이 모두 미치광이라 하자, 동방삭이 말하였다.

"나는 조정 안에서 세상을 피하는 사람이다. 어찌 옛사람처럼 깊은 산속에서만 세상을 피하겠는가."

이따금 좌석에서 술이 거나해지면, 땅을 짚고 노래하였다.

"세속에 육침(陸沈)하며[6] 이 세상을 피하노라. 금마문(金馬門) 안 궁궐 속에서도 세상 피하고 몸 보존할 수 있는데, 어찌 꼭 깊은 산속 쑥대집 밑이어야 하리."『열선전(列仙傳)』

10) **정자진(鄭子眞)**은 도를 닦아 고요하게 지내고 말이 없으므로, 세

---

5 문천본에는 "乃共入商雒 隱地肺山"까지만 있다. 뒷부분은 국립중앙도서관본을 참조해 보완 번역했다.

6 세상을 피하여 은거하지 못하고 본의 아니게 속세에서 사는 것을 말한다. 『장자(莊子)』 「칙양(則陽)」에 "세속과 서로 맞지 않아서 마음속으로는 속세와 함께하는 것을 탐탁잖게 여기는 이가 바로 땅 위에 숨은 사람이다.[方此與世違而心不屑與之俱 是陸沈者也]"라고 하였다.

상이 그의 맑고 높음에 감복하였다. 성제(成帝) 때에 원구(元舅 임금의 외삼촌) 대장군 왕봉(王鳳)이 예를 갖추어 청빙했으나 끝내 굴종하지 않으므로, 양웅(揚雄)이 그의 덕을 칭찬하였다.

"곡구(谷口) 정자진은 산속에서 밭을 갈지만 명성이 서울에 떨쳤다."

풍익(馮翊) 사람들이 비석을 세우고 지금까지 끊이지 않고 제사한다.

11) 엄군평(嚴君平)은 숨어 살고 벼슬하지 않았다. 항시 성도(成都) 시장에서 점[卜]을 쳐 주고 날마다 1백 전(錢) 씩을 벌어 스스로 먹고 살되, 점치는 일이 끝나면 가게 문을 닫고 발을 내리고서 저서(著書)를 일삼았다. 양웅이 젊을 때부터 상종하며 자주 그의 덕을 칭찬했다. 이강(李强)이 익주 목사(益州牧使)가 되어 기뻐하였다.

"엄군평을 나의 종사관으로 삼으면 좋겠다."

하자, 양웅이 말하였다.

"그대가 예를 갖추어 만나 보아야지, 그 사람을 굴종시켜서는 안 된다."

왕봉(王鳳)이 사귀기를 청했지만 승낙하지 않았다. 촉(蜀) 지방의 부자 나충(羅沖)이라는 사람이 엄군평에게 물었다.

"당신은 어찌하여 벼슬하지 않습니까?"

군평이 말하였다.

"자진해서 나갈 수는 없습니다."

나충이 군평을 위해 거마(車馬)와 의복·양식을 마련하자, 군평이 말하였다.

"내가 병이 났을 뿐이지, 무엇이 부족해서 그런 것이 아닙니다. 나는 넉넉하지만 당신은 부족한데, 어찌하여 부족한 당신이 넉넉한 나를 위해야 합니까?"

나충이 말하였다.

"나는 만금(萬金)을 가졌고 당신은 한 섬의 곡식도 없는데, 당신이 넉넉하다는 것은 틀린 말이 아닙니까?"

군평이 말하였다.

"그렇지 않습니다. 내가 전일 당신의 집에서 잘 적에 인정(人定) 뒤에도 일이 끝나지 않아 낮이나 밤이나 바빴고 족한 때라곤 없었습니다. 지금 나는 점치는 일을 업으로 삼아 평상에서 내려갈 것도 없이 돈이 저절로 오게 되고, 오히려 수백 금(金)이 남아돌아 먼지가 한 치 두께나 쌓였지만 어디에 쓸지를 모르겠습니다. 그러니 나는 넉넉하고 당신은 부족한 것이 아니겠습니까?"

나충이 크게 부끄러워하자 군평이 탄식하였다.

"나에게 재물을 보태 주는 사람은 내 정신을 손상시키고, 나를 이름 나게 해 주는 사람은 내 몸을 죽이기 때문에 벼슬하지 않는 것이오." 『고사전』

12) 왕중자(王仲子)는 대사도 사직(大司徒司直)이 되었다가 병으로 사 직하고 고향에 돌아와 있었다. 뒤에 형양(滎陽) 원으로 부르자 병이 심 하여 임지(任地)로 곧장 가지 못하고 그의 벗의 집에 들렀는데, 그 벗이 만나려 하지 않으면서 말하였다.

"충직한 말도 기묘한 계책도 없으면서 높은 자리만 차지하여, 어찌 그리 잠자코 있지 못하고 왔다 갔다 하느라 번거로움을 꺼리지 않는 가?" 『사문유취(事文類聚)』

13) 양홍(梁鴻)은 난세를 만나 상림원(上林苑)에서 돼지를 먹이다가, 한번은 잘못하여 불을 내어 이웃집까지 연소되었다. 양홍이 집이 불탄

사람을 찾아가 손실을 묻고 모두 돼지로 변상했는데도 그 주인이 적게 여기자, 양홍이 몸소 그 집 머슴이 되어 게으름 피우지 않고 부지런히 일했다. 이웃집 늙은이들이 양홍이 보통 사람이 아닌 것을 보고서 모두들 그 주인을 꾸짖고, 양홍을 장자(長者)답다 칭찬하였다. 주인이 그제야 비로소 놀라 돼지를 모두 돌려주려 했으나, 양홍이 받지 않고 고향으로 돌아갔다. 그러자 세력 있는 가문에서 그의 높은 지조를 사모하여 사위를 삼으려는 사람이 많았으나, 양홍이 모두 거절하고 장가들지 않았다.

같은 고을 사람 맹씨(孟氏)가 얼굴이 추한 딸을 두었는데, 배필 될 사람을 가려놓아도 시집가려 하지 않으므로 부모들이 까닭을 묻자, 딸이 말하였다.

"양백란처럼 현명한 사람을 얻고 싶습니다."

양홍이 이 말을 전해 듣고 그녀를 아내로 맞이하기로 했다. 그녀는 시집갈 때에 혼수(婚需)를 잘 갖추어 양홍 집안에 들어갔다. 이레가 되도록 양홍이 대꾸를 하지 않으므로 아내가 말하기를 청하니, 양홍이 말하였다.

"나는 조촐한 옷을 입고 깊은 산속에 숨어 함께 살 수 있는 사람을 바랐는데, 당신은 지금 비단옷을 입고 화장을 하였으니, 어찌 양홍이 원하던 사람이겠소."

아내가 말하였다.

"저도 당신의 뜻을 보려 한 것이고, 저에게 원래 숨어서 살 옷이 있습니다."

곧 머리를 질끈 묶어 매고 베옷을 입고 일을 하는 차림으로 나오자 양홍이 크게 기뻐하여,

"이는 참으로 양홍의 아내이다. 능히 나를 받들겠구나."

하고, 이름을 덕요(德曜)라 하였다. 얼마 있다 함께 패릉(覇陵)의 산속으로 들어가 밭 갈고 길쌈하는 것을 업으로 삼았으며, 시서(詩書)를 읊조리고 거문고 타기를 즐거움으로 여겼다. 전대의 고사(高士)들을 사모하여, 상산 사호(商山四皓) 이래의 24인을 위해 송(頌)을 지었다.

이어 동으로 관(關)을 나서서 경사(京師)를 지나다가 다섯 가지 슬픔[五噫]이란 노래를 지었는데, 숙종(肅宗)이 양홍을 찾다 만나지 못하였다. 이에 성을 운기(運期), 이름을 요(燿), 자를 후광(候光)이라 고치고, 아내와 함께 제(齊)나라와 노(魯)나라의 어름에서 살았다.

얼마 있다 또 그곳을 떠나 오(吳)나라로 가 고백통(皐伯通)의 처마 밑에서 거처하며 남의 삯방아를 찧고 살았는데, 언제나 집에 돌아오면 아내가 식사를 준비했다가 상을 눈썹 높이로 받들고 들여왔다. 고백통이 살펴보고 특이하게 여겨 집에서 살도록 했다. 양홍이 조용히 문 닫고 10여 편을 저술했는데, 병도 나고 지치기도 하자 주인에게 말하였다.

"옛적에 연릉 계자(延陵季子)도 영박(嬴博) 지역에 장사하고 향리(鄕里)로 돌아가지 않았으니, 우리 자식들이 운상(運喪)하여 돌아가지 못하게 해주십시오."

그가 죽자 고백통이 그를 위해 오나라의 요리(要離)[7]의 집 옆에 장지를 구해 장사했다. 『후한서(後漢書)』

7 요리는 춘추시대 오나라의 자객(刺客)이다. 오왕(吳王) 합려(闔廬)가 자객 전저(專諸)에게 오왕 요(僚)를 죽이게 하고, 또 요리에게 위(衛)나라에 망명한 오왕 요의 아들 경기(慶忌)를 죽이게 하자, 요리가 오왕에게 청해 자기 오른팔을 자르고, 처자를 다 죽인 다음, 죄인을 사칭하고 위나라에 들어가 경기를 만나서 오왕 합려를 공격하자는 뜻으로 거짓 모의를 했다. 함께 배를 타고 오나라로 돌아가던 중, 경기를 죽여서 강물에 던져 버리고 요행히 자기 목숨은 부지했으나, 요리는 스스로 인(仁), 의(義), 용(勇)을 저버린 악인이 무슨 면목으로 살아남을 수 있겠느냐면서 마침내 검으로 찔러 자살했다. 『사기(史記)』 권86「자객열전(刺客列傳) 전저(專諸)」

14) 한백휴(韓白休)[8]는 늘 명산(名山)에 다니며 약초를 캐다 장안(長安)의 시장에서 팔았는데, 두 가지 값을 말하지 않은 지 30여 년이었다. 이때 어떤 여인이 한강(韓康)에게서 약초를 사며, 한강이 값을 깎아주지 않자 성을 내면서 말했다.

"당신이 뭐 한백휴요? 약초 값을 깎아주지 않다니."

한강이 탄식하며 말했다.

"내가 명성을 피하려 했는데, 지금 하찮은 여인까지 모두 내가 있는 것을 아니, 어찌 약초 파는 일을 하겠는가."

드디어 패릉(覇陵)의 산속으로 숨어 들어갔다. 『후한서』

15) 상자평(向子平)은 숨어 살고 벼슬하지 않았으며, 성격이 중화(中和)를 숭상하여, 『노자(老子)』와 『역경(易經)』에 통하기를 좋아했다. 가난하여 먹을 것이 없으므로, 일 좋아하는 사람들[好事者]이 음식을 선사하면 먹을 만큼만 받고 나머지는 돌려보냈다. 왕망(王莽)의 대사공(大司公) 왕읍(王邑)이 만나보고는 해마다 찾아와 왕망에게 천거하려 하였지만 굳이 사양하므로 그만두었다. 가만히 집에 숨어 『역경』을 읽다가, 손괘(損卦)와 익괘(益卦)에 이르러서는 한숨을 쉬며 탄식하였다.

"내가 이미 부(富)가 가난만 못하고 귀(貴)가 미천함만 못한 것은 알았지만, 죽음이 삶보다 어떠한지는 알지 못하겠다."

건무(建武)[9] 연간에 자녀들의 혼인을 마치고서는 집안일과는 인연을 끊고, '마땅히 내가 죽어버린 것처럼 나와 상관없이 하라' 하였다. 드디어 마음 내키는 대로 하면서, 서로 좋게 지내는 북해(北海)의 금경(禽

---

8 백휴는 한나라 은사 한강(韓康)의 자이다.

9 후한 광무제(光武帝)의 첫 번째 연호인데, 25년부터 56년까지 32년 동안 사용하였다.

慶)과 함께 오악(五嶽)의 명산에 노닐었는데, 끝내 죽은 곳을 알지 못했다. 『후한서』

16) 서유자(徐孺子)는 젊어서 경술(經術)과 행실로 남쪽 지방에 이름이 높았다. 환제(桓帝) 때 여남(汝南) 진번(陳蕃)이 예장 태수(豫章太守)가 되었을 적에 빈객을 접대하지 않았는데, 오직 서유자가 오면 특별히 의자 하나를 마련했다가 떠나면 매달았다. 다섯 차례나 효렴현량(孝廉賢良)으로 추천되었지만 모두 나아가지 않았다.

한번은 태위(太尉) 황경(黃瓊)의 부름을 받았는데, 황경이 죽자 서유자가 걸어서 장례에 나가 닭고기와 술을 차려놓고 울다가 떠났다. 이때 모여 있던 곽임종(郭林宗) 등이 듣고서 서유자가 아닌가 하여, 말 잘하는 선비 모용(茅容)을 뽑아 뒤쫓게 하였다. 도중에서 만나 모용이 술자리를 마련하니, 조용히 농사짓는 일을 말하고, 떠날 때에 모용에게 이렇게 말하였다.

"곽임종에게 '큰 나무가 장차 넘어지려 할 때엔 새끼 하나로 잡아맬 수 없는 법인데, 어찌하여 기웃거리느라 가만히 있지 못하는가.'라고 말해 주오."『고사전』

17) 곽임종(郭林宗)은 젊어서 부모를 잘 섬겨 효자로 알려졌다. 집이 가난하므로[10] 군현(郡縣)에서 관원을 삼으려 하자, 탄식하였다.

"대장부가 어찌 채찍을 잡고 하찮은 녹을 받겠는가."

곧 어머니를 하직하고 같은 현의 종중(宗仲)과 함께 서울로 가서 굴

---

10 원문에 '가빈(家貧)' 두 글자가 빠져, 『후한서』라는 출전 뒤에 표기하였다.

백언(屈伯彦)에게 『춘추(春秋)』를 배웠다. 널리 읽어서 통하지 않는 것이 없었다. 또 관상을 잘 보아 이로 말미암아 이름이 진(陳)·양(梁) 지역에 널리 알려졌다. 걸어서 어디를 가다가 비를 만나, 건(巾)이 한 귀가 접히게 되었는데, 여러 사람들이 사모하여 모두들 일부러 건의 귀를 접었다. 선비들이 서로 다투어 따라 관상 본 쪽지가 수레에 가득했는데, 곽태(郭泰)가 알고 지낸 무명 인사들 가운데 60여 명이 모두 나중에 그의 말대로 들어맞았다. 모친상을 만나 돌아오자, 서치(徐穉)가 조문하러 와서 생추(生芻)[11] 한 묶음을 곽태의 여막 앞에 놓고 가자, 곽태가 말했다.

"이는 반드시 남주(南州)의 서유자(徐孺子)일 것이다. 『시경(詩經)』에 이르지 않았던가. '생추 한 묶음을 주노니, 그 사람은 옥(玉) 같다.'고. 내가 이를 알아차리지 못했구나."『후한서』

18) 원하보(袁夏甫)는 뜰 가운데 토실(土室)을 짓고서 문을 닫고 들어앉아 손님을 만나지 않았으며, 아침저녁으로 토실 안에서 어머니를 향해 예배(禮拜)하였다. 아들이 가도 역시 만나주지 않으므로, 아들 또한 문을 향해 예배하고 돌아갔다. 머리에는 건(巾)도 쓰지 않고, 몸에는 홑옷마저 걸치지 않았으며, 발에는 나무신을 신었고, 어머니가 죽어서도 상복이나 영위를 마련하지 않았다. 공거(公車)[12]가 두 차례나 불러도

---

11 생추는 여물로 쓰는 싱싱한 풀인데, 변변치 못한 제수를 가리키기도 한다. 『시경 백구(白駒)』에 "희고 깨끗한 망아지가, 저 빈 골짜기에 있구나. 싱싱한 풀 한 다발을 주노니, 그 사람은 옥같이 맑도다.[皎皎白駒 在彼空谷 生芻一束 其人如玉]" 하였다.

12 관서명(官署名)으로 공가(公家)의 수레, 즉 공거가 있는 곳이어서 이렇게 명명하였다. 한대(漢代)에 현량(賢良)을 부를 때는 공거로 체송(遞送)하여 공거(公車)에 머물러 대조(待詔)하게 했다 한다. 『후한서(後漢書)』 권37 「정홍열전(丁鴻列傳) 주(注)」

나아가지 않았는데, 범방(范滂)이 이렇게 칭찬하였다.

"숨어서도 어버이를 버리지 않았고, 지조를 지키면서도 세속을 끊지 않았으니, 지극한 현자(賢者)라 하겠다."『고사전』

19) 신도반(申屠蟠)은 젊어서 명성과 절조가 있었다. 부모가 죽자 몸이 쇠약하도록 슬퍼하며 사모했고, 10여 년을 술도 마시지 않고 고기도 먹지 않았으며, 드디어 숨어 살면서 여러 차례 불러도 나아가지 않았다. 이에 앞서 범방(范滂) 등이 조정 정책을 비난하자, 공경(公卿) 이하가 모두 태도를 바꾸어 자신을 낮추었고, 태학생(太學生)들이 서로 그들의 기풍(氣風)을 사모하면서 문학이 장차 일어나고 처사들이 다시 쓰이게 되겠다고 여겼는데, 신도반은 홀로 탄식하였다.

"옛날 전국시대에 처사들이 마구 논란하므로 열국의 임금들이 비를 들고 앞을 쓸어 공경을 보이기까지 했으나, 마침내 분서(焚書) 갱유(坑儒)하는 화가 있었으니, 지금을 말한 것이겠다."

드디어 양갈(梁碣)에 자취를 숨기고서, 나무를 의지해 집을 짓고 살며 스스로 품팔이하는 사람같이 했다. 그런지 두 해 만에 과연 당고(黨錮)의 화[13]가 일어나 형벌로 죽은 사람이 수백 명이었는데, 신도반은 끄떡없이 의론(疑論)을 면했다.

20) 관유안(管幼安)은 젊었을 때 화흠(華歆)과 한방에서 글을 읽었는데, 문밖에 수레를 탄 대부(大夫)가 지나가자 화흠이 책을 던지고 뛰어

---

13 후한 말엽에 환관들이 정권을 전횡하자 지사(志士)들이 분개하여 공격했는데, 오히려 환관들의 간계(奸計)로 종신토록 금고의 형을 받게 된 일이다. 『후한서(後漢書)』「영제기(靈帝紀)」

나가 구경하므로 관영(管寧)이 수치스럽게 여겨 떨어져 앉으며 말했다.

"자네는 나의 벗이 아니다."

또 한번은 화흠과 함께 채소밭을 매다가 금이 나왔는데, 관영은 호미질만 하고 돌아보지 않았으나, 화흠은 가져다 던져두었다. 한(漢)나라 말기에서 위(魏)나라 무렵까지 20년 동안을 요동(遼東)에서 살며 세상을 등지고 호연지기를 수양했는데, 위 명제(魏明帝)가 타기 편한 수레에 폐백과 구슬로 청빙했지만 관영이 받지 않았다. 집이 가난한데도 학문을 좋아하여, 명아주 걸상 하나를 50년이나 쓰므로 무릎 닿는 데가 모두 뚫어졌다. 『고사전』

21) 방공(龐公)은 현산(峴山) 남쪽에 살며 성부(城府)에 들어간 일이 없었다. 남편과 아내가 서로 공경하기를 손님 대하듯 했다. 형주 자사(荊州刺史) 유표(劉表)가 초청하였다가 자기를 따르게 할 수 없으므로, 몸소 찾아가 문안하고 말하였다.

"한 몸을 보존하는 것이 어찌 천하를 보존함만 하겠소."

방공이 말하였다.

"기러기와 고니는 높은 숲 위에 집을 지어 날이 저물면 깃들 곳으로 삼고, 자라와 악어는 깊은 못 속에 굴을 파 저녁이면 잘 곳으로 삼습니다. 진퇴(進退)와 행지(行止) 역시 사람으로 보면 소혈(巢穴)과 같은 법이어서, 사람들도 깃들 데와 잘 데를 가져야 할 뿐이요, 천하는 보존해야 할 것이 아닙니다."

이어 언덕 위에서 일손을 놓고 있는데, 그 아내가 앞에서 밭을 매고 있었다. 유표가 가리키며 물었다.

"선생께서 만일 고생스럽게 농사만 짓고 벼슬하여 녹 받으려 하지 않다가, 뒷날 무엇을 자손들에게 남겨 주렵니까?"

그러자 방공이 말하였다.

"세상 사람들은 모두 위태한 것을 남겨 주지만 지금 나는 홀로 안전한 것을 남겨 줄 것이니, 비록 남겨 주는 것이 같지는 않아도 남겨 줄 것이 없는 것은 아닙니다."[14]

유표가 탄식하고 돌아갔다. 그 뒤에 그 아내를 이끌고 녹문산(鹿門山)에 올라가 약초를 캐며 돌아오지 않았다. 『고사전』

22) 사마덕조(司馬德操)는 인륜(人倫)이 있는 사람이었다. 형주(荊州)에 있을 때 유표(劉表)가 혼암하여 반드시 착한 사람들을 해치게 될 것을 알아차리고서, 입을 다물고 다시는 논평하지 않았다. 이때 인물들을 놓고 사마덕조에게 묻는 사람이 있었는데, 당초부터 인물들의 고하를 가리지 않고 번번이 좋다고만 말하므로 그 아내가 간(諫)하였다.

"사람들이 의심스러운 바를 질문하면 당신이 마땅히 분별해서 논해 주어야 하는데, 모두 좋다고만 하니 어찌 사람들이 당신에게 물어보게 된 본의이겠습니까?"

사마덕조가 말하였다.

"당신의 말도 또한 좋소."

23) 손공화(孫公和)는 가족 없이 고을 북쪽의 산에 토굴을 만들고 살았다. 『역경(易經)』 읽기를 좋아하고 외줄 거문고 타기를 좋아했으며 성내는 일이 없었는데, 사람들이 어쩌다 그를 물속에 던져버리며 성내는가 보려고 하면, 손등이 물에서 나와 곧 크게 웃었다. 일찍이 의양산(宜

---

14 문천본에는 "未爲無所遺也"까지만 있고, 뒤의 몇 자는 국립중앙도서관본을 참조해 보완 번역했다.

陽山)에서 살며 숯을 구웠는데 사람들이 보고서 보통 사람이 아님을
알아차리고 그와 이야기하려 해도 응하지 않았다. 완적(阮籍)이 찾아가
서 말을 붙였으나 응하지 않았고, 혜강(嵇康) 역시 종유(從遊)한 지 3년
만에 계획하는 바를 물었지만 마침내 답하지 않았다. 혜강이 작별하면
서 말하였다.

"선생께서 끝내 말을 하지 않으시렵니까?"

그제야 손등이 말하였다.

"당신은 불을 아십니까? 불이 발하여 빛을 내는데도 그 빛을 사용하
지 않으니 과연 빛은 사용하기에 달린 법이고, 사람이 나서 재주가 있
는데도 그 재주를 사용하지 않으니 과연 재주는 사용하기에 달린 법입
니다. 그러므로 빛의 사용은 섶[薪]을 얻기에 달렸으니 그렇게 되면
광채를 보존할 수 있기 때문이고, 재주의 사용은 참된 것[眞]을 알아차
리기에 달렸으니 그렇게 되면 자기의 수명을 보존할 수 있기 때문입니
다. 지금 당신은 재주만 많고 식견은 적어 요새 세상에 면하기 어렵겠
으니, 당신은 딴 것을 구할 것이 없지 않겠습니까."

혜강이 그렇게 하지 않아 과연 비명(非命)에 죽게 되자, 혜강이 「유
분(幽憤)」시를 지었다.

昔慚柳下惠　예전의 유하혜에게 부끄럽고[15]
今愧孫登　지금의 손등에게 부끄럽구나.[16] 『위지(魏志)』

---

15 혜강이 춘추시대 유하혜처럼 성격이 원만하지 못했다가 참화를 당한 것을 말한다.

16 혜강이 악인을 원수처럼 미워하다가 마침내는 종회(鍾會)의 참소를 받고 사마소(司馬
昭)에게 살해당하였다. 그가 죽기 전에 감옥에 갇혀 있을 적에, 옛날 선인(仙人) 손등(孫
登)이 "그대는 재주는 많으나 식견이 부족하여 오늘날 세상에서 면하기가 어려울 것이니,
부디 많은 것을 구하려 하지 말라.[今子才多識寡 難乎免于今之世矣 子無多求]"고 한
충고를 떠올리고는, "옛날에 부끄럽게 충고를 받았나니, 지금 손등을 볼 면목이 없구나.

24) **완보병(阮步兵)**은 휘파람이 수백 보까지 들렸다. 나무하러 갔던 사람들이 소문산(蘇門山) 속에 갑자기 진인(眞人)이 나타났다고 하므로, 완적(阮籍)이 찾아가 보니, 그가 바위 곁에 무릎을 껴안고 있었다. 완적이 고개로 올라가 다가가니, 두 다리를 뻗고 앉아 대했다. 완적이 상고(上古)의 일을 토론하여 위로는 황제(皇帝)와 신농(神農)의 심오한 도리를 말하고 아래로는 삼대(三代)의 아름다운 성덕을 들어 질문했지만, 고개만 들고 응답이 없었다. 완적이 다시 쓸모 있는 교훈과 정신 안정, 원기 도인(導引)하는 방법을 서술해도, 그는 여전히 까딱 않고 응시하였다. 완적이 그제야 마주앉아 한참 동안 길게 휘파람을 부니, 비로소 웃으면서 "다시 해보라." 했다. 완적이 다시 흥이 다하도록 휘파람을 불었다. 그가 고개중턱쯤 되돌아갔을 때 위에서 구슬픈 소리가 들리는데, 마치 몇 가지의 고취(鼓吹)가 산골짝에 울려 퍼지는 것 같아 돌아다보니 바로 그 사람이 휘파람을 부는 것이었다. 위와 같음.

25) **하중어(夏仲御)**는 몸을 숨기고 벼슬하지 않았다. 어머니의 병이 위독하여 낙양(洛陽)으로 약을 사러 갔는데, 마침 상사일(上巳日)이므로 낙양 안의 왕공(王公)들이 모두 부교(浮橋)로 나와 수레가 구름 모이듯 했으나, 하통(夏統)이 아무렇지도 않게 여겼다. 가충(賈充)이 배를 끌고 다가가 말을 붙여보니 응답하는 말소리가 메아리가 울리듯 하므로, 벼슬하기를 권했으나 고개를 숙이고 응답하지 않았다. 가충이,

"당신은 당신 고향 노래를 부를 수 있겠습니까?"

하자, 하통이 말하였다.

[昔惎下惠 今愧孫登]"라는 내용의 시 '유분(幽憤)'을 지어 자책(自責)하였던 고사가 전한다. 『진서(晉書)』 권49 「혜강전(嵇康傳)」, 『세설신어(世說新語)』 「서일(棲逸)」

"옛적에 조아(曹娥)가 물에 빠져 죽으니 나라 사람들이 애처롭게 여겨 그를 위해 하녀장(河女章)을 지었고, 오자서(伍子胥)가 충성을 하다 바다에 빠져 죽자 나라 사람들이 애처롭게 여겨 그를 위해 소해창(小海唱)을 지었으니, 지금 불러보고 싶소."

발로 뱃전을 두들기며 맑고도 격렬하게 곡조를 빼니, 큰 바람이 일고 구름과 비가 모여들었다. 가충이 성장한 기녀를 시켜 배를 세 겹으로 둘러앉도록 했지만, 하통이 여전히 다리를 괴고 앉아 아무것도 안 들리는 듯하므로, 가충이 탄식하였다.

"이 오(吳)나라 사람은 목석(木石) 같은 간장을 가진 사람이로다." 『진서(晉書)』

26) 동위연(董威輦)은 초년에 농서(隴西)의 회계 맡은 관원과 함께 낙양으로 가서 머리를 풀어헤치고 다녔다. 산책하면서 시를 흥얼거렸는데, 늘 백사(白社) 근방에서 지냈다. 이때 손초(孫楚)가 저작랑(著作郎)으로 있으면서 자주 백사로 가서 함께 이야기했는데, 두어 해 뒤에 떠나버리고 간 곳을 알 수 없었다. 그가 잠자던 곳에 오직 석죽자(石竹子) 하나와 시 두 편이 있었다. 그 한 편에는,

乾道剛簡	건도는 강간하고
坤體敦密	곤체는 돈밀하구나.
茫茫太素	망망한 대자연을
是則是述	법 받고 계승해야 하는데
末世流奔	말세의 유폐가
以文代質	형식으로 본질을 바꾸었도다.
悠悠世事	지루한 세속의 일
孰知其實	누가 그 실질을 알랴

逝將去此至虛 장차 그 허무한 것을 버리고
歸我自然之室 내 대자연의 방으로 돌아가리라.

하였고, 또 한 편에는,

孔子不遇 공자도 때 만나지 못했기에
時彼感麟 그 기린을 두고 감격했었네.
麟乎麟乎 기린이여! 기린이여!
胡不遁世以存眞 어찌 세상 피하지 않고 참모습 보였던가.

했다. 『고사전』

27) 유자기(劉子驥)는 겸허하여 욕심이 없고 은둔하는 데 뜻을 두었다.
환 거기(桓車騎)[17]가 장사(長史)가 되기를 청했으나, 유자기가 굳이 사양
했다. 환 거기가 그의 집으로 찾아가자 유자기가 뽕나무 가지를 치고
있었는데, 사자(使者)가 명을 전하자,
"이미 사군(使君)께서 영광스럽게 왕림하셨으니, 먼저 아버지께 인
사드리는 것이 마땅하다."
했다. 환거기가 그의 아버지에게 가자, 그 아버지가 유자기를 오라고
한 다음 도로 단갈(短褐)을 걸치고 환거기와 이야기했다. 아들 유인지
(劉驎之)를 시켜 안에 가서 막걸리와 채소를 가져다 손님께 대접하도록
했다. 환 거기가 사람을 시켜 유인지를 대신하여 술을 따르게 하자,
그 아버지가 사양하며 말했다.

---

17 거기도위(車騎都尉) 환충(桓沖)을 가리킨다. 자는 유자(幼子)로, 진나라 대신 환이(桓
彝)의 다섯째 아들이다.

"마치 종자(從者)를 시키는 것과 같아, 초야(草野) 사람들의 기본이
아니게 됩니다."

환거기가 기분이 좋아 '아름답다' 칭찬하고, 날이 저물어서야 물러
갔다. 『하씨어림』

28) 곽원유(郭元瑜)는 암곡에 숨어 사는데, 장천석(張天錫)이 사자(使
者)를 보내 예물을 갖추어 청빙하자 곽원유가 사자에게 날아가는 기러
기를 가리키며 말했다.

"이 새를 어떻게 가둘 수 있으랴."

29) 색위조(索偉祖)[18]는 잡념이 없고 평안해 학문을 좋아했다. 한번은
태수(太守) 음담(陰澹)이 찾아와 (하루가 지나도록 돌아가기를 잊고 있
다가,) 물러가면서 탄식하며 말했다.

"세상 사람들이 여유 있게 여기는 것은 부귀입니다. 눈은 오색을 좋
아하고, 귀는 음악 소리를 즐거워합니다. 선생께서는 많은 사람들이
가지려는 것은 버리고 많은 사람들이 버리는 것을 취하며, 맛이 없는
것을 황홀한 지경이 되도록 음미하고, 지극히 오묘한 것을 모든 묘리
속에 겸했습니다. 집안 살림은 몇 이랑이 못 되는데 심지(心志)는 구주
(九州)를 망각하고, 몸은 속세에 살면서 마음은 하늘 밖에 두셨으니,
비록 고매한 검루(黔婁)나 초월한 장자(莊子)도 이보다 더할 수는 없겠
습니다."

드디어 시호(諡號)를 '현거 선생(玄居先生)'이라 했다. 『고사전』

---

18 위조(偉祖)는 전량(前涼) 색습(索襲)의 자이다.

30) **고장유(顧長孺)**[19]는 (은거하려는 절조가 있어) 고경이(顧景怡)와 함께 불러도 나아가지 않았다. (고경이는 만년에 복식(服食)하고 사람들과 소통하지 않았는데,) 아침마다 문을 나서면, 산새들이 그의 손바닥에 모여들어 먹이를 쪼아 먹었다. 『하씨어림』

31) **종경미(宗敬微)**[20]가 일찍이 이렇게 한탄했다.

"'집이 가난한데 어버이가 늙으면 관직을 가리지 않고 벼슬한다.'는 말을 선철(先哲)들이 미담으로 여겼지만, 나는 미혹스럽게 여긴다. 땅속에 있는 금(金)을 감동시키고 강 속의 잉어를 나오도록 할 수는 없지만, 천도(天道)를 응용하고 지리(地利)를 분간하면 되니 어찌 남의 후한 녹(祿)을 먹으며 그의 중요한 일을 근심해야 하는가."

32) **예장왕(豫章王)**이 종측을 불러 참군(參軍)을 삼자, 종측이 이렇게 말했다.

"저는 성격이 고기나 새와 같아 산골짝에 있기를 좋아하고 소나무와 대나무를 연연하며, 사람들 다니는 길을 놓치고 바위 계곡 쏘다니길 미친 사람처럼 하여 늙는 줄도 몰랐습니다. 이제는 귀밑털이 이미 희어졌는데 어찌 덧없는 책임을 지고서 고기와 새들을 사모해야 하겠습니까."

33) **어복후(魚復候)**가 강주(江州) 자사가 되어 종측에게 후한 선물을 보내자, 종측이 말했다.

---

19 장유(長孺)는 남제(南齊) 고암(顧黯)의 자이다.
20 경미(敬微)는 남제 종측(宗測)의 자이다.

"젊어서부터 광증(狂症)이 있어 산을 찾아다니며 약초를 캤습니다. 배가 고프면 솔잎이나 창출을 먹고 옷이 없으면 벽라(薜蘿)로 옷을 해 입어 담담하게 넉넉했으니, 어찌 이런 당치 않은 것을 받겠습니까."

34) 손백예(孫伯翳)는 정열을 물외(物外)에 쏟고, 뜻을 산골짝에 두었다. 왕영군(王令君)·범장군(范將軍)과 친하게 사귀어, 왕과 범이 양대(兩代) 조정에 재상으로 있으면서 벼슬을 시키려 하자 손백예가 말했다.

"인생 백 년이 마치 바람 앞에 등불과 같은 것이어서, 정말 정신을 화평하게 하고 천성을 수양하면서 거문고와 술에 정을 붙여야 하오. 어찌 기웃거리며 그처럼 노역에 끌려다니겠소. 이는 혜강(嵇康)도 견디지 못한 일이니, 나도 하지 못하겠소." 『하씨어림』

35) 도홍경(陶弘景)은 화양(華陽)에 숨어 살며 벼슬에 뜻을 두지 않았다. 고조(高祖)가 보러 갔다가 물었다.
"산속에 무엇이 있느냐?"
도홍경이 대답했다.

山中何所有 산속에 무엇이 있느냐고요
嶺上多白雲 고개 위에 흰 구름이 많지요
但可自怡悅 그러나 혼자만 즐길 수 있고
不堪持贈君 임금님께 가져다 드릴 수는 없답니다[21]

(그 뒤에 무제(武帝)가 여러 차례 불렀지만 나아가지 않았다.) 『사문유취』

---

21 이 시가 『도은거집(陶隱居集)』에 「조문산중하소유부시이답(詔問山中何所有賦詩以答)」이라는 제목으로 실려 있다.

36) 명승소(明僧紹)[22]는 여러 차례 부름을 받았지만 나아가지 않았다. 일찍이 승려 승원(僧遠)의 풍모(風貌)와 덕행을 듣고 정림사(定林寺)로 찾아갔는데, 태조(太祖)가 절로 나와 만나려고 하니 승원이 물었다.

"천자(天子)께서 오시면 거사께서는 어떻게 대하시렵니까?"

승소가 말했다.

"산속 사람으로서 마땅히 뒷담을 뚫고 달아나야 하겠지만, 그래도 되지 않는다면 대공(戴公)의 고사(故事)대로 하겠습니다." 『하씨어림』. 아래도 같다.

37) 하자유(何子有)[23]는 (청고(淸高)하고 겸퇴(謙退)하여 욕심이 없었다. 오(吳)의) 반야사(般若寺)에 살며 문밖을 나오지 않으므로 사람들이 그의 얼굴을 볼 수 없었다. 송나라 명제(明帝)가 영가 태수(永嘉太守)를 제수하자, (하자유가 그때 남간사(南澗寺)에 머물면서 조정에 나아가지 않으려고) 교외에서 조명(詔命) 받기를 청했다. 명제가 윤허하자 하룻밤에 작은 배를 타고 호구산(虎邱山)으로 달아나 숨었다.

38) 송영애(宋令艾)는 (젊어서부터 원대한 절조가 있고 조용하게 들어앉아 세상 사람들과 사귀지 않았다.) 주천(酒泉)의 남산(南山)에 사는데, (수업하는 제자가 3천여 명이나 되었다. 주군(州郡)에서 불러도 응하지 않자,) 태수(太守) 양선(楊宣)이 그의 화상을 누각에 그려놓고 찬미

---

22 명승소는 남조(南朝) 제나라 평원(平原) 사람으로, 자는 승렬(承烈)이다. 송대(宋代)에 수재(秀才), 명경(明經)으로 천거되어 여러 번 벼슬이 내려졌으나 모두 나아가지 않고 장광군(長廣郡)의 노산(嶗山)에 은거했다. 『남제서(南齊書)』 권54 「명승소열전(明僧紹列傳)」

23 자유(子有)는 남제 하구(何求)의 자이다.

하는 송(頌)을 지었다.

> 爲枕何石　베개 삼은 건 어디 돌이고
> 爲漱何流　양치질하는 건 어디 물인지
> 身不可見　그를 만날 수도 없고
> 名不可求　이름을 찾을 수도 없도다

　주천 태수 마급(馬岋)이 (위의를 갖추고 징과 북을 울리며) 찾아가자, (송섬(宋纖)이 높은 다락을 이중으로 닫아) 거절하고 만나 주지 않으니, 마급이 탄식하며 말했다.

　"이름은 들을 수 있지만 몸은 만날 수 없고, 덕은 사모할 수 있지만 형체는 볼 수 없도다. 내 이제야 선생이 사람들 중의 용(龍)인 줄을 알겠다."

　절벽에다 시를 지어 새겼다.

> 丹崖百丈　붉은 절벽 수백 길이고
> 靑壁萬尋　푸른 절벽 수만 길인데
> 奇木鬱鬱　기이한 나무 울창하여
> 蔚若鄧林　등림(鄧林)처럼 무성하도다
> 其人如玉　그 분은 옥(玉)과 같아서
> 維國之琛　나라의 보배인데
> 室邇人遐　가까이 살지만 만나지 못해
> 實勞我心　참으로 내 마음 괴로워라. 『준생팔전』

　39) 왕중엄(王仲淹)은 수(隋)나라 때에 황하와 분수(汾水) 지역에서 교수를 하였는데, 양소(楊素)가 매우 중시해 벼슬하기를 권하자, 왕통(王通)이 이렇게 말했다.

"내가 아버지께서 남겨준 집이 있어 비바람을 가릴 수 있고 메마른 밭으로 끼니를 끓일 수 있으며, 글을 읽고 도를 담론하면 스스로 즐거움을 누릴 만합니다. 현명한 공께서 몸을 바로잡아 천하를 다스리셔서 시절이 평화롭고 연사가 풍년들게 하신다면, 제가 많이 혜택을 받게 될 것이므로 벼슬하기를 원하지 않습니다." 『빈사전』

40) 주도퇴(朱桃椎)는 담박해 세속과 인연을 끊고 갖옷을 걸치고서 새끼줄을 끌고 다녔다. 산속에 집을 짓고 늘 미투리를 삼아 길 위에 놓아두면, 보는 사람들이 "이는 거사(居士)가 삼은 신이다." 하며 쌀이나 차를 그곳에 놓아두고 바꾸어 갔다.

41) 공극(孔極)이 시랑(侍郎)으로 있을 때 조회를 마치고 돌아가다 비를 만나 어떤 늙은이의 집 처마 밑에서 비를 피했다. (대청으로 맞아들이기에 들어가니) 오모(烏帽)에 사건(紗巾) 차림을 한 늙은이가 매우 공손하게 맞았으며, (이어 술과 음식을 접대했는데 하나하나가 정결하고 좋았다.) 공공(孔公)이 유의(油衣)를 빌리자고 하자, 늙은이가 말했다.

"추워도 나가지 않고 더워도 나가지 않으며, 바람이 불어도 나가지 않고 비 와도 나가지 않으므로, 한번도 유의를 마련한 적이 없습니다."

공공이 자기도 모르게 벼슬 생각을 깜빡 잊었다. 『태평광기(太平廣記)』

42) 전유암(田游巖)이 (영휘(永徽)[24] 연간에 태학생(太學生)에 보임되었다가 그만두고 돌아간 뒤에 태백산으로 들어가 숨어 살았는데, 그 어

---

24 영휘(永徽)는 당나라 고종(高宗)의 첫 번째 연호인데, 650년부터 655년까지 6년 동안 사용했다.

머니와 아내도 모두 방외(方外)의 뜻이 있었다. 뒤에) 기산(箕山)으로
들어가 허유(許由)의 무덤 옆에 살면서 허유동린(許由東隣)이라 자호(自
號)하였다. 고종(高宗)이 숭산(崇山)에 행차하다가 친히 그를 방문하였
다. (유암이 야인의 복장으로 배알하는데 행동이 근엄했다.) 황제가
그를 보고 말했다.

"선생은 요즘 편안합니까?"

유암은 대답했다.

"신은 이른바 천석고황(泉石膏肓)[25]이고 연하고질(煙霞痼疾)인 자입니
다." 위와 같다.

43) 오정절(吳貞節)[26]은 (경의(經義)에 밝고,) 성품이 고상하고 굳세어
시세에 영합하지 않고 숭산(崇山)에 살았다. 현종(玄宗)이 사신을 보내
어 (그를 불러들여) 도(道)를 물으니, 그가 대답했다.

"도 가운데 심오한 것으로는 노자(老子)의 오천언(五千言)[27]만한 것이
없고, 그 밖의 것은 모두 종이만 낭비할 뿐입니다."

다시 신선의 야련법(冶鍊法)을 묻자 그가 대답했다.

"이는 야인(野人)의 일입니다. 오랜 세월이 걸려야 되는 것이니, 인
주(人主)가 마음 쓸 바가 아닙니다."

(오균이 늘 개진한 것은 모두 명교(名敎)와 세무(世務)이고 미언(微言)

---

25 천석고황(泉石膏肓)은 산수(山水)를 사랑함이 너무 지나쳐 고질병이 되었다는 말이다.
  고황은 심장과 횡격막(橫膈膜) 사이로, 여기에 병이 나면 치료가 어렵다 하여 난치병,
  또는 불치병을 이르는 말로도 쓰인다.
26 정절(貞節)은 당나라 오균(吳筠)의 자이다.
27 노자가 『도덕경(道德經)』 상·하편을 지어 '도(道)'와 '덕(德)'의 의미를 5천여 자로 말하
  고 떠났다. 그 뒤로 그가 어떻게 여생을 살았는지는 아무도 모른다. 『사기(史記)』 권63
  「노자·한비 열전」

으로 천자를 풍간한 것이기에, 천자도 그를 중히 여겼다. 균이 세상이 장차 어지러워질 것을 알고 숭산으로 돌아가기를 간청하니, 천자가 조서를 내려 도관(道觀)을 지어 주도록 했다.) 『진선통감(眞仙通鑑)』[28]

44) 장지화(張志和)는 학문이 넓고 문장과 그림에도 능하였으며 술 서 말을 마셔도 취하지 않았다. 그는 진기(眞氣)를 수양했으므로 얼음 위에 누워도 춥지 않고 물에 들어가도 젖지 않았으며, 천하의 명산을 두루 유람했다. (그는 낚시질하는 것을 즐거움으로 삼아) 「어부사(漁父詞)」를 지었다.

西塞山前白鷺飛 서새산 밑에 백로가 날고
桃花流水鱖魚肥 복사꽃 흐르는 물엔 쏘가리 살쪘네
靑箬笠綠簑衣 푸른 삿갓에 도롱이 입었으니
斜風細雨不須歸 비낀 바람 가랑비에 돌아갈 게 없네 『열선전(列仙傳)』

45) 육노망(陸魯望)[29]은 젊어서부터 고상하고 호방했다. 수백 묘(畝)의 밭과 30영(楹)의 큰 집이 있었다. 밭은 낮은 곳이라서 장마가 지면 곡식을 강물이 모두 쓸어가므로 그는 항상 굶주렸으나, 몸소 삼태기와 삽을 가지고 쉬지 않고 일했다. 어떤 사람이 그의 부지런한 것을 놀리자, 그가 대답했다.

---

28 원 제목은 『역대진선체도통감(歷代眞仙體道通鑑)』이다.

29 노망(魯望)은 당(唐)나라 은사이자 시인인 육구몽(陸龜蒙)의 자이다. 육구몽의 호는 강호산인(江湖散人), 천수자(天隨子), 보리 선생(甫里先生) 등 여러 가지인데, 일찍부터 속인(俗人)들과 교유하지 않고 배 한 척을 마련해 거기에다 항상 서책, 다조(茶竈), 필상(筆牀), 조구(釣具) 등을 싣고 강호(江湖) 사이를 이리저리 유람하며 지냈다. 『신당서(新唐書)』 권196 「은일열전(隱逸列傳) 육구몽(陸龜蒙)」

"요순(堯舜)도 때가 끼고 야위었으며, 우(禹)도 손발에 못이 박혔다. 저들은 성인이었는데도 그러했으니, 나는 한낱 백성으로서 감히 부지 런하지 않을 수 있겠는가."

(그는 차를 즐겨 마셔서 고저산(顧渚山) 밑에 다원(茶園)을 만들어 남 에게 주어 재배하게 하고 해마다 조다(租茶)[30]를 받아서 스스로 등급을 매겼다. 또 세속과 교유하기를 좋아하지 않아 자기 집을 방문하는 사 람도 만나려 하지 않았다. 그는 말을 타지 않고 배를 탔는데, 배 바닥에 거적자리를 깔고 책·차·등잔·붓·책상·낚시 도구를 싣고 오가니,) 당 시 사람들이 그를 강호산인(江湖散人)이라 하였다. 『유후당서』

46) 진도남(陳圖南)[31]은 무당산(武當山)에 들어가 20년 동안 벽곡(辟穀) 연기(鍊氣)하고, 뒤에는 화산(華山) 운대관(雲臺觀)에 살았다. 태평흥국 (太平興國)[32] 때 진단이 두 번 입조(入朝)했는데, (황제가 매우 후대했다. 이때 다시 와서 황제를 알현하니) 황제가 재신(宰臣)에게 말했다.

"진단은 독선기신(獨善其身)하고[33] 세리(勢利)를 구하지 않으니, 이른 바 방외지사(方外之士)[34]이다."

---

30 차밭을 빌려 주고 임대료로 받는 차이다.
31 도남(圖南)은 송(宋)나라 진단(陳摶)의 자이다. 진단이 오계(五季) 시절에 화산(華山)에 숨어 살면서 도를 닦고 벽곡(辟穀)을 하여 한번 잠이 들면 1백여 일을 깨지 않고 계속 잤는데, 후에 송나라 태조(太祖)가 등극하자 그제야 웃으면서 "이제야 세상이 안정을 찾았다."고 했다. 태종(太宗)이 그에게 희이 선생(希夷先生)이라는 호를 내렸다. 『송사 (宋史)』 권457 「은일열전 상(隱逸列傳上)」 진단(陳摶)
32 태평흥국(太平興國)은 북송 태종(宋太宗)의 첫 번째 연호로 976년부터 984년까지 9년 동안 사용했다.
33 『맹자』 「진심 상(盡心上)」에 "궁하면 홀로 그 자신을 닦아 선하게 하고, 현달하면 천하 사람을 함께 선하게 한다.[窮則獨善其身 達則兼善天下]"라고 한 데서 나온 말이다.
34 완적(阮籍)이 모친상을 당해 거상(居喪) 중일 때 배해(裴楷)가 조문하러 가니 완적이

중사(中使)를 보내 그를 중서성까지 전송했다. 송기(宋琪) 등이 조용한 틈에 물었다.

"선생은 현묵(玄默)³⁵ 수양(修養)의 방법을 터득했으니, 사람들에게 가르쳐 줄 수 있습니까?"

진단이 말했다.

"나는 산야(山野)의 사람이니 (당시에 쓰일 곳이 없고, 역시) 신선 황백(黃白)의 기술³⁶과 토납(吐納)³⁷의 이치를 알지 못하니, 전해줄 만한 방술이 없습니다. 대낮에 하늘에 날아오른다 한들 세상을 다스리는 데 무슨 도움이 되겠습니까. 지금 성상께서는 용안이 준수하여 천인(天人)의 의표(儀表)가 있으시고, 고금에 널리 통달하고 다스리는 도리를 깊이 연구하시니 참으로 어질고 거룩한 임금이십니다. 이때야말로 군신이 모두 협력 동덕(同德)³⁸하여 교화를 일으키고 다스림을 이룩할

머리를 풀어 헤치고 술에 취한 채 그냥 쳐다보기만 하였는데, 배해가 예법에 맞게 조곡(弔哭)을 다 마치고 나서 밖으로 나왔다. 어떤 사람이 "주인이 곡을 해야 객이 예를 행하는 법인데, 완적이 곡을 하지 않는데도 그대가 곡을 한 것은 어찌 된 일인가."라고 묻자, 배해가 대답했다. "완적은 세상 밖의 사람이기 때문에 예법을 숭상하지 않는 것이요, 나는 세상 속의 사람이기 때문에 예법을 행하는 것이다.[阮籍既方外之士 故不崇禮典 我俗中之士 故以軌儀自居]" 『진서(晉書)』 권49 「완적열전(阮籍列傳)」

35 청정 무위(淸靜無爲)와 같은 뜻으로, 아무 일 없이 있는 것을 말한다. 양웅(揚雄)의 「장양부(長楊賦)」에 "임금은 현묵을 정신으로 삼고 담박함을 덕으로 삼는다.[人君以玄默爲神 澹泊爲德]"했다.

36 도사(道士)가 단사(丹砂)를 단련하여 황금(黃金)과 백은(白銀)을 만드는 방법인데, 『사기(史記)』 「회남왕전(淮南王傳)」에 소개되었다. 신선술(神仙術)이라는 뜻으로 쓰인다.

37 도가 양생술의 하나로, 호흡을 통해 묵은 것을 토해내고 새 것을 받아들이는 것이다. 혜강(嵇康)의 『양생론(養生論)』에 "또 호흡토납하고 단약을 복용하여 몸을 수양하며 몸과 정신으로 하여금 서로 가깝게 하면 표리가 모두 구제될 것이다.[又呼吸吐納 服食養身 使形神相親 表里俱濟也]"라고 했다.

38 같은 목표를 추구하며 한마음으로 함께한다는 뜻이다. 『서경』 「주서(周書) 태서(泰誓)」에 "나에게는 나라를 잘 다스리는 신하 열 명이 있는데 그들과 나는 마음이 같고 덕이

시기이니, 수련을 부지런히 행하는 것도 이에서 벗어나는 것이 아닙니다."

(송기 등이 그의 말을 황제에게 아뢰니) 황제가 그를 더욱 중히 여겨 조서를 내려 희이 선생(希夷先生)이란 호를 하사하고, 화산(華山)으로 돌아가게 했다. 『선전습유(仙傳拾遺)』

47) 순화(淳化)[39] 연간에 조서를 내려 **충명일(种明逸)**[40]을 부르니, 그의 어머니가 노해 말했다.

"항상 너에게 '학도를 모아 놓고 가르치지 말라'고 권하였는데, 결국 남들에게 알려져서 편히 살 수 없게 되었다. 몸이 이미 숨어 사는데, 학문이 무슨 소용이냐! 나는 너를 버리고 깊은 산속으로 들어가겠다."

충방(种放)이 병을 칭탁하고 태종의 부름을 받지 않았다. 충방의 어머니가 드디어 붓과 벼루 등을 태워버리고 충방과 함께 인적이 드문 궁벽한 곳으로 이사했다.

진종(眞宗)이 동봉(東封)[41]할 때에 은사 **양박(楊璞)**을 만나 상이 물었다.
"경(卿)이 떠나올 때에 시를 지어 전송한 사람이 있었는가?"
양박이 다음과 같이 대답했다.
"신의 아내가 1수를 지어 주었습니다.

且休落魄耽酒杯 뜻대로 안 된다고 술에 빠지지 말고

같다.[予有亂臣十人 同心同德]"라고 했다.

39 순화(淳化)는 북송 태종(太宗)의 연호로 990년부터 994년까지 5년 동안 사용했다.

40 명일(明逸)은 충방(种放)의 자이다.

41 천하가 태평하면 황제가 동으로 태산(泰山)에 올라가서 흙으로 제단을 쌓아 성공한 것을 하늘에 고하고 옥첩(玉牒)을 묻었는데 이것을 봉선(封禪)이라 한다. 여기서 동봉(東封)은 동쪽으로 나아가 여러 선제(先帝)의 능을 참배하는 것이다.

更莫猖狂愛作詩　지나치게 시 짓기를 즐기지 마소
今日捉將官裏去　오늘 관청에 잡혀갔다가
這回斷送老頭皮　늙은 목 잘리어 돌아올거요"

상이 웃으며 비단을 하사하고 산속으로 돌아가게 하였다. 충방의
어머니와 양박의 아내는 아들과 남편의 은거를 잘 도왔다고 이를 만하
다. 충방은 끝내 만절(晚節)이 좋지 못해 그 명예를 상실했으니, 그 어
머니가 없어서였는가. 『금뢰자(金罍子)』

48) 위야(魏野)⁴²는 숨어 살며 벼슬하지 않았는데, 일찍이 이런 시를
읊었다.

有名閑富貴　명예가 있으면 부귀에 가리고
無事小神仙　일이 없으니 신선에 가깝네⁴³
洗硯魚吞墨　벼루 씻으니 고기가 먹물 삼키고
烹茶鶴避烟　차 끓이니 학이 연기를 피해 가네⁴⁴

진종(眞宗)이 여러 번 불렀으나, 나오지 않고 (사자에게) 말했다.
"구중(九重)⁴⁵의 단조(丹詔 조서)와 휴교(休教 교서)를 채봉(彩鳳)이 물
고 왔으나, 야인(野人)의 한 조각 마음은 이미 백운에게 붙들렸습니다."

42 위야(魏野, 960~1019)의 자는 중선(仲先), 호는 초당거사(草堂居士)이다.
43 이 두 구절은 송대(宋代) 왕수(汪洙)가 지은 시라고 알려져 있다.
44 제목이 「벗의 집 벽에 쓰다[書友人屋壁]」인데, 아래에 전문이 보인다.
45 굴원(屈原)의 제자 송옥(宋玉)이 지은 「구변(九辯)」에 "답답한 이 심정 어찌 군왕을 생각
지 않으랴만, 군왕의 궁문은 구중으로 닫혀 있네.[豈不鬱陶而思君兮 君之門以九重]"라
고 했다. 단조(丹詔)는 조서, 휴교(休教)는 교서(教書), 채봉(彩鳳)은 조서를 가져 온
사자를 가리킨다.

49) 송나라의 **관사복(管師復)**은 대대로 용천(龍泉)에 살면서 호원(胡瑗)과 종유하고 와운 선생(臥雲先生)이라 자호(自號)했다. 인종(仁宗)이 사복을 불러보고 물었다.

"경의 소득은 어떤 것인가?"

사복이 대답했다.

"언덕에 가득한 흰 구름은 갈아도 끝이 없고[滿塢白雲耕不盡] 못에 잠긴 밝은 달은 낚아도 흔적이 없는[一潭明月釣無痕] 것이 신의 소득입니다."

끝내 작명(爵命)을 받지 않았다. 『문기유림(問奇類林)』

50) 진종(眞宗)이 **위야(魏野)**를 부르자, 위야가 친구의 집 벽에 시를 썼다.

達人輕祿位　달인은 녹위를 가볍게 여기고
居處傍林泉　거처를 임천 이웃에 하네.
洗硯魚吞墨　벼루 씻으니 고기가 먹물 삼키고
烹茶鶴避煙　차 끓이니 학이 연기 피해 가네.
閑惟歌聖代　한가로이 성대를 노래하며
老不恨流年　늙어도 세월 가는 것 한탄하지 않네.
靜想閑來者　한가히 사는 사람 고요히 생각해 보니
還應我最偏　도리어 내가 가장 편하구나.

(그러고는 달아났다. 사신이 돌아와서 이 시를 아뢰니,) 상이 "야(野)가 오지 않겠구나." 하였다.

이에 앞서 상이 충방(种放)이 사는 곳을 그리게 한 적이 있었는데, (이때에 위야가 사는 곳의) 경치가 그윽하다는 말을 듣고는 또 그곳을 그리게 하였다. 이런 시도 있다.

易暗馴麋性 은자의 본성(本性)은 어두워지기 쉽고
難辨鬪鷄情 세상의 시비는 분별하기 어렵네.
妻喜栽花活 아내는 심은 꽃 피는 걸 즐기고
兒誇鬪草贏 아이는 풀싸움하기[46] 좋다고 자랑하네.

한적한 취미를 극진히 한 시이다. 『패해』

51) **임포(林逋)**는 항주(杭州) 고산(孤山)에 숨어 살면서 늘 학(鶴) 두 마리를 길렀다. 학을 둥지에서 내놓으면 하늘 높이 날아 구름 속으로 들어가 한참 빙 돌다가 내려와서는 다시 둥지 속으로 들어갔다. 임포는 늘 서호(西湖)에서 작은 배를 타고 여러 절들을 돌아다녔다. 포의 집에 방문하는 손님이 있으면 한 동자가 문에서 손님을 맞이해 앉히고는 학의 둥지를 열고 학을 날려 보냈는데, 얼마 뒤에 반드시 임포가 배를 저으며 돌아왔다. 학이 나는 것으로 손님이 왔다는 것을 알았기 때문이다.

후에 원나라 사람인 제거(提擧) 여겸(余謙)이 처사의 무덤에 지붕을 씌우고, 매화 수백 그루를 산에 심었으며, 그 아래에 정자를 세웠다. 고을 사람 진자안(陳子安)이 "처사의 아내는 매화이고 아들은 학이니, 어느 하나만 치우치게 들어 올릴 수 없다."고 하여, 학정(鶴亭)을 짓고 짝지어 주었다.[47] 『사문유취』

---

46 풀싸움은 단오에 여러 가지 풀을 뜯어다가 서로 비교하여, 다양한 풀들을 많이 뜯은 사람이 이기는 놀이이다. 구양수의 시 「부인각(夫人閣)」에 "오늘 아침 함께 모여 다투느라, 소매 가득 담은 온갖 풀이 향기롭구나.[共鬪今朝勝 盈襜百草香]"했다. 『고금사문류취(古今事文類聚)』권9 「투초희(鬪草戲)」

52) 곽연경(郭延卿)은 서경(西京) 사람인데, 젊어서부터 문정공(文定公) 장제현(張齊賢)·문목공(文穆公) 여몽정(呂蒙正)과 함께 문학과 행실로 고향에서 칭찬을 들었다. 장제현과 여몽정이 재상이 되어 번갈아 연경을 천거했으나, 연경은 나아가지 않고 그윽한 곳에 정자를 짓고 꽃과 나무를 심으면서 스스로 즐겼다.

그의 나이 80여 세 때 전유연(錢惟演)이 유수(留守)가 되었는데, 통판(通判) 사강(謝絳)·서기 윤수(尹洙)·추관(推官) 구양수(歐陽修)가 모두 당시의 명사들이었다. 하루는 전공이 막료들을 데리고 성을 나와 곽연경이 살고 있는 집에서 1리쯤 떨어진 곳에서 놀았는데, 전유연이 수행원을 떼어 놓고 연경을 방문했다. 이름을 말하지 않았는데도 연경이 흔연히 맞아들여 말했다.

"누추한 곳을 찾아오는 이가 드문데다, 평소 찾아온 사람 가운데 여러분같이 점잖은 손님이 없었으니, 이 늙은이가 매우 기쁩니다. 바라건대 잠시 머물면서 꽃 아래에서 한잔 하고 싶습니다."

질그릇 술잔과 과일과 채소를 내오자, 전유연도 그 야일(野逸)함을 좋게 여겨 가득 따르기를 사양하지 않았다. 얼마 뒤 관리가 유연의 앞에 나와 읍(揖)하고 아뢰었다.

"신패(申牌) 부사(府史)[48]와 아병(牙兵)[49]들이 이미 뜰 안에 가득히 모

---

47 이 항목의 마지막 단락은 다른 본에 없고, 문천본에만 실려 있다. 여겸이 지은 정자는 매정(梅亭)이기에 진자안이 학정(鶴亭)을 지은 것인데, 후에 이 정자 이름을 방학정(放鶴亭)이라 했다.

48 부사(府史)는 각 관부의 장관 밑에서 물품을 관리하고 문서를 작성하는 벼슬아치인데, 직위가 낮은 관리이다. 『주례』 「천관총재(天官冢宰) 서관(序官)」에 "부(府)는 창고 담당, 사(史)는 문서 담당"이라고 했다.

49 아병은 각 대오(隊伍)의 우두머리를 따라 다니는 병사이다. 아(牙)는 상아로 만든 대장기(大將旗)이므로, 대장을 따르는 본부병을 아병이라 했다.

였습니다."

연경은 천천히 말했다.

"공들께선 무슨 벼슬을 한 분들이기에 시종하는 관리가 이처럼 많습니까?"

윤수가 말했다.

"유수 상공(相公)이십니다."

연경이 웃으며 말했다.

"상공께서 야인(野人)을 방문하시리라는 것은 미처 생각지 못했습니다."

다들 함께 크게 웃고는, 연경이 말했다.

"여러분께서는 더 마실 수 있겠습니까?"

유연이 흔연히 그의 말을 받아들여 다시 술을 마셨다. (연경은 유연이 유수 상공임을 알고 나서도) 술상이 전보다 조금도 나아진 것이 없고 태연한 기색으로 담소했다. 날이 저물어 유연이 떠나자 연경이 문 앞에서 그를 배웅하며 말했다.

"나는 늙고 병들어 찾아가 고맙다고 인사할 수 없으니, 의아하게 여기지 마십시오."

유연의 무리가 수레에 오르며 망연자실했다. 유연이 이튿날 수행원을 돌아보고 말했다.

"이 사람이야말로 참으로 은자이다. 부귀 보기를 하찮게 여긴다."

감탄하기를 마지않았다. 『설부(說郛)』

53) 소동파(蘇東坡)가 남쪽으로 귀양 갈 적에 고개를 넘어 숲에 머물며 두 도인(道人)을 만났다. 도인들이 동파를 보고는 깊이 들어가 나오지 않았다. 동파가 압송 사자(押送使者)에게 말했다.

"이 안에 이인(異人)이 있으니 함께 들어가 보자."

들어가 보니, 몇 간 모옥(茅屋)에 두 도인의 의상(意象)이 소쇄(瀟灑) 해 보였다. 도인이 사신을 돌아보고 '이 사람이 누구냐'고 묻기에 소 학사(蘇學士)라고 대답하니, 도인이 말했다.

"그렇다면 소자첨(蘇子瞻)이 아닌가."

사신이 말했다.

"소학사는 당초 문장으로 뜻을 얻었으나 끝내 문장 때문에 뜻을 잃 었소."

도인들이 (서로 마주보며 웃고) 말했다.

"문장이 어찌 영욕을 얻고 잃게 할 수 있겠는가. 부귀(富貴)란 원래 성쇠(盛衰)가 있는 것이다."

동파가 말했다.

"어느 곳 산림엔들 도사가 없으리요만, (그 가운데 특이한 이로는) 여류(女流)에 춘몽파(春夢婆)[50]가 있고, 방외에 두 도인이 있다."

동파가 만난 사람 중에 어찌 그리 현자가 많은가. 『장공외기(長公外記)』

54) 송강(松江)의 한 어부(漁父)가 늘 작은 배를 저어 장교(長橋)를 왕래 하며 술을 마시고, 취하면 (뱃전을 두드리며) 더 바랄 것이 없다고 노래 했다. (소성(紹聖)[51] 연간에) 민중(閩中) 사람 반유(潘裕)가 서울에서 좌

---

50 소식이 담주(儋州)에 안치되자 땅을 사서 집을 짓는데 담주 사람들이 모두 도왔다. 때로 는 큰 바가지를 짊어지고 밭이랑 사이를 다니면서 노래했는데, 들밥 내는 노파가 "한림학 사(翰林學士)의 옛날 부귀영화가 한바탕 봄꿈이었습니다."라고 했다. 이에 소식이 노파 를 '춘몽파(春夢婆)'라고 했다. 『동파전집(東坡全集)』 「동파선생연보(東坡先生年譜)」

51 소성(紹聖)은 북송의 철종(哲宗)이 쓰던 연호인데, 1094년부터 1098년까지 5년간 사용 했다.

천되어 오(吳)를 지나다가 그 어부를 찾아가 말했다.

"선생은 몸을 깨끗이 하고 도덕을 닦으셨으니, 지금 성명(聖明)하신 임금께서 위에 계시는데 어찌 나아가 벼슬하지 않으십니까?"

어부가 웃으며 말했다.

"군자의 도는 혹 나아가 벼슬하기도 하고 혹 숨어 살기도 하는 것입니다. 내가 비록 암혈(巖穴)에 은거하지는 못했으나, (한나라 고조 때의 은사인) 동원공(東園公)과 기리계(綺里季)의 자취를 따르고 노자(老子)의 곡전(曲全)^{52}의 뜻을 사모합니다. 또 뜻을 수양하는 자는 형체를 잊는 것이고, 형체를 기르는 자는 영리를 잊는 것이며, 도를 이룩하는 자는 마음을 잊는 것이니, 마음과 형체를 잊는다면 벼슬 보기를 썩은 흙처럼 여길 뿐입니다. 나는 그대와 출처(出處)의 취향이 같지 않으니, 나의 일에 간여하지 마시오." 『작애집(灼艾集)』

55) 양적현(陽翟縣)에 두생(杜生)이라는 사람이 있는데 그 이름은 알 수 없고, 고을 사람들이 그를 **두오랑(杜五郞)**이라 부를 뿐이었다. 현(縣)에서 35리 떨어진 곳에 사는데 집이라고는 두 칸뿐이고, 집 앞에 한 길 남짓 되는 빈 땅이 있었다. 두생은 사립문을 나가지 않은 지가 벌써 30년이었다. 여양위(黎陽尉)가 일찍이 그를 방문해 문밖을 나가지 않는 이유를 물으니, 그가 문 앞의 뽕나무 한 그루를 가리키며 말했다.

"15년 전에 저 뽕나무 밑에서 더위를 식힌 적이 있었는데, 단지 일이 없어 우연히 나가지 않았을 뿐입니다."

'생활은 어떻게 하느냐'고 물으니, 두생이 말했다.

---

52 굽어 소용이 없는 나무는 사람이 베어 가지 않아 온전할 수 있다는 뜻으로, 자기를 굽힘으로써 자기의 몸을 온전히 할 수 있다는 노자(老子)의 가르침이다.

"날마다 남에게 택일(擇日)도 해주고 약도 팔아 죽으로 연명했는데, (자식이 농사짓고부터는 식량이 넉넉해져서 택일과 매약(賣藥)을 일체 하지 않습니다.)"

또 '평상시에 무엇을 하느냐'고 물으니, "단정히 앉아 있을 뿐입니다." 했다. 또 '책을 보느냐'고 물으니 말했다.

"20년 전에 『정명경(淨名經)』[53]을 보고 그 의론을 좋아한 적이 있었으나 지금은 잊었고, 그 책마저 어디에 있는지 알지 못한 지가 오래되었습니다."

그는 기품이 한가롭고 언사가 정간하니, 도가 있는 선비이다. (추위가 한창인데도 베옷에 짚신만 신고 방안에는 의자 하나만 있을 뿐이었다.) 『몽계필담(夢溪筆談)』

56) 순창산인(順昌山人)은 성명을 알 수 없고, (어떤 사람인지도 알 수 없다.) 정강(靖康)[54] 말년에 순창산 속으로 피난간 자들이 (산속 깊이 들어가다가 초가 한 채를 만났는데, 그 초가의 주인이 풍채가 단정해 서로 이야기를 해보니 사군자였다.) 그 주인이 괴이하게 여겨 물었다.

"여러분들은 무슨 일로 처자를 거느리고 여기까지 왔습니까?"

그 이유를 말해 주니, 주인이 다시 물었다.

"난리가 어디에서 일어났습니까?"

---

53 구마라즙(鳩摩羅什, 344~413)이 한역한 『유마힐소설경(維摩詰所說經)』을 가리키는데, 『불가사의해탈경(不可思議解脫經)』이라고도 하며, 간단히 줄여서 『유마경(維摩經)』이라고도 한다. 『승만경(勝鬘經)』과 함께 대승불교의 재가주의(在家主義)를 천명하는 불경으로 널리 보급되고 사랑받아 왔다.

54 정강(靖康)은 북송의 흠종(欽宗)이 쓰던 연호인데, 1126년부터 1127년까지 2년간 사용했다. 북송의 마지막 연호이다.

여러 사람들이 앞을 다투어 난리가 난 사정을 이야기해 주니, 주인
이 한참 탄식하다가 말했다.

"나의 아버지는 인종(仁宗) 때 사람인데 가우(嘉祐)[55] 말년부터 이곳
에 자리를 잡고 다시 나가지 않았습니다. 나는 희령(熙寧)[56] 연호가 있
는 것만을 알 뿐, 지금이 몇 년이 되었는지도 알지 못합니다."『설부』

57) 소운경(蘇雲卿)이 처음에 승상 장덕원(張德遠)과 친구였다. 송나라
가 (금나라에 밀려) 남도(南渡)한 뒤에 덕원은 귀하게 되고 현달했으나,
운경은 세상을 피해 동호(東湖)의 작은 섬에 초막을 짓고 살았다. 집이
가난해 자갈밭을 일구어 채소를 기르고 신을 만들어 먹고 산 지가 거의
30년이었다. 뒤에 덕원이 다시 재상이 되었을 적에 금백(金帛)의 예물
을 갖추어 예장(豫章) 수부(帥府)로 편지를 보내어 말했다.

"나의 친구 소운경이 그곳에 살고 있는데, 관중(管仲)·악의(樂毅)
같은 사람이니 간단한 편지로는 부를 수 없고 반드시 예로써 모셔야
한다."

수(帥)와 조(漕)[57]가 그 말대로 찾아가서 보고, 이튿날 관리를 보내어
운경을 맞아오게 했더니, 운경은 (편지와 예물은 펴 보지도 않은 채)
이미 달아나고 없었다. 『빈사전』

---

55 가우(嘉祐)는 북송의 인종(仁宗)이 마지막에 쓰던 연호인데, 1056년부터 1063년까지
    8년간 사용했다.
56 희령(熙寧)은 북송의 신종(神宗)이 처음에 쓰던 연호인데, 1068년부터 1077년까지 10년
    간 사용했다.
57 지방의 행정 가운데 안무(安撫)를 맡은 관원이 수(帥), 전운(轉運)을 맡은 관원이 조(漕)
    이다.

58) **여휘지(呂徽之)**는 만산(萬山) 가운데 신선처럼 살면서 밭을 갈고 고기를 잡아먹고 살았다. 하루는 돈을 가지고 부잣집으로 씨앗을 사러 갔는데, 마침 큰 눈이 내렸다. 동각(東閣)에 사람들이 모여 분운(分韻)하여 설시(雪詩)를 짓는데 어떤 사람이 '등(滕)' 자 운을 얻어 시를 이루지 못하고 고심하자, 휘지가 저도 모르게 실소하였다. 동각에 있던 사람들이 듣고서 웃은 이유를 묻자, 휘지가 어쩔 수 없이 말했다.

"나는 등왕(滕王)의 협접도(蛺蝶圖)를 생각했을 뿐이오."

여러 사람들은 비로소 탄복하고 휘지를 좌중으로 맞아들여, 등(滕) 자와 등(藤) 자의 운을 써서 시를 지으라고 청했다. 휘지가 즉시 붓을 잡고 시를 썼다.

天上九龍施法水　하늘의 구룡은 물길을 다스리고[58]
人間二鼠嚙枯藤　인간의 이서[59]는 등나무를 갉아먹네
鷺鵝聲亂功收蔡　목아 소리 어지러운데 채에서 공을 세웠고
蝴蝶飛來妙過滕　호접은 날아 등왕도(滕王圖)[60] 속을 지나네

여러 사람들이 다시 담(曇) 운을 써서 시를 지으라고 청하니, 휘지가

---

58 구룡은 물을 다스린다는 아홉 마리의 용이다. 명나라 하경명(何景明)이 지은 「구천행(九川行)」 시에 "상제가 구룡을 내려보내 이 강한을 다스려 안정시켰네.[帝遣九龍下 治此江漢安]"라고 했다.

59 인간이 오욕(五欲)에 집착되어 생사(生死)를 벗어나지 못하는 것이 마치 밤과 낮이 흘러 등(藤)나무 즉, 명근(命根)을 갉아먹는 것을 비유한 말이다. 낮은 흰 쥐이고 밤은 검은 쥐이다.

60 등왕은 당나라 이원영(李元嬰, ?~684)의 봉호이며, 등왕의 그림은 그가 그린 「등왕협접도(滕王蛺蝶圖)」를 가리킨다. 『선화화보(宣和畵譜)』에 "등왕 이원영은 당나라의 종실이다. 단청을 잘하였고 벌과 나비 그리기를 좋아했다. 주경원(朱景元)이 그가 그린 그림을 보고 칭찬하기를 '공교롭게 잘 그리는 외에 정묘한 이치를 남김없이 다했으니, 그 품격을 감히 평가하지 못하겠다.' 했다. 당나라 왕건(王建)이 지은 궁사(宮詞)에 '등왕협접도를 전해 얻었다.[傳得滕王蛺蝶圖]' 했으니, 바로 이것을 이른 것이다." 했다.

또 붓 가는 대로 썼다.

萬里關河凍欲含 만리 관하에 얼음이 덮였는데
渾如天地尙函三 혼연한 천지는 세 기운 머금었네
橋邊驢子詩何惡 다리 가 나귀 등에선 시상(詩想) 떠오르지 않고
帳底羔兒酒正酣 장막 아래서 양 잡아 취하도록 마셨네
竹委長身寒郭索 대나무 장신을 세우니 청고(清高)한 게이고
松埋短髮老瞿曇 소나무 단발을 묻으니 늙은 스님일세
不如乘此擒元濟 이때를 타 원제를 사로잡아[61]
一洗江南草木慚 강남의 부끄럼 씻는 것만 못하리

휘지가 쓰기를 마치고 곧 일어나 나왔다. 여러 사람들이 성명을 물었으나 대답하지 않고, 또 씨앗을 거저 주었으나 받지 않고 노해서 말했다.

"내 어찌 의롭지 않은 물건을 받겠소."

(기어이 돈을 주고 사서) 배를 저어 떠났다. (동각에 있던 사람들이) 어떤 사람을 보내어 그의 뒤를 밟게 했는데, 매우 외지고 멀므로 돌아올 길을 표지해 두었다. 눈이 갠 뒤에 그의 집을 찾아가니 오직 초가 한 칸뿐인데, 쌀통 속에 한 사람이 있었다. 그가 휘지의 아내인데, (날씨가 춥기 때문에 쌀통 속에 들어가 있었다.) 휘지가 어디 있는지 물으니 '시내로 고기 잡으러 갔다'고 했다. 시내로 갔더니, 휘지가 과연 찾아온 사람들을 보고 시내 건너편에서 말했다.

"여러분들은 먼저 집으로 가십시오. 내가 고기를 잡아 술과 바꾸어 여러분을 대접하겠습니다."

---

61 당나라 헌종(憲宗) 연간에 오원제(吳元濟)가 회서(淮西)에서 반란을 일으키자, 장군 이소(李愬)가 눈 오는 밤에 쳐들어가서 오원제를 사로잡았다.

얼마 뒤에 그가 고기와 술을 가지고 와서 손님들과 함께 실컷 즐겁게 마시고 헤어졌다. 돌아오는 길에 방문객들이 여관에서 묵었는데, 여관 주인에게 휘지 이야기를 하니, 주인이 기뻐하며 말했다.

"이 사람이 바로 내가 평생 만나보고 싶었던 사람이다."

이튿날 손님들과 헤어져 그들이 일러준 대로 주인이 길을 찾아가 보니 휘지는 이미 거처를 옮겼다. 『남촌철경록(南村輟耕錄)』

59) 호장유(胡長孺)는 특립독행(特立獨行)하여 모진 기한(飢寒)에서도 절조를 지켰다. 조자앙(趙子昂)[62]이 일찍이 나사도(羅司徒)를 위해 돈 1백 정(錠)을 가지고 가서 묘명(墓銘)을 부탁하자, 장유가 노해 말했다.

"내 어찌 환관을 위해 묘명을 짓겠는가."

그날 장유의 집에 양식이 떨어졌으므로 그 아들이 사정을 이야기하자 좌중의 여러 빈객들이 모두 그 돈을 받기를 권했으나, 장유는 더욱 완강히 물리쳤다. 일찍이 동양(東陽)으로 가는 채여우(蔡如愚)를 전송하는 글에,

"죽도 제대로 먹지 못하고 옷도 따뜻하지 않으나, 시를 읊는 소리는 오히려 종과 경쇠 소리 같다."

하고, 말했다.

"이것이 나의 비밀스러운 아름다운 양식이다." 『빈사전』

60) 태조(太祖)가 옛 친구 초모(焦某)를 여러 번 불러도 오지 않으므로, 사람을 시켜 그를 찾게 했다. 하루는 초(焦)가 닭과 술을 가지고 어가(御

---

62 자앙(子昂)은 조맹부(趙孟頫)의 자이다.

街)로부터 궁궐로 들어오니, 상이 기뻐서 광록시(光祿寺)에 음식을 장만하게 해 함께 술을 마시고 매우 즐거워했다. (술자리를 마친 뒤에 태조가) 금대(金帶)·은대(銀帶)·각대(角帶)를 내어 놓고 초에게 고르게 해 그가 고른 대(帶)에 따라 벼슬을 주려 했다. 초모가 각대를 취하자 천호(千戶)에 제수했는데, 며칠 뒤 초모는 고교문(高橋門)으로 나가 관(冠)과 대(帶)를 뽕나무에 걸어 놓고 떠났다. 『세설신어(世說新語)』

61) 소군(蘇郡)의 은사 왕빈(王賓)은 본디 요소사(姚少師)[63]와 친했는데, 그가 정난(靖難)에 참여하자 빈은 광효의 행위를 부끄럽게 여겨 그와 상대하지 않았다. 소사가 수행원을 물리치고 짧은 베옷을 입고 빈을 찾아가니, 빈이 문을 닫고 받아들이지 않았다. 소사가 간곡하게 청하니, 빈은 모르는 체하고 누구냐고 물었다. 소사가,

"바로 옛날의 도연(道衍)이다."

하니, 빈이 아무 대꾸도 하지 않았다. 소사가 큰 소리로,

"광암아! 옛날의 정분을 생각해서 노승을 한번 만나 달라."

하니, 왕빈이 대답했다.

"내가 지금 풀을 깎는 중이라 바빠서 만날 틈이 없다." 『미공비급(眉公祕笈)』

62) 오관(吳寬)이 소재(少宰)가 되어 산인(山人) 형양(邢量)을 방문하여 문을 두드리자, 형양이 말했다.

---

63 요소사(姚少師)는 태자소사에 임명된 요광효(姚廣孝, 1335~1428)를 가리킨다. 자는 도연(道衍)이다. 14세에 불문(佛門)에 들어갔다가, 태조(太祖)의 넷째 아들인 연왕(燕王) 즉 성조(成祖)를 도와, 태조의 황태손(皇太孫)으로 제위에 오른 혜제(惠帝)를 축출하고 정난(靖難) 일등공신에 책봉되었으며, 이때 광효라는 이름을 하사받았다. 『명사(明史)』 권145 「요광효열전(姚廣孝列傳)」

"나는 지금 막 밥과 국을 먹는 중이고, 공을 접대할 어린아이도 없으니 어찌하겠는가."

오관은 문밖에 앉아서 한참 기다리다가, 그가 밥을 다 먹은 뒤에야 들어가 만났다.

63) 왕경미(王敬美)가 관서(關西)를 여행할 때에 한음(漢陰)을 거쳐 자오곡(子午谷)으로 들어갔는데, 절벽은 높고 가파르며 숲은 우거져 무성했다. 시냇가 길에 두 노인이 지팡이를 짚고 가며 노래하는 것을 보고 소요자(逍遙者)라고 생각되어, 노인들에게 읍(揖)하고 물었다.

"어르신들은 무엇하는 분들입니까?"

"산중의 학구(學究)요."

"어떠하면 이렇게 자적(自適)할 수 있습니까?"

한 노인이 대답했다.

"힘써 밭을 갈아 곡식을 거두니 죽은 먹을 수 있고, 차조[秫]를 빚어 술을 담그니 친구를 부를 수 있소. 야수(野水)에 앉아 지나가는 구름을 구경할 뿐, 세상일은 하나도 듣지 않소."

또 한 노인이 대답했다.

"못을 파서 고기를 기르고 채마밭에 물 주어 채소를 가꾸며 자식을 가르쳐 글을 읽힐 뿐, 세금 독촉하는 관리를 알지 못하고 고을의 대부를 보지 않습니다."

왕경미가 일어나서 사례했다.

"참으로 태고(太古)의 백성이십니다." 『미공비급』

64) 진백사(陳白沙)[64]가 늘 오강재(吳康齋)[65]에게 『주역(周易)』의 의의(疑義)를 질문하니, 오강재가 말했다.

"청강(淸江)으로 가서 용담노인(龍潭老人)[66]을 찾으라."

백사가 그의 말대로 용담노인을 찾아가니, 용담노인이 비를 맞으며 도롱이에 삿갓을 쓰고 밭의 김을 매고 있다가 백사를 맞아 집으로 돌아왔다. 책상을 가운데 놓고 마주앉아 (이틀 밤을 새워가며) 의의를 변론하고 분석하니, 백사가 탄복했다. 백사가 돌아간 뒤에 용담이 아이들에게 말했다.

"오강재는 나를 아끼는 사람이 아니다."『지비록(知非錄)』

65) 심석전(沈石田)[67]이 집을 나섰다가 비를 만나 옆에 있는 농장에 배를 대었는데, 늙은 농부가 꾸짖으며 가라고 했다. 석전이 "나는 좋은 사람이오."라고 말하자, 늙은 농부가 말했다.

"좋은 사람이 어찌 6월에 나돌아다닌단 말이오?"

석옹(石翁)이 듣고서 크게 깨닫고, 이때부터는 한여름 더울 때에는 나돌아다니지 않았다. 그가 늘 말했다.

"그곳의 늙은 농부가 나를 이끌어준 스승이다."[68]

---

64 백사(白沙)는 진헌장(陳獻章, 1428~1500)의 호이고, 자는 공보(公甫)이다.

65 강재(康齋)는 정주학자 오여필(吳與弼, 1391~1469)의 호로, 초명은 몽상(夢想), 자는 자부(子溥)이다. 나이 19세에 '이락연원도(伊洛淵源圖)'를 보고서 흠모해 과업을 그만두고 학문에 몰두했다. 천순(天順) 초에 좌춘방(左春坊)·좌유덕(左諭德)에 임명되었으나 사양하고 나가지 않았으며 실천궁행(實踐躬行)을 종지로 하여 숭인학파를 열었고, 저서로는 『강재문집(康齋文集)』이 있다.

66 용담노인은 명나라 은사 진해옹(陳海翁)의 호인데, 강서성 청강(淸江) 사람이다.

67 석전은 명나라 때 은사인 심주(沈周)를 가리킨다. 심주는 시·서·화에 모두 뛰어났고 풍류가 당세에 제일이었는데, 벼슬하라는 권유를 받았으나 효성이 지극해 늙은 모친을 떠날 수 없다는 이유로 끝내 사양했다. 『명사(明史)』 권298

68 65번은 문천본에만 실려 있다.

권2

고일(高逸) - 세속의 굴레를 벗다

1) 전국시대(戰國時代)의 인재는 마땅히 **노중련(魯仲連)**을 제일로 삼아야 한다. 그가 진(秦)나라를 물러가게 하고도 조(趙)나라의 상을 받지 않고[1], 요성(聊城)을 항복시키고도 제(齊)나라의 벼슬을 좋아하지 않으면서[2] 세상을 우습게 보고 제 뜻대로 행동한 것을 보면, 초연히 팔극(八極)[3]을 벗어나려는 뜻이 있었던 것이다. 후세에는 오직 이태백(李太白)만이 그를 알아보았다. 그 시에,

> 齊有倜儻生 제나라에 출중한 사람이 있으니
> 魯連特高妙 묘한 재주 빼어난 노중련일세.

---

1 노중련(魯仲連)이 조(趙)나라에 있을 때 진(秦)나라가 조나라를 포위했는데, 제후들이 진나라의 위세를 겁내어 진나라를 황제로 추대하려 했다. 그러자 노중련이 평원군(平原君)을 도와 그 일을 막고 진나라 군사가 물러나게 했다. 평원군이 그 일에 대한 사례로 그에게 봉지(封地)를 주려 했으나, 노중련은 세 번이나 사양하고 받지 않았다. 『사기(史記)』 권83 「노중련열전」

2 연(燕)나라가 제(齊)나라의 요성을 공격하여 취했는데, 전단(田單)이 그 성을 공격했으나 항복시키지 못했다. 그러자 노중련이 연나라 장수에게 보내는 편지를 화살에 매달아 성중으로 쏘아보내니, 연나라 장수가 그 편지를 보고 사흘을 울다가 자살했으므로 제나라가 그 성을 취했다. 전단이 그의 공을 높이 여겨 벼슬을 주려 했으나 그는 사양하고 바닷가로 은거했다. 『사기』 권83 「노중련전」

3 팔방(八方)의 아주 먼 곳으로 천하의 끝을 가리킨다.

明月出海底　바다에서 솟아오른 명월주처럼
一朝開光耀　하루아침에 광채를 뿌렸네.[4]

했고, 또,

獨立天地間　하늘과 땅 사이에 홀로 우뚝 서니
淸風洒蘭雪　맑은 바람이 난설을 씻어내는구나.

했으니, 노중련의 신채(神彩)를 제대로 전해주었다고 하겠다. 이백은 본래 그 인품과 기상이 초매(超邁)하여[5] 자신이 노중련과 같은 기상이 있었기 때문에 능히 그것을 알아서 이와 같이 표현했던 것이다. 『장설소췌(藏說小萃)』

　2) 한나라 말기에는 고사(高士)들이 많았다. **엄광(嚴光)**은 만승(萬乘)의 천자에게조차 거만하게 대하고 부춘산(富春山)으로 돌아가 낚시질했다.[6] 이태백(李太白)의 시에 이른바,

---

4　『이태백문집』권1에 실려 있는 「고풍(古風)」이다. 노중련이 조(趙)나라에 머물러 있을 적에 진(秦)나라가 조나라의 수도인 한단(邯鄲)을 포위했다. 그때 조나라에 와 있던 위(魏)나라의 신원연(辛垣衍)이 조나라로 하여금 진나라 왕을 황제로 추대해 군대를 철수하게 하려고 했다. 그러자 노중련이 신원연을 만나서 진나라가 무도한 나라임을 역설한 뒤에, "만일 진나라를 황제로 추대한다면 나는 동해에 빠져 죽을지언정 진나라 백성이 되지는 않을 것이다."라고 하며 중지시키니, 진나라 군사들이 퇴각했다. 『사기』권83 「노중련열전」

5　이백이 젊은 시절 강릉(江陵)에 갔다가 천태산의 도사 사마승정(司馬承禎)을 만났는데, 그가 이백에게 "선풍도골이 있어 함께 팔극(八極) 밖에 신유(神遊)할 만하다."라고 칭찬했다.

6　엄광은 어려서 후한 광무제(後漢光武帝)와 함께 수학한 친구였다. 광무제가 즉위한 뒤에 은거하고 나오지 않았는데, 광무제가 그를 널리 찾아서 벼슬을 주었으나 받지 않았다. 광무제는 그를 어질게 여겨 친구로 대해 머물러 두려 했으나, 그는 부춘산(富春山)에

淸風洒六合 맑은 바람 육합(六合)[7]을 씻어내니
澈然不可攀 아득한 기상을 감히 오를 수 없네

한 것은 거의 그 기상을 안 표현이라 하겠다. 그 다음가는 사람으로는
황숙도(黃叔度)[8]와 서유자(徐孺子)[9]가 그 기풍을 이을 만하다. 이보다 아
래로 혜숙야(嵇叔夜)[10]는 향기로운 티끌을 밟는 듯한 기상이 있다고 하
겠으나, 때로 세속과 어울리지 못하는 뾰족한 성품이 있어 난세에 죽
임을 당했으니 애석하다. 진(晉)나라 이후에는 '고사(高士)가 한 사람도
없다.'고 말할 수 있다.

3) 왕우군(王右軍)은 관직에서 물러난 뒤에 동토(東土)의 인사들과 산
수 사이에 노닐면서 낚시질과 사냥을 즐겼다. 또 도사 허매(許邁)와 함
께 복식법을 수련하며 이름난 약초들을 캐러 다녔다. 천리도 멀다 하
지 않고 동중(東中)의 여러 고을에 있는 이름난 산들을 유람하고는, 탄
식하며 말했다.

"내가 즐거운 마음으로 여기에서 한평생을 마치리라."『소창청기(小窓淸記)』

4) 이흠(李廞)은 무증(茂曾)의 다섯째 아들로 청정(淸貞)하고 절조가

은거해 낚시질로 한평생을 마쳤다. 『후한서(後漢書)』 권113 「엄광열전」
7 『한서(漢書)』「양웅전 하(揚雄傳下)」 주(注)에 "사고(師古)는 이르기를, '육합은 천지사
   방을 이른다.[師古曰 六合 謂天地四方]'"했다.
8 숙도(叔度)는 황헌(黃憲)의 자이다.
9 유자(孺子)는 서치(徐穉)의 자이다.
10 숙야(叔夜)는 혜강(嵇康)의 자이다. 혜강은 위(魏)나라 죽림칠현(竹林七賢)의 한 사람인
   데, 종회(鍾會)와 사사로운 원한이 있어 그의 참소를 받아 죽임을 당했다. 『진서(晉書)』
   권39

있었으나, 젊어서부터 병약해 혼인도 하지 않고 벼슬도 하지 않았다. 임해(臨海)에 있는 형 시중(侍中 이식)의 무덤 아래에서 살았다. 그의 명성이 높아져 승상인 왕도(王導)[11]가 그를 승상부의 속관으로 불러서 벼슬을 주려 하자, 이흠이 그 전명(牋命)을 받고 웃으며 말했다.

"무홍(茂弘)이 또 벼슬 하나로 사람을 빌리려 한다."『세설신어보』

5) 완광록(阮光祿)[12]이 동산(東山)에 있을 때 아무런 일없이 적막하면서도 항상 자족한 마음으로 지냈다. 어떤 사람이 그에 대해 왕우군(王右軍)에게 물으니, 우군이 말했다.

"이 사람은 거의 총애나 모욕에 놀라지 않으니, 비록 옛날의 침명(沈冥)한 사람이라도 어찌 이보다 더할 수 있겠는가."『세설신어보』

6) 하표기(何驃騎)[13]의 아우인 하준(何準)은 높은 뜻을 품고 세상을 피했는데, 표기가 그에게 벼슬하기를 권하자 이렇게 대답했다.

"저의 '다섯째[第五]'라는 이름이 어찌 형님의 표기(驃騎)라는 명칭보다 못하겠습니까."『세설신어보』

---

11 진(晉)나라 재상 왕도의 자는 무홍(茂弘)으로, 어려서부터 식견과 도량이 있었다. 세 조정을 두루 섬기면서 나아가서는 장수가 되고 들어와서는 정승이 되어 충성을 다해 많은 공을 세웠다. 관직이 태부(太傅)에 이르렀으며, 죽은 뒤에는 문헌(文獻)이라는 시호를 받았다. 『진서(晉書)』권65 「왕도열전(王導列傳)」

12 광록(光祿)을 지낸 진(晉)나라 완유(阮裕)를 말한다. 성품이 호방하고 덕행으로 이름난 사람으로, 한때 대장군 왕돈(王敦)의 주부(主簿)가 되어 그의 각별한 대우를 받았다. 그러나 그가 반역할 마음을 품은 것을 알고는 온종일 술에 취해 직무를 보지 않자, 왕돈이 사람을 잘못 보았다 하여 율양령(溧陽令)으로 내쫓았다가 다시 파면시켰는데, 이로 인해 왕돈의 재난을 모면했다. 그 뒤에 조정에서 여러 번 불렀으나 대부분 은거하고 나가지 않았다. 『진서(晉書)』권49 「완유전(阮裕傳)」

13 표기장군(驃騎將軍)을 지낸 하충(何充)을 말한다.

7) 장목지(張牧之)는 죽계(竹溪)에 은거해 세상과 사귀기를 즐겨하지 않았다. 손님이 찾아오면 대나무 울타리 사이로 어떤 사람인가를 엿보아, 운치 있고 훌륭한 사람만 불러서 자기 배에 태우거나 혹 스스로 배를 저으면서 그와 담소했다. 속된 사람들은 열이면 열 모두 그를 볼 수 없었으므로, 그에 대한 노여움과 비난이 끊일 날이 없었지만 조금도 개의하지 않았다. 『하씨어림』

8) 묵지(墨池)는 남창현(南昌縣)에 있는데, 수죽(水竹)이 그윽하고 울창하다. 왕우군(王右軍)이 임천군(臨川郡)을 맡고 있을 때 이곳을 찾았다. (그때마다 그 주위를 맴돌면서 떠나지 못했으므로 묵지라는 이름을 붙였다.)

이보다 앞서 매복(梅福)이 연꽃을 심었는데 못 가운데 꽃이 피자 탄식했다.

"생(生)은 나의 괴로움이 되고 몸은 나의 질곡(桎梏)이 되며, 형(形)은 나의 치욕이 되고 아내는 나의 누(累)가 되는구나."

드디어 아내를 버리고 홍애산(洪崖山)으로 들어갔다. 『광흥지(廣興志)』

9) 강담(江湛)이 왕경현(王景玄)을 이부랑(吏部郎)으로 천거하자, 왕경현이 강담에게 편지를 보냈다.

"엄군평(嚴君平)이 '나의 명성을 내는 것은 내 몸을 죽이는 것이다.' 했는데, 천작(天爵)은 명성이 없도록 해야 얻을 수 있는 것이니 어찌 이부랑이 되겠는가. (그 천거가 비루하다 하겠고 그 하는 일이 정당하지 못하니, 비단 진신(搢紳)들만 그르게 여길 뿐 아니라 복첩(僕妾)들까지도 다 비웃을 것이다.)"

그리고는 강담과 절교하고, 10여 년 그 문턱을 넘어선 일이 없었다.

(담장으로 둘러친 집에는 이끼와 풀이 뜨락을 덮을 정도였다.)『하씨어림』

10) **풍영통(馮靈通)**[14]은 본디 산수를 즐기는데다 생각이 정교했는데, (그가 바위와 숲 사이에 얽은 집이 거처하고 노닐기에 매우 적합했기에 명성이 퍼졌다.) 세조(世祖)가 그 비용을 하사하고 사문승통(沙門僧統)인 승섬(僧暹)·하남윤(河南尹) 견침(甄琛)과 함께 높은 산의 형승지를 두루 살펴서 한가롭게 머물 절을 짓도록 하였다. 그가 지은 절은 임천(林泉)이 기이하고 건축술도 훌륭해 산속에 거처하는 묘미를 완벽하게 드러냈다. 『소창청기』

11) **왕무공(王無功)**[15]이 하수(河水) 가에 밭 16경(頃)이 있었는데, 노비 몇 사람에게 기장을 심게 했다. 봄·가을로 술을 빚게 하고, 오리와 기러기를 기르고 약초를 심어 자공(自供)을 삼았다. (중장자광(仲長子光)이란 은자와 함께 복식법(服食法)으로 본성을 길렀으며, 형제가 보고 싶으면 즉시 하수를 건너서 집에 돌아가곤 했다. 북산(北山) 동고(東皐)에 노닐었는데, 저서를 짓고는) 스스로 동고자(東皐子)라고 했다. 『유후당서(劉昫唐書)』

12) **무유서(武攸緒)**[16]는 측천무후(則天武后)의 조카이다. 성품이 담백

---

14 영통(靈通)은 후한의 인물 풍량(馮亮)의 자이다. 풍량이 나이 30세에 현위(縣尉)의 보좌관이 되어 독우(督郵)를 영접하러 가다가 미천한 일을 하는 것이 부끄럽게 여겨져, 수레를 부수고 말을 죽이고 의관을 찢어버리고 도망쳐서 건위(犍爲)에 가서 두무(杜撫)에게 수학했다. 『후한서(後漢書)』권83「주섭열전(周燮列傳)」

15 무공(無功)은 당나라 왕적(王績)의 자이다. 그는 술을 좋아하여「취향기(醉鄕記)」를 지어 유령(劉伶)의「주덕송(酒德頌)」에 비겼고,「오두선생전(五斗先生傳)」을 지어 도잠(陶潛)의「오류선생전(五柳先生傳)」에 비겼다.

하고 욕심이 적어 날마다 『주역(周易)』과 노자(老子) 장자(莊子)의 책을 읽으면서 즐겁게 지냈다. 용문(龍門) 소실(少室)에 은거했으며, 겨울에는 띠와 산초로 집을 짓고 여름에는 돌집에 거처했다. 만년에도 피부에 윤기가 가득했으며, 눈동자에서 자광(紫光)이 쏟아져 나와 낮에도 별을 볼 수 있었다. 『유후당서』

13) 이태백(李太白)[17]이 말했다.

"내가 어렸을 때, 선대인(先大人)이 나에게 「자허부(子虛賦)」[18]를 외우도록 했으므로 내가 그를 마음속으로 사모했다. 그래서 장성한 뒤에 남쪽으로 운몽(雲夢)을 유람하고 칠택(七澤)[19]의 장엄한 경관을 보았으며, 안륙(安陸) 지방에서 술로 지내며 10여 년이나 은거했다." 『이한림집(李翰林集)』

14) 원덕수(元德秀)의 호는 노산(魯山)인데, 방관(房琯)이 탄복했다.

"자지(紫芝)[20]의 미목(眉目)은 보는 사람으로 하여금 명리(名利)에 대

---

16 무유서는 당나라 무후(武后)의 친정 조카인데, 성품이 깨끗하고 욕심이 없어 무후가 정권을 잡자 벼슬을 버리고 숭산(嵩山)에 숨어 살았다. 그 후 무후의 세력이 패하여 그 일족이 화란(禍亂)을 당했으나 무유서만은 홀로 화를 면했다.

17 이태백(李太白)은 당나라 시인 이백(李白)의 자이고, 호는 청련거사(靑蓮居士)이다.

18 한나라 문인 사마상여가 지은 「자허부(子虛賦)」에 "가을에 청구(靑丘)에서 사냥하고 멀리 동해 밖에서 자유로이 노닐며 운몽택과 같은 8~9개의 큰 늪을 목구멍에 삼켜도 가슴에 전혀 막히지 않는다." 했는데, 자신의 도량이 넓은 강산에 견줄 만하다는 뜻이다. 운몽택은 호북(湖北) 안륙현(安陸縣) 남쪽에 위치하였던 초(楚)나라의 이름난 큰 늪의 이름이다. 『사기(史記)』 권117 「사마상여전(司馬相如傳)」

19 사마상여가 지은 「상림부(上林賦)」에, "초나라에 칠택이 있고 그중에 하나인 운몽택은 사방이 9백 리인데, 운몽택 같은 것 여덟아홉 개를 삼켜도 내 가슴속에 조금도 걸리지 않는다.[楚有七澤, 其一曰雲夢, 方九百里, 呑若雲夢者八九, 其於胸中曾不蔕芥.]" 했다. 역시 광대한 포부가 있음을 말한 것이다.

한 마음이 모두 사라지게 만든다."

천하 사람들이 모두 그 행실을 높게 여겼으며, 서적이 시렁에 가득했으나 벼슬에서 떠날 때는 짐수레를 타고 갔다. 죽은 뒤에는 오직 이 부자리와 밥그릇뿐이었다. 육십 평생에 여색을 가까이한 일이 없었다. 『유후당서』

15) 장자동(張子同)²¹은 부모상을 마친 뒤에는 다시 벼슬하지 않고 강호(江湖)에 살면서 연파조도(煙波釣徒)라고 자칭하였다. 또 『현진자(玄眞子)』라는 책을 짓고, 그 제목으로 호를 삼았다. 그 형인 장학령(張鶴齡)이 그가 세상을 피해서 은거해 버릴 것을 걱정해서 월주(越州)의 동곽(東郭)에 집을 지어주었는데, 생초로 이엉을 하고 들보와 서까래는 다듬지 않은 생나무를 썼다. 항상 낚시를 드리우고 있었으나 미끼를 쓰지 않았으니, 그 뜻이 고기에 있지 않았던 것이다. 황제가 노(奴)와 비(婢)를 각각 한 사람씩 내려주었는데, 지화가 그들을 부부로 짝지어 주고 각각 어동(漁童)과 초청(樵靑)이라고 이름을 붙여 주었다. 육우(陸羽)가 물었다.

"자네와 왕래하는 사람이 누구인가?"

그가 대답했다.

---

20 자지(紫芝)는 원덕수의 자이다. 평소 효성이 지극했으며, 명리에 마음을 두지 않고 산수와 풍류를 즐기며 지냈다. 노산령(魯山令)으로 있으면서 많은 선정을 베풀었고, 벼슬에서 돌아올 때는 짐수레를 타고 왔다. 문인들이 문행 선생(文行先生)이라는 사시(私諡)를 바쳤다. 『구당서(舊唐書)』 권190하 「원덕수열전(元德秀列傳)」

21 자동(子同)은 당나라 장지화(張志和)의 자이다. 어릴 적 이름은 귀령(龜齡)이었는데, 나이 16세에 명경과(明經科)에 급제하고 숙종(肅宗)으로부터 총애를 받으면서 지화(志和)라는 이름을 하사받았다. 산수화를 잘 그렸으며 안진경(顔眞卿)과 친했다. 『당서(唐書)』 권196 「은일(隱逸)」

"태허(太虛)가 집이 되고 명월(明月)이 촛불이 되어 온 세상의 모든 사람들과 함께 살아 잠시도 이별한 일이 없는데, 어찌 왕래하는 것이 있겠는가."

안진경(顔眞卿)이 호주 자사(湖州刺史)가 되었을 때 장지화가 가서 뵈니, 안진경이 그의 배가 낡아 새는 것을 보고 고쳐 주려고 했다. 그러자 지화가 말했다.

"제 소원이 바로 배를 집으로 삼아[浮家泛宅] 소계(苕溪)와 삽계(霅溪) 사이를 오가는 것입니다."

이덕유(李德裕)가 장지화를 칭송했다.

隱而有名　은거하고 있어도 명성이 있고
顯而無事　현저하면서도 무사하다.
不窮不達　궁(窮)한 것도 아니고 달(達)한 것도 아니니,
嚴光之比　한나라 엄광(嚴光)에 비길 수 있으리라.

16) 이병부(李兵部)[22]는 (본디 현기(玄機)를 헤아릴 줄 알아 그 기상이 심원하고 엄숙했다. 또 덕행이 높을 뿐 아니라 산수의 운치가 있었으며,) 금도(琴道)와 주덕(酒德)이 다 한 시대에 빼어났다. 여색을 가까이 하지 않았고 (성품이 다른 사람과 사귀기를 즐겼으나, 세속의 이야기를 즐기지 않았다. 아침에 일어나 머리를 싸매고 손님과 공놀이를 하면 한 달이 금방 지나가곤 했다.) 그는 고기(古器)를 많이 비축했다. 호주(湖州)에 있을 때 고철(古鐵) 한 조각을 얻었는데, 그것을 치면 소리

---

22 병부원외랑(兵部員外郞)을 지낸 당나라 시인 이약(李約)을 말하는데, 자는 존박(存博), 자호는 소제(蕭齋)이다. 원화(元和) 연간에 벼슬이 병부원외랑에 이르렀다. 매화그림을 잘 그렸고, 글씨에 능했다고 한다.

가 몹시 청아했다. 또 원숭이를 한 마리 길렀는데 산공(山公)이라고 이름을 붙이고 항상 데리고 다녔다. 달밤에 강에 배를 띄우고 금산(金山)에 올라 쇳조각을 두드리고 거문고를 타면 원숭이가 반드시 휘파람으로 화답했다. (새벽까지 술잔을 기울였는데, 꼭 손님이 있어야 그렇게 하는 것은 아니었다.) 『하씨어림』

17) 백부(白傅)[23]가 동도(東都)에서 분사(分司)[24]하고 있을 때 날마다 시와 술을 즐겼다. 상서(尚書) 노간사(盧簡辭)의 별장이 이수(伊水) 근처에 있었는데, 정자와 누각이 매우 훌륭했다. 그가 한겨울에 여러 자질(子姪)들을 데리고 그곳에 올라 숭산(嵩山)과 낙수(洛水)를 멀리 바라보다가, 얼마 뒤에 싸라기눈이 조금 내리자 전에 금릉(金陵)을 진수(鎭守)하던 시절 일을 이야기했다.

"그때 강남의 산수가 좋아 그곳 사람과 조각배를 띄우고 고채(菰菜)와 농어를 먹던 기억을 잊을 수가 없다. 그때 홀연히 두 사람이 사립을 쓰고 물가를 따라 내려오기에 배를 끌고 가까이 가보니, 그 배 앞에 푸른 장막이 쳐 있고 그 가운데 흰 옷을 입은 사람이 승려와 함께 앉아 있었다. 배의 뒷전에는 작은 자라가 있고, 구리로 만든 시루에 불을 피우고 있었다. 어린 동자가 고기를 삶고 차를 끓이는데 뱃전에 물결이 부서지고 있었다. 배 안에서 이야기소리와 웃음소리가 한창 진진하기에, 내가 그들의 고일(高逸)함에 탄복했지만 어떤 사람인지를 몰랐다. 물으니, '백공(白公)이 불광(佛光)이라는 승려와 함께 건춘문(建春門)

---

23 백부(白傅)는 태부(太傅)를 지낸 백거이(白居易)를 말한다.
24 분사(分司)는 중앙에 있는 한 관아의 사무를 나눠 맡기 위하여 따로 설치한 관아를 말한다. 당나라 때 낙양을 동도(東都), 장안(長安)을 서도(西都)라고 불렀다.

에서 나와 향산정사(香山精舍)로 가는 길입니다.' 했다."『태평광기』

18) 백낙천(白樂天)²⁵이 동도(東都)에 있을 때 이도리(履道里)에 살았다. 그 집에 못이 있어 배를 띄울 만했는데, 백낙천이 늘 손님을 모아 배에 앉히고 수십 수백의 유낭(油囊)에 고기구이를 매달아 물속에 잠기게 한 뒤에 배를 타고 놀다가 하나씩 다 먹고 나면 좌우에서 차례대로 유낭을 치웠고, 술자리가 끝나면 잔치도구를 도로 물속에 저장해 두었다. 『하씨어림』

19) 최당신(崔唐臣)은 민중(閩中) 사람인데, 소자용(蘇子容)²⁶·여진숙(呂晉叔)과 함께 배우면서 친하게 지냈다. 소자용·여진숙만 과거에 합격하자 최당신은 실망해서 과거 공부를 그만두었다. 그 뒤 소자용과 여진숙이 삼관(三館)²⁷에 들어가 함께 말을 타고 나와 변수(汴水)의 둑을 따라가다가, 한 선비가 작은 배의 창 아래 앉아 있는 것을 보니 바로 최당신이었다. 급히 그에게 다가가서 인사하고 이별한 뒤 어떻게 지냈는지를 물으니 이렇게 대답했다.

"처음에 행랑을 뒤집어보니 돈이 천백(千百)은 되기에 그 반으로 이 배를 사서 강호를 왕래하며, 나머지 반으로 시중에서 잡화(雜貨)를 사서 일용으로 하고 있네. 노를 젓는 대로 쑥대처럼 떠다니고 있지만,

---

25 낙천(樂天)은 당나라 시인 백거이(白居易)의 자이다.

26 자용(子容)은 송나라 문인 소송(蘇頌)의 자이다. 진사 출신으로 집현전 교리(集賢殿校理)·우복야(右僕射)·중서문하시랑(中書門下侍郎) 등을 지냈고, 저서로는『신의상법요(新儀象法要)』가 있으며, 『본초강목』을 편찬했다. 『송사(宋史)』 권340 「소송열전(蘇頌列傳)」

27 송나라의 삼관은 소문관(昭文館)·사관(史館)·집현전(集賢殿)으로, 모두 문장을 잘하는 관원이 거쳐가는 관서이다.

과거를 보아 벼슬을 구하던 때보다 오히려 낫네."

두 사람이 그를 데리고 함께 돌아가려 했으나 듣지 않으면서 단지 관직과 거처하는 곳을 물었다. 다음날 다시 관청에서 돌아와 보니 최당신이 집에다 명함을 두고 갔으므로 다시 그가 있던 곳을 찾아갔다. 그러나 그 배는 이미 떠나가고 없었다. 그래서 돌아와 그가 두고 간 명함을 살펴보니, 이름 밑에 가느단 글자로 절구 1수가 적혀 있었다.

集仙仙客問生涯 집선전(集仙殿)의 선객이 내 생애를 물으니
買得漁舟度歲華 고깃배를 사서 세월을 보낸다네.
案有黃庭尊有酒 책상엔 황정경(黃庭經)이 있고 술통엔 술이 있으니
少風波處便爲家 바람 따라 흐르는 곳이 바로 내 집이라네.

『용재수필(容齋隨筆)』

20) 양적(陽翟)의 **신군(辛君)**은 (선배들 가운데 어진 사람이다. 어려서 아버지의 덕으로 벼슬을 얻었으나 은거하고 벼슬하지 않았다. 그는) 승상 소자용(蘇子容)의 처남이고, 이정(二程)[28] 선생의 외숙(外叔)이다. 소승상이 자주 그를 불렀으나 나가지 않았다. 이천(伊川) 정이)이 원풍(元豐)[29] 연간에 낙중(洛中)으로부터 와서 영창(潁昌)에 있는 한지국(韓持國)[30]을 방문했는데, 양적을 지날 때는 반드시 신군의 집에서 10여 일씩 머물곤 했다. (그의 집에는 7칸짜리 대옥(大屋)이 있었는데, 집 뒤에는 온통 기이한 꽃과 풀들이 피어 있어 평생 스스로 즐겼다.) 『와유록(臥遊錄)』

---

28 이정(二程)은 정호(程顥)·정이(程頤) 형제를 가리킨다.

29 원풍은 북송 신종(神宗)의 마지막 연호로, 1078년에서 1085년까지 8년간 썼다.

30 지국(持國)은 송나라 학자 한유(韓維)의 자이다.

21) 전승군의 초가집이 난산(亂山)에 있었는데, 앞에는 대나무가 있고 옆에는 시내가 흘렀다. 그 시냇가에 큰 돌이 하나 있었는데, 그 앞뒤에 배나무와 대추나무를 심었다. 날마다 두 아우와 함께 대숲을 지나 시내를 건너다니다가 지치면 그 돌 위에 앉거나 풀 위에서 쉬었다. 갈건(葛巾)과 짚신 차림으로 시를 읊조리면서 돌아왔는데, 그 흥취가 늙음과 근심을 잊어버릴 만했다. 『소창청기』

22) 소양직(蘇養直)³¹은 경구(京口)와 소흥(紹興) 사이에 은거했다. 서사천(徐師川)³²과 함께 부름받았으나 나아가지 않았다. 서사천이 조정에 나아갈 때 소양직이 사는 곳을 지나게 되었는데, 그곳에 머물러 여러 날을 함께 술 마시며 즐겼다. 두 사람은 평소에 서로 바둑 상대였는데 서사천의 수가 소양직보다 높았다. 이날 소양직이 한 알을 놓으면서 서사천에게 말했다.

"오늘은 자네가 이 늙은이의 이 한 점에 양보해야 할 걸세."

서사천의 얼굴이 부끄러운 빛이 되었다. 『학림옥로(鶴林玉露)』

23) 주희진(朱希眞)³³은 가화(嘉禾)에 살았는데, 어느 날 친구들과 어울리다가 연파(煙波) 사이에서 들려오는 피리소리를 들었다. 같이 가던 사람이 말했다.

"이것은 우리 선생님이 부는 피리소리입니다."

얼마 뒤에 피리 분 사람이 작은 배를 저어 왔으므로, 모두 함께 그의

---

31 양직(養直)은 소상(蘇庠)의 자이다.
32 사천(師川)은 서부(徐俯)의 자이다.
33 희진(希眞)은 주돈유(周敦儒)의 자이다.

집으로 갔다. 당(堂) 안에 금(琴)이나 축(筑), 완함(阮咸)[34] 같은 악기들이
걸려 있었는데, (모두 주희진이 평소 마음에 두었던 것들이었다.) 처마
사이에는 진기한 새들을 기르고 있었는데 (일찍이 한 번도 본 적이 없
는 새들이었으며, 방 안의) 청자(靑瓷)에는 과일과 안주거리들이 담겨
있었는데 손님이 오면 그것을 집어서 대접했다. 그가 시를 지었다.

靑羅包髻白行纏 청라로 상투를 싸고 흰 행전으로 발을 쌌으니
不是凡人不是仙 이는 범인도 아니고 신선도 아닐세.
家在洛陽城裏在 집은 낙양성 안에 있는데
臥吹銅笛過伊川 누워서 구리 피리 불며 이천을 지나네.[35] 『옥호빙(玉壺氷)』

24) 예운림(倪雲林)[36]의 집에 청비각(淸閟閣)이 있었는데, 깊고 아늑해
속세의 티끌이 없었다. 그 안에 서책 수천 권이 있었는데 모두 그가
손수 교정한 것이었으며, (경사(經史) 제자(諸子)로부터 석로(釋老)의 글
까지 모든 서책을 날마다 읊조렸다. 그 집안에는) 옛날 정이(鼎彝)[37]와
명금(名琴)이 좌우에 줄지어 있고, 솔·계수나무·난초·대나무들이 집

---

34 완(阮)이라고도 하는 악기인데, 고비파(古琵琶)의 한 가지이다. 모양은 월금(月琴)과
비슷한데, 손잡이가 길고 곧으며, 기둥이 있는 네 개의 줄이 있다. 죽림칠현 가운데 한
사람인 완함(阮咸)이 이 악기를 처음 만들고 잘 연주했다고 해서 '완함(阮咸)'이라는 이
름이 붙여졌다고 한다.

35 이수광의 『지봉유설(芝峯類說)』 권12 문장부(文章部) 5 송시(宋詩)』에 이 시를 육유(陸
游)의 시로 소개하고, "그 호방함을 볼 수 있다.[可見其豪放矣]"고 평한 다음, "『요산당
기』에는 이 시를 주희진의 시라고 하였다.[堯山堂紀 以此爲朱希眞詩也]"고 했다.

36 운림(雲林)은 원나라 문인 예찬(倪瓚)의 호이고, 자는 원진(元鎭)이다. 그는 집이 매우
부유해 사방의 명사들과 교유하다가 만년에는 일엽편주로 진택(震澤) 사이를 왕래했는
데, 이로 인해 반적(叛賊) 장사성(張士誠)에게 잡혀가는 화(禍)를 피할 수 있었다. 『명사
(明史)』 권298

37 정(鼎)과 이(彝)는 모두 청동으로 만든 고대의 제기(祭器)인데, 신주(神酒)를 따르는 세
발 달린 솥이다. 유공자(有功者)를 칭송하는 글이 새겨져 있다.

주위에 빙 둘러 있었다. 집 밖에는 높은 나무와 긴 대나무들이 울창하
게 깊은 숲을 이루었는데, 비가 그치고 바람이 자면 지팡이와 신을 끌
고 그 주위를 마음대로 거닐면서 시구를 읊조리며 즐겼다. 그 모습을
보는 사람들은 그가 세속을 벗어난 사람이라는 것을 알았다. 『하씨어림』

25) 고중영(顧仲瑛)[38]은 집에 재산이 많았으나 재물을 가볍게 여기고
빈객을 좋아했다. 옛날의 법서(法書)와 명화(名畫), 정이(鼎彝) 등의 비
기(祕器)를 사서 모으고, 서경(茜涇)이라는 곳의 서쪽에 별장을 짓고는
'옥산가처(玉山佳處)'라고 현판을 달았다. 밤낮으로 손님과 더불어 그
안에서 술을 마시고 시를 지었다. 그래서 하동(河東)의 장저(張翥), 회계
(會稽)의 양유정(楊維楨), 천태(天台)의 가구사(柯九思), 영가(永嘉)의 이
효광(李孝光)같이 사방의 문학하는 선비들과 장백우(張伯雨)[39]·우언성
(于彦成)[40]·기원박(琦元樸)과 같은 방외(方外)의 인사와 당시의 명사들이
모두 그의 집에 모였다. 화려한 원지(園池), 풍부한 도서(圖書), 음식과
건물과 성기(聲伎) 등이 모두 당시 제일이었다. 더욱이 그의 재주와 정
감이 묘려(妙麗)하여 앞의 여러 사람들과 서로 수작할 수 있었기에, 그
의 풍류와 문아(文雅)함이 동서 사방에 유명했다. 위와 같다.

26) 왕면(王冕)[41]은 배를 사서 동오(東吳) 지방으로 내려갔다가 (장강

---

38 중영(仲瑛)은 원말(元末) 명초(明初)의 문인 고덕휘(顧德輝)의 자이고, 호는 옥산(玉山)
　이다. 집안이 부유해 옥산가처(玉山佳處)라는 별장을 지어 놓고 빈객들과 시주(詩酒)를
　즐겼으므로 사방의 문장가들이 모두 그의 집을 찾아왔다고 한다. 『명사(明史)』 권285
　「문원열전(文苑列傳) 고덕휘(顧德輝)」

39 백우(伯雨)는 장우(張雨)의 자이다.

40 언성(彦成)은 우립(于立)의 자이다.

을 건너 초회(楚淮) 지방으로 가서) 이름난 산천을 두루 유람하였다. 어쩌다 기재(奇才)나 협객(俠客)을 만나면 옛날 호걸(豪傑)들에 대한 이야기를 하면서 함께 술을 마시며 비분강개한 뜻을 시로 읊조렸다. 북으로 가서 (당시 원나라의 수도인 연경을) 유람하고 말했다.

"10년이 지나지 않아 이곳은 여우와 토끼가 노는 벌판이 되리라."

구리산(九里山)에 은거했는데, 콩은 3묘(畝)를 심고 밤나무는 그 갑절을 심었다. 매화는 1천 그루, 복숭아와 살구는 그의 반씩 심었으며, 토란 한 구역, 해채(薤菜)와 부추를 각기 1백 뿌리씩 심었다. 또 물을 끌어서 못을 만들고 물고기 1천여 마리를 길렀으며, 초가집 3칸을 짓고 스스로 '매화옥(梅花屋)'이라 이름붙였다. 『명야사휘(明野史彙)』

27) 고소(姑蘇)에 사는 **왕빈(王賓)**은 누항(陋巷)에 혼자 살고 있었는데, 군수 요선(姚善)이 그를 찾아가 보았다. 요선이 수레를 버리고 몸소 그 집 문 앞에 이르자, 왕빈이 누구냐고 물었다. 요선이라고 대답하자 그제야 문을 열고 맞아들였다. 이튿날 왕빈이 남쪽 부문(府門) 앞에 가서 두 번 절하고 돌아오려 하니, (요선이 몸소 나와서 맞아들이려 했다. 그러자 왕빈이 사양하면서) 말했다.

"공사(公事)가 아니므로 감히 들어갈 수가 없습니다."[42] 『명세설신어』

---

41 왕면(王冕)은 명나라 문인으로 자는 원장(元章), 호는 노촌(老村), 자석산농(煮石山農)이다. 어려서 가난해 염소를 쳤으며, 죽석(竹石)을 잘 그리고 묵매(墨梅)가 더욱 뛰어나 양보지(楊補之)보다 못하지 않았다. 구하는 자가 너무 많이 밀려들어, 화폭의 장단(長短)으로 값을 정했다. 『명사(明史)』 권285 「왕면열전(王冕列傳)」

42 자신이 찾아온 것은 어제 찾아준 데 대한 개인적인 답례(答禮)라는 뜻이다. 자유(子游)가 무성 재(武城宰)가 되었는데, 공자가 "네가 어떤 인재를 얻었느냐?" 하고 물었다. 그러자 자유가 "담대멸명(澹臺滅明)이라는 사람이 있어 다닐 때는 지름길로 다니지 않고, 공사(公事)가 아니면 제 집에 오는 일이 없습니다." 했다. 『논어』 「옹야(雍也)」

28) 왕공(王恭)⁴³이 나이 60여 세에 천거되어 서울에 가게 되자, 같은 고을에 사는 왕칭(王偁)이 우스갯소리로 말했다.

"자네는 회계 태수(會稽太守)의 인끈을 숨겨가지고 오는 일이 없도록 하게."

왕공이 웃으며 대답했다.

"산중(山中)의 도끼자루가 다행히 별탈이 없기를 비네."『명세설신어(明世說新語)』⁴⁴

29) 관중(關中)의 태백산인(太白山人) 손일원(孫一元)은 구기산인(九杞山人) 허상경(許相卿)과 친했다. 남병산(南屏山)을 지나는데 학(鶴) 한 마리가 따라오므로, 구기산인이 그 학을 위해 학전(鶴田)을 사서 해마다 곡식을 깊은 산속에 날라다 주게 하고, 문서를 만들어 두었다.

"태백산인의 학전은 구기산 서원(書院)의 남쪽에 있다. 산을 끼고 호수를 앞에 두고 왼쪽은 숲이고 오른쪽은 길이다. 밭의 면적과 길이는 각기 1백 보이니, 한 해에 곡식 3석의 수입이 있다. 나머지가 있으면

---

43 진(晉)나라 무제(武帝) 정황후(定皇后)의 오라버니이다. 왕공이 학창의(鶴氅衣)를 입고 눈을 구경하고 있었는데, 맹창(孟昶)이 울타리 사이로 이 광경을 엿보다가 "이분은 참으로 신선 속의 사람이다.[此眞神仙中人]"라고 찬탄한 이야기가 『세설신어 기선(企羨)』에 실려 있다.

44 이소문(李紹文)이 명나라 만력(萬曆) 연간에 『세설신어(世說新語)』의 편찬 체제를 본받아 명대의 인물과 사건, 풍속을 기록한 『황명세설신어(皇明世說新語)』이다. 권1에 덕행(德行), 언어(言語) 상, 권2에 언어 하, 문학(文學), 정사(政事), 권3에 방정(方正), 아량(雅量), 식감(識鑑), 권4에 상예(賞譽), 품조(品藻), 규잠(規箴), 첩오(捷悟), 권5에 숙혜(夙惠), 호상(豪爽), 용지(容止), 자신(自新), 기선(企羨), 상서(傷逝), 서일(棲逸), 권6에 현원(賢媛), 술해(術解), 기예(巧藝), 총례(寵禮), 임탄(任誕), 권7에 간오(簡傲), 배조(排調), 경저(輕詆), 권8에 가휼(假譎), 출면(黜免), 검색(儉嗇), 태치(汰侈), 분견(忿狷), 참험(讒險), 우회(尤悔), 비루(紕漏), 혹닉(惑溺), 구소(仇隙) 등 36편의 1,510조가 수록되어 있다. 이 36편은 『세설신어』의 항목과 일치한다.

곡식을 나르는 비용으로 쓰고, 3석의 곡식은 항주(杭州)의 서호(西湖) 남병산으로 보낸다. 흉년이 들면 그 반으로 줄이되, 나머지는 구기산 인이 윤필(潤筆)한 비용으로 충당한다. 그 밭을 경작하는 사람은 주인 의 이웃사람인 이인(李仁)이요, 그것을 나르는 사람은 주인의 노복인 귀의(歸義)요, 보증인은 주인의 아우 허장경(許檣卿) 주중(舟仲)이다. 주 인은 누구인가. 태백산인의 벗인 기천자(杞泉子) 허중보(許仲甫)[45]이다." 이것을 '학전권(鶴田卷)'이라고 했다. 『미공십부집』

30) 문형산(文衡山)[46]은 부모가 돌아간 뒤에 다시 과거에 응시하지 않 았다. 조정에서 한림대조(翰林待詔)로 불렀는데, 반 년도 못 되어 사직 하고 떠났다. (영서인(寧庶人)[47]이 그의 이름을 사모해 초청했으나 나가 지 않고 나날이 한묵(翰墨)으로 소일했다.) 평생 다른 여인을 가까이하 지 않았고, 성시(城市)에 드나들지 않았다. 권력 있는 귀족들이 그의 서화(書畫)를 바라면 절대로 주지 않았으나, 민간의 서민들이 과일과 떡을 가져와서 서화를 얻으려 하면 흔쾌하게 붓을 휘둘러 그려주었다. 92세에 아무런 병 없이 죽었다. 『명야사휘』

---

45 중보(仲甫)는 친구 손일원의 학을 위해서 학전을 마련하고 문서를 만들어 준 허상경(許 相卿)의 자이다.

46 형산(衡山)은 명나라 학자 문징명(文徵明)의 호이다. 초명(初名)은 벽(璧)이지만, 징명 이라는 자(字)로 널리 알려졌다. 시문(詩文)과 서화(書畫)에 모두 능했는데, 특히 그림에 더욱 뛰어났다. 서화가 동기창(董其昌)과 함께 문동(文董)이라 불렸으며, 심주(沈周), 당인(唐寅)과 더불어 후세에 명사가(明四家)로도 불렸다.

47 영서인(寧庶人)은 명나라 태조(太祖) 주원장(朱元璋)의 5세손으로, 1499년 영왕(寧王) 에 봉해진 주신호(朱宸濠)를 가리킨다. 1519년에 무종(武宗)이 황음무도(荒淫無道)하다 는 것을 구실로 삼아 반란을 일으켰으나, 실패해 서인(庶人)으로 강등되고 곧 복주(伏誅) 되었다.

31) 왕이길(王履吉)[48]은 경서(經書)를 손으로 모두 두 번이나 베껴 썼다. 속된 말을 입 밖에 내본 적이 없으며, 자태가 의젓하고 행동이 활달했다. 그러나 항상 겸손해, 그의 명성이 자자했지만 중후한 태도를 지녔다. 다른 사람과 상대할 때에 학문에 대해서 말한 일이 없었으니, 대개 자기의 능력으로 다른 사람보다 뛰어나게 보이지 않으려 했기 때문이다. 시끄러운 것을 싫어하는 성품이어서 동정호(洞庭湖)에서 3년을 살았으며, 뒤에는 석호(石湖)에서 20년을 독서로 보냈다. 명절이나 부모를 문안하는 일이 아니면 성 안에 드나들지 않았다. 산수가 훌륭한 곳에 이르면 문득 즐거운 마음이 생겨 떠날 줄을 몰랐다. 큰 숲이나 풀이 무성한 곳에 비스듬히 누워 쉬면서 향기를 맡고 시를 읊었다. 자리에 기대어 노래를 부르면서 아득히 천년을 사모하는 풍취가 있었다. 위와 같다.

32) (야인(野人)이 나부산(羅浮山)에 노닐면서 긴 휘파람을 불면 그 소리가 온 숲을 빙 돌아 울려 퍼졌다.) 송나라 함순(咸淳)[49] 연간에 어떤 사람이 오방모(烏方帽)를 쓰고 신을 신고 나부산을 왕래했는데, 사람만 보면 크게 웃으면서 달아나곤 했다. 3년이 지나도 그 이름을 말하지 않았는데, 어느 날 취해 돌아가다가 문득 숯검정을 들어서 벽에 글씨를 썼다.

雲意不窮滄海 구름이 창해에 끝이 없고
春光欲上翠微 봄빛은 푸른 산에 오르려 하네.

---

48 이길(履吉)은 왕총(王寵)의 자이다.
49 함순(咸淳)은 남송(南宋) 도종(度宗)의 연호인데, 1265년부터 1274년까지 사용했다.

人間一墮千劫 인간에 한 번 떨어진 지 천 겁이 지났건만
猶愛梅花未歸 오히려 매화를 사랑하여 돌아가지 못하네.

(아마도 그는 야인의 무리라고 하겠다.) 위와 같다.

33) 도현(陶峴)은 팽택(彭澤 도연명)의 손자이다. 개원(開元) 중에 곤산 (崑山)에 살았는데, 집에 농토가 많았다. 집 사람 가운데 속이지 않고 가업을 능히 지킬 수 있는 사람을 골라 집안일을 모두 맡기고, 자신은 강호에 배를 타고 노닐며 천하를 돌아다니느라고 몇 년씩 돌아가지 않았다. 자손이 어른 된 뒤에 보아도 그 이름을 알지 못했다.

스스로 배 세 척을 만들어 아주 공교롭게 꾸몄는데, 한 배에는 자신 이 타고, 한 배에는 손님을 태웠으며, 한 배에는 음식을 실었다. 손님 으로는 전 진사 맹운경(孟雲卿), 포의 초수(焦遂)가 있었는데, 각기 종과 첩을 함께 태웠다.

도현은 여악(女樂) 일부를 갖추어 항상 음악을 연주하였으며, 가다 가 산천을 만나면 그 경물(境物)을 끝까지 즐겼고, 군현(郡縣)을 지날 때마다 초대하지 않는 사람이 없었지만 모두 거절하였다. 오(吳)월(越) 지역에서 그를 수선(水仙)이라고 불렀다.[50]

34) 주진촌(朱陳村)은 서주(徐州) 풍현(豐縣)에서 동남으로 일백리 되는 깊은 산속에 있다. 민속이 매우 순박한데 한 마을에 오직 주씨(朱氏)와 진씨(陳氏) 두 성씨만이 살아 대대로 혼인했다. 백낙천(白樂天)의 「주진 촌시(朱陳村)」 시 34운(韻)이 있는데, 대략 이러하다.

---

50 33번은 문천본에만 실려 있다.

縣遠官事少 고을이 멀어 관청 일이 적고

土深民俗淳 사는 곳이 깊숙해 풍속이 순박하네.

有財不行商 재물이 있어도 장사를 하지 않고

有丁不入軍 장정이 있어도 군대에 들어가지 않네.

家家守村業 집집마다 마을 일을 지켜

頭白不出門 머리가 희도록 문을 나가지 않네.

生爲陳村人 살아서는 주진촌 사람이요

死爲陳村塵 죽어서도 주진촌 진토라네.

田中老與幼 밭 가운데 노인과 아이들

相見何欣欣 서로 쳐다보며 어찌 그리 즐거운가.

一村唯兩姓 한 마을에 오직 두 성씨만 살아

世世爲婚姻 대대로 서로 혼인을 하네.

親屬居有族 친척은 서로 모여서 살고

少長游有群 젊은이와 어른이 함께 노니네.

黃鷄與白酒 누런 닭과 막걸리로[51]

歡會不隔旬 열흘이 멀다하고 모여 즐기네.

生者不遠別 살아서는 멀리 헤어질 일이 없어

嫁娶先近隣 시집가고 장가가는 것도 먼저 이웃에서 찾네.

死者不遠葬 죽어서도 먼 곳에 장사하지 않아

墳墓多繞村 무덤들이 옹기종기 마을을 둘렀네.

旣安生與死 이미 삶과 죽음이 편안하니

不苦形與神 몸도 마음도 괴롭히지 않는구나.

所以多壽考 이런 까닭에 장수하는 사람이 많아

往往見玄孫 때로는 현손[52]을 보기도 하네.

---

51 이웃과 함께 한가하게 즐기는 모습을 표현한 말이다. 이백(李白)의 「남릉별아동입경(南陵別兒童入京)」 시에 "막걸리 막 익을 때 산속으로 돌아오니, 기장 쪼는 누런 닭이 가을되어 살졌구나. 아이 불러 닭을 삶고 막걸리 들이켜니, 아이와 여인들 웃고 장난치며 옷자락을 끄는구나.[白酒新熟山中歸 黃鷄啄黍秋正肥 呼童烹鷄酌白酒 兒女嬉笑牽人衣]"라고 했다. 『이태백집(李太白集)』 권14

내가 이 시를 읊을 때마다 속된 마음이 단번에 씻어지는 듯해, 그곳에서 태어나지 못함을 아쉽게 여겼다. 뒤에 파옹(坡翁)의 「주진촌가취도시(朱陳村嫁娶圖詩)」를 보니 이러했다.

我是朱陳舊使君　내 지난날 주진촌(朱陳村)의 관리가 되어
勸農曾入杏花村　농사를 권면하러 행화촌을 찾았었지.
而今風物那堪畫　지금의 그곳 풍물을 어찌 차마 그리랴
縣吏催錢夜打門　고을 아전들 돈 내라고 한밤중에도 문 두드리네.

송나라 때의 주진촌은 당나라 때의 주진촌이 아니다. 지금 가서 본다면 어떻게 변했을는지 알 수 없다. 『지비록』

35) 등달도(滕達道)·전순로(錢醇老)·손신로(孫莘老)·손거원(孫巨源)이 다 같이 관(館)에 있었다. 꽃피는 계절이 되자 각각 서울에서 꽃이 가장 성대한 곳을 꼽았는데, 등달도가 말했다.

"여러분이 꼽은 곳은 다 자랑할 만한 곳이 못 됩니다. 열흘 간 말미를 얻어 여러분과 같이 내가 좋아하는 곳을 구경시켜 드리겠습니다."

세 사람이 달도가 말한 대로 승락했다. 그날 등달도가 앞장서서 봉구문(封丘門)을 나서서 작은 암자로 들어갔다. 몇 걸음 걸어서 어떤 문앞에 다다랐는데 매우 초라했다. 거기서 또 몇 걸음을 가니 큰 대문이 있었는데 매우 장려했다. 말에서 내려 대청으로 가니, 도사의 모자에 자줏빛 반소매 옷을 입은 주인이 천천히 걸어 나왔다. 달도는 그와 평소부터 아는 사이였다. 달도가 말했다.

"오늘은 먼지바람이 매우 심하군요."

---

52 증손자의 아들을 말한다.

주인이 말했다.

"이곳은 시원찮으니 여러분께서는 작은 마루로 가십시다."

이르러 보니 온갖 꽃이 활짝 피었고, 마루 난간을 화사하게 꾸민 매우 아름다운 누관(樓觀)이었다. 물과 뭍에서 피는 꽃들이 다 갖추어 있었는데 서울에서는 본 적이 없는 것들이었다. 주인이 또 사람을 시켜 뒤채의 문을 열게 하니, 음악 소리가 좌석에까지 들려왔다. 손신로는 이때 상중(喪中)이었으므로 들어가길 사양했고, 나머지 사람들은 모두 뒤채로 들어갔다. 그 뒤 손신로가 사람들에게 늘 이런 말을 했다.

"내가 평생 꽃구경한 가운데 그곳만한 곳이 없었다."[53] 『염이편(艷異編)』

36) **석만경(石曼卿)**[54]이 채하(蔡河)에 살고 있었는데, 이웃의 부호(富豪) 집에서 날마다 노래와 악기 소리가 들렸다. 그 집의 하인 수십 명이 항상 석만경의 문 앞을 지나다녔으므로, 석만경이 그 부호가 어떤 사람인가를 묻고서 한번 만나보려고 했다. 하인이 대답했다.

"우리 낭군께서는 본디 사대부와 서로 교제하지 않으나, 술을 마시는 것은 좋아합니다. 학사께서 술을 잘 마신다는 소문을 자주 들어서 한번 만나보실 뜻이 있는 듯하니, 제가 뜻을 물어보겠습니다."

하루는 과연 사람을 시켜 석만경을 초청했으므로, 만경이 그 집에 가서 당상(堂上)에 앉아 있었다. 한참 뒤에 주인이 나왔는데 의관을 제대로 갖추지 않았다. 처음 인사할 때도 공수읍례(拱手揖禮)[55]를 하지 않

---

53 국립중앙도서관본에는 이 조목이 『한정록』 권5 「유흥(遊興)」에 실려 있다.

54 만경(曼卿)은 석연년(石延年)의 자이다.

55 공수(拱手)는 왼손을 오른손 위에 포개어 두 손을 마주 잡아 가슴까지 올려 공경(恭敬)의 뜻을 나타내는 예(禮)를 말한다. 읍례(揖禮)는 마주잡은 손을 얼굴 앞으로 들어 올리고 허리를 앞으로 공손히 구부렸다가 펴서 인사하는 예법이다.

고, 그를 별관으로 데려갔는데 휘장 등속이 매우 현란했다. 두 여종이
각각 작은 쟁반을 하나씩 들고서 석만경의 앞으로 왔는데, 한 쟁반에
는 홍아패(紅牙牌) 열댓 개가 있었고 다른 한 쟁반에는 10여 가지 술이
있었다. 그가 석만경에게 패를 하나 고르도록 했는데, 거기에는 한 상
의 안주 이름이 씌어 있었다. 또 술 다섯 가지를 고르도록 했다. 잠시
뒤에 두 여종이 물러가자 기생 열댓 명이 저마다 안주와 과일과 악기를
받들고 들어오는데, 그 옷차림과 얼굴이 모두 곱고 찬란했다. 한 기생
이 앞으로 나와서 술을 따르는데 술이 한 차례 끝나면 음악이 시작되었
다. (과일과 안주를 든 여러 기생들이 그 앞에 모여 서서 있다가, 술이
끝날 때는 다시 좌우로 늘어섰다.) 이같이 다섯 차례 술을 마시더니
여러 기생들이 다 물러가고 주인도 안으로 들어가면서, 손님에게는
가라는 인사조차 하지 않았다. 석만경이 혼자 걸어서 밖으로 나왔다.
만경은,

"그 부자의 모습이 어리석은 듯한데 이처럼 호사를 누리니 참 괴이
하다."

하고는 훗날 다시 사람을 시켜서 정중하게 만나보기를 청했다. 그러나
문을 닫아걸고 받아들이지 않을 뿐 아니라, 문에서 대꾸하는 사람조차
없었다. 그 이웃사람이 이렇게 말했다.

"그는 여태껏 사람들과 교제한 일이 없어서 이웃조차 그의 얼굴을
보지 못했습니다." 『몽계필담』

37) 장운수(張芸叟)[56]의 『남천록(南遷錄)』에 이런 이야기가 있다.

---

56 운수(芸叟)는 장순민(張舜民)의 자이다.

"심양(潯陽)에 사는 맹씨(孟氏)는 대대로 고기잡이를 하는 사람이다. 그러나 그 집의 문은 숙연한 기운이 돌고 대나무 울타리로 겹겹이 가려져 있었다. 맹생(孟生)이 나와서 뵈는데 갈삼(葛衫)에 짚신을 신었고, 행동거지와 말투가 강가의 어부들과 조금도 다르지 않았다. 한줌밖에 되지 않는 조그만 초가집으로 안내를 하는데, 좌우에 모두 고기잡는 도구들뿐이어서 비린내가 코를 찔렀다. 그러나 조금 들어가 대청에 다다르자 온통 부귀한 사람의 집과 같았다. 잠시 뒤에 중당(中堂)이라고 편액을 단 곳에 이르니 기둥과 서까래는 모두 적흑색으로 칠을 했고 그 사이에 놓여 있는 조각과 수놓은 여러 기복(器服)이 찬란해 눈길을 끌었다. 또 술과 음식도 모두 진미가 아닌 것이 없었다. 얼마 뒤에 기녀(妓女) 서너 명이 나오는데 모두 백금을 주고 만든 옷을 입었고, 그들이 부르는 노래는 다 서울에서 새로 전해진 것이어서 사람으로 하여금 온종일 황홀경을 헤매게 했다."

이는 대개 임협(任俠)으로 몸을 숨기고 부유하게 사는 사람이다. 『문기유림』

38) 내가 젊었을 때 **동파(東坡)**를 뵈니, 이렇게 말했다.

"세상에는 호걸스러운 선비이건만 은거하고 세상에 나오지 않는 사람이 있다. 내 고향에 대대로 미산(眉山)에 사는 사람이 있었다. 우리 선군(先君)을 장사지낼 때 기일이 임박하도록 묘지에 쓸 벽돌이 모자랐기에 사람들에게 물으니, 그들이 말했다. '이 사람에게 가 보면 즉시 해결해 줄 것이다. 다만 그는 사냥하며 떠도는 날이 많고 또 그가 사는 곳이 세상과 멀리 떨어진 깊은 산속이라 어떨지 모르겠지만, 시험삼아 한번 가보라.' 내가 이틀 걸려서야 비로소 그의 집에 이르렀다. 해가 기울도록 그가 오기를 기다리자, 저녁에야 비로소 종자 몇을 거느리고 어떤 사람이 왔는데 주인은 젊은 소년이었다. 명함을 들이니 그 소년이 옷을 바꿔 입고 나와 앉아서 찾아온 까닭을 물었다. 내가 사실대로 자세히 말하자, 그 소년이 말했다. '쉬운 일입니다. 잠시 식사하시고 이 집에서 쉬십시오. 기한 내에 필요하신 것을 가져다 드리도록 말하겠습니다.' 잠시 뒤에 여종 몇 사람이 무릎을 꿇고 식사를 올리는데, 모두 그날 잡은 신선한 것이었다. 술을 몇 잔 주고는, 식사가 끝난 뒤에야 조용히 서로 마주앉아 이야기를 했다. 다음날 그 사람이 종과 말을 보내서 나를 산 아래까지 호송했는데, 사흘이 지나도록 아무런 소식이 없었다. 일을 시작해서 땅을 파는데 그날 저녁이 다 되도록 벽돌 한 장도 오지 않았으므로 내가 크게 후회했다. 그런데 다음날 아침에 묘지 옆에 가보니 벽돌 5만 장이 빽빽이 쌓여 있었다. 여러 사람들이 크게 놀라며 감탄했다. 일을 마친 뒤에 다시 그를 찾아가 사례하려 했으나 만날 수가 없었다. 그 벽돌 값을 가지고 간 사람도 그를 만나지 못하고 돌아왔다.”『단연록(丹鉛錄)』

권3
한적(閒適) – 한가로운 삶

1) ‘한(閒)’ 자의 자의(字義)에 대해 어떤 이는 달[月]이 문정(門庭)에 들이비치는 것이 바로 ‘한’ 자라고 한다. 옛날에는 모두 문(門) 안에 일(日)을 넣은 ‘간(間)’ 자와 같이 보았지만, 그 음(音)만은 달랐다. 아무튼 한가로움이란 사람이 얻기 어려운 것이다. 두목지(杜牧之)의 시에,

不是閒人閒不得　한가로운 사람 아니고는 한가로움을 얻을 수 없으니
願爲閒客此間行　내가 한가로운 몸 되어 이 속에 놀리라.

했다. 이에 오흥(吳興)에 한정(閒亭)을 건립했다. 나[1]는 본시 한가로움을 무척 좋아하면서도 한가로운 가운데 조용히 앉아 있지 못해 시를 짓고 술을 마련하거나 꽃나무를 가꾸고 새들을 길들이느라 무척 바쁘다. 옛날 한치요(韓致堯)[2]의 시에,

---

1　『미공비급(眉公祕笈)』을 지은 진계유(陳繼儒) 자신을 가리킨다.
2　치요(致堯)는 당나라 시인 한악(韓偓)의 자이고, 호는 옥산초인(玉山樵人)이다. 10세에 시를 지었다. 소종(昭宗) 때 한림학사를 지냈고, 애제(哀帝) 때 주전충(朱全忠)의 역절(逆節)을 미워해 민(閩) 땅에 피하였다. 그의 시는 강개 격앙(慷慨激昂)하고 충분(忠憤)의 기가 가득 넘쳤다. 『한내한별집(韓內翰別集)』이 있다. 『당서(唐書)』 권183 「한악전(韓偓傳)」

畫墻暗記移花日　벽화 그리며 꽃 모종할 날짜 내심 기억하고
洗甕先知醞酒期　술독 씻으며 술 빚을 날을 먼저 짐작하네.
須信閒人有忙事　한가로운 사람에게도 바쁜 일 있다는 걸 아시게나.
早來衝雨覓漁師　아침에 비 맞으며 어부를 찾아가네.

했으니, 옥산초인(玉山樵人)이야말로 나와 뜻이 같은 자라 하겠다. 『미공
비급』

2) 옛적에 주무숙(周茂叔)[3]이 이정 선생(二程先生)[4]에게 '중니(仲尼)와
안자(顔子)의 즐기던 곳과 그들이 즐기던 것이 무엇인지 찾아보라.' 했
는데, 백자(伯子 정호)[5]가 마침내 음풍농월(吟風弄月)하면서 돌아오는 경
지와 '내가 점(點)을 허여(許與)한다.' 한 의취를 얻었다. 주무숙의 이
공안(公案)은 마치 활줄을 당기기만 하고 쏘지는 않은 것과 같은 가르
침이다. 나는 이 속의 의취를 오직 소요부(邵堯夫)[6]만이 가장 절실히
음미했다고 본다. 그의 『격양시집(擊壤詩集)』에,

世間無事樂　세간에 무사한 낙 가진 사람은
都恐屬閒人　아마도 이 한가로운 사람뿐이리라.

했고, 또,

3　무숙(茂叔)은 송나라 학자 주돈이(周敦頤)의 자이고, 호는 염계(濂溪)인데, 학자들이
　　주자(周子)라고 높여 불렀다. 정호 정이 형제의 스승이다.
4　이정 선생(二程先生)은 송나라 학자 정호(程顥)·정이(程頤) 형제를 가리킨다.
5　정호(程顥)의 자가 백순(伯淳), 호는 명도(明道), 시호는 순공(純公)이므로 백자(伯子)
　　나 명도 선생이라 높여 불렀다.
6　요부(堯夫)는 송나라 학자 소옹(邵雍)의 자인데, 흔히 시호를 붙여 소강절(邵康節)이라
　　불렀다.

料得閒中樂   생각건대 한가한 가운데 즐거움을
無如我得全   나처럼 독차지한 사람은 없네.

했으니, 그는 뜬구름과 같은 부귀나 담박한 단사표음(簞食瓢飲)[7]을 어떻게 보았던가. '한(閒)'은 구차스럽게 편안한 것을 이르는 것이 아니고, '적(適)'은 제멋대로 하는 것을 뜻하는 말이 아니다. 천성이 맑고 깨끗하여 작은 찌끼조차 남아 있지 않으면, 우주를 쳐다보고 굽어봄에 어디를 간들 나의 즐거운 곳이 아니겠는가. 그가 병이 위중해 임종에 가까웠을 때 대뜸 '시험삼아 죽어보자[試與觀化]' 했다. 이 말은 물론 해학(諧謔)이지만 그는 잠시 후에 운명했다. 이는 죽고 사는 변화를 마치 아침이 지나고 저녁이 돌아오는 것처럼 보았으니, 그는 참으로 천고(千古)의 풍류인다운 호걸이었다. 『지비록』

3) 극초(郤超)는 뜻이 고상해 '은거하려는 뜻을 가진 이가 있다'는 소문을 들을 때마다 선뜻 백만의 비용과 거처할 집까지 마련해 주곤 했는데, 대안도(戴安道)[8]를 위해 섬계(剡溪)에 매우 정결한 집을 지어 주었다.
경력(慶曆)[9] 연간에 강절(康節)이 낙양(洛陽)을 지나다가 산천과 풍속이 아름다움을 사랑해 이내 거기에 머물러 살 뜻을 두자, 가우(嘉祐)[10]

---

7   한 도시락 밥과 한 표주박의 물로, 단출한 선비의 살림을 말한다. 공자가 "어질구나,
    안회여. 한 도시락 밥과 한 표주박 물로 누추한 시골구석에서 살자면 다른 사람은 그
    걱정을 견디지 못하건만, 안회는 도를 즐기는 마음을 변치 않으니, 어질구나, 안회여.[賢
    哉回也 一簞食 一瓢飲 在陋巷 人不堪其憂 回也不改其樂 賢哉回也]"라고 했다. 『논어』
    「옹야(雍也)」
8   안도(安道)는 진(晉)나라 은자 대규(戴逵)의 자이다.
9   경력(慶曆)은 북송(北宋) 인종(仁宗)의 치세에 쓰였던 연호이다. 1041부터 1048까
    지 사용했다.
10 가우(嘉祐)는 북송 인종의 치세에 쓰였던 마지막 연호이다. 1056부터 1063까지 사

7년(1062)에 왕선휘(王宣徽)가 낙양윤(洛陽尹)으로서 천궁사(天宮寺) 서쪽, 천진교(天津橋) 남쪽에 있는 오대(五代) 시대의 절도사(節度使) 안심기(安審琦)의 옛터인 곽숭도(郭崇韜)의 옛마을에 3칸의 집을 지어 강절을 옮겨 머물게 했다. 또 부한공(富韓公)[11]이 문객 맹약(孟約)을 시켜서 그 집 맞은편에 동산 하나를 강절에게 사주었는데, 역시 물과 돌, 꽃과 나무가 매우 아름다웠다.

　나[12]의 의취야 감히 선철(先哲)에 미칠 수 없건만, 육평천(陸平泉)[13] 선생과 포우명(包羽明)·동현재(董玄宰)[14] 등이 나를 위해 각기 자금을 내어 소곤산(小崑山) 북편에 독서대(讀書臺)를 세웠는데, 구학(丘壑)들이 봉묘(峯泖)의 압주(押主)가 되어 있으므로 내빈들이 자못 절경(絶景)이라 일컬었다. 이에 내가 「임강선(臨江仙)」이란 사(詞) 하나를 지었다.

婉孌北山松樹下　아름다운 북산 소나무 아래
石根結箇巖阿　바위들이 돌뿌리에 결집되고
巧藏精舍恰無多　정사 한 채가 교묘히 세워졌네.

용했다.

11 한공(韓公)은 송나라 명신 부필(富弼)의 봉호이다. 정국공(鄭國公)에 봉해졌으므로 정공(鄭公)이라고도 부른다. 인종 때 거란(契丹)이 송나라 국경에 진주하자 두 차례나 사신으로 가서 전쟁을 막았으며, 송나라 왕실과의 구혼(求婚)과 토지 요구를 거절하고 통호(通好)를 하여 세폐(歲幣)를 주기로 맹약하는 등 큰 공을 세웠다. 나라에서 그 공으로 여러 차례 벼슬을 내렸으나, 다 사양하고 받지 않았다. 『송사(宋史)』 권313 「부필열전(富弼列傳)」

12 『암서유사(巖棲幽事)』를 지은 진계유(陳繼儒) 자신을 가리킨다.

13 평천(平泉)은 명나라 육수성(陸樹聲, 1509~1605)의 호이고, 자는 여길(與吉)이다. 1541년 회시에서 일등을 하고 진사에 합격했다. 태자태보(太子太保)를 추증하고, 시호는 문정(文定)이다. 『평천제발(平泉題跋)』, 『장수일기(長水日記)』, 『육문정서(陸文定書)』 등이 있다.

14 현재(玄宰)는 명나라 문인 동기창(董其昌, 1555~1636)의 자이다.

尙餘簷隙地 그래도 처마 밑에 남은 땅 있어
種竹與栽梧 대나무 오동나무를 심어 놓고
高臥不須愁客至客來 한가롭게 시름없이 지내다가 손님이 찾아오면
野筍山蔬一瓢濁酒儘能沽 죽순나물 산나물에 막걸리를 사다 나누네.
倦時呼鶴舞 지치면 학을 불러 춤추게 하고
醉後倩僧扶 취한 뒤에는 스님 시켜 부축케 하네. 『암서유사(巖棲幽事)』

4) 백낙천(白樂天)[15]이 말했다.

"내가 작년 가을에 처음으로 여산(廬山)에서 노닐다가 동서편 숲 사이에 있는 향로봉(香爐峯) 아래 이르러 주위를 살펴보니, 운수(雲水)와 천석(泉石)이 너무도 절경이기에 그대로 버려둘 수 없었다. 여기에 초당 한 채를 지으니, 앞에는 큰 소나무 10여 그루와 대나무 1천여 그루가 있었다. 푸른 댕댕이는 장원(牆垣)이 되고, 흰 돌은 교도(橋道)가 되었으며, 흐르는 물은 초당 아래를 둘렀고 뿜어나오는 샘물은 처마 위에서 떨어졌다. 푸른 버드나무와 흰 연(蓮)이 못과 언덕에 즐비했다. 이곳의 경치가 이처럼 절경이므로 매번 혼자 찾아가서 10여 일씩 지내곤 한다. 나의 한평생 좋아하는 바가 다 여기에 있으니, 돌아오기를 잊을 뿐 아니라 일생을 그냥 거기서 마칠 수도 있다." 『백씨장경집(白氏長慶集)』

5) 원윤(袁尹)[16]이 임지(任地)에 있을 때 시와 술로써 스스로 즐기고 세상일에 마음을 두지 않았다. 채찍을 지팡이로 하고 밖에 나가 노닐다가 마음에 드는 곳이 있으면 느긋히 돌아오기를 잊곤 했다. 마침 본

---

15 낙천(樂天)은 당나라 시인 백거이(白居易)의 자이다.
16 원윤(袁尹)은 남송(南宋) 때 사람 원찬(袁粲)을 말한다. 이 이야기는 그가 단양윤(丹陽尹)으로 있을 때의 일인데, 『사문유취(事文類聚)』 후집 권24 죽(竹)』에도 실려 있다.

군(本郡) 남쪽 어느 집에 아름다운 대나무와 돌이 있었는데, 원윤이 선 뜻 걸어서 찾아가 주인에게 알리지도 않고 곧장 대나무 밭으로 들어가 소리를 높여 마음껏 노래했다. 주인이 듣고 나와서 간곡하게 이야기를 나누는 사이에 거기(車騎)와 의장(儀仗)이 들이닥치므로 그제야 주인이 그가 원윤임을 알았다. 『하씨어림』

6) 왕일소(王逸少)[17]가 말했다.

"지난번 동유(東遊)에서 돌아와 뽕나무를 심었더니, 가지와 잎이 한 창 무성하게 자랐다. 여러 아들과 손자들을 데리고 그곳에 가서 노니 는 사이에 한 가지 맛있는 음식이라도 나누어 주면서 즐겼다. 눈앞의 의식(衣食) 문제만 해결하고 나면, 가끔 친지들과 함께 모여서 마시고 즐겼으면 좋겠다. 물론 흥겨운 이야기와 고상한 읊조림으로 잔을 가득 채워 마시는 놀이라 할 수는 없으나 시골집의 행사를 이야기할 수 있으 므로 손뼉을 치면서 즐기는 자료가 될 것이니, 그 마음에 드는 즐거움 을 어찌 다 말하랴."『소창청기』. 아래도 다 같다.

7) 백거이(白居易)가 말했다.

"나는 어려서부터 늙을 때까지, 하루 이틀이라도 머무는 곳이라면 흙을 져다가 대(臺)를 만들고 돌을 모아 산(山)을 만들었으며, 물을 막 아 못을 만들곤 했다. 그런데 지금 여산(廬山)이 신령스럽고 절승(絶勝) 의 경치가 나를 기다리고 있어 마침내 나의 좋아하는 곳을 얻게 되었으 니, 내가 앞으로 자유로운 몸이 되면 왼손으로는 처자를 이끌고 오른

---

17 일소(逸少)는 진(晉)나라 명필 왕희지(王羲之)의 자이다.

손으로는 거문고와 책을 안은 채 여산으로 가서 만년을 보내어 나의 평생 소원을 이루겠다. 여산의 맑은 샘과 흰 돌도 나의 이 말을 알아들 었을 것이다."

8) 사마온공(司馬溫公)[18]이 말했다.

"정신과 육체가 지쳤을 때에는 낚싯대를 던져 고기를 낚거나 옷자락 을 잡고 약을 캐거나 개천물을 돌려 꽃밭에 물을 대거나 도끼를 들어 대나무를 쪼개거나 더위를 식히거나 높은 곳에 올라 사방을 관망하거 나 이리저리 한가로이 거닐면서 마음 내키는 대로 즐기는 것이 좋다. 마침 밝은 달이 제때에 떠오르고 맑은 바람이 저절로 불어오면 움직이 고 멈추는 데 구애가 없어 나의 눈과 귀, 폐와 장(腸)이 모두 나의 자유 가 되므로 마냥 고상하고 활발해, 이 하늘과 땅 사이에 또다시 어느 즐거움이 이를 대신할 수 있는 줄 알지 못하게 된다."「독락원기(獨樂園記)」

9) 왕형공(王荊公)[19]이 만년에 종산(鍾山) 사공돈(謝公墩)에서 살았는 데, 그곳이 종산과 주성(州城)의 중간에 있으므로 이름을 반산정(半山

---

18 온공(溫公)은 송나라 학자 사마광(司馬光)의 봉호이다. 자는 군실(君實), 호는 제물자 (齊物子), 시호는 문정(文正)이다. 신종(神宗) 때 왕안석이 신법을 실시하자 뜻이 맞지 않아 관직을 떠났으나 철종(哲宗)이 등극하자 상서좌복야(尙書左僕射)에 임용되어 신법 당을 축출했다. 태사온국공(太師溫國公)에 추증되었고, 속수향(涑水鄕)에 거주하여 사 람들이 속수 선생(涑水先生)이라고 불렀다.

19 형공(荊公)은 송나라 문신 왕안석(王安石)의 봉호이다. 그가 형국공(荊國公)에 봉해졌 기 때문에 형공으로 불린다. 왕안석은 신종 때 재상이 되어 청묘(靑苗), 수리(水利), 균수(均輸), 보갑(保甲), 모역(募役), 시역(市易), 보마(保馬), 방전(方田), 균세(均稅) 등 신법을 만들어 반포했는데, 부렴(賦斂)이 이로 말미암아 더욱 무거워졌으므로 천하가 시끄러웠다. 이에 신법에 반대하는 구당(舊黨) 대신(大臣)들의 배척을 받아 진남절도사 (鎭南節度使)로 강등되었다. 『송사(宋史)』 권327 「왕안석열전」

亭)이라 했다. 날마다 아침 식사가 끝나면 으레 집에서 기르는 나귀를
타고 종산에 가서 산간을 거닐었고, 피로해지면 곧바로 숲 사이에 앉
아 졸다가 가끔 해가 져서야 돌아왔다. 어쩌다 종산까지 이르지 못할
경우에는 중도에서 나귀를 몰아 돌아오곤 했다. 이 같은 일을 그만둔
적이 없었다. 『소창청기』

10) 소자첨(蘇子瞻)[20]은 황주(黃州)와 영외(嶺外)에 있을 때 날마다 일찍
일어나서 객들을 불러들여 서로 이야기하지 않으면 자신이 나가서 객
들을 찾아가 이야기했다. 그를 따라 노니는 자들도 말을 가리지 않고
마음대로 우스갯소리를 해, 마음의 간격을 두지 않았다. 또 이야기를
못하는 자에게는 귀신에 대한 이야기를 억지로 시키다가, 말이 안되면
'그런 거짓말은 그만두라'고 해 듣는 자들이 모두 허리를 잡고 웃어대
면서 마음껏 즐긴 뒤에야 헤어졌다. 『미공비급』

11) 소옹(邵雍)이 그 거처를 안락와(安樂窩), 자호를 안락 선생(安樂先
生)이라 하고는, 날마다 아침에 향을 피우고 조용히 앉았다가 신시(申
時)[21]가 되면 술 서너 잔을 마셨다. 얼근해지면 그만두어 한 번도 만취
한 적이 없었다. 흥이 날 적에는 문득 시를 지어 읊조렸으며, 봄이나
가을에는 가끔 성중(城中)에 나가 노닐었고 비바람이 있을 적에는 밖에
나가지 않았다. 밖에 나갈 적에는 한 사람을 시켜 작은 수레를 끌도록
하고 마음내키는 대로 즐겼다. 그러므로 사대부의 집에서도 그의 수레

---

20 자첨(子瞻)은 송나라 문인 소식(蘇軾)의 자이고, 호는 동파(東坡)이다.
21 신시(申時)는 오후 3시에서 5시까지의 사이인데, 날 저물 무렵이므로 포시(晡時)라고도
    했다.

소리를 듣고 앞을 다투어 맞이해, 어린아이와 하인들이 서로 '우리집에 선생이 왔다'고 했다. 그는 덕기(德氣)가 순수하여 바라보는 사람마다 그 어짊을 알 수 있었다. 그러나 그는 자신을 드러내거나 남들과 간격을 두지 않아, 여럿이 담소하는데 종일토록 남다른 행동이 없었다. 남들과 만나서 그 선(善)은 칭찬하고 악(惡)은 숨겨 주었으며, 배우기를 묻는 자가 있으면 열심히 대답해 주었다. 신분의 귀천이나 나이의 적고 많음도 없이 모든 것을 정성으로 대하므로, 어진이는 그 덕행을 좋아하고 불초한 자도 그 교화에 복종했다. 사후에 강절(康節)이란 시호가 내려졌다. 『명신언행록(名臣言行錄)』

12) 손방(孫昉)의 호는 사휴거사(四休居士)인데, 산곡(山谷)[22]이 그 호의 뜻을 묻자, 웃으면서 말했다.

"거친 음식을 먹어도 배만 부르면 그만이고, 누더기 옷을 입어도 추위나 더위만 막으면 그만이다. 웬만큼 평온하게 지내면 그만이고, 탐욕과 질투도 나이가 많아지면 그만이다."

산곡이 말했다.

"이것이 곧 안락법(安樂法)이다. 욕심이 적으면 불벌(不伐)의 집이 되고, 만족함을 알면 극락(極樂)의 나라가 된다."

사휴거사의 집에 3묘(畝)의 동산이 있어 꽃과 나무가 무성한데, 손님이 찾아오면 차를 달이고 술을 내놓았다. 인간의 기쁜 일들을 서로 이야기하다가 차와 술이 식어버리는 것도 주객(主客)이 모두 잊었다. 『옥호빙』

---

22 산곡(山谷)은 송나라 시인 황정견(黃庭堅)의 호이다.

13) 황진(黃溍)이 말했다.

"마음이 혼탁하지 않은 것을 '청(淸)'이라 하고, 행적이 드러나지 않은 것을 '은(隱)'이라 한다. 나는 노자(老子)의 법을 배운 사람이라 아침·저녁에 기장밥 한 그릇과 거여목국 한 사발이면 그대로 쾌적하고 편안하게 여긴다. 학창의(鶴氅衣) 차림에 『황정경(黃庭經)』을 들고 느긋하게 앉으면 제아무리 9구(衢) 12맥(陌)[23]의 자욱한 티끌도 내게 접근하지 못하니, 이 어찌 청(淸)이 아니겠는가. 이름이 명리(名利)의 장중(場中)에 들지 않고 마음이 영욕의 경내에 예속되지 않아, 들어와서는 연하(煙霞)와 함께 지내고 나가서는 어초(漁樵)와 함께 노닌다면 이 어찌 은(隱)이 아니겠는가."『지비록』

14) 경야자(耕野子)가 말했다.

"산이 깊어 숲이 무성하고 못이 기름져 고기가 살쪘으며, 송아지가 언덕에서 조는가 하면 대숲이 그윽하고 계곡이 깊다. 초동(樵童)은 숲에서, 어부(漁父)는 못에서 노래를 부르고 목수(牧叟)는 언덕에서 저[笛]를 불며, 야인(野人)은 계곡을 찾고 언덕을 오르내리면서 낮에는 일하고 밤에는 휴식하며, 배부르게 먹고 격양가(擊壤歌)[24]를 불러 풍년을 축하한다. 나는 고금(古琴) 1대와 도서(圖書) 1권에 필낭(筆囊)을 메고 술병을 휴대한 뒤에 마음 내키는 대로 거닐다가 느낌이 있으면 흔연히 시구(詩

---

23 9구(衢)는 아홉 갈래가 난 도성의 큰 거리이고, 12맥(陌)도 장안의 번화한 거리를 뜻한다.

24 요(堯)임금이 50년 동안 정치를 펴면서, 천하가 잘 다스려졌는지 알 수가 없었다. 복장을 평범하게 차려 입고 큰 길거리에 나가보니 어떤 90세 노인이 땅바닥을 두드리며 노래[擊壤歌] 부르기를 "해가 뜨면 나가서 일하고 해가 지면 들어와 쉰다. 우물을 파서 물을 마시고 밭을 갈아 곡식을 먹으니 제왕의 힘이 나에게 무슨 상관있겠는가.[日出而作 日入而息 鑿井而飮 耕田而食 帝力於我何有哉]"라고 했다. 『열자(列子)』「중니(仲尼)」

句)를 얻어내고, 흥이 나서 술을 마실 적에는 가고 머무는 것을 마음쓰지 않는다. 지친 새들이 나무를 찾아들고, 흘러가는 구름이 골짜기에 멈추고, 해가 서산에 기울고 달이 초가집에 떠올라 사벽(四壁)이 조용하고 온 창문이 환해질 적에 취흥을 타고 돌아오면서 자재경(自在境)을 읊조리고 희황(羲皇)[25]의 자리에 누워서 무하향(無何鄕)[26]에 노닐면 마침내 즐거운지 즐겁지 않은지 그 여부조차도 알지 못하게 된다."『지비록』

15) 서면(徐勉)[27]이 말했다.

"해가 비치는 겨울날이나 해가 가려진 여름날, 그리고 좋은 계절 경치가 아름다울 때 지팡이에 나막신을 신고 밖에 나가 거닐면서 스스로 즐기는 한편, 못가에서 물고기를 구경하고 숲 속에서 새소리를 들으며, 막걸리 한 잔과 거문고 한 곡조로 몇 시간의 낙을 즐기다보면 늙을 때까지 거의 이대로 지낼 수 있을 것 같다."『지비록』

16) 연숙견(延叔堅)[28]이 말했다.

---

25 희황은 복희씨(伏羲氏) 이전 태고 시대의 한가로운 백성이라는 뜻으로, 속세를 떠나 한가하게 지내는 사람을 말한다. 진(晉)나라의 은사(隱士) 도잠(陶潛)이 오뉴월 한여름에 북창(北窓) 아래에 누웠다가 서늘한 바람이 잠깐 불어오자, 태곳적 복희 시대 사람이 된 것 같다고 말한 고사에서 유래했다. 『진서(晉書)』「은일열전(隱逸列傳) 도잠(陶潛)」

26 무하유지향(無何有之鄕)의 준말로, 『장자(莊子)』「소요유(逍遙遊)」에 보인다. 현실의 제약을 벗어난 무위자연(無爲自然)의 세계를 가리킨다. 여기서는 술 취해 모든 현실의 고뇌를 망각한 상태를 뜻한다.

27 서면(徐勉)의 자는 수인(修仁)이다. 제(齊)나라 때에 갑과(甲科)에 급제하여 양나라 때에 이부상서(吏部尚書)에게까지 올랐다.

28 숙견(叔堅)은 후한(後漢) 때 문인 연독(延篤)의 자이다. 경전과 백가에 널리 통하고, 문장으로 당시에 이름났다. 효렴(孝廉)으로 추천되어 환제(桓帝) 때에 경조윤(京兆尹)이 되었다.

"나는 새벽에 일어나 머리를 빗고 객당(客堂)에 앉았다가 아침이 되면 희황(羲皇)의 『역경(易經)』과 순우(舜禹)의 전모(典謨)를 외고 주공(周公)의 전례(典禮)와 중니(仲尼)의 『춘추(春秋)』를 읽으며, 저녁이 되면 안마당 층계에서 한가로이 거닐고 남쪽 난간에서 시를 읊조리다가 틈을 타서 제자백가(諸子百家)의 글을 열람한다. 귀에 쟁쟁하고 눈에 황홀한 혼자만의 즐거움이 푸짐하고 흐뭇하니, 이 경지의 즐거움이야말로 하늘이 덮여 있는 것과 땅에 실려 있는 것도 분간할 수 없고 세상에 사람이 있는 것과 내게 육체가 있는 것도 분간할 수 없다." 『저기실(楮記室)』

17) 오초려(吳草廬)[29]가 말하였다.

"다만 바라는 바는, 동이에 술이 비지 않고 부엌에 연기가 끊이지 않으며, 초가집이 새지 않고 베옷을 늘 입을 수 있으며, 숲에서 나무하고 물에서 고기 낚을 수만 있으면 영화도 욕됨도 없이 그 즐거움이 흥겨울 것이다. 이만하면 한평생 만족하다." 『철경록(輟耕錄)』

18) 방손지(方遜志)[30]가 말했다.

"흙벽에 띠처마[茅簷]와 깨진 항아리 주둥이로 만든 창문[甕牖]에 새

---

29 초려(草廬)는 원나라 학자 오징(吳澄)의 호이고, 자는 유청(幼淸) 또는 백청(伯淸), 시호는 문정(文正)이다. 송나라 함순(咸淳) 연간에 진사가 되었으나 벼슬하지 않고 은거했다. 어려서 요로(饒魯)의 제자인 정약용(程若庸)에게 배웠으며, 그 후 정소개(程紹開)를 사사했다. 「도통도(道統圖)」를 지어 자신이 주자 이후의 도통을 계승한 사람이라 자부했다.

30 손지(遜志)는 명나라 학자 방효유(方孝孺)의 호이고, 자는 희직(希直)이다. 명나라 제1대 황제인 주원장(朱元璋)의 넷째 아들 연왕(燕王)이 건문제(建文帝)를 내몰고 황위를 찬탈한 뒤에 방효유에게 즉위 조서를 기초하도록 명하자, 붓을 땅에 내던지며 명을 거부했다. 그 결과 자신은 극형에 처해지고 구족과 친구, 제자 등 수백 인이 연좌되어 죽었다. 『명사(明史)』 권141 「방효유열전」

끼로 단 지도리[繩樞]와 작은 침상에 거적문으로 겨우 몸을 용납하는 곳에서 나의 본뜻을 기를 뿐이다. 칡베옷에 갈대띠[葦帶]와 마른밥에 나물국 등 거칠고 담박한 것으로 겨우 주림과 추위를 해결해 나의 본뜻을 기를 뿐이다. 마음 내키는 대로 하고 본래의 소질대로 하되, 바른 행동과 바른 기색으로 지내며 남에게 요구하는 바도 없고 사물과 어긋나는 바도 없이 나의 본뜻을 기를 뿐이다. 말은 그저 자신의 의사를 표현하고 글은 그저 자신의 생각에 맞도록 함으로써 사리만을 따라서 나의 본뜻을 기를 뿐이다."『정학집(正學集)』

19) 오강재(吳康齋)[31]가 말했다.

"남쪽 난간에서 『맹자』를 읽을 때에는 사람들의 아침에 발로되는 청명한 기(氣)에 대해 논한 말을 매우 좋아해 조금도 빼앗김이 없다. 짙은 녹음과 활짝 갠 대낮에 훈풍이 슬슬 불어오고 산림이 조용할 때에는 천지가 저절로 넓어지고 일월이 저절로 한량없다. 소요부(邵堯夫)의 '마음이 조용해야만 환한 해를 알 수 있고 눈이 밝아야만 푸른 하늘을 알 수 있다.[心靜方能知白日 眼明始會識靑天]'라고 한 뜻을 여기서 증험할 수 있다."『지비록』. 아래도 같다.

20) 진백사(陳白沙)[32]가 말했다.

---

31 강재(康齋)는 명나라 문인 오여필(吳與弼)의 호이고, 초명(初名)은 몽상(夢想), 자는 자부(子溥)이다. 19세에 이락연원도(伊洛淵源圖)를 보고 흠모해, 과거 공부를 그만두고 학문에 몰두했다. 천순(天順) 초에 좌춘방(左春坊)·좌유덕(左諭德)에 임명되었으나 사양하고 나가지 않았으며, 실천궁행(實踐躬行)을 종지로 하여 숭인학파를 열었다. 저서로는 『강재문집(康齋文集)』이 있다. 『명유학안(明儒學案)』 권1

32 백사(白沙)는 명나라 진헌장(陳獻章)의 호이다. 별호는 석재(石齋)인데, 백사(白沙)에서 살았기 때문에 백사 선생이라고 했다. 그의 학풍은 정좌(靜坐)하여 마음을 깨끗이

"환경이 마음과 융화되고 기회가 뜻과 일치되어 흔연히 쾌적해지고 태연히 편안해지면 물아(物我)를 서로 잊게 되니, 삶과 죽음이 어찌 서로 간섭할 수 있겠는가. 여기에 놀기도 하고 쉬기도 함으로써 영대(靈臺)[33]가 허명(虛明)[34]해지면 작은 티끌도 전염되지 않고 부화(浮華)가 일체 제거되어 진실을 얻을 것이다. 비파를 치고 거문고를 퉁기어 한 번 움직이고 한 번 멈추는 사이에 기(氣)가 봄바람에 융화되고 마음이 태고 시대에 노닌다면 스스로 얻는 즐거움 또한 그지없을 것이다."

21) 나일봉(羅一峯)[35]이 말했다.

"국화를 불러 친구를 삼고 소나무를 사귀어 동지를 삼아 고라니 사슴과 어울려 한 떼가 되면 뜰과 안석 사이에서 산은 기이함을, 달은 깨끗함을, 안개와 노을은 변환을 보여주어, 천지 만물이 다 저마다의 장점을 나에게 보여줄 것이다." 「지비록」

함으로써 이치를 직관하는 것으로, 주자의 학풍과는 대치되었다. 그의 제자 담약수(湛若水)는 "수처(隨處)에서 천리를 체인하라."고 하여 왕양명과 더불어 천하의 강단을 주름잡았고, 하흠(賀欽)은 요동에서 역시 심학의 중심이 되었다. 그의 학문은 『백사자집(白沙子集)』 9권 10책에 요약되었다.

33 영대는 마음을 말한다. 『장자』 「경상초(庚桑楚)」에 "영대에 지키는 것이 있는데, 지키는 것이 무엇인지 모르기 때문에 지킬 수 없는 것이다." 했다.

34 주희(朱熹)가 학자들에게 이르기를 "마음에 주재하는 것이 있으면 맘속이 허명하여 신이 그 성곽을 지킨다.[有主則虛 神守其郭.]"라고 했다. 마음이 외물(外物)에 동요되지 않음을 의미한다. 『심경부주(心經附註)』 「정심장(正心章)」

35 일봉(一峯)은 명나라 문인 나륜(羅倫, 1431~1478)의 호이고, 자는 이정(彝鼎)이다. 1466년 진사에 급제한 뒤 한림원 수찬(翰林院修撰)에 임명되었는데, 글을 올려 이현(李賢)이 복직하는 것을 반대하다가 낙직되고, 다음 해 복직된 뒤에 몇 년 후 병으로 사퇴했다. 금우산(金牛山)으로 들어가 숨어살며 제자들을 가르치고, 학문 활동과 저술에 전념했다.

22) 축석림(祝石林)이 말했다.

"사람들의 공통된 병통은 나이가 들수록 꾀만 깊어지는 데 있다. 부싯돌을 칠 때에 일어나는 불은 금방 꺼져버리고 황하의 물은 몇백 년만에 한 번씩 맑아지는 법이다. 그러므로 세속에서 살려 하거나 세속을 떠나려 하거나 간에 모름지기 조화(造化)의 기미를 알고 멈춤으로써 조화와 맞서 권한을 다투려 하지 말고 조화의 권한은 조화에게 돌려주고, 자손을 위해 복을 심어 자손의 복은 자손에게 물려준 뒤에 물외(物外)의 한가로움에 몸을 맡기고 목전의 청정한 일에 유의해야 한다.

꽃을 찾고 달을 묻는 데 두셋이 동반하고, 차 달이고 향 피우는 데 거동이 단아하며, 모임에는 약속이 필요 없고, 의식에는 겉치레가 필요 없다. 시에는 기교가 필요 없고, 바둑에는 승부가 필요 없으며, 모든 일이 날로 감소되기를 구하고, 이 마음이 하늘과 함께 노닐도록 해 나이도 기억하지 못하고 연도도 망각해 버린다면 이 또한 티끌세상의 선경(仙境)이요 불가의 정토(淨土)이다."

23) 막운경(莫雲卿)[36]이 말했다.

"내가 일찍이 산속에서 승방(僧房)을 빌려 혼자 거처할 적에 매번 수목이 무성한 산봉우리가 막 개고 새 소리가 요란하며 바위굴의 문이 환해지고 구름에 잠긴 산이 눈앞에 흔들리는 듯하는 사이에 산꼭대기가 걷히고 산빛이 머리맡에 와서 떨어지는 듯했다. 마치 금방 신선이라도 된 듯이 이 몸과 이 세상이 허공으로 붕 떠오르는 것만 같았다."

『명세설신어』

---

36 운경(雲卿)은 명나라 문인 막시룡(莫是龍, 1539~1587)의 자이고, 호는 추수(秋水)다. 글씨도 잘 쓰고, 그림도 잘 그렸다.

24) 당자서(唐子西)[37]의 시에,

山靜似太古 산이 조용하니 태고 시대와 같고
日長如少年 해가 기니 소년 시절과 같네

라고 했다.

나[38]의 집이 산속에 있으므로 해마다 늦은 봄, 초여름이 되면 층계에는 푸른 이끼가, 오솔길에는 떨어진 꽃만 가득할 뿐, 문밖에 찾아오는 이가 없었다. 소나무 그림자가 여기저기 어지럽고 새소리가 위아래서 우짖었다. 낮잠을 실컷 자고 나면 샘물을 긷고 삭정이를 주워서 차를 달여 마음 내키는 대로 마신 뒤에 『주역』·「국풍(國風)」·『좌전(左傳)』·「이소(離騷)」와 태사공(太史公 사마천)의 책, 도연명과 두보의 시, 한퇴지와 소동파의 문장 몇 편을 읽다가 조용히 산길을 거닐면서 소나무와 대나무를 어루만지며, 사슴 새끼와 어울려 수풀에서 뒹굴다가 흐르는 시냇물을 희롱하면서 이를 닦고 발을 씻는다.

이어 죽창(竹窓)으로 돌아오면 아내와 어린애가 마련해 놓은 죽순·고사리나물에 보리밥을 흔연히 배불리 먹은 뒤에 죽창 아래 앉아 붓을 놀려 크고 작은 글씨 수십 자를 쓰고는, 소장된 법첩(法帖)과 화축(畫軸)을 펼쳐 마음껏 감상한다. 흥이 나면 짧은 시를 읊고, 『학림옥로(鶴林玉

---

37 자서(子西)는 송나라 문인 당경(唐庚, 1071~1121)의 자이다. 글을 정밀하게 짓고 세상일을 잘 알았으며 풍모가 깨끗해, 사람들이 소동파(蘇東坡)에 견주어 소동파(小東坡)라고 했다.

38 『학림옥로』를 지은 송나라 문인 나대경(羅大經)을 가리키는데, 그의 자는 경륜(景綸)이다. 『학림옥로』 16권에는 주로 주희·장식(張栻)·진덕수(眞德秀)·위요옹(魏了翁)·양만리(楊萬里) 등의 말이 많고, 육구연(陸九淵)의 말도 있다. 그 종지(宗旨)는 문장과 도학이다.

露)』한두 대문을 쓴다. 다시 차를 달여 한 잔 마신 뒤에 시냇가를 거닐다가 우연히 원옹(園翁)과 계우(溪友)들을 만나서 뽕나무와 삼 농사 사정을 묻고 메벼의 작황을 이야기한다. 날씨를 헤아리고 절기의 차례를 세면서 이야기를 실컷 주고받다가 지팡이를 짚고 사립문 앞에 이르면 서산에 지는 해가 천태만상으로 달라지고 시시각각으로 변하여 사람의 눈을 황홀케 한다. 목동은 젓대를 불며 두셋씩 짝지어 돌아오고, 달은 앞 시냇물에 비친다.

당자서의 이 시를 음미해 보면 참으로 절묘하다. 그러나 이 시구가 아무리 절묘하다 한들 그 절묘함을 아는 자는 적다. 사냥개와 매를 데리고 명리(名利)를 붙쫓는 곳에서 사냥하는 자들이야 말머리의 티끌 속에 파묻혀 헛되이 세월만 보낼 뿐이니, 어찌 이 시구의 절묘함을 알겠는가. 사람이 진정 이 절묘함을 안다면 소동파의,

無事此靜坐 아무 일 없이 조용히 앉았으면
一日是兩日 하루에 이틀의 실효 있으니
若活七十年 만약 칠십 년을 산다면
便是百四十 일백사십 년을 사는 셈이 되리

라고 한 시와 같이 될 것이니, 그 소득이 어찌 많지 않겠는가. 『학림옥로』

25) 당(堂) 가운데에 목탑(木榻) 네 개, 소병(素屛) 한 벌, 소칠금(素漆琴) 한 장, 유서(儒書)·도서(道書)·불서(佛書) 각기 두어 권씩을 설치해 놓고, **백낙천**이 와서 좌주(座主)가 되어 우러러 산을 구경하고 허리 굽혀 샘물 소리를 들으며, 곁으로는 죽수(竹樹)와 운석(雲石)을 엿보되, 진시(辰時)에서 유시(酉時)까지 매우 바쁘게 보냈다. 이윽고 철 따라 바뀌는 자연 경치로 인해 나의 마음이 이끌리어 밖으로는 유유자적하고

안으로는 마음이 화평하여, 하룻밤을 묵고 나니 몸이 편안해지고 이틀 밤을 지내고 나자 마음마저 편안해지며, 사흘밤을 지내고 나서는 마치 술에 취한 듯, 멍하니 정신이 없는 듯해졌다. 도무지 그렇게 된 까닭을 알지 못한 채 그렇게 되어버렸다. 『옥호빙』

26) 장송(長松)과 괴석(怪石)이 황폐한 마을에서 일이십리 늘어서 있고, 아주 좁은 길, 가파른 벼랑 밑으로 물을 건너가면 풀숲 사이의 좌우측 두서너 군데에 인가 두세 채가 서로 마주보고 있어 닭과 개의 소리가 들린다.

대나무 울타리 초가집에 한가히 있으면서 난초나 국화를 물가에 심고 때로 복숭아나무며 매화나무를 심어 놓으니 서리 내린 달밤이나 봄바람 부는 날 생각에 여유가 있게 된다.

아이와 종들은 모두 짧은 베옷을 입고 땔나무와 마실 물을 마련하니, 이로써 술을 빚어 마신다. 책상에는 잡서인 『장자』·『사기』·『초사(楚辭)』·『황정경(黃庭經)』·『음부경(陰符經)』·『능엄경』·『원각경』 등 수십 권뿐이다.

명아주 지팡이에 나막신을 신고 깊은 산골과 큰 냇물을 오가며 흐르는 물소리를 듣고, 소용돌이치는 여울을 구경하고, 맑은 연못을 감상하고, 높은 다리 위를 거닐고, 무성한 숲 속에 앉기도 하고, 그윽한 구렁을 찾기도 하며, 높은 산봉우리를 오르니, 이 어찌 즐기지 않고 죽을 수 있겠는가. 『징회록(澄懷錄)』

27) 새 지저귀고 꽃 떨어질 때면 흔연히 내 마음에 기쁨이 있다. 그러면 작은 종아이를 보내어 항아리에 든 백주(白酒)를 가져다가 배꽃이 그려진 자기 술잔에 부어 마시고는 급히 시권(詩卷)을 가져다가 한

바탕 유쾌하게 읽고서 음미하니, 흥취가 맑아 세속에 있는 줄을 모르 겠다. 『옥호빙』

28) 이름난 산은 터를 잡아 살기에 적합하지 않다. 작은 산이 겹겹으 로 둘러싸이고 숲이 무성하게 우거진 곳에 땅 두어 이랑을 개간하고 초가 삼간을 짓는다. 무궁화나무를 심어 울타리를 만들고, 띠를 엮어 서 정자를 만들며, 한 이랑에는 대나무를 심고 또 한 이랑에는 꽃나무 와 과일나무를 심으며 또 한 이랑에는 오이와 채소를 심는다. 네 벽은 맑게 텅 비어 아무것도 없는데, 두메 아이를 시켜 채마밭에 물을 주고 잡초를 뽑는다. 의자 한두 개를 정자 밑에 놓고는 책과 벼루를 끼고서 고적함을 벗삼고, 거문고와 바둑을 가져다가 좋은 친구를 붙들며, 이 른 새벽에 말을 채찍질하여 나갔다가 해 저물어 돌아오면 이 또한 늘그 막을 즐길 수 있을 것이다. 『미공비급』

29) 예부터 초야에 한가히 사는 선비에게는 반드시 그와 도(道)를 같이하고 뜻을 같이하는 선비가 있어 서로 왕래하기 때문에 스스로 즐길 수 있었다. 도연명(陶淵明)의 시에,

昔欲居南村　옛날 남촌에 살고자 한 것은
非爲卜其宅　좋은 터 잡아 살기 위함이 아니라
聞多素心人　마음씨 깨끗한 사람 많다기에
樂與數晨夕　아침저녁 그들과 즐기려 함이라네[39]

했고, 또,

---

39 「이거(移居) 2수」 가운데 제1수의 앞부분이다. 아래의 시는 같은 시의 뒷부분이다.

隣曲時來往　이웃 마을 때때로 오가면서
抗言談在昔　서로 만나 옛이야기 나누며
奇文共欣賞　좋은 글은 함께 감상도 하고
疑義相與析　의심난 것은 서로 풀기도 했지

라고 했으니, **남촌의 이웃**이 어찌 용렬한 선비이었겠는가. 두소릉(杜少陵)이 금리(錦里)에 있을 때 남촌의 **주산인(朱山人)**과 왕래하면서 지은 시에,

錦里先生烏角巾　금리 선생이 오각건을 쓰고서
園收芋栗未全貧　밤과 토란을 거둬들이니 가난하지는 않겠구나.
慣看賓客兒童喜　손님을 자주 보아 아이들은 기뻐하고
得食階除鳥雀馴　뜨락에서 먹이를 먹고 새들은 길들었네
秋水纔添四五尺　가을 물이 겨우 너댓 자 불었으니
野航恰受兩三人　들 배는 두세 사람을 태우겠구나
白沙翠竹江村暮　흰 모래 푸른 대숲 강마을 저물어가니
相送柴門月色新　배웅하는 사립문에 달빛이 새로워라.[40]

라고 했고, 또,

相近竹參差　서로 가까워도 대나무 들쭉날쭉해
相過人不知　서로 지나면서도 사람은 알지 못했네
幽花欹滿徑[41]　그윽한 꽃은 기울어 길에 가득하고
野水細通池　들 물은 가늘게 못으로 통하누나

---

40 두보의 시 제목은 두보의 「남린(南鄰)」이다. 제1구의 "未全貧"은 "不全貧"이 맞는데, 뜻은 같다.
41 두보의 시에는 "徑"이 "樹"로 되어 있어, "나무에 가득하고"라고 번역된다.

歸客村非遠　돌아갈 손은 마을이 멀지 않아
殘尊席更移　남은 술잔을 자리에서 다시 옮기네
看君多道氣　내 보니 그대는 도기가 많은지라
從此數追隨　앞으로 자주 따르며 모시리다[42]

라고 했으니, 주산인(朱山人)이란 자도 참으로 보통 사람이 아니었을
것이다. 이태백(李太白)의 '노성 북쪽의 범거사를 찾으려다가 잘못 창
이 가운데 떨어졌다.[尋魯城北范居士誤落蒼耳中]'[43]는 시에,

忽憶范野人　문득 생각나네 범야인은
閑園養幽姿　한가한 동산에서 그윽한 자태를 기르겠지

라 했고, 또,

還傾三四酌　서너 잔 다시 기울이고
自詠猛虎詞　스스로 「맹호사」를 읊조리네
近作十日歡　가까이는 열흘 간의 즐거움 누리고
遠爲千歲期　멀리는 천년의 기약을 만들었지
風流自簸蕩　풍류가 매우 호탕하니
謔浪偏相宜　해학하기에 서로 어울리는구려

라고 했으니, 범야인(范野人)이란 자도 참으로 쓸만한 무리였으리라. 『학
림옥로』

---

42 제목은 「과남린주산인수정(過南隣朱山人水亭)」이다.

43 이백이 지은 시 제목은 더 길다. 「노성의 북쪽에 사는 범거사를 찾다가 길을 잃고 도꼬마
리 속으로 떨어졌는데, 범거사가 술자리를 펼치고 도꼬마리 따는 것을 보고 짓다[尋魯城
北范居士失道落蒼耳中見范置酒摘蒼耳作]」

30) 향을 피우고 글을 보았으니 내 일은 다 끝났다. 주렴 밖엔 꽃잎 떨어지고 소나무 끝에 달이 떠올랐을 때 종소리가 갑자기 들려오기에 창문을 밀어젖히고 하늘을 쳐다보니 은하수와 뜬구름이 대낮보다 훨씬 빛난다. 마음의 근심을 맑게 씻어서 효상(爻象)의 밖에 뜻을 이룬 자가 아니면 혼자서 이 말을 깨달을 수가 없다. 『소창청기』

31) 이태백(李太白)의 시에, "청풍명월은 일전이라도 돈을 들여 사는 것이 아니다.[淸風明月不用一錢買]"라고 했는데, 동파(東坡)의 「적벽부(赤壁賦)」에는 이르기를,

"저 강 위의 맑은 바람과 산골짜기의 밝은 달이여. 귀로 들으면 소리가 되고 눈으로 보면 빛이 되는구나. 갖는다 해도 막을 이 없고 쓰자 해도 다할 날이 없으니, 이것은 조물(造物)의 무진장(無盡藏)이다."

라고 했으니, 동파의 뜻은 대개 이태백의 시구(詩句)에서 나온 것이다. 바람과 달은 돈을 들여 사지 않을 뿐더러, 그것을 가져도 누가 막을 이가 없는 것이니, 태백과 동파의 말이 진실이다. 그러나 맑은 바람과 밝은 달을 즐길 줄 아는 이는 세상에 몇 사람 되지 않고, 맑은 바람과 밝은 달도 일 년에 또한 몇 날 되지 않는다. 어떤 사람이 이 즐거움을 안다 할지라도 혹은 세속 일에 골몰해 정신을 빼앗기며, 혹은 장애로 인해 그를 즐기려 해도 즐기지 못하는 자가 있다. 일없이 한가하게 있으면서, 이미 돈을 들여서 사는 것도 아니요 게다가 그를 가진다 해서 누가 갖지 못하게 막을 이도 없는 이 청풍명월을 보고도 즐길 줄 모른다면 이는 자기 스스로 장애를 만들어낸 것이다. 『경서당잡지』

32) 집에는 뽕나무와 삼이 있고, 밭에는 메벼와 찰벼가 있으며, 물가에는 버들과 연꽃이 있다. 높은 공중에 창을 던져 높고 낮게 날아가

는 물오리와 기러기를 쫓고, 깊은 물에 낚싯줄 던져 헤엄치는 드렁허리와 다랑어를 쫓으니, 내 힘으로 생활을 영위하여 마음에 부끄러움이 없다.

쉬려 하면 높은 나무의 무성한 그늘이 있고, 깔고 앉으려 하면 풍성한 풀의 그윽한 향기가 있다. 산에 올라 구름을 헤쳐 천지의 기이한 변화를 보고, 샘물을 희롱하여 달을 타고서 혼탁한 먼지를 깨끗이 씻으니, 이런 일은 내가 권태 속에 처해 스스로 뜻 이룸을 즐기는 것이다. 『옥호빙』

33) 귀와 눈을 맑게 텅 비워 기관(機關)을 설치하지 않고, 마음이 편안하고 몸이 활발하게 쭉 펴지기를 기대한다. 삼경이면 잠자고 고용(高春)⁴⁴이면 일어나서, 고요한 집 밝은 창 아래 경사(經史)와 거문고, 술동이를 죽 늘어 놓고 스스로 즐기다가, 흥이 나면 작은 배를 띄우고 나가서 창(閶)⁴⁵을 돌며 소리내어 시가를 읊고 강과 산 사이에서 옛자취를 찾아보고 회상한다.

차와 술은 시름을 풀기에 넉넉하고, 순채와 벼, 물고기, 게는 입에 맞는다. 게다가 고승과 은군자, 절과 뛰어난 경치가 많고, 집에는 원림(園林)이 있어 진기한 꽃과 기괴한 돌, 굽은 연못과 높은 누각, 물고기

---

44 『회남자(淮南子)』 「천문훈(天文訓)」에 "해가 연우(淵虞)에 이르는 것을 '고용(高春)'이라 하고 연석(連石)에 이르는 것을 '하용(下春)'이라 한다.[日至於淵虞, 是謂高春. 至於連石, 是謂下春.]"라고 했는데, 고유(高誘)의 주(注)에 "연석은 서북산으로, 장차 어두워지려 하면 방아 찧는 일을 그만두기 때문에 '하용'이라 한다.[連石, 西北山, 言將欲冥, 下象息春, 故曰下春.]"라고 했다. 고용은 오후 네시쯤이다.
45 창문(閶門)은 강소성(江蘇省) 소주(蘇州)의 서문인데, 오왕(吳王) 합려(闔閭)가 세운 것이다. 창문의 밖에는 동서로 가로지른 호수가 있는데, 수천 그루의 버들이 절경을 이루었다고 한다.

와 새가 있으므로, 거기에 정신이 팔려 날이 저무는 것도 모른다. 『소창
랑집(蘇滄浪集)』

34) 어떤 선비가 몹시 가난해 밤이면 향을 피우고 하늘에 기도를
올렸다. 오래되어도 게을리하지 않자, 어느 날 저녁 갑자기 공중에서,

　"상제(上帝)께서 너의 정성을 아시고 나로 하여금 너의 하려는 바를
물어오게 하셨다."

는 말이 들리므로 선비가 대답했다.

　"제가 하려는 바는 매우 작은 것이니, 감히 지나치게 바라지 않습니
다. 다만 바라건대, 이승에서 의식이나 조금 넉넉해 산수 사이에 유유
자적하다가 죽으면 족하겠습니다."

　공중에서 크게 웃으면서,

　"이는 하늘나라 신선의 즐거움인데, 어찌 쉽게 얻을 수 있겠느냐.
만일 부귀를 구한다면 얻을 수 있을 것이다."

했으니, 이 말이 헛된 말이 아니다. 내가 보건대, 세상에 빈천한 자는
추위와 굶주림에 울부짖고 부귀한 자는 또 명예와 이익에 분주해 죽을
때까지 거기에 골몰한다. 의식이 조금 넉넉해 산수 사이에 유유자적하
는 것은 참으로 인간 세상의 극락이건만 하늘이 매우 아끼는 바이기에
사람이 쉽게 얻을 수 없는 것이다. 비록 가난하다 할지라도 보잘 것
없이 초라한 집[46]에 도시락 밥 한 그릇 먹고 표주박 물 한 잔 마시고서

---

46 원문의 '필문 규두(篳門圭竇)'는 미천한 사람이 사는 작은 집을 말한다. 『춘추좌씨전』
양공(襄公) 10년 조에, "보잘것없이 초라한 집에 사는 미천한 사람이 모두 윗사람을 능멸
하니, 윗사람 노릇하기 어렵다.[篳門圭竇之人 而皆陵其上 其難爲上矣]"했다. 이 구절
에 대한 주에, "규두(圭竇)는 작은 집이다. 벽을 뚫어서 문을 낸 다음, 위쪽은 뾰족하게
만들고 아래는 네모나게 만든 모양이 홀[圭]을 닮았다 하여 생긴 말이다."했다.

고요히 방 안에 앉아 천고(千古)의 어진이들을 벗으로 삼는다면 그 즐거움이 또한 어떠하겠는가. 어찌 즐거움이 반드시 산수 사이에만 있겠는가. 『금뢰자』

35)

飽食緩行初睡覺	배불리 먹고 느긋하게 거닐다 막 잠에서 깨어나니
一甌新茗侍兒煎	향기 좋은 차 한 잔을 아이가 달여오네
脫巾斜倚繩床坐	두건 벗고 비스듬히 승상에 나앉으니
風送水聲來耳邊	바람이 귓가로 물소리를 불어오누나

라고 한 것은 배진공(裴晉公)[47]의 시이다.

細書妨老讀	잔글씨는 늙은이가 읽기에 힘들고
長簟愜昏眠	긴 평상은 깊이 잠들기에 딱 좋구나
取簟且一息	평상 가져다가 한 번 쉬려고
抛書還少年	책을 던지니 다시 소년일세

라고 한 것은 반산옹(半山翁)[48]의 시이다.

相對蒲團睡味長	포단에 마주하여 단잠 자느라
主人與客兩相忘	주인도 나그네도 서로 잊었네
須臾客去主人覺	얼마 뒤 손은 가고 주인도 잠에서 깨니
一半西窓無夕陽	어느덧 서창에 노을이 졌네.

---

47 진공(晉公)은 회채(淮蔡)의 난을 평정하여 진국공(晉國公)에 봉해진 당나라 재상 배도(裴度, 765~839)의 봉호이다. 시 제목은 「양풍정에서 잠이 깨다[涼風亭睡覺]」이다.

48 송나라 재상 왕안석(王安石)의 자가 개보(介甫), 반산(半山)이며, 벼슬에서 물러나 금릉에 살 때에 반산노인(半山老人)이라는 호를 사용했다. 이 시의 제목은 「대 위에서 오사에게 보이다(臺上示吳思)」이다.

라고 한 것은 육방옹(陸放翁)[49]의 시이다.

　讀書已覺眉稜重　글을 읽다 보니 미골(眉骨)이 무겁다가
　就枕方欣骨節和　잠자리에 드니 뼈마디가 편안하구나
　睡去不知天早晚　자느라고 날 저무는 것도 몰랐는데
　西窓殘日已無多　서창에 남은 햇빛 벌써 얼마 없구나[50]

라고 한 것은 오나라 승려 유규(有規)의 시이다.

　老讀文書興易闌　늙어서 글 읽으면 흥이 깨지기 쉬우니
　須知養病不如閒　병든 몸 요양에는 한가함이 제일일세
　竹床瓦枕虛堂上　대나무 침상 기와 베개로 텅 빈 마루에 누워
　臥看江南雨後山　강남쪽 비 갠 산을 누워서 보네[51]

라고 한 것은 여형양(呂滎陽)[52]의 시이다.

　紙屏瓦枕竹方床　종이병풍 기와베개 대나무 침상에
　手倦抛書午夢長　읽다 지쳐 책 던지고 낮잠을 자는구나
　睡起莞然成獨笑　잠에서 깨어나 빙그레 혼자 웃으니
　數聲漁笛在滄浪　어부의 피리소리 창랑에서 들려오네

라고 한 것은 채지정(蔡持正)[53]의 시이다.

49　방옹(放翁)은 송나라 시인 육유(陸游)의 호이고, 시 제목은 「객거(客去)」이다.
50　제목은 「임종시(臨終詩)」이다.
51　여본중(呂本中)의 자미시화(紫薇詩話)에 제목 없이 실려 전하는데, 대부분 절구(絶句)라는 제목으로 전한다.
52　형양(滎陽)은 형양군공(滎陽郡公)에 봉해진 여희철(呂希哲)의 봉호이다.
53　지정(持正)은 송나라 신법파 관원 채확(蔡確)의 자이고, 시 제목은 「수정(水亭)」이다.

나는 게으른 것이 버릇이 되어 서책을 볼 때마다 반드시 누워서 쉬곤 한다. 그래서 효선(孝先)⁵⁴을 조롱하는 사람이 있을 때마다 이 효선의 고사(故事)를 읊어서 스스로 해명하곤 한다. 그러나 나는 늘 베개가 뜨거워지는 것이 괴로워서 두서너 번씩 엎치락뒤치락한다. 나중에 전배(前輩)의 말을 보니,

"**형공**(荊公 왕안석)이 낮잠을 즐겼는데 여름철에도 항상 네모난 베개를 사용하므로 어떤 이가 왜 그러느냐고 묻자, 형공이 '오래 졸다가 입김이 배어 베개가 뜨거워지면 차가운 쪽으로 바꿔 베기 위해서이다.'라고 했다."

했다. 참으로 낮잠 자는 맛을 아는 자가 아니면 이런 말을 쉽게 하지 못할 것이다. 『계신잡지(癸辛雜識)』

36)
花竹幽窓午夢長 꽃과 대나무 그윽한 창에 낮꿈이 한창이라
此中與世暫相忘 이 가운데 세상과 잠시 서로 잊었다오
華山處士如容見 화산처사⁵⁵를 만일 만나게 되면
不覓仙方覓睡方 선방은 그만두고 수방을 찾으리

라고 했으니, 그렇다면 잠자는 데도 방법이 있는 것인가. **희이**(希夷)의

---

54 효선(孝先)은 후한(後漢) 문인 변소(邊韶)의 자이다. 그가 낮잠을 자고 있을 때 그의 제자가 "변효선은 배가 뚱뚱하게 살이 쪄 가지고 글 읽기는 싫어하고 낮잠만 자려 한다." 하고 조롱하자, 변소가 곧바로 대꾸했다. "내 뚱뚱한 배는 오경(五經)이 들어 있는 상자요, 잠을 자려는 것은 경사(經事)를 생각하기 위해서다. 잠잘 때는 주공(周公)과 꿈에 서로 만나고, 고요히 있을 때는 공자(孔子)와 뜻을 같이한다." 『후한서(後漢書)』 「문원(文苑) 변소전(邊韶傳)」

55 후주(後周) 말엽에 『주역』을 깊이 터득한 학자 진단(陳摶)의 호이고, 희이(希夷)도 그의 호이다. 선방(仙方)은 신선이 되는 방법이고, 수방(睡方)은 잠을 잘 자는 방법이다.

말은, 온 세상 사람에게 혼(魂)과 신(神)을 떠나는 것이 곧 부동(不動)이라고 한 데에 지나지 않는다. 그가 남긴 교경(教經)에

"번뇌의 독사(毒蛇)가 너의 마음속에 들어 있으니 그 독사가 나가야만 편히 잠을 잘 수 있다."

는 말이 있다. 근세의 서산(西山) **채계통(蔡季通)**[56]의 「수결(睡訣)」에 이르기를,

"졸 때는 몸이 기울어서 굽고, 깨면 몸이 곧게 펴진다. 잠자는 데 있어 이르고 늦음을 때에 맞춰 하되, 먼저 마음이 잠든 뒤에 깊은 잠을 잔다."

라고 했는데, 회옹(晦翁)은 이에 대해 '이는 고금(古今)에 발명하지 못한 묘(妙)이다'라고 했다. 『소창청기』

37) 초여름 정원 숲에서 서늘하게 부는 바람에 술이 깨어 마음내키는 대로 이끼를 쓸고 돌 위에 앉아 꾀꼬리 울음 소리를 듣노라면, 대나무 그늘로 햇빛이 새어 나오고 오동나무 그림자는 구름을 뚫고 올라간다. 이럴 때 잠깐 책상에 기대어 눈으로 본 시상(詩想)을 이리저리 갈고 닦아 문장을 만들면 넉넉히 운치 있는 노래가 될 것이고, 붓을 끌어다가 동산음(東山吟)[57]을 지을 수도 있다. 어쩌다 천뢰(天籟)[58]가 맑게 터져

---

56 계통(季通)은 송나라 주희의 제자 채원정(蔡元定, 1135~1198)의 자이고, 호는 서산이다.

57 진(晉)나라 사안(謝安)이 대숲이 무성한 동산(東山)에 별장을 짓고 은거하면서 자제들을 모아 시회(詩會)를 열었다. 이때에 지은 시를 가리키는 듯한데, 「동산음(東山吟)」이라는 제목으로는 이백이 지은 시가 대표작이다.

58 『장자(莊子)』「제물론(齊物論)」에 "천뢰는 바람이 불어올 때 갖가지로 다양하게 반응하며 소리를 내는 것이다. 모두가 스스로 그런 소리를 내지만, 그런 사나운 소리를 내게 하는 것이 그 누구이겠는가.[夫天籟者, 吹萬不同, 而使其自己也. 咸其自取, 怒者其誰邪.]"라고 했다. 천뢰는 대자연의 소리가 바람소리로 들리는 것이다.

나오고 학의 울음 소리가 창공을 가로지르며, 뜬구름이 누각에 부딪히고 일천 산봉우리에 비가 내릴 때, 침상에 들어 낮잠을 자면 맑고 깊은 꿈이 또한 운치를 얻을 것이다. 『소창청기』

38) 반죽림(斑竹林) 가운데 두 다리를 쭉 뻗고 앉아 푸른 돌의자에 몸을 기대고서, 가지고 있는 도서(道書)와 범서(梵書)를 너댓 자 교정도 하고 한두 장을 외기도 한다. 차는 그리 향기롭지 못하나 찻잔은 항상 마르지 않고, 향은 그리 좋지 못하나 꺼지지 않고 계속 탄다. 짤막한 거문고는 곡은 없으나 줄은 있고, 긴 노래는 가락은 없으나 소리는 있으며, 격발한 기운은 숲 그늘에서 터져 나오고 좋은 바람은 물가로 보내주니, 이는 만일 희황상인(羲皇上人)[59]이 아니면 분명 혜강(嵇康)이나 완적(阮籍)의 형제간일 것이다. 『암서유사』. 아래도 같다.

39) 산에 머물러 있으면서 붉은 난간에 푸른 휘장 밝은 격자창(格字窓)을 갖춘 짤막한 돛대의 작은 배 한 척을 마련하고 그 배 안에다 도사(圖史), 정이(鼎彝), 술과 말린 고기를 뒤섞어 싣고서, 가까이는 봉묘(峯泖)에 이르러 그치고, 멀리는 북쪽으로 경구(京口)에 이르고 남쪽으로는 전당(錢塘)에 이르러 그치되, 바람이 알맞게 불고 길이 편리하면 이내 친구를 찾아가며, 어쩌다 붙드는 친구가 있으면 하룻밤 동안 이야기를 나누거나 열흘 동안 술을 마시는 것도 무방하다. 아름다운 산수가 있는 곳을 만나거나, 혹은 고승과 야인의 집을 만나, 대나무가 무성

---

59 도연명의 「여자엄등소(與子儼等疏)」에 "오뉴월에 북창 아래에 누워 있다가 서늘한 바람이 잠깐 지나가기라도 하면, 스스로 희황 시대의 사람이 아닌가 생각했다.[五六月中北窓下臥 遇涼風暫至 自謂是羲皇上人]"고 했다. 희황씨는 복희씨(伏羲氏)의 별칭이니, 태고적 사람이라는 뜻이다.

하고 꽃과 풀이 서로 비치는 자리에서 복건(幅巾)에 지팡이와 신 차림으로 서로 마주해, 풍광이 맑고 시원하며 물과 달이 공허하고 맑으며 쇠피리 한 소리에 흰 갈매기가 너울너울 춤을 추는 광경을 구경한다면, 이 또한 시끄러운 속세를 피해 손님을 사절하는 한 계책이 될 것이다.

권4
퇴휴(退休) - 물러나 쉬다

1) 예부터 호걸들은 나라를 위해 공을 세우고 변란을 안정시켜 왔다. 그러나 대체로 공을 세우는 데에 뜻을 두지 않고, 하는 것이 고상했다. 삼대(三代) 때의 인물들이야 으레 말할 것도 없지만, 그 뒤로도 이런 사람들이 있다.

범려(范蠡)는 월나라를 패제후(霸諸侯)로 만들고 나서 조각배를 타고 오호(五湖)로 떠나갔고, **장자방(張子房)**은 진나라와 항우를 무너뜨리고 나서 적송자(赤松子)를 따라 표연히 떠나갔으니, 이들은 모두 진한 시대(秦漢時代)의 인물들 가운데 뛰어나다고 말할 만하다.

좌태충(左太冲)[1]이 이런 시를 지었다.

功成不受賞 공 이루고 상 받지 않은 채
長揖歸田廬 길게 읍하고 전원으로 돌아갔네

이태백(李太白)은 이런 시를 지었다.

---

1 태충(太沖)은 진(晉)나라 문인 좌사(左思)의 자이다. 10년 동안 애써서 위(魏)·촉(蜀)·오(吳) 세 나라의 도읍을 노래한 「삼도부(三都賦)」를 완성하고, 당시 문단의 영수였던 장화(張華)에게 절찬을 받아 유명해졌다.

事了拂衣去 일 끝나자 옷자락 떨치고 떠나
深藏身與名 몸과 이름을 깊이 감췄네

이런 시를 보면 그들의 사람됨을 상상할 수 있다. 『패사휘편』

2) **범려**(范蠡)가 월(越)나라를 떠난 뒤로는 다시 한 일이 없는데도 황동발(黃東發)[2]은 이렇게 말했다.

"범려가 공을 이루고 물러간 다음 제나라와 초나라로 옮겨 다니면서 다시 천하에 그 이름을 드러냈으니, 그의 재주와 식견은 춘추시대와 전국시대를 통틀어 가장 탁월했다. 그때 그가 재산을 일으켜 스스로 드러내지 않고 산림에 들어가 은거했다면, 참으로 도가 있는 선비가 되었을 것이다. 그렇지만 춘추시대와 전국시대 오백 년을 통해 끝까지 공명을 지킨 사람은 범려 한 사람뿐이다."

장맹담(張孟談)[3]도 조양자(趙襄子)를 위해 지백(智伯)을 멸망시킨 뒤 벼슬을 버리고 부친(負親) 마을에서 농사를 지으며 살았으니, 배를 타고 오호(五湖)로 떠나간 범려와 풍도가 같다 하겠다. 『금뢰자』

---

2 동발(東發)은 송나라 학자 황진(黃震, 1213~1280)의 자이다. 송나라 경원부(慶元府) 자계(慈溪) 사람이어서 황자계(黃慈溪)라고도 한다. 이종(理宗)을 섬겨 선정을 베풀었고, 주돈이(周敦頤), 이정(二程), 주희(朱熹)의 학문을 배웠다. 저서로는 『고금기요(古今紀要)』, 『황씨일초』가 있다.

3 전국시대 조(趙)나라 양자(襄子)의 가신(家臣)이다. 진양(晉陽)이 포위되어 조씨가 위기 일발의 상황에 처했는데, 장맹담이 "위태로울 때 안정시키지 못하고 망해 갈 때 보존하지 못한다면, 지사(知士)를 귀하게 여길 것이 없다."라고 하고는, 사신으로 나가서 한(韓)·위(魏)를 설득해, 그들로 하여금 지백(智伯)에게 반기를 들고 공격하게 해 멸망시킴으로써 조씨가 보존되도록 했다. 『사기(史記)』에는 장맹동(張孟同)으로 나온다.

3) **안촉(顔斶)**이 제나라 선왕(宣王)을 뵈니, 선왕이 말했다.

"선생이 과인과 같이 있으면 음식은 반드시 태뢰(太牢)[4]로 대접하고, 출타할 때는 반드시 수레를 타도록 하고, 처자에게는 아름다운 옷을 제공하겠소."

안촉이 사양하고 떠나면서 아뢰었다.

"박옥(璞玉)은 산에서 나는 것인데 다듬자면 깨뜨려야 하니, 다듬어 놓은 옥이 보배롭지 않은 것은 아니지만 박옥 본연의 모습은 아닙니다. 선비가 초야에 태어나 추천받아 기용되면 녹(祿)을 받게 되니, 존대받지 않는 것은 아니지만 본래의 형신(形神)은 지킬 수 없습니다. 저는 돌아가겠습니다. 전원으로 돌아가 때가 지나 식사하면 거친 음식도 고기 맛이고 천천히 마음 편하게 거닐면 수레 탄 것보다 나으며 아무런 죄가 없으면 이것이 바로 귀한 것이니, 청정한 마음으로 스스로를 즐기고 싶습니다. 바라건대 신의 봉읍과 가옥을 회수하시고 돌아가게 해주십시오."

두 번 절한 다음 떠나갔다. 군자는 이를 두고 이렇게 말했다.

"안촉은 스스로 만족할 줄 아는 사람이다. 청정으로 돌아가고 박옥의 원 모습으로 돌아가면, 평생토록 일신이 욕되지 않을 것이다."『전국책(戰國策)』

4 　교제(郊祭)에는 특생(特牲)을 사용하고 사직의 제사에는 태뢰(太牢)를 사용하며, 천자가 제후의 나라에 가면 제후가 음식을 올리되 송아지를 사용하고 제후가 천자의 나라에 가면 천자가 그에게 하사하는 예에 태뢰를 쓰는 것은 정성을 귀하게 여기는 뜻이다.[郊特牲, 而社稷大牢. 天子適諸侯, 諸侯膳用犢. 諸侯適天子, 天子賜之禮大牢. 貴誠之義也.]『예기(禮記)』
　『청사고(淸史稿)』 권82「예지 1(禮志一)」에, "태뢰(太牢)는 양 한 마리, 소 한 마리, 돼지 한 마리이다."라고 했다.

4) 태부(太傅) 소광(疏廣)이 소부(少傅) 소수(疏受)에게 말했다.

"내가 들으니, 만족할 줄 알면 욕을 면할 수 있고 그만둘 줄 알면 위태롭지 않다고 한다. 이제 벼슬이 2천 석에 이르렀으니, 지위와 명예를 이룬 것이다. 이때 떠나지 않으면 후회가 있을까 걱정된다."

그리고는 숙질(叔姪)이 함께 상소해 고향으로 돌아가게 해주길 청했다. (임금이 이를 허락하고 황금(黃金) 20근을 하사했다.

고향으로 돌아와서 황금을 팔아 잔치를 베풀고 친척·친구·빈객들을 초청해 서로 즐겁게 놀았다. 어떤 사람이 소광에게 '그 황금으로 자손을 위해 산업의 기본을 많이 장만하는 것이 어떻겠느냐'고 권하자, 소광이 말했다.

"내가 늙은 몸으로 어찌 자손을 생각하지 않겠는가. 그러나 지금 있는 땅만 가지고도 자손들이 부지런히 노력하면 의식(衣食)을 남과 같이 충분히 마련할 수 있다. 이제 땅을 더 사주어 재물이 남아돌게 되면, 이는 자손들에게 게으름만 가르치는 것이 된다. 어질면서 재물이 많으면 자신의 뜻을 손상하게 되고, 어리석으면서 재물이 많으면 자신의 허물을 더하게 된다. 또 부자는 사람들의 원망을 받기 마련이다. 내가 이미 자손들을 교화시키지 못했는데, 자손들에게 허물을 더하게 하고 또 남의 원망까지 받게 하고 싶지 않다."

그러자 친척들이 기쁜 마음으로 따랐다.) 『한서(漢書)』 「소광전(疏廣傳)」

5) 사등(氾騰)이 천하에 병란이 일어나자 벼슬을 버리고 고향으로 돌아갔다. 군수가 찾아와도 만나지 않았다. 사등이 일찍이 말했다.

"살다가 난세를 만나면 귀한 처지라도 빈천할 수 있어야 죽음을 면할 수 있다."

집안 재물을 흩어서 모두 친척들에게 나누어 주고는, 채소밭을 가꾸고 책을 읽으면서 담담하게 하고 싶은 대로 살았다.

자사(刺史) 장비(張閟)가 불러서 부(府)의 사마(司馬)를 삼으려 하자, 사양하면서 말했다.

"문을 한번 닫았으면 그만이지, 다시 열 수 있겠습니까."

마복파(馬伏波)[5]가 "부귀한 다음 다시 빈천해질 수 있어야 한다." 했는데, 사등이 "귀한 처지라도 빈천할 수 있어야 한다."는 말과 뜻이 같다. 『금뢰자』

6) 전예(田豫)가 위(魏)나라에 벼슬해 남양태수(南陽太守)로 승진하자 여러 번 사직했으나 들어주지 않았다.

"나이 70세에도 직위에 있는 것은 통행금지 종이 울렸는데도 쉬지 않고 밤길을 다니는 것과 같으니, 죄인입니다."

하고는, 드디어 (병을 핑계 삼아 고향으로) 돌아갔다. 『하씨어림』

7) 제왕(齊王) 경(冏)이 장한(張翰)을 불러 동조연(東曹掾)에 임명했다. (장한이 같은 고을 사람 고영(顧榮)에게 말했다.

"천하의 혼란이 그치지 않고 있습니다. 사해에 이름 난 사람은 물러가기가 참으로 어렵습니다. 나는 본디 산림에 살던 사람이라서 당세에 아무런 기대가 없어진 지 오랩니다. 그대는 일이 있기 전에 현명하게 방지하고, 일이 있은 뒤에 슬기롭게 조처하십시오."

고영이 장한의 손을 잡고 서글프게 말했다.

"나도 그대와 함께 남산의 고사리를 캐고 삼강(三江)의 물을 마시겠

5 복파장군(伏波將軍) 마원(馬援)을 가리킨다.

습니다.")

장한이 낙양에 있을 적에 가을바람이 부는 것을 보고는 오중(吳中)의 순채국과 농어회가 생각났다. 그래서,

"인생은 마음 내키는 대로 사는 것이 귀하다. 어찌 벼슬에 얽매여 수천 리 밖으로 떠돌아다니면서 명예와 작녹을 추구할 필요가 있겠는가."

하고는 곧바로 수레를 타고 고향으로 돌아갔다.

(남산의 고사리와 삼강의 물, 오중의 순채국과 농어회가 산림의 청아한 풍미를 상상할 수 있게 한다.) 『문기유림』

8) 진(晉)나라 **도잠(陶潛)**이 팽택령(彭澤令)으로 부임한 지 80여일 만에 군(郡)에서 독우(督郵)를 파견했다. 독우가 도착하자 아전들이,

"응당 띠를 띠고 독우를 뵈어야 합니다."

하니, 도잠이 탄식하면서 말했다.

"내가 어찌 오두미(五斗米) 때문에 향리의 소아(小兒)에게 허리를 굽힐 수 있겠는가!"

그날로 인수(印綬)를 풀어놓고 떠났다.

후위(後魏)의 **가경흥(賈景興)**이 (은거하면서 벼슬하지 않았다. 그가) 늘 무릎을 쓰다듬으면서,

"내가 너를 저버리지 않았으니, 고관에게 절하지 않은 덕분이다."

라고 했다. 무릎을 저버리지 않았다는 것은 허리를 굽히지 않은 것과 대(對)가 될 만하다.

9) 당나라 **잠문본(岑文本)**이 중서령(中書令)에 임명되어 집으로 돌아왔는데, 얼굴에 수심이 가득했다. 어머니가 그 까닭을 묻자 문본이 말

했다.

"저는 훈신(勳臣)도 아니고 구신(舊臣)도 아닌데, 외람되게 은총을 입어 높은 지위에 중한 책임을 맡게 되었습니다. 그래서 걱정하는 것입니다."

친한 사람들이 와서 축하하자, 문본이 "나는 조문(弔問)을 받아야지, 축하 받을 수가 없습니다." 했다.

북제(北齊)의 숙종(肅宗)이 왕희(王晞)를 시랑(侍郞)에 임명하려 했으나 굳이 사양하고 받지 않았다. 어떤 사람이 왕희에게 스스로 소외당하는 짓을 할 필요가 없다고 권하자, 왕희가 말했다.

"나는 젊어서부터 요직에 있는 사람을 많이 보았습니다. 젊어서 높은 지위에 오른 사람치고 낭패당하지 않는 사람이 드물었습니다. 게다가 내 성품이 성글고 느슨해서 시무를 감당할 수가 없습니다. 임금의 사사로운 은혜를 어떻게 보장할 수가 있겠습니까. 어쩌다 한번 창피를 당할 경우엔 물러가려 해도 갈 곳이 없게 될 것입니다. 요직에 오르는 것을 좋아하지 않는 것은 아니지만, 잘 생각해 보자는 것뿐입니다." 『문기유림』

10) 이일지(李日知)가 형부 상서(刑部尙書)로 있으면서 자주 사직을 청하자, 임금이 윤허했다. 그는 사직을 청하려 할 적에 아내와 상의하지 않았다. 윤허 받고 집으로 돌아와 즉시 행장을 꾸리자, 아내가 깜짝 놀라 물었다.

"집안 재산이 텅 비었는데 왜 갑작스레 사직했습니까?"

일지가 말했다.

"벼슬이 형부 상서에 이르렀으면 이미 내 분수엔 지나친 것이오. 사람에게 어찌 만족이 있을 수 있겠소."

(벼슬을 버리고 나서는 농사일은 돌보지 않은 채 누각과 연못을 꾸미고 손님을 초청해 함께 즐겼다.) 『저기실』

11) 우완(虞玩)이 사공(司空)에 승진되자 굳이 사양했으나, 들어주지 않았다. 임명되고 나자 탄식하면서 빈객들에게 말했다.

"내가 삼공(三公)이 되었으니, 이는 천하에 사람이 없다는 것입니다."

당나라 정계(鄭綮)가 동평장사(同平章事)에 임명되었다. 조서(詔書)가 내리자 정계가,

"천하 사람들이 웃을 것이다."

했다. 집무하게 되자 친척들에게 말했다.

"헐후정오(歇後鄭五)[6]가 재상이 되었으니, 시사(時事)를 알 만하다."

겨우 3개월 만에 병을 핑계로 사직하고 벼슬에서 물러났다. 이 사람이야말로 못난 재주로 지위만 도둑질하는 자들보다 낫지 않은가. 『독서경(讀書鏡)』

12) (당나라 명황(明皇) 때) 하지장(賀知章)이 나이 86세로 표(表)를 올려 고향에 돌아가 도사가 되기를 청했다. 명황이 이를 허락하고, 저택을 내려주어 도관(道觀)을 만들게 하고 천추관(千秋觀)이란 이름을 하사했으며, 감호(鑑湖)의 섬수(剡水) 한 굽이를 하사했다. 조서를 내려 동문

---

6 헐후체(歇後體)는 정계가 개발한 시체(詩體)의 한 가지로, 풍자시를 지으며 어구(語句)의 끝을 숨기고 말하지 않는 것이다. 예를 들면 『서경』 「오자지가(五子之歌)」의 '이궐자손(貽厥子孫)'에서 '이궐'만을 따서 자손을 나타내고, 「군진(君陳)」의 '우우형제(友于兄弟)'에서 '우우'만을 따서 형제를 나타내는 식이다. 정계가 다섯째 아들이기 때문에, 정계의 시를 당시에는 정오헐후체(鄭五歇後體)라고 했다. 당나라 소종(昭宗)이 그의 시를 듣고 재상을 삼자, 그는 하례하러 온 사람들에게 "헐후 정오가 재상이 되었으니 시사(時事)를 알 만하다."라고 했다. 『신당서(新唐書)』 권183 「정계열전(鄭綮列傳)」

밖에 장막을 치게 하고, 백관을 데리고 가서 전별연을 베풀며 어제시
(御製詩)를 내렸다.

> 遺榮期入道 영화 버리고 도사 되려고
> 辭老竟抽簪 늙었다 핑계 삼아 벼슬 버렸네.
> 豈不惜賢達 어찌 현달한 이를 아끼지 않으랴만
> 其如高尙心 그대의 숭상하는 마음 이뤄주리라.
> 寰中得祕要 환우(寰宇)에서 비결을 얻었으니
> 方外散幽襟 방외에 그윽한 회포 흩어지리
> 獨有靑門餞 동문 밖에서 전별연 베푸니
> 群英悵別深 여러 사람이 그지없이 슬퍼하네 『사문유취』

13) **위표미**(韋表微)가 어사(御史)에 임명되니, 떠나기를 멈추고 즐겁지
않은 얼굴로 말했다.

"작록(爵祿)이란 맛있는 음식과 같아서 누구나 욕망하는 것이다. 내
나이 쉰에 거울을 들여다보고 흰 머리를 잘라가면서 외람되이 젊은이
들 사이에 섞여 한 계급 한 지위를 얻어 본들 무슨 맛이 있겠는가. 장차
소나무와 국화의 주인이 되어 도연명(陶淵明)에게 부끄럽지 않은 생활
을 하고 싶다."

14) **사공도**(司空圖)가 벼슬을 버리고 돌아와, 중조산(中條山)에 살면서
정자를 짓고 삼의휴(三宜休)라 명명했다. 첫째로 재능을 헤아려 보니
쉬어야 하고, 둘째로 분수를 헤아려 보니 쉬어야 하고, 셋째로 늙고
눈마저 어두우니 쉬어야 한다는 뜻이다.

당나라 목종(穆宗) 때 **공규**(孔戣)가 늙었다는 이유로 물러가기를 청하
자, 한유(韓愈)가 말했다.

"공은 아무런 자산도 없는데 무엇을 믿고 고향으로 돌아가려 하시오?"
공규가 말하였다.

"나는 나이로 보아 물러가야 하고, 낭관의 진퇴를 잘못했으니 물러
가야 합니다. 이 두 가지 이유가 있는데도 그대의 말을 들을 수 있겠습
니까?"[7]

이약졸(李若拙)의 자는 장용(藏用)으로, 절동(浙東)과 절서(浙西)의 전
운사(轉運使)를 지냈다. 스스로 세상 따라 부침한 지가 오래되었다고
여겨 「오지선생전(五知先生傳)」을 지었다. 다섯 가지는 때를 아는 것,
어려움을 아는 것, 명(命)을 아는 것, 물러갈 줄 아는 것, 만족할 줄
아는 것이다. 『저기실』

15) **전약수(錢若水)**가 젊었을 때 마의도자(麻衣道者)[8]를 만나 상을 보았
더니, '소용돌이치는 벼슬길에서 과감하게 물러날 사람'이라 했다. 뒤
에 추부(樞副)로 벼슬에서 물러났는데, 나이 겨우 40세였다. 양대년(楊
大年)[9]이 한망음(閑忙吟)을 지었다.

世上何人號最閑 세상에 그 누가 가장 한가한가
司諫拂衣歸華山 추부공 옷깃 떨치고 화산으로 돌아가네 『미공비급』

---

7 원문에는 "吾負二宜去 尙奚顧子言"열 자만 있는데, 두 가지 이유를 풀어 썼다.
8 마의도자는 관상법에 뛰어난 북송의 도사 이화(李和, 375~457)의 호이다. 『마의상서(麻
  衣相書)』를 지었으며, 당나라 태종이 자혜보제진인(慈惠普濟眞人)에 봉했다.
9 대년(大年)은 송나라 시인 양억(楊億, 974~1020)의 자이다. 『태종실록』의 편찬에 참
  여하였고 한림학사를 지냈다. 이상은(李商隱)의 시를 배웠는데 사조가 화려하여 서곤
  체(西崑體)라고 불렸다. 저서에 『무이신집(武夷新集)』, 『양문공담원(楊文公談苑)』 등
  이 있다.

16) 문원공(文元公) **조형(晁迥)**은 (타고난 자질이 순진했다. 나이 마흔이 넘어서야 과거에 급제했고 비로소 결혼도 했다. 그 전엔 전혀 세상 일을 몰랐다.)

처음에 유해섬(劉海蟾)에게 도를 배워 연기(鍊氣)와 복형(服形)[10]의 법을 체득했고, 뒤에는 불도를 배웠다. 늘 도교와 불교의 교리를 참고하여 일생 동안 힘써 실행했다. (모든 일을 사절한 채 조용히 지내면서) 도원(道院)에 혼자 거처하고 (다른 일은 돌보지 않았다.) 집 사람들에게도 번번이 물으러 오지 못하게 경계했다. (식사 때는 오직 두 가지 반찬만 내오게 했고, 먹고 나면 제사상처럼 빨리 치웠다.

아들 종각(宗慤)이 정자(正字)에 발탁되어 조복을 입고 와서 인사했지만, 공은 돌아다보지도 않았다.) 공의 부인이 몰래 엿보았더니 눈을 감고 단정히 앉았는데 수염과 머리가 바람에 흩날리는 것만 보일 뿐, 나무인형처럼 꼼짝 않고 있었다. 공이 일찍이 시를 지었다.

鍊鑛成金得琋珍　쇳돌 불려 금이 되면 이것이 보배이고
鍊情成性合天眞　정(情)을 수련해 성(性)을 이루면 이것이 천진일세.
相逢此理交談者　서로 만나 이 이치를 말할 만한 사람
千百人中無一人　천백 명 가운데 한 사람도 없구나 『지비록』

17) 선공(宣公) **손석(孫奭)**이 태자소보(太子少保)를 끝으로 벼슬에서 물러나 (운(鄆)에 거처하고 있었는데,) 어느 날 어시청(御詩廳)에서 연회를 베풀었다. 어시청은 인종(仁宗)이 상으로 내린 시를 거처하고 있는 청(廳)의 벽에 새겨 놓았기 때문에 붙여진 이름이다. 공이 손님들에

---

10 연기(鍊氣)는 심기(心氣)를 단련하는 도가(道家)의 장생술(長生術)이고, 복형(服形)은 숨을 들이마시고 내쉬는 도가의 수양법(修養法)이다.

게 말했다.

"백부(白傅 백거이)의 시에 이런 절구가 있습니다. '많은 고관들의 옛 집 문 굳게 닫혔는데[多少朱門鎖空宅] 집 주인은 늙도록 돌아오지 않는 구나[主人到老曾不歸]' 이제 나는 고향으로 돌아왔으니 기쁘기 그지없습니다."

다시 석수도(石守道)를 돌아보고 『주역(周易)』 이괘(離卦) 구삼(九三)의 효사(爻辭)를 외면서 말했다.

"근심을 잊고 즐거워하니 소인(小人)의 뜻에 만족하고, 노래하며 북 치니 대질(大耋)¹¹이 탄식하지 않게 되었습니다."

(공은 순후한 덕과 깊은 학문으로 궁중에서 20여 년간 시강(侍講)하다가 늦은 나이에 과감하게 벼슬에서 물러나, 향리에서 자연스럽게 노닐며 지냈다. 덕을 끝까지 온전히 지킨 사람으로 공에 견줄 만한 이가 근세에는 적다.) 『명신언행록』

18) **진공(陳恭)**이 박주(亳州)를 맡고 있을 때 생일을 맞았다. 친척들은 「노인성도(老人星圖)」를 선사하는 이가 많았으나, 조카 세수(世修)만은 유독 「범려유오호도(范蠡遊五湖圖)」를 선사했다. 그 그림에 이런 찬(贊)이 적혀 있었다.

"훌륭하구나, 도주공(陶朱公)이여. 월나라를 제후의 패자(霸者)가 되게 하고, 오나라를 평정했네. 명예 이루고 과감히 물러나 조각배 타고 오호(五湖)로 떠나갔구나."

진공은 그날로 벼슬을 버렸다. 『하씨어림』

---

11 대질(大耋)은 70~80세의 노인으로, 자신을 가리킨다. 소인도 자신을 가리키는데, 소(小)와 대(大)로 짝을 맞췄다.

19) 이강보(李疆父)가 소문상(昭文相)이 되어 「육화탑시(六和塔詩)」를 지었다.

往來塔下幾經秋 탑 아래를 오간 지 몇 해 되었던가
每恨無從到上頭 꼭대기에 올라갈 수 없음을 늘 한탄했네
今日登臨方覺險 이제 올라와 보고서야 위험함 깨닫겠구나
不如歸去臥林丘 산림으로 돌아가 편히 눕는 것만 못하네

(강보(疆父)는 정승을 지내면서 청정한 마음가짐으로 삼가 법을 지켰고, 자신의 생활은 빈한한 선비처럼 검소하게 했으며, 손에는 책을 놓은 적이 없었다.) 『저기실』

20) 방장민(龐莊敏)이 정주(定州)를 맡고 있으면서 늙었다는 이유로 자주 물러가기를 청하자, 어떤 사람이 말했다.

"상께서 바야흐로 정치를 잘해 보려고 주력하고 있고, 또 공께서는 정력이 아직 매우 건장한데, 무엇 때문에 굳이 물러가려 하십니까?"

공이 말했다.

"반드시 근력이 쇠진하고 임금이 싫어하게 된 뒤에 떠나는 것은 부득이해서 떠나는 것이지, 어찌 만족함을 알아 그만두는 것이겠소?"

구양수(歐陽脩)가 채주(蔡州)에 있으면서 자주 물러나기를 청하자, 문하생 채승희(蔡承禧)가 틈을 타서 말했다.

"조정에서는 바야흐로 선생님을 중하게 대우하고 있고, 또 물러갈 연세도 되지 않았습니다. 어째서 갑자기 물러가려 하십니까?"

공이 말했다.

"내 평생의 명분과 절의는 모두 후생들의 본보기가 되게 하려는 것이니, 일찍 물러가 노후의 절조를 온전히 해야 할 뿐이다. 쫓아내기를 기다릴 게 뭐 있겠는가. 조정에 있는 대신들은 모두 임금에게 버림받는 것을 두려워하고 후생들이 본받는 것을 부끄러워하고 있다. 이러니 염치의 기풍이 어떻게 일어날 수 있겠는가." 『문기유림』

21) 조열도(趙閱道)는 (기개와 도량이 맑고 속되지 않아, 그가 기뻐하거나 화내는 것을 본 사람이 아무도 없다.) 자호를 지비자(知非子)라 했다.

처음 성도(成都)에 부임하면서 거문고 하나와 학(鶴) 한 마리를 가지고 갔었다. 다시 부임할 땐 거문고와 학도 버리고 일을 돌보는 하인만 데리고 갔다. 공이 평생 동안 계속했던 일은 밤이면 반드시 의관을 갖추고 밖에 나와 향을 피우고 하늘에 고하는 것이었다. 그러나 고할 만한 일이 없으면 감히 하지 않았다.

원풍(元豐)[12] 초에 늙었다는 이유로 사직하고 물러와 구(衢)에서 살았다. 시내와 돌, 소나무와 대나무가 있는 경치 좋은 곳이었다. 산속 승려나 시골 늙은이들과 즐기면서 다시는 벼슬에 뜻을 두지 않았다. 그가 시를 지었다.

軒外長溪溪外山 난간 밖엔 시내요 시내 너머 산이라
捲簾空曠水雲間 발 걷으니 텅 빈 하늘 물과 구름 사이일세.
高齋有問如何答 고재(高齋)가 물으면 뭐라고 대답하랴
淸夜安眠白晝閑 맑은 밤엔 편히 자고 낮엔 한가롭다네 『유씨홍서(劉氏鴻書)』

22) 부정공(富鄭公)이 벼슬에서 물러난 뒤 서도(西都)로 돌아와 있었

---

12 원풍(元豐)은 송나라 신종(神宗)의 연호인데, 1078년부터 1085년까지 사용했다.

다. 어느 날 베옷을 입고 나귀를 타고 교외로 나갔다가 수남 순검(水南
巡檢)의 행차를 만났다. 수남 순검은 중관(中官)인데, 길을 인도하는 전
도(前導)의 위의(威儀)가 매우 성대했다. 앞서서 길을 인도하던 군졸이,

"나귀 타고 가는 자는 나귀에서 내리라."

고 고함쳤다. 공이 채찍을 휘둘러 나귀를 재촉하니, 군졸의 목소리가
더욱 거칠어지며 또 고함을 쳤다.

"나귀에서 안 내리려거든 관위(官位)를 말하라."

공이 채찍을 휘두르면서, "필(弼)이다." 했지만, 군졸은 알아듣지 못
하고 순검에게 말했다.

"앞에 어떤 사람이 나귀를 타고 길을 가로막은 채 가고 있습니다.
관위를 물어도 대답하지 않고 필(弼)이라고만 합니다."

순검이 그제야 상공인 줄 깨닫고 말에서 내려 길가에 엎드려 문안을
올렸다.

"수남 순검은 문안 올립니다."

공은 채찍을 휘둘러 급히 지나갔다. 『패사휘편』

23) 한지국(韓持國)이 만년에 허주 태수(許州太守)로 있었는데, 그때 최
자후(崔子厚)도 그 지방 고을의 원으로 있었다. 한지국의 생일이 되자
보내온 선물들이 별처럼 널려 있었으나, 최자후만 이런 시를 올렸다.

衣錦榮名雖烜赫　비단옷에 영광스런 명예 빛나긴 하지만
掛冠高節莫因循[13]　관 걸고[13] 벼슬 버리는 높은 절개 주저 마소

---

13 전한(前漢) 말엽에 왕망(王莽)이 자기 아들인 왕우(王宇)를 죽이자 봉맹(逢萌)이 "삼강
(三綱)이 끊겼다. 머지않아 화가 사람들에게도 미칠 것이다." 하고, 관(冠)을 벗어 동
도(東都)의 성문에 걸고 나서 가족을 데리고 요동(遼東)으로 떠났다. 『후한서(後漢書)』

공이 탄식하며 말했다.

"그대가 아니면 누가 나에게 이런 말을 해주겠는가."

드디어 벼슬에서 물러났다. 『문기유림』

24) 진우경(陳虞卿)[14]은 고장 사람들이 '훌륭한 덕이 있다'고 해 군자(君子)라고 일컬었다. 관직이 태자 중윤(太子中允)에 이르러 (벼슬에서 물러났는데, 이때 나이 쉰이 못 되었다. 곧이어 평강군 절도(平江軍節度)에 제수되어 서기를 맡았으며, 다시 교수에 임명하고 조서(詔書)로 여비를 주어 빨리 떠나도록 재촉했다. 그러나 그는 극력 사양하고 부임하지 않았다.

그는 도덕으로 고장에 이름이 나 있었으므로 마을의 아이들도 존경할 줄 알았다. 한번은 오랫동안 결말을 보지 못하고 쟁송(爭訟)하던 자들이 노새를 타고 그의 집으로 찾아왔다. 그래서 그가 대의(大義)를 들어 감동시켰더니 모두 마음을 고쳤다.)

처음에 그가 벼슬에서 물러날 때 시랑(侍郞) 장낭(張朗)이 사람들에게 말했다.

"온 천하가 모두 부귀만 추구하고 있습니다. 그런데 우경(虞卿)만은 그만둘 줄을 알아서 사람들의 마음을 바꿨습니다. 나는 임하(林下)에 훌륭한 사람 있음이 기쁩니다." 『저기실』

「일민(逸民) 봉맹전(逢萌傳)」

14 우경(虞卿)은 송나라 명사 진지기(陳之奇, 1002~1068)의 자이다. 당시 소주에서 정(丁)·진(陳)·범(范)·사(謝) 네 집안이 4대가로 불렸는데, 진찬명(陳贊明)이 증손이다. 사람들이 진군자라 불렀으며, 호원(胡瑗)·소순흠(蘇舜欽)과 함께 오하(吳下)의 삼현인(三賢人)이라고도 불렸다.

25) 왕형공(王荊公)[15]이 재상으로 있을 때 어떤 점쟁이를 찾아가 점을 치자, 점쟁이가 물었다.

"공명과 부귀가 이러한데 무엇 때문에 점을 치십니까?"

공이 정색하고 말했다.

"지금 힘써 물러가기를 청해도 임금께서 허락하지 않네. 그래서 곧 떠나게 될 수 있을지를 봐 달라는 것일세."

점쟁이가 말했다.

"상공이시여! 임금의 신임이 두터울 때 물러가 쉬는 것이 좋다고 내가 전에 상공께 말하지 않았습니까. 가고 싶으면 가십시오. 이는 전적으로 상공에게 달린 것이지 임금에게 달린 것이 아닙니다. 의심할 게 없는 일인데 뭣 때문에 점을 친단 말입니까."

공이 서글피 탄복하면서 물러갈 뜻을 드디어 결정했다. 아! 지금 물러날 시기가 지났는데도 저 혼자 '임금이 허락하지 않는다'고 핑계대면서 결국 장안에서 객사하는 사람들이여! 왜 이 점쟁이에게 가서 한번 점쳐보지 않는가.

26) 양성재(楊誠齋)[16]는 비서감(祕書監)에서 시작해 강동 조운부사(江東漕運副使)를 맡았고, 나이 칠십이 안 되어 남계(南溪) 가에 물러나 쉬었다. 겨우 비바람을 가리는 낡은 집 한 채에 늙은 하인 서너 명이 있을

---

15 형공(荊公)은 송나라 재상 왕안석(王安石, 1021~1086)의 봉호이다.

16 성재(誠齋)는 송나라 문인 양만리(楊萬里 1124~1206)의 호이고, 자는 정수(廷秀)이다. 남송 사대가 중 한 사람으로 꼽힌다. 시는 속어를 섞어 썼으며, 경쾌한 필치와 기발한 발상에 의한 자유 활달한 점을 특색으로 한다. 그의 문집 『성재집(誠齋集)』에 4천여 수의 시가 실렸는데, 벼슬하기 이전에 지은 시를 모은 『강호집(江湖集)』으로 시작하여 은퇴한 뒤에 지은 시를 모은 『퇴휴집(退休集)』으로 끝난다.

뿐이었다. 서영휘(徐靈暉)가 시를 보냈는데,

> 清得門如水 청백한 문호는 물같이 깨끗하고
> 貧唯帶有金 가난한 살림은 허리띠의 쇠고리뿐

이는 사실을 기록한 것이다. 그래도 총명하고 강건하게 16년 동안 청한(淸閑)한 복을 누렸다.

영종(寧宗)[17] 초에 주문공(朱文公)[18]과 함께 부름을 받았다. 그때 문공은 나아갔지만 공은 나가지 않자, 주문공이 공에게 편지를 보냈다.

"다시 하늘을 즐기고 천명을 아는 즐거움 때문에 사람들과 걱정을 같이한다는 그 걱정을 잊지 않을 수 있다면, 우유(優遊)와 은둔(隱遁)을 지나치게 고집하지 마시오. 나는 그래도 이 세상에 기대를 걸고 있습니다."

그러나 공의 고상한 뜻을 꺾을 수는 없었다. 일찍이 공이 스스로 찬(贊)했다.

> 江風索我吟 강 바람은 나에게 시를 읊게 하고
> 山月喚我飮 산 달은 나에게 술을 마시게 하네
> 醉倒落花前 취해서 떨어진 꽃 앞에 쓰러지니
> 天地爲衾枕 천지가 그대로 이부자리구나

또 찬했다.

> 清白不形眼底 청백은 눈에 나타나는 게 아니고

---

17 남송의 제4대 황제로, 재위 기간은 1194년부터 1224년까지이다.
18 문공(文公)은 송나라 학자 주희(朱熹)의 시호이다.

雌黃不出口中 자황(雌黃)[19]은 입에서 나오지 않네[20]
只有一罪不赦 다만 용서 못할 죄가 있다면
唐突明月淸風 당돌한 밝은 달과 맑은 바람일세 『학림옥로』

27) 구만경(裘萬頃)[21]이 벼슬하기를 즐겨하지 않았는데, 그를 천거한 사람이 있어 불려가 억지로 사직(司直)에 임명되었다. 조정에 있으면서 시 짓기를,

新築書堂壁未乾 새로 지은 서당 벽 마르기도 전에
馬蹄催我上長安 나를 실은 말발굽이 장안으로 달렸네
兒時只道爲官好 아이 적엔 벼슬이 좋은 거라 했었는데
老去方知行路難 늙어가며 이제는 어려운 줄 알겠구나
千里關山千里遠 천리 먼 고향 산 아득하기만 한데
一番風雨一番寒 비바람 몰아칠 적마다 춥기만 하구나
何如靜坐茅簷下 초가집 처마 밑에 조용히 앉아
翠竹蒼梧仔細看 푸른 대나무 싱그런 오동잎 보는 것만 못하리

하고는 드디어 바삐 고향으로 돌아갔다. 『공여일록(公餘日錄)』

---

19 자황(雌黃)은 유황(硫黃)과 비소(砒素)를 혼합하여 만든 안료(顔料)로, 옛날 시문(詩文)을 잘못 쓴 부분에 자황을 칠하여 정정하였다. 시문의 첨삭(添削) 또는 변론의 시비가 필요 없다는 뜻이다.

20 진(晉)나라 사람 왕연(王衍)은 현묘한 말하기를 좋아하여 종일 노장(老莊)에 대해서만 말하였는데, 의리를 논하면서는 수시로 변경하였으므로 세상에서는 그를 '구중자황(口中雌黃)'이라고 불렀다. 여기서는 의리가 바뀌지 않는다는 뜻이다.

21 구만경(裘萬頃, ?~1219)의 자는 원량(元量), 호는 죽재(竹齋)로, 남송의 시인이다. 1178년 진사에 급제하고, 1214년에 대리시(大理寺) 사직(司直)까지 올랐다. 임기가 다하자 물러나 서산에 은거하였다. 사람이 정직하고 시를 잘 지어, 『죽재시집(竹齋詩集)』 3권을 남겼다.

28) 관산재(貫酸齋)[22]가 한림학사 지제고(翰林學士知制誥)에 임명되자, 탄식하며 말했다.

"높은 벼슬을 사양하고 낮은 벼슬에 거하는 것이 옛 성현이 숭상한 바이다. (내가 전에 사양한 군자(軍資)의 벼슬과 이제 이 한림의 청요직 (淸要職) 가운데 어느 것이 더 높은 벼슬인가. 사람들이 나를 이러쿵저러쿵 평할 것이다."

어버이가 병들었다 핑계하여,) 벼슬을 버리고 강남으로 돌아왔다. 전당(錢塘)의 시중으로 다니면서 약을 팔았으나, 이름을 바꾸고 옷도 바꿔 입었으므로 알아보는 사람이 없었다.

양산(梁山)의 낙수(濼水)를 지나다가 갈대꽃으로 짠 옷을 입고 있는 어부를 보고 비단과 바꾸자고 했더니, 어부가 이상한 사람이라 의심하여 일부러 말했다.

"당신이 내 옷을 갖고 싶으면 시(詩) 한 수를 지어야겠소."

관산재가 그 자리에서 붓을 들어 시를 짓고 어부의 옷을 가져갔다. 사람들은 이 시를 노화피시(蘆花被詩)라고 떠들썩하게 전한다. 그가 의연히 숨어서 세상을 하찮게 여긴 일 가운데 이런 유가 많았다. 『철경록』

29) 양철애(楊鐵崖)[23]가 이런 말을 했다.

---

22 산재(酸齋)는 원나라 작가 관운석(貫雲石, 1286~1324)의 호이다. 그는 한족의 사상과 문학에 깊은 영향을 받았다. 양자강 남쪽에서 은둔하며 이름을 바꾸고 전당(錢塘)에서 약을 팔아 생계를 꾸렸으며, 스스로를 노화도인(蘆花道人)이라 하였다.

23 철애(鐵崖)는 원나라 문인 양유정(楊維楨)의 호이다. 회계(會稽) 철애산(鐵崖山)에 매화 수백 그루를 심고 높은 누각을 지어서 서적 수만 권을 쌓아 두고 지냈다고 한다. 원나라 태정(泰定) 때에 진사에 합격하였다. 성품이 정직하고 꼿꼿하여 사람들과 어울리지 않았는데, 명나라에서 『송사(宋史)』와 함께 『요사』·『금사』를 만들자 이에 반대하고 『정통변 (正統辨)』을 지어 이의 부당함을 말하였다. 『명사(明史)』 권285 「양유정전(楊維楨傳)」

"나이 70이 못 되어 벼슬을 그만두고 구봉(九峯)의 삼묘(三泖)에 있은 지 거의 20년인데, (경치를 즐기며 자연스럽게 노닌 것은 백낙천보다 나았다. 이오봉(李五峯)·장구곡(張句曲)·주이치(周易癡)·전사복(錢思復)은 나와 글을 주고받는 벗이고, 도엽(桃葉)·유지(柳枝)·경화(瓊花)·취우(翠羽)는 나를 위해 노래하는 기생이다. 지대(池臺)와 화월(花月)에 진공(晉公) 같은 주인이 없을 뿐이다.

그러나 이월주(李越州)·장오흥(張吳興)·한송강(韓松江)·종해감(鍾海監) 같은 동쪽 지방 태수들이 잔치를 베풀고 풍악을 울릴 때 그들의 윗자리에 앉지 않은 적이 없었으니, 지대(池臺)의 주인이 없는 것도 아니다.

경치 좋은 날 봄물에 배를 띄우고 오월(吳越) 사이로 달려 호사자(好事者)를 불러서 옛사람들의 수선방(水仙舫)[24] 고사를 본받아 노닐면, 섬 모습이 거꾸로 비친 호수의 푸른 물결이 햇빛에 반짝이니 모두들 나를 보면서 철룡선(鐵龍仙)이라 부른다. 잘은 모르겠지만 향산노인(香山老人)[25]에게도 이런 것은 없었으리라.")

객 가운데 소해생(小海生)이라는 사람이 공에게 축하를 올렸다.

"강산풍월(江山風月)에 신선 복인(神仙福人)이십니다."

그리고는 공의 늙은 얼굴을 그리고, 그 위에 시를 썼다.

---

24 수선방(水仙舫)은 뱃놀이이다. 도잠(陶潛)의 후손인 도현(陶峴)이 곤산(崑山)에 살면서 배를 타고 강호를 유람했었다. 도현은 세 개의 배를 만들어 맹언심(孟彦深)·맹운경(孟雲卿)·초수(焦遂)와 함께 타고 즐겼으므로 당시에 이들을 수선(水仙)이라 불렀다. 『전당시화(全唐詩話)』

25 향산(香山)은 당나라 시인 백거이(白居易)의 호이다. 그가 무종(武宗) 때에 형부상서(刑部尙書)에서 물러난 뒤에 향산으로 들어가서 향산거사(香山居士)라고 자호하고, 승려 여만(如滿) 등과 함께 향화사(香火社)를 결성하여 만년을 보냈다. 『구당서(舊唐書)』 권 166 「백거이열전(白居易列傳)」

二十四考中書令 스물네 번 고시(考試) 맡았던 중서령[26]과
二百六字太師銜 이백여섯 자의 태사 직함도
不如八字神仙福 강산풍월에 신선 복인이란 여덟 자로
風月湖山一担擔 호산(湖山)의 풍월을 누리는 것만은 못하네 『미공비급』

30) 왕문단공(王文端公)[27]이 벼슬에서 물러나 집에 있으면서, 나이 여든이 넘었어도 늘 부인과 따로 견여(肩輿)를 타고 농지를 순행했다. 자손들이 잔치를 베풀고 술잔을 올리면서 장수를 축원하니, 만복을 두루 누렸다.

어느 날 자리에 앉아 맑은 강물이 불어나 흐르는 것을 구경하다가 자손들에게 말했다.

"처음 동리 선생(東里先生)[28]이 나와 같이 내각(內閣)에서 일하는 것을 싫어했으므로, 그때는 마음속으로 불평했었다. 그러나 내가 그대로 벼슬에 있었더라면 천순(天順)[29] 초에 제일 먼저 화를 당했을 것이다. 그

---

26 당나라 곽자의(郭子儀)가 중서령으로 스물네 번 고시(考試)를 주관했다고 한다. 『당서(唐書) 곽자의전(郭子儀傳)』

27 문단(文端)은 명나라 문인 왕직(王直, 1379~1462)의 시호이다. 자는 검행(行儉), 호는 억암(抑庵)으로, 1404년에 진사가 되고 수찬에 제수되었다. 1438년에 『선종실록』을 완성하고 예부 시랑에 올랐다. 영종의 북정에 반대했는데, 영종이 떠나면서 그에게 북경유수(留守)를 명했다. 한림(翰林)에 20여 년 종사했고, 저서에 『억암집(抑庵集)』이 있다. 『명사(明史)』 권169

28 동리 선생(東里先生)은 명나라 명신 양우(楊寓, 1365~1444)의 호이다. 집이 가난해 서당 선생으로 생계를 꾸리다가 혜제(惠帝) 때 천거를 받아 한림원에서 『태조실록』을 편찬했다. 성조(成祖)가 즉위하자 편수에 임명되었고, 내각제도가 정착하자 양영(楊榮)과 함께 입각하여 정무에 참여했다. 성조·인종(仁宗)·선종(宣宗)·영종(英宗) 4대 조정의 내각에 있으면서 40여 년을 봉직했고, 그 가운데 21년을 재상으로 지냈다. 청렴하고 유능했으며, 양영·양부(楊溥)와 함께 '삼양(三楊)'으로 불렸다. 저서로 『동리전집(東里全集)』·『문연각서목(文淵閣書目)』·『역대명신주의(歷代名臣奏議)』 등이 있다.

29 1449년에 영종(英宗)이 오랑캐 야선(也先)에게 패하여 북쪽으로 잡혀가자 신하들이 성

랬더라면 오늘 어떻게 너희들과 물을 구경하면서 즐길 수 있었겠느
냐." 『패사휘론(稗史彙論)』

31) **장성중(蔣性中)**[30]은 급사(給事)로 벼슬에서 물러났는데, 성품이 매
우 맑고 고결했다. 한번은 작은 배를 타고 성으로 들어가던 중 썰물을
만나 배가 나아갈 수 없었다. 그래서 두 종이 밧줄을 메워 배를 끌고
장성중이 몸소 노를 저었다. 그러나 다른 배들에게 몹시 밀려 곤욕을
당하자 두 종이 소리쳤다.

"이 배는 장급사(蔣給事)님의 배다. 너희들은 앞을 가로막지 말라."
그러자 장성중이 종들을 꾸짖었다.

"사람들을 속이지 말라. 이곳에 어찌 장급사가 있겠느냐." 『명야사휘』

32) 정덕(正德)[31] 연간에 조정에서 삼원(三原)의 단의공(端毅公) 왕서
(王恕)[32]를 기용하자는 의논이 있었다. 그때 여남(汝南)의 강경명(强景明)

왕(成王)을 황제(경제 景帝)로 추대하고 국력을 길러 야선의 침략을 물리쳤다. 그 뒤
영종이 포로에서 풀려 본국으로 돌아와 복위하자, 경제를 추대한 죄로 많은 신하들이
멸족의 화를 입었다. 천순(天順)은 영종이 복위한 뒤에 사용한 연호로, 1457년부터 1464
년까지 8년 동안 사용했다.

30 장성중(蔣性中, 1396~1482)의 자는 용화(用和), 호는 검암(檢庵)으로, 1427년 진사에
급제했지만, 곧바로 병이 들어 고향으로 돌아가 십년 동안 어머니를 모시고 살았다. 1438
년에 병과급사중(兵科給事中)이 되자 이듬해에 어머니를 북경으로 모셔와, 근직당(勤織
堂)을 짓고 봉양했다. 1447년에 모친상을 당하자 고향으로 돌아가 삼년상을 지냈다.
1451년에 강서(江西) 우참의급사중(右參議給事中)으로 승진했다가 1452년 벼슬에서 물
러나 은거하며, 나이가 맞고 뜻이 맞는 여덟 사람과 함께 앵호구로회(鸞湖九老會)를
결성해 만년을 보냈다.

31 정덕(正德)은 명나라 무종(武宗)의 연호인데, 1506년부터 1521년까지 16년 동안 사용
했다.

32 왕서(王恕, 1416~1508)는 명나라 삼원(三原) 사람으로 자는 종관(宗貫), 호는 개암(介

이 시를 보내왔다.

八十耆年二品官 이품 벼슬의 팔십 노인
歸來淸節雪霜寒 맑은 지조로 돌아오니 눈서리처럼 차구나
雖然海內歸心在 비록 해내로 돌아가고픈 마음 있으나
可奈君前下拜難 임금에게 절하기[33] 어렵네
鷗鷺恐疑威鳳起 갈매기는 위엄스러운 봉새인가 의심할테고
風雲長護老龍蟠 풍운은 늙은 용을 길이 보호하리라
三公事業三槐傳 삼공의 사업이 삼괴[34]에 전하니
留取完名久遠看 온전한 이름 얻으려면 먼 뒷날을 보소서

공은 이 시를 받고 매우 기뻐하여 끝내 조정에 나가지 않았다. 시를 부친 사람이나 시를 읽고 따른 사람이나 모두 다 옛사람의 풍도가 있었다.

33) 장풍산(章楓山)[35]이 첨헌(僉憲)으로 평가를 받아 승진하게 되자, 곧

菴), 시호는 단의(端毅)이다. 벼슬은 운남순무(雲南巡撫)·이부상서(吏部尚書)·태자태보(太子太保)에 이르렀다. 청렴 강직했다. 운남순무로 나갈 적에 하인을 데리고 가지 않으면서 "하인을 데리고 가고 싶었으나 백성들의 원망을 살까 두려워 늙은 몸을 돌보지 않고 단신으로 왔다." 했다. 『명사(明史)』 권182 「왕서열전(王恕列傳)」

33 원문의 하배(下拜)는 동계와 서계의 사이로 내려가서 북쪽을 바라보고 두 번 절한 다음에 머리를 땅에 대는 것이다. 이것은 당시에 신하가 임금에게 하는 예법이었는데, 나중에 무릎을 꿇고 엎드려서 하는 절을 가리키게 되었다. 『한어대사전(漢語大詞典)』

34 송나라 때 왕우(王祐)가 뜰에 세 그루의 괴목(槐木)을 심고 자손들 가운데 삼공(三公)의 지위에 오를 사람이 나올 것이라고 예언했다. 그의 아들 왕단(王旦)이 삼공에 오르자, 자손들이 당(堂)을 건립하고 삼괴당(三槐堂)이라 이름했다. 『송사』 「왕단전(王旦傳)」

35 풍산(楓山)은 명나라 문신 장무(章懋, 1437~1522)의 호이고, 자는 덕무(德懋)이다. 어려서부터 독서하였는데 기억력이 뛰어났다. 1466년 진사에 급제하여 한림편수(翰林編修)가 되었지만, 바른말로 간하다가 어려움을 겪었다. 죽은 뒤 태자태보(太子太保)에 추증되고, 시호는 문의(文懿)이다. 저술로는 『풍산어록(楓山語錄)』, 『풍산집(楓山集)』,

바로 사직하고 물러가기를 청했다. 그때 총재(冢宰) 윤민(尹旻)이 만류했다.

"공은 직무를 감당치 못한 것도 없고 탐욕이나 잔혹한 일을 한 적도 없었고 늙고 병든 것도 아닙니다. 어째서 물러가려 하십니까?"

선생이 대답했다.

"옛사람은 조정에 벼슬하면서 안색을 엄정히 했는데 나는 그렇게 못했으니 이는 직무를 감당치 못한 것이 많은 탓이고, 옛사람은 하나라도 의(義) 아닌 것은 취하지 않았는데 나는 그렇게 못했으니 이는 탐욕이 많은 탓입니다. 옛사람은 백성을 다친 사람 보살피듯 했는데 나는 그렇게 못했으니 이는 잔혹한 마음이 많은 탓이고, 나이 쉰도 안 되었는데 수염과 머리가 일찍 세었으니 또한 늙고 병들었다 할 수 있습니다."

윤민이 감동했다. 『패사휘편』

34) 장풍산(章楓山)은 벼슬이 좨주(祭酒)에 이르렀다. 뒤에 조정에서 시랑(侍郞)과 상서(尙書)로 불렸으나 모두 나가지 않았다.

집에 20묘(畝)의 농지가 있었고, 식솔은 하인과 집안의 남녀를 합쳐 열 명 뿐이었다. 한 사람 당 하루 식량이 1승(升)이었으므로 1년의 필요량은 36석(石)이 있어야 했다. 그런데 금화(金華)의 수확이 흉작이면 세입(歲入)이 필요한 양의 반도 못 되었다. 찾아오는 손님들이 예(禮)로 주는 선물도 풍산이 늘 받지 않았으므로, 손님들도 선물 가져가는 것을 잊었다. 그래서 때로 식량이 모자라면 보릿가루를 죽이나 밥 속에 넣어 먹었다.

『난계현지(蘭溪縣誌)』 등이 있다.

오일원(吳一源)이 젊을 때 풍산에게 가서 공부했으므로 수시로 가서 배알했다. 풍산은 구레나룻 수염이 많아서 식사 뒤엔 반드시 수염을 닦고 나왔는데, 그래도 미처 닦여지지 않은 보릿가루가 수염 끝에 붙어 있었다. 이는 오일원이 직접 본 일이다. 『사우총설(四友叢說)』[36]

35) 박암(朴庵)의 이름은 **장증(章拯)**인데, 장풍산(章楓山)의 조카다. 벼슬이 공부상서(工部尚書)에 이르렀다. (깨끗한 절조와 순박한 마음은 대략 풍산과 같았다.

장증이 벼슬을 버리고) 집으로 돌아왔을 때 봉급에서 남은 돈이 4~5백금(金)이나 되었다. 풍산이 이를 알고 말했다.

"네가 이번 걸음에 한바탕 매매를 해 가지고 왔더라면, 큰 이문을 얻었을 게다."

박암이 부끄러워했다.

36) 사대부가 물러나 산림에 은거하지만 참으로 은거하고 싶은 마음이 없거나 참으로 은거하는 정취를 체득치 못한 사람 치고 산림을 질곡(桎梏)으로 여기지 않는 사람이 드물다. 『문기유림』

37) 가정(嘉靖)[37] 연간에 해령(海寧) 사람 **허상경(許相卿)**이 급간(給諫)으

---

36 『하씨어림』을 지은 하양준(何良俊)이 지은 8권 분량의 필기집인데, 허균이 중국에 가는 역관에게 부탁하여 구입한 책이다. 원 제목은 『사우재총설(四友齋叢說)』인데 허균은 『사우총설』로 표기했으며, 『성소부부고』 권13에 「사우총설 발(四友叢說跋)」이 실려 있다.

37 가정(嘉靖)은 명나라 세종(世宗)의 연호인데, 1522년부터 1566년까지 45년간 사용하였다.

로 물러나 10년간 집에 있었다. 그가 오랜 친분이 있던 귀계(貴溪)가 다시 정승으로 조정에 들어가게 되자 편지로 허상경을 초청하면서, '남대사성(南大司成)의 자리를 줄 테니 같이 있자'고 했다. 그러나 허상경은 사양하였다.

"공이 이번에 나아가는 것도 이미 그릇된 일인데 남까지 그르치려 하시오?"

뒤에 귀계가 명대로 살지 못하고 죽자, 사람들은 허상경의 선견지명에 감복했다.[38]

38) 오중(吳中)의 **왕녹지(王祿之)**는 이부랑(吏部郎)으로 있으면서 당시 권귀(權貴)에게 아부하기를 즐겨하지 않았다. 그래서 지방관으로 밀려나자 부임하지 않고 20년간 집에 있었다. 그의 좌주(座主)인 이묵(李默)이 당시 총재(冢宰)로 있으면서 억지로 기용하려 했지만, 녹지가 편지를 보내어 사양했다.

"젊은 나이에 벼슬을 버리고서 늙은 나이에 다시 벼슬하려는 사람이 어디 있겠습니까."

융경(隆慶)[39] 초에 이묵이 그의 집으로 찾아가서 남이부(南吏部)로 기용하려 했으나 끝내 받지 않았다. 큰 도(道)를 품고 세상일에 길이 뜻을 두지 않는 사람은 그 흥미가 절로 보통 사람과 달리 훌륭한 면이 있다. 마공(馬公)이,

"작록(爵祿)을 귀하게 여기는 사람은 소보(巢父)와 허유(許由)[40]를 우

---

38 문천본이나 국립중앙도서관 소장본에는 '오중(吳中)의 왕녹지(王祿之)' 조가 이어져 있지만, 연세대본에는 줄을 바꾸고 제목 표시를 하였기에 여기에서 항목을 마치고, '오중(吳中)의 왕녹지(王祿之)'는 새 항목으로 나누어 번역하였다.

39 융경(隆慶)은 명나라 목종(穆宗)의 연호인데, 1567년부터 1572년까지 6년간 사용하였다.

둔하다 하고, 산림을 사랑하는 사람은 이윤(伊尹)과 여상(呂尙)[41]을 쭉정이라 한다."

했는데, 과연 미더운 말이다. 『문기유림』

39) 양유예(梁有譽)가 글을 올려 사직하기를 청했다. 그때 유예의 명망이 매우 자자해서 이부랑(吏部郞)으로 승진하게 되어 있었기에, 은근히 사직하지 말라고 권하는 이가 있었다. 공은 웃으면서,

"내가 스스로 돌아가려는 것이 어찌 형부랑(刑部郞)을 하찮게 여기기 때문이겠는가. 한낱 이부랑의 자리가 어떻게 나를 붙들 수 있겠는가."

하고, 돌아보지 않은 채 떠나갔다. 『명세설신어』

40) 원중랑(袁中郞)[42]이 오령(吳令)으로 있다가 병 때문에 사면하고 나서 말했다.

"수령 때문에 병이 생겼고, 병 때문에 수령에서 풀려났다. 수령 때문에 병이 났으니 수령은 참으로 고통스러운 자리인데, 나의 병이 그 수

---

40 소보(巢父)와 허유(許由)는 둘 다 상고시대의 은사(隱士)다. 이들은 요(堯)임금이 나라를 넘겨주려고 하자 이를 사양하고, 오히려 더러운 말을 들었다 하여 영천(潁川)에 귀를 씻고 기산(箕山)에 숨어 살았다 한다.

41 이윤(伊尹)은 은나라의 재상으로 탕(湯)임금을 도와 하(夏)나라의 걸왕(桀王)을 멸망시키고 선정(善政)을 베풀었다. 여상(呂尙)은 주나라의 재상으로 무왕(武王)을 도와 은나라의 주왕(紂王)을 멸망시키고 천하를 평정하였다. 강태공(姜太公), 또는 태공망(太公望)이라고도 한다.

42 중랑(中郞)은 명나라의 문인 원굉도(袁宏道, 1568~1610)의 자이고 호는 석공(石公)이다. 1592년 진사시에 급제하여 벼슬이 이부 낭중(吏部郞中)에 이르렀다. 형 원종도(袁宗道), 아우 원중도(袁中道)와 함께 3원(三袁)으로 일컬어지며, 출신지 이름을 따서 공안파(公安派)로 불린다. 의고파를 반대하고 시의 진수(眞髓)는 개성의 자유로운 발로이니 격조에 얽매여서는 안 된다고 주장하였다.

령 자리에서 풀려나게 했으니 병이 나를 즐겁게 해준 게 아니겠는가."

41) 종백(宗伯)[43] 육수성(陸樹聲)이 벼슬에서 물러나 돌아가게 되자, 대로(大老)들이 전송했다. 그때 이기(李己)와 조금(趙錦)이 모두 그 자리에 있었다. 조금이,

"육공(陸公)의 이번 걸음을 보면 천하 사람들이 조정에도 작록(爵祿)을 탐하지 않는 신하가 있다는 것을 알 것입니다."

(하니, 이기가 말했다.

"육공은 실제로 병 때문에 돌아가는 것입니다. 하지만 어찌 집을 위해 나라를 잊을 사람이 있겠습니까.")『명세설신어』

42) 조문원(晁文元)[44] 공이 말했다.

"문중자(文中子)[45]가 '내가 벼슬하지 않았기 때문에 업(業)을 이룰 수 있었다.' 했다. 그래서 스스로 생각해보니, 벼슬을 버리지 않고는 도(道) 즐기는 뜻을 이룰 수가 없다고 느꼈다."

고금(古今)의 현우(賢愚)는 비록 다르지만 그 이치는 같다. 『소창청기』

---

43 종백(宗伯)은 주나라의 관명으로서 육경(六卿)의 하나이며 종묘제사 등의 일을 담당하였다. 후대에 예부(禮部)라고 하였으며, 여기서는 예부상서를 가리킨다. 조선시대에도 예조판서를 종백, 또는 대종백이라고 하였다.

44 문원(文元)은 송나라의 문신 조형(晁逈)의 시호이다. 성품이 소탈하고 양생술에 능해 진종(眞宗)이 호학장자(好學長者)라고 칭하였다. 공무를 행할 때 공사(公私)의 구분이 분명했다.

45 수(隋)나라 문인 왕통(王通)의 사시(私諡)이다. 어려서부터 학문에 뜻을 두어 독실하게 공부하였고, 사방을 유람하였다. 조정에 「태평십이책(太平十二策)」을 올렸으나 쓰이지 않자, 물러나 하수(河水)와 분수(汾水) 사이에서 살았다. 왕통의 문하에서 수업을 받는 자가 수천 명이나 되었다.

43) 한퇴지(韓退之)의 시에,

閑居食不足 한가히 사니 양식이 모자라고
從宦力難任 벼슬에 나가자니 능력이 모자라네
兩事皆害性 두 가지 일 모두 본성을 해치는 거라
一生常苦心 일생 동안 늘 고심했네

했고, **소자첨(蘇子瞻)**은,

家居妻兒號 집에 있자니 처자식 울부짖고
出仕猿鶴怨 벼슬하자니 원숭이 학이 원망하네
未能逐什一 열에 한 가지도 제대로 못하니
安能搏九萬 어떻게 구만리 장천을 날겠는가

했으나, 이 두 사람도 진퇴(進退)의 사이에서 머뭇거림을 면하지는 못
했다.

　그 뒤 퇴지(退之)는 형산(衡山)에서 눈 속을 헤매었고 자첨(子瞻)은 담
해(儋海)에서 솟아오르는 해를 바라보았다. 은거한답시고 문 닫고 들어
앉아 이불을 뒤집어쓰고 거친 음식이나 먹고 있는 사람들과 비교해
보면, 이 두 사람을 신선이라 하지 않을 수 있겠는가. 그래서 「고반(考
槃)」[46] 시에 이렇게 말했다.

獨寐寤言 자나 깨나 이 즐거움
永矢不諼 잊지 않을 것을 맹세하네. 『지비록』

---

[46] 「고반(考槃)」은 『시경(詩經)』 위풍(衛風)의 편명으로, 어진 사람이 산곡에서 은거하는
것을 찬미한 내용이다.

44) 옛사람이 소사(小詞)를 지었다.

"옥당(玉堂) 금마(金馬)에 있거나 대나무로 울타리를 한 초가에 살거나 이 모든 것에 무심해야 한다. 처사와 군자가 진정 무심으로 세상에 응한다면, 쓰여져 높은 벼슬에 오르든 버려져 초야에 은거하든 간에 어디 간들 유유자적하지 않겠는가. 그러나 만에 하나라도 유심하다면 빈천은 말할 것도 없고, 극도의 부귀를 누린다 해도 유유자적할 수가 없다."『임거만록』

45) 나대경(羅大經)이 말했다.

"선비가 어찌 길이 사립(蓑笠)[47] 차림으로 산림에만 묻혀 있을 수 있겠는가. 조정에서 벼슬하고 있을 때에도 산림에서 사립 차림 때의 마음을 잊지 않아야 훌륭한 것이다."

(도연명(陶淵明)의 「부진군시(赴鎭軍詩)」에,

望雲慙高鳥　구름 바라보니 높이 나는 새에 부끄럽고
臨水愧游魚　물을 마주하니 노니는 물고기에 부끄럽네
眞想初在襟　처음 뜻은 자연을 즐기려 했건만
誰謂形跡拘　형적에 얽매일 줄 누가 생각했으랴

했는데, 이러한 마음이면 외적인 영화가 어떻게 마음을 더럽힐 수 있겠는가.)『공여일록』

46) 산곡(山谷)[48]이,

47　사립(蓑笠)은 도롱이와 삿갓으로, 은자의 옷을 뜻한다.
48　산곡(山谷)은 송나라 시인 황정견(黃庭堅, 1045~1105)의 호이다.

"옥(玉)을 차고 있더라도 마음에 아무런 욕심이 없어야 하고, 조정에 벼슬하더라도 마음은 동산에 있어야 한다."
(했는데, 역시 윗글과 같은 뜻이다.)[49]

47) 사람들은 대개 벼슬을 버리고 돌아가 은거하는 것을 고상하게 여기고, 벼슬하여 부귀 누리는 것을 외물(外物)로 여긴다. 그러나 이 말을 실천하는 사람은 드물다. **조하(趙蝦)**의 시에,

早晚粗酬身事了　조만간 일신상의 일 대충 끝내고
水邊歸去一閑人　물가로 돌아가 한가한 사람 되리라

했는데, 만약 일신의 일을 끝내고 돌아가려 한다면 출근하고 싶은 마음이 더욱 치열해져서 돌아갈 날이 없게 될 것이다. **왕이간(王易簡)**의 시에,

青山得去且歸去　청산으로 갈 수 있다면 우선 돌아갔다가
官職有來還自來　관직이 생기면 도로 나가리라

했는데, 이는 잠시도 벼슬을 잊지 않은 것이다. **장괴애(張乖崖)**가 촉(蜀)에 있을 때 한 막관(幕官)이 있었는데, 괴애에게 예우를 받지 못했다. 그가 시를 지어 올리기를,

---

49 연세대 소장본에는 이 항목이 계속 이어지는데, 규장각 소장 홍문관본에는 "山谷云 佩玉 而心若槁木 立朝而意在東山 亦此意也"라고 되어 있어 "亦此意也 人類"라는 6자가 빠진 채로 다음 항목에 이어졌다. 앞의 항목에 "公餘日錄 下仝"이라고 하였으니, 『공여일록』에 실린 황정견 이야기는 여기에서 끝나고, 다음 글자부터는 『자경편』에 실린 여러 시인의 시를 소개한 것이다. 문천본에는 ○ 뒤에 "人類以棄官歸隱爲高"라는 조목이 시작되므로, 여기에서 황정견 조목을 마무리했다.

秋光都似宦情薄 야박한 벼슬살이가 가을 풍광처럼 싸늘하니
山色不如歸意濃 산빛도 돌아가고픈 마음보다는 짙지 못하구나

하니, 공이 사죄하고 떠나지 못하게 만류했다. 이 시는 막관이 격동되어 지은 것이다. 『몽계필담(夢溪筆談)』에,

어떤 무관이 문득 시를 짓기를,
人生本無累 인생은 본디 얽힌 바 없으니
何必買山錢 어찌 반드시 매산전(買山錢)⁵⁰을 요구하랴
하고, 드디어 벼슬을 버리고 고향으로 돌아갔다.

했는데, 이는 가장 과감한 결단이었다. 언젠가 우역(郵驛)의 벽에 씌어져 있는 시 두 구를 보았다.

人生待足何時足 인생이 언제 되어야 만족함을 얻으랴
未老得閑方是閑 늙기 전에 한가로움을 얻어야 한가로운 걸세

나는 이 시의 뜻을 깊이 음미하면서 그렇게 행하지 못함을 부끄러워했다. 또,

相逢盡道休官去 사람마다 벼슬 버리고 간다고들 하지만
林下何曾見一人 산림에 은거하는 사람 하나도 못 보았네

했는데, 세상 사람들이 이 시를 많이 외고 있지만, 시의 저자가 당나라

---

50 매산전(買山錢)은 은거할 산을 살 돈을 말한다. 『운계우의(雲溪友議)』에 "여산(廬山)의 재부산인(載符山人)이 동자에게 몇 폭의 문서를 들려 보내어 양양 자사(襄陽刺史) 하돈(夏頓)에게 산 살 돈 1백만 냥을 빌렸다." 했다.

때 사람이라는 것은 모르고 있다.

위단(韋丹)이 영철(靈澈)에게 시를 보냈다.[51]

王事紛紛無暇日　나랏일에 얽히다 보니 겨를이 없어
浮生冉冉只如雲　덧없는 인생살이 뜬구름 같구나
已爲平子歸休計　이미 평자(平子)[52]처럼 돌아가 쉴 계획 세웠으니
五老峯前必共君　오로봉(五老峯) 앞에서 반드시 그대와 같이 즐기리

영철이 즉시 위단에게 이렇게 답했다.

年老身閑無外事　늙은 몸 한가해 다른 일 없으니
麻衣草坐亦安身　삼베옷 입고 초막에 있어도 몸이 편하구나.
相逢盡道休官去　사람마다 벼슬 버리고 떠난다고 모두 하지만
林下何曾見一人　산림에 가 은거하는 사람 하나도 보지 못했네.

『염계집(濂溪集)』의 「화비령유산시(和費令遊山詩)」에,

是處塵勞皆可息　이곳은 세상일 모두 잊을 수 있지만
時淸終未忍辭官　태평한 시대라서 벼슬 사양 차마 못하겠네

했는데, 이는 충심을 말한 것이다. 도(道) 있는 사람의 말이니, 도저히 따를 수 없다. 지금 사람들이 입으로는 산으로 돌아가야겠다고 말하지만 행동은 벼슬 구하기를 힘 쓰기가 일쑤다. 당나라 승려 백수(白秀)는

---

51 위단이 강남서도관찰사(江南西道觀察使)로 있을 적에 영철에게 지어 보낸 시인데, 영철의 화답시와 함께 『감주집(紺珠集)』 권4에 실려 있다.

52 평자(平子)는 문장에 뛰어나고 천문(天文)·역산(曆算)에 통달했던 후한(後漢) 장형(張衡)의 자이다. 그러나 계평자, 왕평자 등의 이름난 인물들도 있어, 확실히 장형을 가리키는지는 분명치 않다.

"산에 사는 사람은 적은데 산을 말하는 이는 많네[住山人少說山多]"라 했고, 두목지(杜牧之)는,

> 盡道靑山歸去好 모두들 청산으로 돌아가는 게 좋다고 하지만
> 靑山能有幾人歸 청산으로 돌아간 사람 몇 명이나 되는가

했다.

양성재(楊誠齋)[53]가 조정에 벼슬하고 있을 때 서울에서 고향집으로 가는 데 드는 비용을 계산하여, 상자에 넣어 자물쇠를 채워서 침석 곁에 놓아 두었다. 그리고 집 사람들에게 훈계했다.

"한 가지 물건이라도 사들이지 말라. 고향으로 돌아갈 때 부담스러운 짐이 될까 염려스럽다."

날마다 금방이라도 행장을 꾸릴 것같이 했으니, 이 뜻이 매우 훌륭하다. 조정에 벼슬하면서만 이렇게 할 것이 아니라, 세상살이에 있어서도 이렇게 해야 한다.

세상살이란 사람에 있어 여관과 같다. 그런데도 날마다 물건을 사서 보탬으로써 재물에 얽매여 벗어나지 못하고 있으니, 그 재물이 세상길 떠날 때 부담스러운 짐이 되지 않을 수 있겠는가. 『자경편(自警編)』

48) **범충선공(范忠宣公)**[54]이 서울의 내직으로 올 때마다 아침저녁으로

---

53 성재(誠齋)는 양만리(楊萬里)의 호이다.

54 충선(忠宣)은 범순인(范純仁)의 시호이다. 범순인은 범중엄(范仲淹)의 아들로, 자가 요부(堯夫)이다. 호원(胡瑗)과 손복(孫復)에게 배웠으며, 시어사(侍御史)로 있던 중 왕안석의 신법에 대해 반대하는 상소를 올렸다. 철종(哲宗) 때 중서시랑(中書侍郎)으로 있던 중 당시의 권세가인 장돈(章惇)에게 미움을 받아 수주(水州)로 좌천되었다. 휘종(徽宗) 때 다시 등용되었으나 병들었다고 핑계 대고 조정에 나가지 않았다. 『송사(宋史)』

두 가지 반찬만 만들게 했으며, 복첩(僕妾)들을 시켜 집에서 직접 만들
도록 했다. 가끔 이마저 줄여 지나치게 검소했기 때문에 식구들이 배
부르게 먹지 못할 때도 있었다. 만년에 정부에 올랐을 적에도 이렇게
했다. 반대로 외직에 있을 때는 음식 일체를 외주(外廚)에 맡기고 비용
도 몇 배나 더 주었으므로 풍족하지 않은 적이 없었다. 어떤 사람이
그 까닭을 물으니, 공이 이렇게 말했다.

"나가고 물러가는 것이 자신에게 달린 것이긴 하지만, 처자식이 누
(累)가 되는 경우가 없지 않다. 그래서 중앙에 있을 때는 수고로우면서
도 생활은 부족하게 하고, 외직에 있을 때는 편안하면서도 생활은 넉
넉하게 함으로써, 내 곁에 있는 사람들이 항상 외직에 보임되는 것을
즐기게 하는 반면 서울에 미련을 두지 않게 하고 싶어서 그럴 뿐이다.
이렇게 하는 것이 내게 한 가지 도움이 된다."

선배들이 출처(出處)에 엄격해 언제나 마음 쓰는 것이 이러했다. 『패해』

49) 왕형공(王荊公)이 재상 자리를 내놓고 물러나 금릉(金陵)에 살았다.
날마다 산천을 유람하면서 세상일을 잊었지만, 시는 이렇게 지었다.

> 穰侯老擅關中事 양후[55]는 늙어서도 관중의 일 전담하면서
> 長恐諸侯客子來 제후에게 유세객 올까 늘 염려했었네
> 我亦暮年專一壑 나 또한 늘그막에 한 산천을 전담했건만
> 每逢車馬便警猜 수레나 말 만날 적마다 문득 놀라고 의심하네

권314 「범순인전(范純仁傳)」
55 양후(穰侯)는 봉읍(封邑)이 양읍(穰邑)이었던 전국시대 진(秦)나라의 정승 위염(魏冉)
을 말한다. 그는 늙어서도 관중(關中) 지방을 순회하며 제후들의 유세객(遊說客)을 막았
다. 『사기(史記)』「양후전(穰侯傳)」

이미 산천에 마음을 두었으면 외물에는 관심이 없어야 한다. 놀라고 의심할 필요가 뭐 있는가. 이로 보면 형공의 마음속에 아직도 통쾌하게 잊지 못하는 것이 있음을 알 수 있다. 도연명(陶淵明)은 그렇지 않았다.

結廬在人境 사람들 사는 곳에 집 짓고 있지만
而無車馬喧 수레와 말의 시끄러운 소리 들리지 않네
問君何能爾 그대에게 묻노니 어떻게 하면 그럴 수 있나
心遠地自偏 마음이 멀어지면 지역도 절로 외지는 것이라오

했으니, 마음을 먼 곳에 두면 비록 사람들이 있는 데 살더라도 수레와 말 소리가 시끄럽게 할 수 없었다. 마음에 조금이라도 지장이 있으면 비록 한 골짜기를 독차지하고 있어도 수레와 말을 만나면 또한 놀라고 의심하는 마음을 떨어버릴 수 없다. 『학림옥로』

50) ("좌천되는 것을 축하하고, 윗자리로 영전하는 것은 축하하지 않는다."는 말은 천하에 통용되는 말이다.) 사대부가 관료로서의 임기를 마치면 관료 생활을 하면서 얻게 되는 비방을 받지 않게 되고 마음속에도 부끄러움이 없게 되니, 어깨의 짐을 가볍게 내려놓고 떠난다. 마치 찌는듯한 더위 속의 먼 길에서 아직 집에 도착하기도 전에 시원한 관사(館舍)를 얻게 되어 옷을 벗고 양치질하고 몸을 씻는 것과 같으니, 이미 즐거움이 충분하다. 하물며 벼슬을 마치고 돌아와 의관(衣冠)과 패옥(佩玉)을 벗어 놓고 임천(林泉)을 찾아가 평생을 돌아봐도 한스러움이 하나도 없다면 그 즐거움을 어찌 말로 다 표현할 수 있으랴!
내가 문충공(文忠公)[56] 문하에 가장 오래 출입하였으므로, 공이 벼슬

자리를 내어놓고 고향으로 돌아가려는 마음이 얼마나 간절하였는지 지켜볼 수 있었다. 다른 이들은 혹여 귀향하겠다는 말이 구차한 핑계일는지 모르겠으나, 공은 그 마음이 진정에서 우러나왔다. 굶주린 자가 밥을 먹고 싶어 하듯이, 공에게는 단지 상황이 허락하지 않았던 것뿐이다.[57]

공이 중의(仲儀)에게 보낸 편지를 살펴보면 물러날 수 있는 방법을 세 가지 거론하였는데, 심지어 일부러 죄를 얻거나, 병에 걸려 떠나는 방법까지 예를 들었다. 군자가 물러나는 것이 이같이 어려우니, 벼슬길에 나서려는 자들이 이로써 경계를 삼을 만하다. 『동파지림(東坡志林)』[58]

51) 희령(熙寧) 경술년(1070)에 형공(荊公)이 재상에 배수되자 백관들이 모두 치하했다. 공이 사례하지 않아 빈객들이 모두 보지 못했는데, 오직 나와 함께 서무(西廡) 아래 창가에 앉아 한참 동안 찌푸리고 있다가 붓을 들어 창에 시를 썼다.

霜筠雪竹鍾山寺   대나무에 눈 서리 내린 종산의 절

---

56 문충공은 송나라의 문인이자 정치가인 구양수(歐陽脩, 1007~1073)의 시호로, 자는 영숙(永叔), 호는 취옹(醉翁)·육일거사(六一居士)이다. 『동파지림』을 지은 동파(東坡) 소식(蘇軾)의 스승으로, 벼슬은 참지정사(參知政事), 태자소사(太子少師)에 이르렀다. 가우(嘉祐) 2년(1057)에 구양수가 지공거(知貢擧)로 주시관(主試官)이 되어 모두 388명의 진사를 녹취(錄取)하였는데, 이때 소식도 소철(蘇轍), 증공(曾鞏), 장재(張載) 등과 함께 녹취되었다.

57 구양수는 치평(治平) 2년(1065)에 연속으로 상소하여 은퇴를 청했으나 받아들여지지 않았다. 희령(熙寧) 원년(1068)에 억울한 모함을 받아 참지정사 벼슬을 박탈당하고 박주(亳州) 태수로 좌천될 때에도 십여 차례나 상소하여 은퇴를 청했지만 끝내 허락받지 못하였다. 3년 뒤에야 허락받았지만, 이미 노쇠하여 그 이듬해에 세상을 떠났다.

58 이 항목은 문천본에만 있다. 괄호 안의 구절[夏下不賀上, 此天下通語.]은 『동파지림』에서 보완하여 번역하였다.

投老歸歟寄此生　내 늙으면 돌아가 이 생애를 맡기리라

붓을 휘두르고는 내게 읍했다. 들어간 뒤에 다시 재상에서 파직되
자, 금릉(金陵)으로 돌아가 백문(白門) 밖에 집을 지었다. 계축년(1073)
봄에 내가 댁으로 공을 뵈러 갔더니, 공이 나를 반갑게 맞아들여 종산
으로 같이 놀러가 법운사(法雲寺)에서 쉬었다. 승방(僧房)에 마주앉아
공과 예전 이야기를 하다가 서창에 썼던 시를 외웠더니, 공이 멋쩍어
하며 "그런 일이 있었지." 하고는 미소를 지었다.[59]

---

[59] 이 항목은 문천본에만 실려 있다.

권5

유흥(遊興) - 자연 속에 흥겹게 노닐다

1) **사강락(謝康樂)**[1]은 언제나 나무신을 신고 다녔는데, 산을 올라 갈 때에는 앞의 이를 떼어내고, 산을 내려갈 때에는 뒤의 이를 떼어냈다. 일찍이 영남산(寧南山)에서 시작해 나무를 베어 길을 내면서 곧바로 임해(臨海)까지 이르렀는데, 따르는 자들이 수백 명이나 되었다. 임해 태수 왕유(王琇)가 보고 깜짝 놀라 산적(山賊)인 줄 알았다가, 잠시 뒤에 영운(靈運)인 것을 알고서야 안심했다.[2]

2) **순중랑(荀中郎)**[3]이 경구(京口)의 북고산(北固山)에 올라 바다를 바라보고 나서 말했다.

"비록 삼심산(三神山)이 보이지는 않지만, 사람으로 하여금 절로 속세(俗世)를 벗어나고 싶은 마음을 일게 한다. 만약 진시황(秦始皇)[4]이나

---

1 강락(康樂)은 남조(南朝) 송나라 시인 사영운(謝靈運, 385~433)의 봉호이다. 산수 유람을 좋아해 영가태수(永嘉太守)로 있을 적에 이름난 산을 빠짐없이 돌아다닌 것으로 유명하다. 『송서(宋書)』 권67 「사영운열전(謝靈運列傳)」

2 1번은 문천본에만 실려 있다.

3 순중랑(荀中郎)은 동진(東晉)의 북중랑장(北中郎將)을 지낸 순선(荀羨, 322~359)을 가리킨다.

4 진시황(秦始皇)이 신선을 지극히 사모하여, 서불(徐市)을 보내어 삼신산의 불사약(不死

한나라 무제(武帝)^{5}가 보았다면 틀림없이 옷을 걷어올리고 발을 적셨을 것이다."^{6} 『세설신어』

3) **고장강**(顧長康)^{7}이 회계산(會稽山)에서 돌아오자 사람들이 산천의 아름다움에 대해 물었다. 고장강이 말했다.

"수천의 바위가 다투듯 치솟았고, 수만의 골짜기엔 물이 소리내어 흘렀으며, 울창한 숲 위엔 구름이 일듯 내가 끼어 있었다."

4) **왕자경**(王子敬)^{8}이 말했다.

"산음(山陰)의 길을 따라 걷노라면 산천의 경치가 절로 아름다운 빛을 내기 때문에 사람으로 하여금 경치를 구경할 겨를이 없게 만든다. 가을이나 겨울엔 더욱 형언하기 어려운 경치가 펼쳐진다."

5) **왕사주**(王司州)^{9}가 오흥(吳興)의 인저(印渚)에 이르러 구경하고는 감탄하며 말했다.

"사람의 마음을 툭 틔게 할 뿐 아니라, 해와 달이 맑고 밝음을 깨달

藥)을 구해 오게 했다.

5 무제(武帝)가 바닷가를 순행하며 봉선제(封禪祭)를 올려 신선 만나기를 바랐고, 문성장군(文成將軍)과 난대(欒大) 등 방사(方士)를 우대했다. 『사기(史記)』 「효무황제본기(孝武皇帝本紀)」

6 『초사(楚辭)』 「구장(九章)」에 "연꽃에게 다리를 놓아 달라 하려 해도, 치마를 걷고 들어갔다가 발을 적실까 두렵네.[因芙蓉而爲媒兮 憚蹇裳而濡足]"라고 했다.

7 장강(長康)은 문인화가 고개지(顧愷之)의 자이다. 아래 이야기는 『진서(晉書)』 권92 「고개지열전」에 실려 있다.

8 자경(子敬)은 왕희지의 아들인 명필 왕헌지(王獻之, 344~386)의 자이다.

9 왕사주(王司州)는 139년에 사주자사(司州刺史)를 지낸 동진의 문신 왕호지(王胡之, ?~348)를 가리킨다.

게 하는구나."

6) 종소문(宗少文)[10]이 아름다운 경치를 좋아해 멀리 유람하기를 즐겼다. 서쪽으로 형산(荊山)과 무산(巫山)에 올랐고, 남쪽으로 형산(衡山)에 올랐었다. 형산에 집을 짓고 평소 숭상해오던 유람을 즐긴 상자평(向子平)의 뜻을 이루려 했으나, 병에 걸려 강릉(江陵)으로 되돌아오게 되자 탄식하며 말했다.

"늙음과 병이 한꺼번에 이르렀으니 명산을 두루 구경하기가 어려울 것 같구나. 이젠 마음을 맑혀 도(道)를 궁구하며, 누워서 유람해야겠다.[老疾俱至, 名山恐難遍覩, 唯當澄懷觀道, 臥以遊之.]"

유람했던 곳의 경치를 집에다 모두 그려 놓고는 사람들에게 이렇게 말했다.

"내가 금(琴)으로 곡조를 타서 그림 속의 산들이 모두 메아리치게 하리라."『와유록』

7) 장자위(張子偉)가 젊었을 때 결혼도 벼슬도 않고 조경순(刁景純)[11]의 버려진 밭을 얻어 거기에 띠집을 짓고 살았다. 거친 음식에 물만 마시고 살면서도 큰 소나무와 긴 대숲 밑을 거닐면서 휘파람 불며 거칠 것 없이 10여 년을 살았다.

---

10 소문(少文)은 남조(南朝) 송(宋)나라 종병(宗炳)의 자이다. 그는 명산대천을 유람하는 것을 좋아했는데, 늙어서 병이 들자 자기가 유람하였던 산수를 벽에 그려 두고 누워서 구경했다. 여기서 '와유(臥遊)'라는 말이 생겼다.『송서(宋書)』권93「종병전(宗炳傳)」

11 경순(景純)은 북송 때의 문장가인 조약(刁約)의 자이다. 일찍이 진사에 급제하고 관각(館閣)의 교리와 사관의 요직을 맡았으나, 뒤에 벼슬을 그만두고 윤주(潤州)로 돌아가 장춘오(藏春塢)라는 서재를 짓고 문장으로 여생을 마쳤다.『상우록(尙友錄)』권6

어느 날 호상(湖湘)의 경치가 대단하다는 말을 듣고 지팡이를 짚고 혼자서 길을 떠났다. 여산(廬山)에 오른 다음 팽려호(彭蠡湖)에 배 띄워 동정호(洞庭湖)를 건넜고, 남쪽으로 가서 형산(衡山)까지 이르느라고 몇 년 만에 돌아왔다. 아무리 사람의 발길이 닿지 않았던 몹시 험한 곳이라 하더라도 반드시 끝까지 찾아가 봄으로써 자신의 뜻을 이뤘다. 그때마다 글로 기록했는데, 이를 『산수만유기(山水漫遊紀)』라 명명했다. 『소창청기』

8) 전문희(錢文僖)[12]가 서도(西都)의 태수로 있을 때 사희심(謝希深)과 구양영숙(歐陽永叔)[13]이 함께 막하(幕下)에 있었다. 어느 날 두 사람이 숭산(嵩山)을 유람하고 영양(穎陽)을 거쳐 돌아오다가 저물녘에 용문(龍門)의 향산(香山)에 닿았다. 조금 있자 눈이 내렸으므로 두 사람은 석루(石樓)에 올라 도성을 바라보았는데, 각기 품은 회포가 있었다. 갑자기 안개가 자욱한 속으로 수레와 말이 이수(伊水)를 건너 달려왔다. 도착하고 보니 전문희가 보내는 음식과 기생이었다. 와서는 전공(錢公)의 말을 전했다.

"산천 유람이 참으로 아름다우니, 서둘러 돌아오지 말고 잠시 용문에 머물면서 눈 경치나 구경하시오."

그의 활달한 마음과 인재를 사랑하는 아량이 이와 같았다. 『세설신어』

9) 사마온공(司馬溫公)[14]이 낙양(洛陽)에서 한가롭게 지내면서 세상일

---

12 문희(文僖)는 원나라 문신 전유연(錢惟演, 977~1034)의 시호이다. 송나라 때 평장사(平章事)가 되고, 원나라 때 중서령(中書令)이 되었다.

13 영숙(永叔)은 송나라 문장가 구양수(歐陽修, 1007~1072)의 자이다.

엔 마음을 두지 않았다. 그리하여 물아(物我)의 관념을 버리고 궁통(窮通)을 한결같게 여겼으므로 스스로 제물자(齊物子)라 일컬었다.

원풍(元豐)[15] 연간 어느 한가을에 악령자(樂令子)와 함께 낙예(洛汭)를 방문하기 위해 말고삐를 나란히 해 길을 떠났다. 한성(韓城)을 지나 등봉(登封)에 이르렀고 준극서원(峻極書院)에서 쉰 다음, 숭양(嵩陽)으로 달려 숭복궁(崇福宮)으로 나아가 자극관(紫極觀)에 이르렀다. 회선사(會善寺)를 찾아보고 환원(轘轅)을 지나 서사(西沙)에 이르렀다. 광도사(廣度寺)에서 잠시 머물다가 용문(龍門)을 거쳐 이양(伊陽)에 이르러 봉선사(奉先寺)를 찾아보고, 화엄각(華嚴閣)에 올라 천불암(千佛巖)을 구경했다. 산길을 걸어 올라가 고공진당(高公眞堂)을 구경했다. 걸어서 잠계(潛溪)를 건너 보응(保應)으로 돌아와 부필(富弼)과 문언박(文彦博) 두 분을 모신 광화사(廣化寺)를 구경하고 빈양당(邠陽堂)에 참배한 다음 내려왔다. 이수(伊水)를 건너 향산(香山)에 올라 백공영당(白公影堂)에 이르렀고, 황감원(黃龕院)에 나아가 석루(石樓)에 의지했다가 팔절탄(八節灘)을 거쳐 이구(伊口)로 돌아왔다.

유람하면서 지나는 곳마다 그곳의 경치를 읊었다. 돌아와서는 이를 정리해 『유록(遊錄)』을 만들었다.[16] 『패사휘편』

10) 내[17]가 황주(黃州)로 귀양 가 있을 적에 변재(辨才)와 삼료자(參寥

---

14 온공(溫公)은 송나라 재상 사마광(司馬光, 1019~1086)의 시호이다.

15 원풍(元豐)은 북송(北宋) 신종(神宗)의 치세에 쓰였던 마지막 연호인데, 1078년에서 1085년까지 8년간 사용했다.

16 이 이야기가 사마광이 지은 『민수연담록(湎水燕談錄)』 권5에 실려 있다.

17 『소문충공집(蘇文忠公集)』의 저자인 송나라 문장가 동파(東坡) 소식(蘇軾, 1037~1101)을 가리킨다.

子)가 사람을 보내 문안했고, 또 태허(太虛)라는 제명(題名)으로 글을 보내왔다. 때는 중추(中秋)가 열흘 남짓 남은 때라서 가을 장마에 물이 불어 수면이 천리에 뻗쳤다. 달은 방성(房星)과 심성(心星) 사이에 솟았고, 바람에 흩날리는 실이슬이 자욱했다.

내가 거처하는 곳이 강에서 열 걸음도 떨어지지 않은 곳이기에, 동자와 작은 배를 저어 적벽(赤壁)에 이르렀다. 무창(武昌)의 산골짜기를 바라보니 숲이 울창했고 구름 덮인 물결이 하늘과 맞닿았다. 이 정경을 기록해 삼료자에게 부치면서, 변재에게도 보이게 했다. 숭우(嵩郵)로 가는 인편이 있으면 이 기록을 태허(太虛)에게도 부칠 수 있으리라.

『소문충공집(蘇文忠公集)』

11) 원풍 2년(1079) 10월 1일, 나는 오흥(吳興)에서 항주(杭州)를 거쳐 동쪽으로 회계(會稽)에 왔다. 그때 용정(龍井)에 변재대사(辨才大師)가 있었는데, 편지를 보내 나를 산으로 들어오라고 초청했다.

성곽을 나오자 날이 저물었다. 배를 타고 호수를 따라 보령(普寧)에 이르렀는데, 도중에 삼료자(參寥子)를 만났다. 그래서 용정에서 보낸 남여(藍輿)에 대해 물어봤더니, 내가 때맞추어 오지 않아서 가버렸다고 한다.

이날 저녁 맑게 갠 하늘에 숲 사이로 달이 떠오르니, 터럭끝이라도 셀 수 있을 정도로 환했다. 배에서 내려 삼료자와 함께 지팡이를 짚고 호수를 따라 걸었다. 뇌봉(雷峯)을 지나고 남병(南屛)을 넘어 혜인간(惠因澗)에서 발을 씻었다. 영석오(靈石塢)에 들렀다가 지름길로 풍황령(風篁嶺)에 올랐으며, 용정정(龍井亭)에 쉬면서 샘물을 떠마셨다.

보령에서부터 절 15군데를 거쳐왔는데, 모두 적막해서 사람 소리가 들리지 않았다. 길가의 오두막에도 등불이 희미하게 가물거렸다. 숲은 매우 울창했고 흐르는 물소리는 비명처럼 격렬해 인간 세계가 아닌 것만 같았다.

3경이 지나서야 비로소 수성원(壽聖院)에 도착해, 조음당(潮音堂)에서 변재를 만났다. 다음날 바로 돌아왔다.

12) 소성(紹聖)[18] 2년(1095) 3월 4일에 담사군(詹使君)이 나를 초청해 함께 백수산(白水山) 불적사(佛跡寺)를 유람했다.

탕천(湯泉)에서 목욕하고 폭포수 아래서 바람을 쐰 뒤 중령(中嶺)에 올라 폭포수의 근원을 바라봤다. 가마에서 내려 걸어가면서 산 경치를 구경하고, 또 유람객들과 이야기도 나누었다. 저물녘에 여포(荔浦) 가에서 쉬며 지팡이를 짚고 대숲 속을 거닐었다. 여주 열매가 가시연밥 열매처럼 주렁주렁 달려 있었다. 부로(父老)들이 여주 열매를 가리키며 말했다.

"이것으로 저희들이 안주를 만들어 놓을 테니, 공께서는 술을 가지고 다시 오시겠습니까?"

나는 흔연히 그러마고 했다.

13) 오늘 백수산(白水山) 불적암(佛跡巖)을 유람했다. 산 위에 폭포수가 있었는데 높이가 30길이었으므로 물이 우레 소리를 내면서 굴러떨어지고 번갯불처럼 부서져 흩어졌다. 그 형상을 표현하기가 어려웠다. 항우(項羽)가 장감(章邯)[19]을 격파할 때의 상황과 대략 비슷할 듯했다.

18 소성(紹聖)은 북송 철종(哲宗)의 연호인데, 1094년부터 1098년까지 5년간 사용했다.

19 장감(章邯)은 진섭(陳涉)을 멸망시키고 항량(項梁), 위구(魏咎)를 격파한 진(秦)나라의 맹장(猛將)인데, 뒤에 항우에 귀순해 옹왕(雍王)이 되었다가 한신(韓信)에게 패배했다.

14) 왕면(王冕)[20]이 큰 눈이 내린 뒤 맨발로 잠악봉(潛嶽峯)에 올라 사방을 둘러보면서 이렇게 외쳤다.

"온 천지가 모두 백옥처럼 변해서 사람의 마음을 한없이 해맑게 만드는구나. 신선이 되어 떠나가고 싶다." 『옥호빙』

15) 왕인(王寅)이 불교에 대한 이야기를 즐겨, 일찍이 불제자(佛弟子)의 예를 행했다. 고봉선사(高峯禪師)를 만나 예를 올리고 꿇어앉아 청했다.

"제가 가끔 기인(奇人)을 만났었지만 선사 같은 분은 없었습니다. 선사께서는 이제 어디로 가시려 하십니까?"

선사가 말했다.

"내가 해내(海內)의 오악(五嶽)을 두루 유람한 적이 세 번이었다. 이제는 해외(海外)의 오악을 유람한 뒤 세상에 나오겠다."

왕인이 선사를 더욱 사모하게 되었기에 십악산인(十嶽山人)이라 자호했다. 『미공비급』

16) 오입부(吳立夫)[21]가 유람을 좋아해서 중원의 기이한 경치나 옛사람들이 춤추며 놀던 곳, 싸움하던 전쟁터를 만날 적마다 술을 마시고 큰 소리로 노래 부르면서 스스로 즐겼다. 사마자장(司馬子長)[22]의 유풍

---

20 왕면(王冕)은 회계(會稽)에 살았던 명나라 화가로, 호는 노촌(老村), 매화옥주(梅花屋主)이다. 묵매(墨梅)를 잘 그려 구하는 자가 밀려들자, 화폭의 길이에 따라 그림값을 매겼다. 『명사(明史)』 권285 「왕면전(王冕傳)」

21 입부(立夫)는 원나라 학자 오내(吳萊)의 자인데, 『상해록(桑海錄)』, 『맹자제자열전(孟子弟子列傳)』 2권을 지었다.

22 자장(子長)은 『사기(史記)』 130권을 편찬한 한나라 역사가 사마천(司馬遷)의 자이다.

(遺風)이 있는 사람이었다.

강남(江南)으로 돌아와서 바닷가를 따라 교문협(蛟門峽)을 거쳐 소백
화산(小白華山)으로 갔다. 반타석(盤陀石)에 올라서 바닷물을 붉게 물들
이며 장렬하게 떠오르는 해의 모습을 오래 바라보며, 안기생(安期生)
·선문(羨門)[23]을 불러 그들과 함께 놀고 싶은 생각이 부풀었다. 이리하
여 마음이 더욱 활달해졌고 따라서 문장도 더욱 웅장하고 기이한 기상
이 있었다. 그가 일찍이 이런 말을 했다.

"글을 잘 지으려면 3만 권의 책을 읽어야 함은 물론, 천하의 기이한
산천을 두루 구경해야 한다. 그러지 않고는 아무리 글을 잘 지었다 하
더라도 아녀자들의 이야기에 지나지 않는다."

17) **육종백(陸宗伯)**[24]이 막운경(莫雲卿)[25]의 산수첩(山水帖)을 보고 이런
말을 했다.

"나의 고향 집은 첩첩 산속에 있기 때문에 아침엔 아침대로 저녁엔
저녁대로 모두 아름다운 경치를 이루고 있다. 그런데 내가 성(城)으로
들어와 살면서부터 그 경치를 나무꾼과 목동들에게 빼앗겨 버렸다.
이 산수첩을 펼쳐보니 갑자기 옛집으로 돌아간 느낌이고, 또 다시 짚
신 신고 대나무 지팡이로 유람하고 싶은 생각이 일게 한다."

---

23 안기생(安期生)은 진(秦)나라 낭야(瑯琊) 사람으로 하상장인(河上丈人)에게 수학하여
　　신선이 된 사람이고, 선문은 옛날의 선인(仙人)이라 한다.
24 육종백(陸宗伯)은 한림원편수(翰林院編修)를 지낸 명나라 문신 육수성(陸樹聲, 1509~
　　1605)을 가리키는데, 자는 여길(与吉), 호는 평천(平泉)이다. 태자태보(太子太保)에 추
　　중되고, 시호는 문정(文定)이다.
25 운경(雲卿)은 명나라 서법가 막시룡(莫是龍, 1527~1613)의 자이다. 미불(米芾)의 석각
　　(石刻) '운경(雲卿)' 두 글자를 얻어 자를 삼았다.

18) 등문결(鄧文潔)[26]은 평생 병이 많아 자신의 몸을 매우 아꼈다. 그러나 숭산(崇山)의 준령에 올라서는 끝까지 가보지 않고는 쉬지 않았으며, 절벽에 임하지 않고는 그만두지 않았다. 그때마다 정신이 산뜻해져서 훨훨 날고 싶었다 한다. 『명세설신어』

19) 육엄산(陸儼山)[27]이 말했다.

"산을 오르고 물을 건너면서 오로지 시(詩)나 부(賦)만 일삼으면, 도리어 유람의 참 즐거움을 잃게 된다. 섭석림(葉石林)[28]의 기록에 '진후산(陳后山)은 산에 올라 유람하다가 시구를 얻게 되면 곧 돌아와서 이불을 머리끝까지 푹 뒤집어쓰고 침상에 누워버렸다. 집 사람들이 이 사실을 알면 즉시 조용하게 하기 위해 고양이나 개는 멀리 쫓고 아기는 안고 어린애는 데리고 가서 이웃집에 맡긴다. 그리곤 서서히 그가 일어나 시 쓰기를 기다렸다. 시가 다 이뤄진 뒤에야 아이도 다시 데려오고 고양이와 개도 불러온다.' 했는데, 이는 시 짓기 때문에 집 사람들이 고통당하는 것을 말한 것이다.

아름다운 강산에 날씨 또한 쾌청하면 풍류로운 훌륭한 벗들과 높은 산에 올라 조망하는 흥취를 끝까지 즐겨야 함은 물론, 깜박이는 등불 아래서나 달빛 쏟아지는 저녁에, 가본 곳을 눈에 선하게 낱낱이 추억해 낼 수 있은 뒤 이를 나타내어 시를 지어야 한다. 그래야만 각각 자신의

---

26 문결(文潔)은 명나라 문신 등이찬(鄧以讚, 1542~1599)의 시호이다. 자는 여덕(汝德)이고, 호는 정우(定宇)이다. 왕수인(王守仁)의 양지학(良知學)을 전수했으며, 남경 이부 우시랑(南京吏部右侍郞)에 올랐다.

27 엄산(儼山)은 명나라 문신 육심(陸深, 1477~1544)의 호이고, 자는 자연(子淵)이다. 1505년 진사가 되어 첨사부 첨사(詹事府詹事)를 역임했으며, 문장과 서예에 뛰어났다. 시호는 문유(文裕)이다.

28 석림(石林)은 송나라 학자 섭몽득(葉夢得, 1077~1148)의 호이고, 자는 소온(少薀)이다.

뜻에 만족하여 일점의 누(累)도 없게 할 수 있다."『육문유공집(陸文裕公集)』

20) 아름다운 경치의 유람을 논하는 사람은 반드시 명승지를 탐방하기에 알맞은 신체적 조건을 우선으로 여긴다. 그러나 내 생각은 이렇다. 그 사람의 정취가 아름다운 산수와 한덩어리가 되어야 산을 오르고 물을 건널 때 스스로 정신이 왕성해짐을 깨달을 수 있다. 그렇지 않으면 아무리 잘 달릴 수 있는 건강한 다리를 가졌더라도 갑자기 쉬고 싶은 마음이 들게 된다. 『소창청기』

21) 사람들은 가슴속에 스스로 한 폭의 골짜기를 갖추고 있어야 바야흐로 그림을 그릴 수 있다고 하지만, 나는 이렇게 생각한다.
　"산을 보아야 비로소 글을 지을 수 있다."『소창청기』

22) 산이 고요하면 낮도 밤 같고, 산이 담박하면 봄도 가을 같다. 산이 텅 비었으면 따뜻해도 추운 것 같고, 산이 깊숙하면 맑아도 비가 내리는 것 같다. 『파라관집(婆羅館集)』

23) 바닷가에 솟은 산은 아득해 보일 듯 말 듯 하고, 강을 끼고 있는 산은 엄숙하게 우뚝 솟았다. 골짜기를 이룬 산은 아늑하고 고요하며, 요새를 이룬 산은 민둥민둥한 흙 언덕이다. 『암서유사』

24) 속세를 벗어나 정을 나눌 만한 대상은 오직 산(山)뿐이다. 산은 반드시 사물의 도리를 크게 관찰하는 눈, 명승지를 탐방하기에 알맞은 몸집, 오래 머무는 인연이 있어야만 비로소 허물없는 관계를 허락한다. 『소창청기』

25) 산수(山水)를 오르내리면서 그윽한 경치를 다 구경하고, 낮에 이어 밤까지 벌였던 성대한 모임의 이야기를 모아서 사람들에게 말해 준다면, 감미로운 음악을 듣고 아름다운 여인을 보는 것과 다를 게 없다. 『옥호빙』

26) 높은 산에 오르고, 깊은 숲에 들어서며, 감도는 시내를 따라 그윽한 샘과 기괴한 돌이 있으면, 아무리 멀어도 가지 않는 곳이 없다. 도착하면 풀을 헤치고 앉아서 병을 기울여 술을 마시고, 취하면 다시 서로 베고 눕는다. 자신의 뜻에 만족을 느끼게 되면, 꿈속의 정취도 평시와 같다.

27) 일찍이 높은 산에 올라 성시(城市)를 내려다보니, 거의 개미집처럼 보였다. 모르겠지만 그곳에 있는 사람은 얼마나 되겠는가. 높은 데서 내려다보니 참으로 우스웠다. 이 산이 성의 높이보다 과연 얼마나 더 높겠는가. 그런데도 이렇게 보이니, 하물며 진짜 신선이 하늘 위에서 인간 세상을 내려다본다면 개미집같이 보일 정도가 아닐 것이다. 『지비록』

28) 서리가 내려 나뭇잎이 떨어질 때 성긴 숲 깊숙한 곳의 나무 밑에 앉으면 누런 낙엽이 나부껴 옷깃에 떨어지고, 들새는 나뭇가지로 날아와 사람을 엿본다. 황량한 곳에도 제법 탁 트인 운치가 있다. 『소창청기』

29) 봄 산은 아리따워 웃는 것 같고 여름 산은 푸르름이 뚝뚝 듣는 것 같고, 가을 산은 맑고 깨끗해 화장한 것 같고, 겨울 산은 참담하여 조는 것 같다. 이는 곽희(郭熙)가 한 말로 네 계절의 산 경치를 분명하게

그려냈다. 이로 보면 야인(野人)은 참으로 아무리 취해와도 금하는 이 없고 아무리 가져다 써도 바닥나지 않는 것이 경치라는 것을 알고 있는 것이다. 『지비록』

30) 호산(湖山)과 달인(達人)은 대개 서로 어울리는 점이 있어서, 달인이 거처하는 곳에는 절로 왕성한 기운이 있게 마련이다. 사공돈(謝公墩)[29], 자진(子眞)의 곡구(谷口)[30], 취향(醉鄕)[31], 소제(蘇隄)[32]에 왕왕 그런 왕성한 기운이 있었으니, 이른바 풀과 나무, 짐승과 물고기도 모두 상서로운 빛과 맑은 소리를 낸다는 것이 헛말은 아니다. 『지비록』

---

29 사공돈(謝公墩)은 진(晉)나라 때 사안(謝安)이 노닐었던 돈대(墩臺) 이름이다. 이백(李白)의 「등금릉야성서북사안돈(登金陵冶城西北謝安墩)」이라는 시의 자주(自注)에 "이 돈대는 바로 진나라 태부(太傅) 사안이 우군(右軍) 왕희지(王羲之)와 함께 올라가 초연히 고세(高世)의 뜻을 품었던 곳이다. 그래서 내가 장차 이곳에 동산을 꾸밀 생각을 하면서 이 시를 지었다."라고 했다. 『이태백집(李太白集)』 권20

30 자진(子眞)은 한나라 은사(隱士) 정박(鄭樸)의 자인데, 일찍이 조정의 부름을 사양하고 곡구에 은거했다. 양웅(揚雄)의 『법언(法言)』에 "곡구의 정자진은 자기의 뜻을 굽히지 않고 산골짝에서 농사를 지었는데, 그의 명성이 경사에 진동했다.[谷口鄭子眞 不屈其志 而耕乎巖石之下 名震于京師]"라고 했다.

31 당나라 문인 왕적(王績)의 「취향기(醉鄕記)」에 "완적(阮籍), 도연명 등 열댓 명이 모두 취향에 노닐었다.[阮嗣宗, 陶淵明等十數人, 竝遊於醉鄕.]"라고 했다.

32 송나라 문장가 소식(蘇軾)이 항주(杭州) 자사로 있을 때에 전당호(錢塘湖)를 수축해 관개사업을 했는데, 소공제(蘇公隄) 또는 소제(蘇隄)라고 한다. 『송사(宋史)』 「하거지(河渠志) 7」

권6
아치(雅致) - 단아한 은자들의 운치

1) 위세마(衛洗馬)[1]는 늘 인품이 부족한 자는 용서하고 일부러 속이는 것이 아니면 이치로 타일렀기에, 평생 기쁘거나 성낸 빛을 얼굴에 나타내지 않았다. 『세설신어』

2) 유태위(庾太尉)[2]가 무창(武昌)에 있을 때, 경치가 맑고 서늘한 가을밤에 좌리(佐吏) 은호(殷浩), 왕호지(王胡之) 등이 누각에 올라가 노래를 불렀다. 멀리 복도에서 엄정한 발자국 소리가 들려 틀림없이 유공이라고 생각했다. 조금 있자 유공이 좌우에 열댓 명을 데리고 걸어서 왔다. 여러 사람들이 일어나 자리를 피하려고 하니, 공이 천천히 말했다.

"이 늙은이도 여기 오니 흥이 나는구나!"

호상(胡床)에 걸터앉아 여러 사람들과 노래하고 우스갯소리를 나누었다.[3] 후에 왕일소(王逸少)[4]가 승상에게 그 이야기를 전하자 승상이 말

---

1 위세마(衛洗馬)는 세마를 지낸 진(晉)나라 위개(衛玠)를 가리킨다. 젊어서부터 명리(名理)에 밝고 노장(老莊)에 달통하였으며 현묘한 이치에 대해 말하기를 좋아하였다.
2 유태위(庾太尉)는 성제(成帝)의 장인으로 무창(武昌) 태위를 지낸 진(晉)나라 유량(庾亮, 289~340)을 가리킨다. 원규(元規)는 그의 자이다.
3 유량이 무창 장강(長江) 가에 세운 남루(南樓)에서 있었던 풍류를 기록한 것이다.

했다.

"원규(元規)가 요즘은 풍채가 조금 쇠퇴했다."

우군(右軍)이 말했다.

"그래도 속세를 떠난 풍류는 남아 있습니다."

3) 유윤(劉尹)[5]이 이렇게 말했다.

"시원한 바람과 밝은 달을 보니 문득 현도(玄度)[6]가 생각나는구나."
『세설신어』

4) 사태부(謝太傅 사안)가 왕수령(王修齡)[7]을 이렇게 칭찬했다.

"사주(司州)는 함께 임택(林澤)에서 노닐 만하다." 『세설신어』

5) 사공(謝公 사안)이 예장(豫章)을 지나다가 죽림칠현(竹林七賢)[8]을 만나면 손을 마주잡고 죽림으로 들어갔다.

---

4 일소(逸少)는 진(晉)나라 명필 왕희지(王羲之)의 자이다. 우군장군(右軍將軍)이란 벼슬을 지냈으므로 왕우군(王右軍)이라고도 불렀다.

5 유윤(劉尹)은 단양윤(丹陽尹)을 여러 번 지낸 유담(劉惔)을 가리키는데, 자는 진장(眞長)이다. 여러 번 단양 윤(丹陽尹)을 지내서 세칭 유윤이라 했다. 패국(沛國) 상(相) 사람이다. 간문제(簡文帝) 초에 재상이 되어 왕몽(王濛)과 함께 담객(談客)이 되었다.

6 현도(玄度)는 동진(東晉)의 은자 허순(許詢)의 자이다.『세설신어(世說新語)』「언어(言語)」에 "바람이 맑고 달이 밝으면 문득 현도를 생각한다.[淸風朗月 輒思玄度]"는 말이 있는데, 후에는 청류 명사를 뜻하는 말로 쓰였다.

7 수령(修齡)은 동진(東晉)의 문신 왕호지(王胡之, ?~349)의 자이다. 오흥태수(吳興太守), 시중(侍中), 사주자사(司州刺史)를 지냈다.

8 위진(魏晉) 시대에 완적(阮籍), 혜강(嵇康), 산도(山濤), 상수(向秀), 완함(阮咸), 왕융(王戎), 유령(劉伶) 등 7인이 서로 친하게 지내면서 모두 예속(禮俗)에 얽매이지 않고 호방하여 노장(老莊)의 학설을 말하기 좋아하고 술을 즐겨 마셨다. 항상 죽림(竹林)에 모여 놀았으므로, 당시 사람들이 죽림칠현(竹林七賢)이라고 불렀다.

6) 환자야(桓子野)[9]는 청아한 노래 소리를 들을 때마다 어쩔 줄을 모르고 감탄했다. 이 말을 들은 사공(謝公)이 말했다.

"자야(子野)는 갈수록 정이 더욱 깊어지는구나."

7) 곽경순(郭景純)[10]의 시에,

林無靜樹　숲에는 고요한 나무 없고
川無停流　시내에 멈춘 물이 없네

했고, 완부(阮孚)[11]는,

泓崢蕭瑟　물 높은 봉우리 소슬해
實不可言　실로 말할 수 없구나

했다. 이 글을 읽을 때마다 문득 정신이 초탈해진다.

8) 지도림(支道林)[12]이 사람을 시켜 심공(深公)[13]에게 인산(印山)을 사려

---

9 자야(子野)는 피리를 잘 불던 동진(東晉) 환이(桓伊)의 자이다. 왕휘지(王徽之)가 경사로 부임하면서 청계(淸溪)에 정박했는데, 마침 환이가 수레를 타고 지나가는 것을 보고 피리 연주를 청했다. 환이는 그를 잘 몰랐지만, 수레에서 내려 3곡을 연주해 주고 떠났다. 이를 환이삼롱(桓伊三弄)이라고 한다.

10 경순(景純)은 진(晉) 곽박(郭璞)의 자이다.

11 완부(阮孚)의 자는 요집(遙集)으로, 동진(東晉)의 안동 참군(安東參軍)을 지냈다. 완부는 신을 좋아하는 성품이 있었다. 어떤 사람이 그를 찾아갔더니, 완부는 천연스럽게 신에다 밀랍을 바르면서 "내 일생 동안 몇 개의 신을 신게 될지 모르겠다." 했다. 『진서(晉書)』 권49 「완적열전 완부」

12 도림(道林)은 동진(東晉)의 고승 지둔(支遁)의 자이다.

13 심공(深公)은 동진(東晉)의 고승 축법심(竺法深)을 가리킨다. 왕돈(王敦)이 반역하자 그 아우 축법심이 홀로 벗어나 방외(方外)에 노닐었다. 법명은 축잠(竺潛, 286~374)인

고 하자, 심공이 이렇게 말했다.

"나는 소보(巢父)와 허유(許由)가 산을 사서 은거했다는 말은 듣지 못했다."

9) **도연명**(陶淵明)이 한번은 논의 물소리를 들었다. 지팡이에 의지해서 한참 듣고 나서 이렇게 탄식했다.

"벼는 이미 이삭이 나오고 푸른빛은 사람의 옷을 물들인다. 시시각각으로 흉금의 가시를 씻어 주니, 이 물은 우리 스승이나 어른들보다 낫구나." 『지비록』

10) **도통명**(陶通明)[14]이 그의 문인에게 이렇게 말했다.

"나는 부귀한 사람의 고대광실을 보고 그 화려하고 즐거운 것을 알았으나 가고 싶은 생각이 없었다. 높은 바위를 바라보거나 큰 못을 굽어볼 때는 그곳에 오르거나 갈 수 없음을 알았지만 항상 가보고 싶은 마음이었다. 또 영명(永明)[15] 연간에 벼슬하기를 바랐으나 어긋나고 말았다. 만약 그렇지 않았더라면 어떻게 지금처럼 지낼 수 있었겠는가. 몸에 신선의 상이 있어 그런 것이 아니라 형세가 그렇게 만든 것이다."

11) **왕찬지**(王瓚之)가 오병상서(五兵尚書)가 되어 한 번도 조정의 귀척

데, 법심이라는 자로 더 많이 불렸다.

14 통명(通明)은 양(梁)나라 학자 도홍경(陶弘景, 456~536)의 자이다.

15 영명(永明)은 남제(南齊) 무제(武帝)의 연호인데, 483년부터 493년까지 11년 동안 사용했다.

(貴戚)을 방문하지 않자 강감(江堪)이 이렇게 말했다.

"왕찬지는 오늘날의 조은(朝隱)[16]이다."

12) **원찬(袁粲)[17]**이 부소(傅昭)의 집을 지날 때마다 감탄했다.

"그 집을 지나면서 보면 사람이 살지 않는 듯 조용하건만, 방문을
열어 보면 그가 방에 있으니 어찌 명현이 아니랴."『하씨어림』

13) **사혜(謝譓)[18]**는 함부로 사람을 사귀지 않아서 잡스러운 손님이 그
집 문을 드나들지 않았다. 가끔 혼자 술을 마시고는 이렇게 말했다.

"나의 방을 드나드는 것은 오직 맑은 바람뿐이고, 나와 대작하는 자
는 다만 밝은 달이 있을 뿐이다."

14) **왕숙랑(王叔郞)[19]**은 한담(閑談)을 잘하고 욕심이 적었다. 아무리 정

---

16 진(晉)나라 왕강거(王康琚)의 「반초은시(反招隱詩)」에 "작은 은자는 산림에 숨고 큰 은
   자는 조시에 숨는지라, 백이는 수양산에 숨었고 노자는 주하사(柱下史) 벼슬에 숨었네.
   [小隱隱陵藪, 大隱隱朝市, 伯夷竄首陽, 老聃伏柱史.]"라고 했다. 대은(大隱)은 하급
   관직에 숨는 조은(朝隱)과 저자에 숨는 시은(市隱)을 뜻한다.

17 원찬(袁粲, 420~477)은 남조 송나라 명종(明宗) 태시(泰始) 연간에 관직이 상서령(尙書
   令)에 이르렀고, 태종(太宗)의 임종 때에 고명(顧命)을 받은 문신이다. 지위가 아무리
   높아도 끝내 외물에 동요하지 않고 한가히 거하면서 집안에 잡객을 일절 들이지 않는
   풍도를 보였다. 『송서(宋書)』 권89 「원찬전(袁粲傳)」

18 사혜(謝譓)는 남조 양(梁)나라의 관료로 벼슬이 우광록대부(右光祿大夫)에까지 올랐지
   만, 교우를 함부로 하지 않았다. 『남사(南史)』 권20 「사혜열전(謝譓列傳)」

19 숙랑(叔郞)은 북제(北齊) 왕희(王晞)의 자이다. 숙종(肅宗)이 왕희를 시중(侍中)에 임명
   하였으나 왕희는 나아가지 않았다. 어떤 사람이 나가기를 권하자 왕희가 이렇게 말했다.
   "내가 젊어서부터 요직에 있는 사람을 많이 보았는데, 젊어서 뜻을 이룬 사람치고 낭패당
   하지 않는 사람이 드물었습니다. 게다가 나는 성품이 실제로 치밀하지도 민첩하지도
   못하여 시무를 감당할 수가 없습니다." 『북제서(北齊書)』 권31 「왕희열전(王晞列傳)」

무가 바빠도 바른 지조를 변하지 않았다. 좋은 날 좋은 경치를 찾아 노래와 시를 읊고 노닐며, 산과 물을 찾아 담소하는 것으로 일을 삼으니, 사람들이 그를 가리켜 '물외사마(物外司馬)'라 불렀다.

15) 소명태자(昭明太子)[20]가 여러 학자들과 함께 현포지(玄圃池)에서 뱃놀이를 했는데, 사람들이 마땅히 여악(女樂)을 갖추어야 한다고들 말했다. 태자가 아무 말 없이 좌태충(左太沖)의 「초은시(招隱詩)」만 외었다.

何必絲與竹 하필 음악이 있어야만 되는가
山水有淸音 산수에 맑은 소리가 있네

16) 왕문해(王文海)[21]가 회계(會稽)에 있을 때 약야계(若耶溪)에 이르러,

蟬噪林逾靜 매미가 우니 숲은 더욱 고요하고
鳥啼山更幽 까마귀 울어대니 산은 더욱 깊구나

라는 시를 읊었는데, 사람들이 아주 뛰어난 작품이라 했다.

17) 반사정(潘師正)[22]이 숭산(嵩山)의 소요곡(逍遙谷)에 살 때 고종(高宗)이 불러 '바라는 것이 무엇이냐'고 물었더니, 사정이 대답했다.

"신이 바라는 것은 무성한 소나무와 맑은 샘이 산속에서 없어지지

---

20 소명태자(昭明太子)는 양(梁)나라 무제(武帝)의 맏아들로, 이름은 소통(蕭統, 501~531)이다. 주대(周代) 이후 양대(梁代)까지의 시문(詩文)을 모아 『문선(文選)』을 편찬하였는데, 뒤에 당나라 이선(李善)이 주석을 더하여 60권으로 만들었다.

21 문해(文海)는 양(梁)나라 왕적(王籍)의 자이다.

22 반사정(潘師正)은 당나라 도사 사마승정(司馬承禎, 667~735)에게 벽곡도인술(辟穀導引術)을 전수한 도사이다.

않는 것입니다."

18) 하지장(賀知章)은 도량이 넓고 소탈했으며 (담설(談說)을 좋아했다. 집안 고모의 아들 육상선(陸象先)과 사이좋게 지냈는데,) 육상선이 말했다.

"계진(季眞)²³의 청담 풍류를 내가 하루만 보지 못하면 다랍고 인색한 마음이 생기게 된다."

19) 미주(眉州)의 상이산(象耳山)에 **이백(李白)**이 쓴 시,

夜來月下臥酒醒 달빛 아래 드러누워 술 깨고 나니
花影零亂滿襟袖 꽃그림자 어지러이 옷깃에 떨어졌네

가 있다. 이야말로 마치 얼음 항아리에다 넋[魄]을 씻은 듯하다.

20) **이백(李白)**이 화산(華山) 낙안봉(落雁峯)에 올라 이렇게 말했다.

"이곳이 아주 높아서 호흡하는 기운이 상제(上帝)에게 통하는데, 사조(謝眺)의 경인시(驚人詩)를 가지고 와 머리를 긁적이며 푸른 하늘에 묻지 못하는 것이 한스럽다."²⁴

21) **백낙천(白樂天)**이 스스로 자기의 묘지(墓志)를 썼다.

---

23 계진(季眞)은 당나라 시인 하지장(賀知章, 659~744)의 자로, 호는 사명광객(四明狂客)
이다.

24 「등화산낙안봉(登華山落雁峰)」시에는 "사조의 경인시를 가져오지 못한 것이 한스러워,
머리 긁적이며 푸른 하늘에 물을 뿐이네.[恨不携謝朓驚人詩 搔首問靑天]"라고 했다.
『하씨어림』과 몇 글자 다르다.

"밖으로는 유행(儒行)으로 몸을 닦고, 안으로는 석교(釋敎)로 욕심을 제거했으며, 옆으로는 도(圖)·사(史)·산(山)·수(水)·금(琴)·주(酒)·영가(咏歌)로 뜻을 즐겁게 했다." 『백씨장경집』

22) 사마온공(司馬溫公)이 독락원(獨樂園)을 지어 아침저녁으로 그곳에서 쉬었다. 그러다가 숭산(崇山)의 첩석계(疊石溪)를 구경하고는 그곳을 좋게 여겨 다시 그 근처의 땅을 사서 별관을 지었다. 그러나 매번 왔다가 며칠이 못 되어 돌아가 늘 머물 수가 없었기 때문에 시를 지었다.

　暫來還似客　잠시 왔다 가곤 하니 도리어 손님 같고
　歸去不成家　돌아가 버리고 나면 집이 아닐세

공은 참으로 가고 머무는 데 초탈했다. 『저기실』

23) 범촉공(范蜀公)[25]이 허하(許下)에 살 때 집 근처에다 큰 집을 짓고 장소당(長嘯堂)이라 이름했다. 앞에는 다미가(茶蘼架)가 있는데 높이와 넓이가 손님 수십 명을 수용할 수 있었다. 해마다 늦봄 꽃이 활짝 필 때 그 아래에서 손님들에게 잔치를 베풀며 약속했다.

"꽃잎이 술잔 가운데 떨어지는 사람은 큰 잔으로 한 잔씩 마셔야 합니다."

담소하고 떠드는 사이에 미풍이 지나가면 그 자리에 참석한 모든 사람의 잔에 빠짐없이 꽃잎이 떨어졌다. 그래서 당시 사람들이 이를 비영회(飛英會)라 불렀는데, 사방에 전해져서 모두 미담으로 여겼다. 『패해』

---

25 촉공(蜀公)은 촉군공(蜀郡公)에 봉해진 북송의 명신 범진(范鎭, 1008~1089)을 가리키는데, 자는 경인(景仁)이다.

24) 소동파(蘇東坡)가 형 자명(子明)에게 준 편지에서 이렇게 말했다.

"우리 형제가 이제 다 늙었습니다. 때때로 즐기는 것이 마땅하지, 세상일은 개의할 것이 못 됩니다. 스스로 즐긴다는 것 역시 세속의 즐거움을 말하는 것이 아닙니다. 가슴속이 한점 티끌도 없이 탁 트이면 천지 사이의 산천·초목·벌레나 물고기의 무리가 모두 우리에게 즐거움을 줍니다."『소문충공집』

25) 소자첨(蘇子瞻)[26]이 유경문(劉景文)[27]에게 말했다.

"나는 평생 동안 기쁜 일이 없었습니다. 오직 문장을 지을 때 뜻대로 써 내려가다가 문맥이 많은 변화를 이뤄 뜻을 다하지 못함이 없게 되면, 세상에 이보다 더한 즐거움이 없을 것입니다."『장공외기』

26) 조계인(趙季仁)[28]이 나[29]에게 말했다.

"내게는 평생 세 가지 소원이 있습니다. 첫 번째 소원은 이 세상 모든 훌륭한 사람을 다 알고 지내는 것이고, 두 번째 소원은 이 세상 모든 양서(良書)를 다 읽는 것이며, 세 번째 소원은 이 세상 경치 좋은 산수를 다 구경하는 것입니다."

내가 말했다.

---

26 자첨(子瞻)은 송나라 문장가 소식(蘇軾, 1037~1101)의 자이고, 동파(東坡)는 그의 호이다.

27 경문(景文)은 북송의 시인 유계손(劉季孫, 1033~1092)의 자이다. 소동파가 그를 강개기사(慷慨奇士)라고 칭찬하였다.

28 계인(季仁)은 남송(南宋) 조사서(趙師恕)의 자이다. 태조 조광윤(趙匡胤)의 9세손으로 장동(長東)에 우거하였고, 황간(黃幹)의 문인이다.

29 『학림옥로(鶴林玉露)』 16권을 지은 송나라 학자 나대경(羅大經)을 가리킨다.

"다야 어찌 볼 수 있겠소. 가는 곳마다 헛되이 지나쳐 버리지만 않으면 됩니다. 산에 오르고 물에 가는 것은 도의 진수를 맛보게 하여 마음과 뜻을 활달하게 하니, 이익이 적지 않습니다."

계인(季仁)이 말했다.

"산수를 보는 것 역시 책 읽는 것과 같아서, 보는 사람의 취향이 어떤지를 알 수 있습니다." 『학림옥로』

27) 유여려(兪汝礪)가 말했다.

"부귀를 누리는 선비는 강산이나 소나무 대나무의 즐거움에 뜻을 두지 못하니, 산천(山川)·괴기(怪奇)·연운(煙雲)·죽석(竹石)·시주(詩酒)·풍월(風月)은 오직 세상을 만나지 못한 사람만이 비로소 그 즐거움을 독차지한다. 그렇기에 천지 사이에 있는 웅장하고 범상치 않은 곳은 하늘이 어진 사람에게 주어 그들의 우울한 생각을 풀도록 한 것이다." 『지비록』

28) 손적(孫覿)[30]이 추밀(樞密) 호송(胡松)에게 준 편지에,

"소공옥(邵公玉)이 한 번 가서 돌아오지 않으니, 문득 굽은 연못이 이미 평탄해져 버린 탄식이 있게 되었다."

했다. 내가 일찍이 이르기를,

"벼슬[31]의 즐거움은 조물주가 중시하지 않아서 아끼지 않지만, 언제나 구학(丘壑)[32]의 즐거움은 사람에게 선뜻 주지 않았다."

---

30 손적(孫覿, 1081~1169)은 남송의 문신으로, 자는 중익(仲益), 호는 홍경거사(鴻慶居士)다. 1109년 진사시에 급제하고, 벼슬이 호부상서(戶部尙書)에 이르렀다.

31 원문의 '헌면(軒冕)'은 초헌과 면류관이니, 관직을 뜻한다.

했으니, 더욱 손적의 말이 거짓이 아님을 믿게 되었다.

29) 문승상(文丞相)[33]이 말했다.

"3간 띠집이 만산(萬山) 깊은 곳에 있어, 책을 빌려오거나 술을 사오는 일 외에는 털끝만큼도 공사(公私) 간의 일 때문에 마음을 동요시키지 않는다. 다만 1백 무(畝)에 소나무를 심고, 날마다 그 사이에서 소를 타고 쇠뿔을 두드린다." 『문산집(文山集)』

30) 이우(李愚)가 어떤 이에게 말했다.

"내가 이른 아침부터 밤늦게까지 공무에 바쁘다 보니, 일찍이 화서국(華胥國)[34]에 가서 한번 실컷 놀아보지 못했다. 그래서 낙양(洛陽)에 수죽(水竹)이 좋은 땅을 사고 거기에 접암(蝶庵)[35]을 지은 다음, 모든 세상일과 인연을 끊고 그 속에 살면서, 암자 가운데 마땅히 장주(莊周)를 개산제일조(開山第一祖)로 삼고 진단(陳摶)을 거기에 배향시키고 싶다. 그러나 나같이 바쁜 사람은 그런 일에 몰두하기가 어렵다." 『장설소췌』

31) 육문유공(陸文裕公)[36]이 조정의 사대부들에게 말했다.

---

32 구학(丘壑)은 언덕과 골짜기인데, 속세를 떠나 산수(山水)가 좋은 곳을 뜻한다.

33 문승상(文丞相)은 『문산집(文山集)』의 저자인 남송의 충신 문천상(文天祥, 1236~1282)이다. 문산(文山)은 그의 호이며 자는 송서(宋瑞)이다. 남송의 승상이 되어 나라를 부흥시키려 온 힘을 다하였으나, 끝내 나라는 원(元)나라에 패망하고 자신은 사로잡혔다. 원나라 세조(世祖)의 끊임없는 회유가 있었으나, 끝까지 굴하지 않고 「정기가(正氣歌)」를 지어 호연한 정기를 천하에 떨치며 당당하게 사형을 당하였다.

34 옛날에 황제(黃帝)가 꿈에 화서국(華胥國)에서 놀다 깨어나 그 나라의 정치를 본받아서 천하를 잘 다스렸다는 이야기가 『열자(列子)』「황제(黃帝)」에 실려 있다.

35 『장자(莊子)』「제물론(齊物論)」에 실린 호접지몽(胡蝶之夢)에서 따온 이름이다.

"나는 오활한 미치광이라서 무슨 일에 실패해도 뉘우치지 않는다. 요즘 비법 하나를 얻었다. 조정에 나가는 시간 외에는 문을 닫고 향을 피우고서 조용히 앉아 참선한다. 책까지 모두 치워버리니, 바로 크게 이익이 있었다." 『견문수옥』

32) 고소문(高蘇門)[37]이 말했다.

"내가 구산(丘山) 가운데 편히 누워 세상 밖의 이름을 회피하고, 농사지어 군왕께 조세(租稅) 바치고, 땔나무 해서 어버이 봉양하며, 때로 새 곡식이 익어서 농가가 풍성하면 살찐 양 새끼 삶아서 귀신께 바치고, 마른고기 구워서 친구를 불렀다. 도롱이와 삿갓은 지게문에 걸려 있고 두레박은 공중에 걸려 있는데, 탁주를 서로 불러다 마시고 장구를 치며 노래 부르니, 이 또한 내가 스스로 유쾌히 여기는 것이고 옛사람도 허락한 바이다." 『지비록』

33) 왕정진(王廷陳)[38]이 여무소(餘懋昭)에게 이렇게 말했다.

"나는 임천(林泉)에서 아무것도 하는 일 없이 지내지만, 위로는 옛사람을 사모하지도 못하고 아래로는 세속과 동조하지도 못한다. 따라서

---

36 문유(文裕)는 명나라 문신 육심(陸深, 1477~1544)의 시호이다. 자는 자연(子淵), 호는 엄산(儼山)으로, 1505년 진사가 되어 첨사(詹事)를 역임했다. 문장과 서예에 뛰어났다.

37 소문(蘇門)은 명나라 문인 고숙사(高叔嗣, 1501~1537)의 호이고, 자는 자업(子業)이다. 어려서부터 당대의 대가 이몽양(李夢陽)의 지도를 받았고, 형 고중사(高仲嗣)와 더불어 재명을 떨쳤다. 1523년에 진사가 되어 공부주사(工部主事)·호광안찰사(湖廣按察使) 등을 역임했다. 저서에 『소문집(蘇門集)』이 있다.

38 왕정진(王廷陳, 1493~1551)은 명나라 시인으로, 자는 치흠(稚欽), 호는 몽택(夢澤)이다. 1517년 진사에 급제해 서길사(庶吉士)가 되었지만, 재주를 믿고 자유분방하게 행동했다. 자주 벼슬에서 쫓겨나 소나 말을 타고 술 마시며 노래를 불렀다. 『몽택집(夢澤集)』 23권이 전한다.

소활하고 게으른 짓은 할지언정 감히 미친 짓은 못하고, 졸렬하고 어리석은 짓은 할지언정 감히 악한 짓은 못한다. 죽림칠현(竹林七賢)이 고상하지만 그 방탕함은 비루하게 여기고, 삼려(三閭 굴원)의 충심이 가상하지만 그가 멱라수(汨羅水)에 빠져 죽은 것은 지나쳤다 여기며, 치이(鴟夷 범려)가 벼슬을 버리고 떠난 것은 슬기롭지만 그가 이룩한 부(富)는 더럽게 여긴다. 경치가 마음에 흡족할 때마다 술을 마시고 스스로 노래하지만 술은 양껏 마시지 않고 노래도 끝까지 다 부르지는 않으며, 피곤해지면 드러눕지만 꿈을 꾸지 않는다. 세속이 지겹도록 싫지만 어찌 마음 붙일 데가 없겠는가. 그래서 다시 노장(老莊)의 사상을 궁구하여 성명(性命)을 보양한다. 흥이 일면 강호에 노닐기 좋아하지만 물이 넘치면 배를 띄우지 않고, 구름 낀 산봉우리를 좋아하지만 미끄러운 이끼가 낀 위험한 비탈길이면 물러서지 않는 경우가 드물다. 이것이 내 행동의 대략이다.”

34) 막정한(莫廷韓)[39]이 말했다.

“나는 깊이 좋아하는 것이 없다. 그러나 시냇가 대나무 숲 그림자가 작은 창문을 가리고 있는 정경을 볼 적마다 곧 그 아래 살고 싶은 마음이 든다.” 『명세설신어』

35) 박사(博士) 문수승(文壽承)이 말했다.

“내가 장안(長安)에 있을 적에 사인(舍人) 고여유(顧汝由)의 연산재(研山齋)에 갔다가 밝은 창 깨끗한 궤연에 소나무 가지와 매화꽃을 꺾어

---

39 정한(廷韓)은 막시룡(莫是龍, 1539~1587)의 자이고, 호는 추수(秋水)다. 운경(雲卿)이라는 자가 더 널리 알려져 있다.

꾸며 놓은 것을 보았고, 옥하(玉河)의 얼음을 떠다가 차를 끓여 마셨다. 또 새로 얻은 기이하고 고상한 부정(鬶鼎)에 내부(內府)의 용연향(龍涎香)을 끓이니, 황홀하기가 세상 밖에 있는 듯했다. 그래서 서울에 먼지와 흙이 있다는 것을 모를 정도였다."『소창청기』

36) 장유(長孺) 서익손(徐益孫)이 말했다.

"내게 눈도 있고 발도 있으므로, 내가 갈 수 있는 곳에 경치 좋은 산천이 있으면 내가 즉시 간다. 그러면 내가 바로 이 산천의 풍월주인이 된다."『명세설신어』

37) 미공(眉公)[40]이 게으름을 청사(淸事)로 여겼는데, 대개 고문(高門)에 먼지가 없이 깨끗해 하나도 게으른 것 같은 점이 없었다. 내가 일찍이 남당(南唐)의 야사(野史)를 읽다가 오(吳)의 합령도사(合靈道士)의 말을 보았는데 그 말 가운데

"사람이 만약 한가함을 바란다면 이것이 바로 게으른 것이고, 만약 부지런하고자 하면 한가한 것이 아니다."

했다. 미공이 이 뜻을 깊이 얻었다.『소창청기』

38) 내[41]가 일찍이 어느 산간의 이웃집 노인을 찾았었다. 고운 꽃이 붉게 피어 문에 비쳤는데, 손자와 햇볕을 쬐고 있는 품이 사람으로 하

---

40 미공(眉公)은『미공비급(眉公祕笈)』의 저자인 명나라 문인 진계유(陳繼儒, 1558~1639)의 호이고, 자는 중순(仲醇)이다. 당대의 서화가인 동기창(董其昌)과 함께 명성을 떨쳤으며, 29세에 유자의 의관을 태워 버리고 곤산(昆山)에 은거하여 저술에 몰두했다. 저술로『미공전집(眉公全集)』이 있다.

41 『미공비급(眉公祕笈)』의 저자인 진계유를 가리킨다.

여금 가까운 성시(城市)에 수레와 말의 시끄러움이 있는 줄을 알지 못하게 했다. 그러니 먼 서울의 분분한 먼지이겠는가. 내가 그에게 시 한 수를 지어 주었다.

有箇小門松下開 소나무 아래 작은 집 문이 열렸고
堂前名藥繞畦栽 뜰 앞 밭두둑엔 약초가 빙 둘렀네
老翁抱孫不抱甕 늙은인 술동이 안지 않고 손자를 안았는데
恰欲灌花山雨來 꽃에 물을 주려는 듯 산비가 오네 『미공비급』

39) 옛날 은자들은 흔히 몸소 농사를 지었는데 나는 근력이 약하니 첫 번째 불능(不能)이요, 흔히 낚시와 주살질을 하는데 나는 살생을 금하니 두 번째 불능이요, 흔히 두 이랑의 밭과 8백 그루의 뽕나무가 있었는데 나는 가난하니 세 번째 불능이요, 흔히 물을 마시고 새끼띠를 띠었는데 나는 심한 굶주림을 견디지 못하니 네 번째 불능이다. 다만 내가 능한 것은 오직 조용히 살면서 반찬 없는 밥을 먹으며 저술하는 것뿐이다. 그러나 저술가는 절대로 선현을 비평하거나 논박하지 말고 자기가 옳게 보는 것만을 거론해야지, 다른 사람의 잘못을 바로잡을 필요는 없다.

40) 옛사람의 기상을 보려면 모름지기 가슴속이 정결한가를 관찰해야 한다. 그러므로 이런 말이 있다.

"황숙도(黃叔度)[42]를 보면 사람으로 하여금 고루하고 인색한 마음이 다

---

42 숙도(叔度)는 한나라 문신 황헌(黃憲)의 자이다. 순숙(筍淑)이 황헌을 만나 보고 당시 14세이던 황헌에게 "그대가 나의 사표(師表)이다."라고 했으며, 진번(陳蕃)은 삼공(三公)이 되었을 때에 "숙도가 있었더라면 내가 먼저 인수(印綬)를 차지 못했을 것이다."라

사라지게 하고, **노중련(魯仲連)**[43]과 **이태백(李太白)**을 보면 사람으로 하여금 감히 명리(名利)에 대한 일을 말할 수 없게 한다."

이 두 가지는 자기 스스로 체득하여 그 강령을 얻는 데에서 바랄 수 있다. 『미공비급』

41) **미원장(米元章)**[44]은 하루라도 글을 읽지 않으면 문득 생각이 둔해졌고, **은중문(殷仲文)**[45]은 사흘 간 『도덕경(道德經)』을 읽지 않으면 혀가 굳은 듯했으며, **왕불대(王拂大)**[46]는 사흘간 술을 마시지 않으면 몸이 편하지 않았다. 이처럼 옛사람들은 제각기 흥취를 붙인 곳이 달랐으나, 그 전해오는 꽃다운 이름은 천년을 밝게 비춘다.

42) 원풍(元豐)[47] 6년(1083) 10월 보름날 밤에 막 옷을 벗고 잠을 자려고 하는데, 밝은 달빛이 방안에 비쳐 벌떡 일어났다. 생각해보니 함께 노닐 사람이 없었다. 그래서 승천사(承天寺)로 가서 장회민(張懷民)을 찾았더니, 회민도 역시 잠을 이루지 못하고 있었다. 두 사람이 함께

고 했다. 『후한서(後漢書)』 권53 「황헌열전(黃憲列傳)」

43 노중련(魯仲連)은 전국시대 제나라 고사이다. 유세하는 사람이 진(秦)나라를 황제로 떠받들자고 노중련에게 말하자, 노중련이 말했다. "저 진나라는 예의를 버리고 수공(首功)을 숭상하는 나라이다. 만일 진나라를 황제로 받든다면 나는 동해에 빠져 죽겠다." 그러자 그 의논이 중지되었다. 『사기(史記)』 권83 「노중련추양전(魯仲連鄒陽傳)」

44 원장(元章)은 북송의 명필 미불(米芾, 1051~1107)의 자이다. 호는 해악외사(海嶽外史)·녹문거사(鹿門居士)를 사용했다.

45 은중문(殷仲文)은 동진(東晉) 사람으로 장사(長史) 벼슬을 지냈다. 어려서부터 재능이 뛰어났으며 평소 명망이 있어 스스로 조정의 중책을 맡을 적임자라 생각하고 있었는데, 뜻을 얻지 못하자 영가태수(永嘉太守) 낙구(駱球) 등과 모반을 도모하다가 유유(劉裕)에게 살해되었다.

46 불대(拂大)는 동진(東晉)의 문신 왕침(王忱, ?~392)의 자이다.

47 원풍(元豐)은 송나라 신종(神宗)의 연호로, 1078년부터 1085년까지 8년간 사용했다.

뜨락을 거니는데, 뜨락이 마치 호수 같아서 물속에 수초가 서로 엇갈려 있는 듯했다. 대나무와 잣나무의 그림자가 달빛에 서로 엇갈려 있었다. 어느 날 밤인들 달이 없으며 어느 곳인들 대나무와 잣나무가 없으랴만 다만 우리 두 사람처럼 한가로운 정취가 있는 사람이 드물 뿐이다. 『소문충공집』

43) 한 해가 다하려 하고, 비바람이 처량하게 불며, 대나무 집의 종이를 바른 창에 등불이 푸르게 비치니, 이때야말로 참으로 작은 흥취가 있다.

44) 강과 산, 바람과 달은 본래 일정한 주인이 없고, 오직 한가로운 사람이 바로 주인이다.

45) 눈에 보이지 않는 것은 제 아무리 화려해도 나와 무슨 관계가 있으며, 귀에 들리지 않는 것은 제 아무리 시끄러워도 나와 무슨 상관이 있는가. 그래서 도를 닦는 사람이 산에 들어갈 때는 오직 그곳이 깊은 곳이 아닐까 걱정하며, 숲에 들어갈 때는 오직 은밀한 곳이 아닐까 걱정한다. 『소창청기』

46) 좋은 날을 만나 즐거운 회포가 있을 때마다 가만히 팔짱을 끼고서 옛사람의 시를 읊조리는 것으로 충분하다. 푸른 산과 맑은 물이 눈에 띄면 즉시 회포를 풀고 시를 읊을 수 있으니, 어찌 꼭 대울타리 안에 은거한 뒤에야 그런 것들이 내 것이 되랴. 『옥호빙』

47) 향을 피우고 목침에 기대면 세상일이 모두 꿈속처럼 사라져 버

리고, 미래도 바로 지금에 숨어 있다. 이만하면 와은(臥隱)이라고 할 수 있으니, 토굴을 파고 산에 은거하는 것이 도리어 번거로움을 알겠다. 『암서유사』

48) 진(晉)나라 사람들은 명성을 좋아하여 장자(莊子)의 말로 항상 담병(談柄)[48]을 삼으면서 그것을 청담(淸談)이라고 이름 붙였다. 나 역시 담론을 좋아하나 내 나름대로 주관으로 삼는 것은 없으니, 그 말이 맑아도 좋고 흐려도 좋으며, 고아한 말이라도 좋고 비속한 말이라도 좋다. 우아한 것이라도 좋고 속된 것이라도 좋으며, 신선에 대한 것이라도 좋고 불(佛)에 대한 것이라도 좋으며, 귀신에 대한 것이라도 좋고 괴이한 것이라도 좋다. 그러나 이는 모두 웅대한 마음을 그것으로 삭혀 버리고 세월을 보내려는 것에 지나지 않는다. 저 진나라 무리들의 경우는 그 여파가 조정과 인가에까지 미쳐 지나친 일이 되었으니, 급히 이건훈(李建勳)[49]의 옥경(玉磬)을 서너 차례 쳐서 경계하는 것이 옳으리라. 『소창청기』

49) 산꼭대기에는 샘물이 있어야 하고, 샛길에는 대나무가 있어야 하며, 사서(史書)를 읽을 때는 술이 없어서는 안 되고, 선(禪)을 말할

---

48 담병(談柄)은 대화할 때 손에 쥐는 것인데 구실(口實)의 뜻으로 쓰인다.

49 이건훈(李建勳, ?~952)은 오대(五代) 남당(南唐)의 문인으로, 자는 치효(致堯)이다. 젊어서부터 학문을 좋아하고 문장에 능했으며, 특히 시를 잘 지었다. 일찍이 옥경(玉磬)을 하나 가지고 있었는데, 침향목(沈香木)으로 만든 절안병(節按柄)으로 치면 소리가 지극히 맑았다. 객이 상스러운 말을 하면 급히 일어나 옥경을 두어 번 치면서 "귀를 맑게 씻으려는 것이다." 했다. 죽헌(竹軒)에 '사우헌(四友軒)'이라 편액을 걸고, 거문고로 역양우(嶧陽友)를 삼았으며, 경쇠로 사빈우(泗濱友)를 삼았다. 『남화경(南華經)』으로 심우(心友)를 삼고, 상죽탑(湘竹榻)으로 몽우(夢友)를 삼았다고 한다. 『옥호빙(玉壺氷)』

때는 미인이 없어서는 안 된다. 이것이 바로 경계에 따라 정조(情操)를 찾고 정조를 따라 운치를 찾는다는 말이다.

50) 꽃을 감상할 때는 호걸스러운 벗과 어울려야 하고, 기녀(妓女)를 볼 때는 담박한 벗과 어울려야 하며, 산에 오를 때는 세상일에 얽매이지 않는 벗과 어울려야 하고, 물에 배를 띄울 때는 모름지기 마음이 광활한 벗과 어울려야 한다. 달을 볼 때는 삽상한 벗과 어울려야 하고, 눈[雪]을 볼 때는 자태가 고운 벗과 어울려야 하며, 술을 마실 때는 운치 있는 벗과 어울려야 한다. 『미공비급』

51) 소리[聲]의 운치에 대해서 논하는 자들이 골짜기 소리[溪聲]·시냇물 소리[澗聲]·대나무 소리[竹聲]·솔바람 소리[松聲]·산새 소리[山禽聲]·그윽한 골짜기에서 나는 소리[幽壑聲]·파초에 듣는 빗소리[芭蕉雨聲]·꽃이 지는 소리[落花聲]·나뭇잎이 지는 소리[落葉聲]를 말하는데, 이런 것들이 다 천지의 맑은 소리로 시인의 가슴을 울리는 것들이다. 그러나 참으로 심금을 울리는 소리는 마땅히 꽃 파는 소리[賣花聲]를 으뜸으로 삼아야 할 것이다. 『소창청기』

권7

숭검(崇儉) - 검소한 삶의 여유

1) **안자(晏子)**[1]가 제(齊)나라 재상으로 있으면서 여우 갖옷 한 벌을 30년 동안이나 입었다. 『권계총서(勸誡叢書)』

2) **손숙오(孫叔敖)**[2]는 초(楚)나라 영윤(令尹)이 되어 사슴 갖옷을 입고 조회했으며, 그가 사는 집은 띠로 지붕을 덮어 비바람을 가릴 수 없을 정도였다. 『권계총서』

3) **소하(蕭何)**는 궁벽한 곳에 밭과 집을 장만하고 살았으며, 자기 집을 위해 담장이나 가옥을 꾸미지 않고 이렇게 말했다.

"후손 가운데 어진 자가 나면 나의 검소한 것을 본받을 것이고, 어질지 못한 자가 나더라도 권세가에게 빼앗기는 일은 없을 것이다."

---

1 안자(晏子)는 춘추시대 제나라의 재상으로, 이름은 영(嬰), 자는 평중(平仲)이다. 영공(靈公), 장공(莊公), 경공(景公)을 50년 동안 보좌하여 훌륭한 정치를 펼쳤다. 후세 사람이 그의 언행을 정리하여 『안자춘추(晏子春秋)』를 편찬하였다.

2 손숙오(孫叔敖)는 춘추시대 초나라 사람으로, 재상 우구(虞丘)가 장왕(莊王)에게 천거하여 재상에 올랐다. 그가 재상이 된 지 석 달 만에 그의 교화를 입어 아전들은 교활한 짓을 하지 않고, 도둑이 일어나지 않았다. 세 번 재상이 되었으나 기뻐하지 않았고, 세 번 재상에서 물러났으나 후회하는 일이 없었다.

4) 왕량(王良)³은 대사도(大司徒)가 되어 무명옷을 입고 질그릇을 사용했다. (사도의 관리인 포회(鮑恢)가 일이 있어 그의 집에 들렀다가 대사도) 부인이 무명치마를 입고 땔나무를 끌며 밭에서 집으로 돌아오는 것을 보았다.

5) 범선(范宣)⁴은 마음씨가 깨끗하고 행동이 검소했다. 한예장(韓豫章)⁵이 비단 1백 필을 주어도 받지 않고, 반으로 줄여 50필을 주어도 받지 않았다. 이와 같이 반씩 줄여 드디어는 1필까지 이르렀으나 끝내 받지 않았다. 뒷날 한예장이 범선과 같은 수레를 타고서 그 안에서 옷감 2장(丈)을 끊어 범선에게 주면서,

"사람으로서 어찌 자기 부인에게 홑치마 하나 없도록 하겠는가."

하니, 그제야 범선이 웃으면서 받았다. 『세설신어』

6) 도연명(陶淵明)은 매우 대범하고 조용한 성품으로 진(晉)·송(宋) 시대에 으뜸가는 사람이었다. 굶주린 것으로 말하면 끼니가 떨어지는

---

3 왕량(王良)은 후한의 학자로, 자는 중자(仲子)이다. 『상서(尙書)』를 익히고 왕망(王莽)의 조정에 벼슬하지 않은 채 천여 명의 문인들을 가르쳤다. 광무제(光武帝)가 간의대부(諫議大夫)에 명하자 자주 충언을 드리고 여러 차례 벼슬을 옮겨 대사도(大司徒) 사직(司直)에 이르렀으나 공손하고 검소하였으며, 밭 가운데서 노동을 하니 당시 사람들이 훌륭하게 여겼다. 후에 병으로 물러난 뒤에는 충직한 말과 기이한 모책이 없이 지위에 있었음을 스스로 부끄럽게 여겨, 조정에서 여러 차례 불러도 이르지 않았다. 『후한서(後漢書)』 권27 「왕량열전(王良列傳)」

4 범선(范宣)은 동진(東晉)의 학자로, 자는 선자(宣子)이다. 젊어서부터 벼슬길에 나아가지 않고 은둔 생활을 하였는데, 여러 책들을 많이 읽어서 박식하였으며, 특히 예에 밝았다. 『예역논란(禮易論難)』을 저술하였다.

5 한예장(韓豫章)은 예장태수 한백(韓伯)으로, 자는 강백(康伯)이다. 청아한 성품에 문예가 뛰어나 집이 가난한데도 명사의 풍류가 있었다. 『진서(晉書)』 권75 한백열전(韓伯列傳)

일이 빈번했고, 항아리에는 저장된 곡식이 없었다. 추울 때에도 짧은
옷을 누덕누덕 기웠으며, 갈포옷을 겨우내 입었다. 거처로 말하면 주
위가 쓸쓸하고 가옥은 햇빛이나 바람을 가리지도 못할 정도였으니,
그 곤궁함이 극심하다고 할 수 있었다. 그가 팽택영(彭澤令)으로 있을
때 공전(公田)에 모두 차조[秫]를 심으면서,

"나는 술에 실컷 취하게만 되면 족하다."

했다. 그의 아내가 메벼를 심자고 굳이 청하므로 1경(頃)⁶을 나누어 50
묘(畝)에는 차조를 심고 50묘에는 메벼를 심었다. 그의 자서(自敍)에,

"공전의 이(利)로 술을 마련하기 충분하겠기에 벼슬을 구해 곡식이
익기만 기다리며 세월을 보냈는데, 중추(仲秋)부터 겨울까지 관직에 있
은 지 80여 일에 즉시 스스로 벼슬을 버리고 돌아갔으니, 이른바 메벼
건 차조건 맛보지를 못했다."

했으니, 슬프다.

7) 유유간(庾幼簡)⁷은 조용하게 은거하기를 좋아해 외부와 교제가 없
었다. 임천왕(臨川王)⁸이 고을에 부임해 특별히 유간을 중히 여겨 보리
1백 곡(斛)을 보내 주자, 유간이 심부름 온 사람에게 말했다.

"저는 사슴과 짝하여 나무를 하고, 그 털갈이한 털로 옷을 해 입으

---

6 1경(頃)은 100묘(畝)이다. 『예기(禮記)』「왕제(王制)」에 "1묘(畝)란 가로 1보(步) 세로
   1보의 면적을 말하고, 1백 묘를 1부(夫, 1경)라 하는데 가로 세로가 각각 1백 보씩이다.
   3부가 1옥(屋, 3경)인데 가로는 1백보 세로는 3백보이다. 3옥이 1정(井, 9백묘)인데 가로
   세로가 각 1리(里) 씩이다." 하였다.
7 유간(幼簡)은 남제(南齊) 유역(庾易)의 자로, 효자 유검루(庾黔婁)의 아버지이다. 고제
   (高帝)·무제(武帝)·명제(明帝)가 누차 불렀으나 모두 나아가지 않았다.
8 임천왕(臨川王)은 남송(南宋) 유의경(劉義慶, 403~444)의 봉호로, 시호는 강(康)이다.
   저서로는 『세설신어(世說新語)』가 있다. 『송서(宋書)』 권51

며, 일월과 짝하여 세월을 보내고, 스스로 농사지어 녹을 먹으니, 대왕의 은혜가 이미 깊다고 하겠습니다."

(사양하고 받지 않았다.) 『하씨어림』

8) 진원용(陳元用)은 집이 몹시 부유하고 책 모으기를 매우 좋아했는데, 재물 모으기에는 힘쓰지 않았다. 누가 재산에 대해 물으면 원용이 이렇게 대답했다.

"재물 모으기를 좋아하는 자손이 있다면 밭이나 집을 마련해 주지 않는다고 하더라도 반드시 스스로 장만할 것이고, 좋아하는 자손이 없으면 비록 전장을 남겨 준다고 하더라도 그것을 지키지 못할 것이다."

뒷날 세 손자가 문장으로 이름을 드날렸지만, 청빈한 생활을 스스로 지키면서 이렇게 말했다.

"선인의 격언을 잊을 수가 없다." 『공여일록』

9) 이의염(李義琰)[9]이 정침(正寢)이 없으므로 아우 의진(義璡)이 형을 위해 집 지을 재목을 사서 보냈더니, 의염이 사양하고서 받지 않았다. 의진이,

"승위(丞尉) 벼슬만 해도 큰 집을 가지는데, 지위가 높으시면서 어찌 아랫사람처럼 사십니까?"

하고 물으니, 의염이 대답했다.

"그렇지 않다. 옛말에 '일이란 두루 좋을 수는 없고, 사물은 다 같이

---

9 이의염(李義琰, ?~688)은 당나라 재상으로, 622년 진사에 급제하여 백수령(白水令), 중서시랑(中書侍郎), 태자우서자(太子右庶子) 등을 역임하고, 주천공(酒泉公)에 봉작되었다.

흥기할 수가 없다.'라고 했으니, 이미 고귀한 벼슬자리에 처하고, 또 넓은 집에 거처한다면, 훌륭한 덕을 가진 사람이 아닌 경우에는 필연코 재앙을 받을 것이다."

(끝내 허락하지 않았다.)『문기유림』

10) 온공(溫公)이 낙(洛) 땅에서 여러 노인들과 더불어 진솔회를 열고, 스스로 다음과 같이 명(銘)을 지었다.

吾齊之中 우리 무리 가운데
不尙虛禮 허례를 숭상하는 이가 없어
不迎客來 오는 손님 맞이하지도 않고
不送客去 가는 손님 전송하지도 않네
賓主無間 손님과 주인은 스스럼이 없고
坐列無序 줄지어 앉은 자리에 차례가 없네
眞率爲約 진솔하게 모이자 약속하고
簡素爲具 간소하게 갖추었네
有酒且酌 있는 술로 또 한 잔 돌리다가
無酒則止 술 다하면 그만 그치네
淸琴一曲 청아한 거문고 소리 한 곡조요
好香一炷 좋은 향 한 심지
閑談古今 한가롭게 고금의 일 이야기하다
靜玩山水 조용히 산수를 즐기네
不說是非 남의 옳고 그름 말하지 않고
不論官事 관아의 일은 논하지 않네
行止坐臥 앉기도 하고 눕기도 하며
忘形適意 형식에 매이지 않고 마음대로 행동하네
淡冷家風 조촐한 가풍이
林泉淸致 자연의 맑은 운치이니

道義之交 도의의 사귐은
如斯而已 이와 같을 뿐일세
羅列腥膻 비린내 나는 고기를
周旋布置 줄지어 벌여 놓고
俛仰奔奏 바삐 굽어보고 우러러보느라
揖讓拜跪 분주하게 읍하고 절하며
內非眞誠 속으로 참마음이 아니면서도
外從矯僞 겉으로는 한갓 거짓만을 꾸미고
一關利害 한결같이 이해에 얽매여
反目相視 반목으로 서로 질시하니
此世俗交 이러한 것들은 세속의 사귐이라
吾所屛棄 나로서는 모두 버리는 바일세 『지비록』

11) 두기공(杜祈公)(의 어록[10]에, 공)은 재상이 되어서도 집에서 식사할 때는 오직 국수 한 그릇에 밥 한 그릇뿐이었다. 누가 그 검소함을 칭찬하자 공이 이렇게 말했다.

"나는 본디 한낱 서생이었을 뿐이다. 명예와 직위, 의복과 기용(器用)은 모두 나라의 소유이다. 녹봉의 나머지를 가난한 친족에게 나누어 주는 것은 음식이 남을까 두려워서이니, 감히 혼자 먹을 수 있겠는가. 하루아침에 지위와 작록(爵祿)을 나라에서 빼앗아 가면 곧바로 한낱 서생이 되리니, 장차 어떻게 내 힘으로 살아갈 수 있겠는가."

(황정견(黃庭堅)은 이렇게 말했다.

"내가 의주(宜州)에 유배가 있을 적에 관아에서 성중에 사는 것은

---

10 두기공(杜祈公)은 기국공(祈國公)에 봉해진 송나라 재상 두연(杜衍, 978~1057)을 가리킨다. 『송명신언행록(宋名臣言行錄)』 전집 제7권 「두연(杜衍)」조에 그의 언행이 실려있다.

부당하다고 했으므로 이불을 안고 성 남쪽에 가서 묵었다. 내가 간 곳에는 비바람을 막을 것도 없고, 저자의 시끄러운 소리를 도저히 견딜수가 없었다. 그러나 한편으로 생각하면 본업이 농상(農桑)이라 내가진사가 되지 못했다면 들 가운데 농가가 이러했을 것이니, 이것을 참지 못해서야 되겠는가.”

그러므로 선비는 부귀해지면 어려울 때를 걱정하고, 항상 스스로반성하여 살아가는 데는 정함이 있음을 생각해야 한다.) 『문기유림』

12) 구태연(仇泰然)[11]이 사명(四明)[12] 태수로 있을 때에 한 막관(幕官)과 매우 친하게 지냈다. 하루는 그에게 묻기를,

“공의 집에서는 하루에 쓰는 비용이 얼마인가?”

하니, 대답하기를,

“식구가 열인데 하루에 1천 전을 씁니다.”

했다. 구태연이 놀라며,

“어떻게 그렇게 많은 돈을 쓰는가?”

하니, 그가,

“아침에는 육류를 조금 갖추고, 저녁에는 나물국을 먹습니다.”

했다. 이에 구태연이,

“나는 태수가 되었어도 평소에는 감히 육류를 먹지 못하고 채소만먹는데, 공은 소관(小官)으로서 육류를 상식하니 참으로 청렴한 선비가아니다.”

---

11 태연(泰然)은 북송(北宋)의 충신 구여(仇悆, ?~1134)의 자이다. 1109년 진사에 급제해 등성현령(鄧城縣令)으로 벼슬을 시작했고, 금나라 침략에 항거했으며, 익도백(益都伯)에 봉해졌다.
12 절강성(浙江省)에 있는 현이다.

하고, 이 뒤부터 소원하게 대했다.

나는 일찍이 생각했다. 백성이 복을 받는 것은 관리의 청렴에서 나오는 것이고, 관리의 청렴은 검소함을 달게 여김으로써 나오는 것이며, 검소함은 꿋꿋하게 참는 절조에서 생기는 것이니, 의리로 욕심을 누를 수 있는 사람이라야 이렇게 할 수 있다. 어찌 쉬운 일이겠는가. 『저기실』

13) 장문절(張文節)[13]은 재상이 되어서도 하양(河陽)에서 서기(書記)로 있을 때와 같이 하인들의 수발이 없이 자기 스스로 생활했다. 어떤 사람이 혹 그것을 간하자 공은 탄식했다.

"검소한 데서 사치한 데로 들어가기는 쉽고, 사치한 데서 검소한 데로 들어가기는 어렵다. 오늘의 녹봉이 어찌 항상 그대로 있겠는가. 하루아침에 오늘의 처지에서 달라지면 사치한 생활이 오래되었는지라 갑자기 검소하게 살기 불가능해 반드시 낭패할 것이다. 그러니 어찌 내가 벼슬을 하거나 벼슬을 버리거나, 살아 있거나 죽거나 하루같이 하는 것만 같겠는가."『명신언행록』

14) 사마온공(司馬溫公)[14]이 말했다.

"나의 선군[15]이 군목 판관(群牧判官)이 되었을 때 손님이 오면 언제나

---

13 문절(文節)은 송(宋)나라 재상 장지백(張知白, ?~1028)의 시호이다. 1025년에 공부상서 동중서문하평장사(工部尙書同中書門下平章事)가 되었는데, 예전에 하양(河陽)에서 장서기(掌書記)를 지낼 때와 같이 검소하게 지냈다.

14 죽은 뒤 태사온국공(太師溫國公)으로 추증된 송나라 학자 사마광(司馬光, 1019~1086)이다. 자는 군실(君實), 호는 우부(迂夫) 또는 우수(迂叟), 시호는 문정(文正)이며, 속수선생(涑水先生)이라고도 불렀다.

15 사마광의 아버지 사마지(司馬池, 980~1041)의 자는 화중(和中)으로, 1005년에 진사에

술상을 차려 대접했는데, 세 순배나 다섯 순배를 돌리고, 많아야 일곱 순배를 넘지 않았다. 술은 시장에서 사온 것이고, 과일은 배·밤·대추·감 등에 불과했으며, 안주는 포(脯)·육장(醢)·나물국 등이고, 그릇은 자기(甆器)나 칠기(漆器)였다. 당시 사대부들이 모두 그러했는데, 사람들이 비난하지 않았다. 모이는 횟수가 잦을수록 예가 더욱 근실해지고, 음식이 박하되 정은 더욱 두터워졌다. 그런데 요즘 사대부는 모두 그렇지 않아서, 술이 집에서 담근 것이 아니거나, 과일이 먼 지방에서 온 진귀한 것이 아니거나, 음식이 여러 가지가 아니거나, 음식을 담은 그릇이 온상에 가득 차지 않으면 모임을 만들지 않고, 반드시 여러 날을 준비한 뒤에야 초청하는 편지를 보낸다. 혹 이렇게 하지 않으면 사람들이 다투어 비난해 인색하다고 한다. 그러므로 사치한 풍속을 따르지 않는 자가 드물다. 이같이 풍속이 퇴폐해졌으니, 관직에 있는 자가 차마 이러한 풍속을 조성해서야 되겠는가."

공이 낙(洛) 땅에 있을 때, 문노공(文潞公)[16]·범충선공(范忠宣公)[17]이 서로 약속하고[18] 진솔회(眞率會)[19]를 결성했는데, 거친 밥 한 그릇에 술

급제하여 하중(河中), 동주(同州), 항주(杭州), 진주(晋州)의 지부(知府)를 역임하였다.

16 노공(潞公)은 송나라 재상 문언박(文彦博, 1006~1097)의 시호 노국충렬공(潞國忠烈公)을 줄여 쓴 것이다.

17 충선공(忠宣公)은 송나라 재상 범순인(范純仁 1027~1101)의 시호로, 자는 요부(堯夫)이다.

18 『자경편(自警編)』의 기록이 틀렸는데, 이들이 결성한 모임은 기영회(耆英會)이다. 문언박(文彦博)이 서경유수(西京留守)로 있으면서 당나라 백거이(白居易)의 구로회(九老會)를 모방하여 부필(富弼)·사마광(司馬光) 학덕 높은 노인 13명과 함께 낙양기영회(洛陽耆英會)를 결성했다.

19 사마광이 65세 되던 1083년에 벼슬에서 물러나 낙양(洛陽)에 살면서 사마단(司馬旦), 석여언(席汝言), 왕상공(王尙恭), 초건중(楚建中), 왕근언(王謹言), 송숙달(宋叔達) 등 일곱 사람과 결성한 모임이다. "술은 다섯 순배를 넘지 않고, 음식은 다섯 가지 맛을 넘지 않는다.[酒不過五行 食不過五味]"고 약속하였다. 사마광이 지은 「진솔회」 시에

이 두어 순배로, 그것도 하루를 넘기지 않았다.

문노공이 시를 지었다.

啜菽眞甘顏子陋　콩을 씹는 진미는 안자가 즐긴 바일세
食鮮不愧庚郎貧　음식이 약소해도 유랑의 가난이 부끄럽지 않네[20]

범공이 화답했다.

蓋簪旣屢宜從簡　출세한 벗들이 자주 모여도 간소함을 따르니
爲具雖疏不愧貧　장만한 것 하찮으나 가난을 부끄러워 않네

공이 또 화답했다.

隨家所有自可樂　형편 따라 있는 것으로 스스로 즐기니
爲具更微誰笑貧　갖춘 것 없다고 누가 가난하다 비웃으리

　이 여러분들은 당시의 폐풍을 구제하려 했다. 이를 보면 오늘날 사람들이 어찌 조금이라도 생각하지 않을 수 있겠는가. 복을 낭비하지 않고 재물을 늘리는 일은 일상의 작지 않은 일이므로 내가 갖추어 기록해 여러 동지들에게 주려 한다. 『자경편』

　"일곱 사람의 나이 합하면 오백여 세인데, 꽃 앞에서 함께 취하니 고금에 드문 일일세, 말타기와 닭싸움은 우리의 일이 아니고, 모시옷 입고 머리 희니 더욱 눈부시네.[七人五百有餘歲 同醉花前今古稀 走馬鬪雞非我事 紵衣絲髮且相輝]"라고 하였다.

20　남제(南齊)의 문신 유고지(庚杲之)가 청빈하여 먹는 것이라고는 오직 부추 김치[韭葅], 삶은 부추[瀹韭], 생부추[生韭] 등 잡채(雜菜)뿐이었으므로, 임방(任昉)이 장난삼아 말했다. "누가 유랑을 가난하다 말하는가, 언제나 스물일곱 가지 규채를 먹는 걸.[誰謂庚郎貧 食鮭常有二十七種.]" 부추[韭]의 음이 구(九)와 같으므로, 세 종류의 부추 나물을 3×9=27로 환산하여 말한 것이다. 『남사(南史)』 권49 「유고지열전(庚杲之列傳)」

15) 진현달(陳顯達)이 아들 상휴(尙休)가 진불(塵拂)[21]을 가지고 있자 경계하면서 말했다.

"사치하고서 패망하지 않는 자가 없었다. 고라니 꼬리로 만든 파리채는 바로 왕씨(王氏)나 사씨(謝氏)[22] 집안의 물건이니, 네가 이것을 가져서는 안 된다."

그리고는 가져다가 불태워 버렸다.

범문정공(范文正公)[23]이 아들 순인(純仁)을 장가보내 며느리를 맞으면서 경계했다.

"고운 비단이 어찌 휘장을 만드는 물건이겠느냐. 우리 집안은 본디 검소한 것으로 가풍을 삼는데, 어찌 감히 우리 가법을 무너뜨리려고 이런 것을 가지고 왔느냐. 뜰에서 태워 버리는 것이 마땅하다."

이것은 경우가 같은 것들이다.

사현(謝玄)이 어릴 때 자색 비단 주머니를 차고 다니기 좋아하자 그의 숙부인 사안(謝安)[24]이 그것을 걱정했으나, 그의 마음을 상하게 하지 않으려고 장난으로 구경하는 척하면서 가져다가 불태워 버렸다. 사치

---

21 진불(塵拂)은 고라니 꼬리로 만든 파리채이다.

22 위진 남북조(魏晉南北朝) 이후 호족 세력이 등장했는데, 여러 호족 중에서도 왕씨와 사씨는 명문으로서의 명성을 계속 누렸으므로 이들 두 성씨는 명문의 대명사처럼 되었다.

23 문정공(文正公)은 송나라 재상 범중엄(范仲淹, 989~1102)의 시호이고, 자는 희문(希文)이다. 1015년에 진사로 출사하고, 벼슬이 참지정사(參知政事)에 이르렀다. 한기(韓琦), 부필(富弼) 등과 함께 인종(仁宗) 경력(慶曆) 연간의 신정(新政)을 주도하였으며, 서하(西夏)의 침략을 물리쳐 명성을 떨쳤다.

24 사안(謝安, 320~385)은 동진(東晉)의 재상으로, 자는 안석(安石)이다. 회계(會稽)의 동산(東山)에 20여 년 은거하면서 산수를 즐기며 조정에서 불러도 나아가지 않다가 40세에 환온(桓溫)이 그를 초청하여 사마(司馬)로 삼았다. 간문제(簡文帝)가 죽자 환온이 진나라를 찬탈하려고 사안을 겁박하였으나, 사안이 동요하지 않았으므로 환온은 결국 성공하지 못했다. 『진서(晉書)』 권79 「사안열전(謝安列傳)」

한 물건은 왕씨(王氏)나 사씨(謝氏) 역시 경계한 것이니, 하물며 그들만 못한 사람들이겠는가. 『하씨어림』

16) 어록(語錄)에 이렇게 말했다.

"사치한 자는 3년 동안 쓸 것을 1년에 써버리고, 검소한 자는 1년 동안 쓸 것을 3년 동안 쓴다. 지극히 사치한 자는 그것도 오히려 부족하고, 아주 검소한 자는 오히려 여유가 있다. 사치한 자는 부유해도 만족하지 않고, 검소한 자는 가난해도 여유가 있다. 사치한 자는 언제나 마음이 가난하고, 검소한 자는 언제나 마음이 풍요하다. 사치한 자는 친한 사람을 좋아하므로 잘못이 많고, 검소한 자는 사람을 멀리할 수 있기 때문에 화가 적다. 사치한 자가 임금을 섬기면 반드시 욕됨이 있고, 검소한 자가 임금을 섬기면 반드시 그 벼슬을 온전히 보존한다. 사치한 자는 근심이 많고, 검소한 자는 복이 많다. 검소함을 따르는 자는 천하의 통치자가 될 수 있다." 『지비록』

17) 사마공(司馬公)[25]이 덮던 베 이불에는 예서(隷書)로 1백 10자가 씌어 있는데, 그중에 '경인(景仁)[26]이 준 것'이라 쓴 것은 단명전 학사(端明殿學士) 범촉공(范蜀公)이 준 것이란 뜻이고 또 '요부(堯夫)[27]가 쓴다.'라고 한 것은 우복야(右僕射) 고평공(高平公)이 지은 것이란 뜻이다. 원풍

---

25 송나라 재상 사마광(司馬光, 1019~1086)을 가리킨다. 국립중앙도서관본에는 온국문정공(溫國文正公)이라 했는데, 온국공은 봉호(封號)이고, 문정은 시호이다.

26 경인(景仁)은 송나라 재상 범진(范鎭, 1008~1089)의 자이다. 시호는 충문(忠文)이며, 촉군공(蜀郡公)에 봉해졌다.

27 요부(堯夫)는 송나라 재상 범중엄의 둘째 아들인 범순인(范純仁, 1027~1101)의 자이고, 봉호는 고평공(高平公)이다. 철종(哲宗) 때 상서우복야 겸 중서시랑(尚書右僕射兼中書侍郎)을 지냈다.

(元豊)[28] 연간에 온공이 낙양(洛陽)에 있을 때 촉공이 허(許) 땅으로부터 와서 이 이불을 주니, 고평공이 이에 포금명(布衾銘)[29]을 지어 학자들을 경계했다. 공이 그 글의 뜻을 사랑하여 이불 머리에 썼는데, 병이 깊게 되자 동부(東府)[30]가 명이 다한 것을 알고 심의(深衣)로 염을 하고 이 이불을 덮었다. 그 이불의 명(銘)에 이렇게 쓰여 있었다.

藜藿之甘	여곽(藜藿)[31]이 꿀맛 같고
綈布之溫	거친 베가 따뜻하네.
名教之樂	명교(名教)를 지키는 즐거움과
德義之尊	덕의(德義)의 높음은
求之孔易	구하기는 매우 쉽고
享之常安	누리면 언제나 편안하네.
綺繡之奢	사치스러운 비단과
膏粱之珍	고량진미(膏粱珍味),
權寵之盛	융성한 권력과 총애
利欲之繁	번화한 이익과 욕망은
苦難其得	어렵게 얻더라도
禍辱先臻	화와 욕이 먼저 오네.

---

28 원풍(元豊)은 송나라 신종(神宗)의 두번째 연호인데, 1078년부터 1085년까지 8년간 사용하였다.

29 「사마온공포금명(司馬溫公布衾銘)」을 가리키는데, 범진(范鎭)이 사마광에게 준 베 이불에 대해 범순인이 명을 지은 것으로, 베 이불을 소재로 검소(儉素)의 덕을 권면하는 내용이다. 사마광은 늙어 병이 깊어지자 심의(深衣)와 베 이불을 가지고 시신을 염(殮)하라고 유언하였다. 『범태사집(范太史集)』 권36 「사마온공포금명기(司馬溫公布衾銘記)」

30 동부(東府)는 상서성(尙書省)의 별호이다. 고평공이 상서 우복야로 있었으므로 이렇게 칭하였다

31 원문의 '여곽(藜藿)'은 명아주 잎과 콩잎으로 끓인 국이라는 뜻으로, 빈궁한 자의 거친 음식을 뜻한다.

取易舍難 얻기는 쉽고 잃기는 어려우며
去危就安 위태함 버리고 편안함으로 나가는 길
至愚且知 어리석은 자도 아니
士寧不然 선비가 어찌 모르리.
顔樂簞食 안회(顔回)가 즐긴 도시락 밥이[32]
萬世師模 만세의 사표(師表)일세.
紂居瓊臺 주왕(紂王)은 경대(瓊臺)에 살았건만
死爲獨夫 죽어서는 독부(獨夫)[33]가 되었네.
君子以儉爲德 군자는 검소한 것으로 덕을 삼고
小人以侈喪軀 소인은 사치로 자신을 망치니,
然則斯衾之陋 그렇다면 이 이불이 누추하다고
其可忽諸 가벼이 여길 수 있겠는가.

저 베 이불은 공손홍(公孫弘)이 장유(長孺)로부터 면박 받은[34] 것이며, 이 베 이불은 사마광(司馬光)이 고평에게서 명을 지어 받은 것이라, 진실과 거짓이 갈리니 삼가지 않을 수 있겠는가. 『문기유림』

---

32 공자가 말하기를 "어질다, 안회여! 한 도시락 밥과 한 표주박 물로 누추한 시골에서 살면 다른 사람은 그 걱정을 견디지 못하건만, 안회는 도를 즐기는 마음을 변치 않으니, 어질다, 안회여![賢哉, 回也! 一簞食, 一瓢飲, 人不堪其憂, 回也不改其樂, 賢哉, 回也!]" 하였다. 『논어』 「옹야(雍也)」

33 『서경』 「태서(泰誓)」에 "독부인 수(受)가 크게 위엄을 세우니, 바로 너희들 대대로의 원수이다.[獨夫受 洪惟作威 乃汝世讎]"라는 구절에 대한 채침(蔡沈) 주에 "독부란 천명이 끊어지고 인심이 떠나 단지 일개 외로운 사내가 된 것을 말한다."라고 하였다.

34 장유(長孺)는 한나라 재상 급암(汲黯)의 자이다. 무제(武帝) 때에 재상 공손홍(公孫弘)이 베 이불을 사용하자 당시 친하게 지냈던 급암이 황제 앞에서 "공손홍이 지위가 삼공(三公)으로 녹봉이 많으면서도 베 이불을 덮는 것은 검소함을 거짓 꾸며 명예를 낚기 위한 것이다."라고 면박하였다. 공손홍이 "급암이 아니면 내 병통을 지적하지 못했을 것이다."라고 하여 급암의 힐책을 달게 여기자, 무제가 공손홍을 더욱 신임하였다. 『한서(漢書)』 권58 「공손홍전(公孫弘傳)」

18) 우수(迂叟)³⁵가 말하기를,

"세상 사람 가운데 귀로 사물을 보고 눈으로 음식을 먹지 않는 자가 드물다."

하니, 이 말을 듣고 어떤 사람이 이상하게 여겼다.

"무슨 말씀이십니까?"

우수가 대답했다.

"의관은 외모를 꾸미는 것이니 몸에 맞아야 아름다운데, 세상 사람들은 그것을 버리고 다른 사람들이 칭찬하는 소리 듣기를 바란다. 어찌 이것이 귀로 보는 것이 아니겠는가. 음식물은 맛을 보고 먹는 것이니 입에 맞는 것이 좋은데, 세상 사람들은 과자에 알록달록 조각을 하여 밥상[盤案]을 감상하니 이것이 어찌 눈으로 먹는 것이 아니겠느냐."

『공여일록』

19) 나대경(羅大經)³⁶이 이렇게 말했다.

"검소하면 네 가지 이익이 있고, 부지런하면 세 가지 이익이 있다. 탐심과 음란은 사치한 데서 생기지 않는 것이 없다. 검소하면 탐욕스럽지 않고 음란하지도 않아 덕성을 기를 수 있다. 사람의 쓰는 것은 일정한 양이 있으므로 아끼고 담박하게 쓰면 장구하게 쓸 수 있는 것은 정한 이치니, 그렇게 하면 수(壽)를 누릴 수 있다. 술에 취하거나 고기를 배부르게 먹으면 사람의 정신이 혼미해지지만, 소채를 먹으면 위장이 맑아져서 더러운 찌꺼기가 없어지니 정신을 수양할 수 있다. 사치

---

35 우수(迂叟)는 우활(迂闊)한 노인이라는 뜻인데, 송나라 재상 사마광(司馬光, 1019~1086)의 자호이며, 우부(迂夫)라고도 하였다.

36 나대경(羅大經)은 『학림옥로(鶴林玉露)』를 지은 송나라 학자로, 자는 경륜(景綸), 호는 학림(鶴林)이다.

하면 망령되고 구차하게 이를 구하느라 지기(志氣)가 비루하게 된다. 한결같이 검약을 따르면 타인에게 요구할 것이 없고, 자신에게도 부끄러움이 없어 기(氣)를 기를 수 있다. 농사를 짓지 않으면 반드시 굶주림을 당하게 되고, 누에를 치지 않으면 반드시 추위에 떨게 된다. 이것이 부지런하면 굶주림과 추위를 면할 수 있다는 것이다. 농민은 낮에는 힘써 농사짓고 밤에는 나른해서 단잠을 자니 사념(邪念)이 나올 곳이 없다. 이것이 부지런하면 음사(淫邪)를 멀리할 수 있다는 것이다. 문의 돌쩌귀는 좀이 쏠 틈이 없고 흐르는 물은 썩지 않는다고 했다. 주공(周公)은 삼종(三宗)[37]과 문왕(文王)이 수한 것을 논하면서 부지런한 것에 돌렸으니, 부지런하면 수를 누릴 수 있다.”『학림옥로』

20) 양(梁)나라 소윤(蕭允)[38]이 말했다.

“화(禍)는 모두 이욕에서 생기는 것이니, 진실로 이(利)를 구하지 않는다면 화가 어디로부터 생기겠는가.”

고희무(顧希武)가 말했다.

“재물을 축적하면 근심을 마련하는 것이고, 근심은 또한 많은 재물에서 생기니, 재물을 축적해서 근심하는 것과 재물이 없어 근심이 없는 것과 어느 것이 나은가.”

모두 명언(名言)이다. 『저기실』

---

37 삼종(三宗)은 은(殷)나라의 어진 임금인 태종(太宗)·중종(中宗)·고종(高宗)을 말한다. 주공(周公)이 성왕(成王)에게 “은나라의 임금 가운데 삼종(三宗)이 천명을 받들고 백성들의 어려움을 잘 보살피며 안일에 빠지지 않았기 때문에, 오랫동안 왕업을 이을 수 있었다.”라고 충고한 말이 『서경』「무일(無逸)」에 실려 있다.

38 소윤(蕭允)은 양나라 문신으로, 자는 숙좌(叔佐)이다. 소릉왕(邵陵王)의 법조참군(法曹參軍)으로 벼슬을 시작하여, 사도 좌장사(司徒左長史), 안덕궁 소부(安德宮少府)를 역임하고 84세에 장안에서 세상을 떠났다.

21) 동파(東坡)가 이렇게 말했다.

"내가 왕참군(王參軍)의 땅을 빌려 채소를 심었는데, 땅은 반 묘(畝)가 되지 않았는데도 나와 그대가 1년 내내 채소를 배불리 먹었다. 밤중에 술이 취해 술기운을 풀 방법이 없으면 채소를 뽑아서 익혀 먹었으니, 미각에는 토양의 기름기를 함축했고 그 기(氣)는 서리와 이슬을 머금어서 비록 고량진미라도 나을 것이 없었다. (인생이 어떤 물건이기에 다시 탐심을 낼 것인가. 이에 시 네 구를 지었다.

秋來霜露滿東園 가을 되니 서리와 이슬이 동원에 가득해
蘆菔生兒芥有孫 무는 아들을 낳고 겨자는 손자가 생겼네
我與何曾同一飽 내가 누구와 함께 배불리 먹을까
不知何苦食鷄豚 고기를 먹겠다고 무엇하러 애쓰겠나[39]

내가 짐짓 그 오두막집 이름을 안소(安蔬)라 했다.") 『문충공집(文忠公集)』

22) 동파(東坡)가 황주(黃州)에 있을 때 아침저녁 음식이 고작 술 한 잔 고기 한 점에 불과했고, 귀한 손님이 있으면 그렇게 세 차례 했다. 그리고 또 이렇게 말했다.

"나를 초대할 자에게도 이렇게 알린다. 첫째 분수에 맞게 복을 기르고, 둘째 위장을 편안히 하여 기(氣)를 기르며, 셋째 비용을 절약해 재산을 늘리라." 『장공외기』

23) 나대경(羅大經)이 이렇게 말했다.

"비단옷에 좋은 음식은 옛사람의 말에 '오직 임금이라야 이것을 입

---

39 「나물을 뜯으며[撷菜]」라는 시인데, 『소동파시집』 권40에 실려 있다.

고 먹을 수 있다.[40]'고 했으니, 이것은 천하에 공로가 있기 때문에 분수 상 당연한 일이다. 그러나 세상에는 한낱 선비가 한때 뜻을 얻었다고 해서 즉시 절제 없이 사치하고 심지어는 웃옷을 능라 비단으로 하는 자들이 있으니 그가 언제 패망할지 모르는 것은 당연하다. 이것은 곧 그 일을 직접 보는 사람들이 사치를 탐하는 경계로 삼을 만하다."『학림옥로』

24) 진신(搢紳)의 집에는, 비첩(婢妾)이 많기 때문에 여색을 탐하기에 는 족하나 수명의 원천을 기르는 데는 부족하고, 노복이 많기 때문에 위엄을 부리기에는 족하나 편안한 복을 끼쳐 주기에는 부족하며, 밭과 집이 많으니 사치함을 과시하기에는 족하나 권세가에게 침탈을 받아 자손이 패몰하는 화를 막기에는 부족하다. 이 때문에 무후(武侯)[41]의 부인은 추물이었고, 형공(荊公)의 나귀는 절름발이였으며, 소상국(蕭相 國)[42]은 담장과 가옥을 치장하지 않았다. 여러 선배 철인(哲人)들의 예 에 비춰보면 본받지 않을 것이 없다. 여러 군자들은 어찌 이를 따르지 않는가. 『임거만록』

25) 호거인(胡居仁)[43]은 집안이 매우 가난해 다 해진 옷에 거친 밥을

---

40 『서경(書經)』 「홍범(洪範)」에 "오직 임금만이 옥식한다.[惟辟玉食]" 하였다.

41 무후(武侯)는 촉한(蜀漢)의 승상 제갈량(諸葛亮, 181~234)의 시호이다.

42 소상국(蕭相國)은 한나라 고조의 재상 소하(蕭何)를 가리킨다. 소하는 전답과 저택을 외진 시골에 사고, 담장과 집을 꾸미지 않으면서 말했다. "후세에 나의 자손이 어질면 나의 검소함을 배울 것이고, 어질지 못하더라도 세가나 귀족들에게 빼앗기지는 않을 것이다."『사기(史記)』 권53 「소상국세가(蕭相國世家)」

43 호거인(胡居仁, 1434~1484)은 명나라의 유학자로 자는 숙심(淑心), 호는 경재이다. 『주역』에 조예가 깊었으며, 백록동서원(白鹿洞書院)의 주강(主講)을 지냈다. 그의 학문은

먹고 살면서도 태연히 이렇게 말했다.

"인의(仁義)로 몸을 윤택하게 하고 책꽂이로 집을 장식하면 만족하다."『명세설신어』

26) 장문의(章文懿)[44]가 이렇게 말했다.

"나는 곤궁해지면 늘 '백이(伯夷)와 숙제(叔齊)가 수양산(首陽山) 아래에서 굶어 죽으니 사람들이 지금까지 그 덕을 칭송한다.'라고 왼다. 그러면 문득 정신이 상쾌해져서 곤궁한 일에 동요되지 않게 된다."『사우재총설(四友齋叢說)』

27) 장간공(莊簡公) 장열(張悅)은 소박한 것을 좋아해 언제나 이렇게 말했다.

"손님이 오면 머물게 하고 검소한 반찬으로 대접했다. 안주는 있는 것으로 준비했으며, 술은 있는 양대로 대접했다. 비록 새로운 친구라도 성대하게 상을 차리지 않았으며, 높은 손님이라도 가축을 잡지 않았다. 이는 사치한 것을 경계하여 검소하게 삶으로써 살림을 오래 유지하려고 한 것일 뿐만 아니라, 번거로운 일상생활을 면하여 생을 편안히 하려는 것이기도 했다."『공여일록』

'주충신(主忠信)'과 '구방심(求放心)'을 요체로 삼고 경(敬)을 특히 중시하여 함양(涵養)과 실천에 힘썼다. 저서에 『거업록(居業錄)』·『경재집』·『호문경공집(胡文敬公集)』 등이 있다.

44 문의(文懿)는 명나라 문신 장무(章懋, 1436~1521)의 시호이고, 자는 덕무(德懋), 호는 암연옹(闇然翁)이다. 1466년 진사에 급제하여 한림편수(翰林編修)가 되었지만, 직언과 충간을 자주 해서 높이 오르지 못했으며, 죽은 뒤 태자태보(太子太保)에 추서되었다.

28) **유충선공**은 아들들에게 독서하며 아울러 농사도 힘껏 지으라고 가르쳤다. 언젠가 비 오는 가운데 농사를 감독하면서 이렇게 말했다.

"근면한 것에 익숙해지면 피로를 잊게 되고, 안일한 것에 길들면 나태하게 된다. 내가 피곤하게 일을 시키는 것은 장차 유익하게 하려는 것이다." 『세설신어』

권8

임탄(任誕) - 세상이 나를 알아주지 않는 즐거움

1) 혜강(嵇康)·완적(阮籍)·산도(山濤)·유령(劉伶)이 죽림에서 술을 마시고 있는데, **왕융(王戎)**[1]이 늦게 왔다. 보병(步兵)[2]이 말하기를,

"속물이 또 와서 흥이 깨졌다."

하니, 왕융은 웃으며 말하였다.

"그대들의 흥취는 정말 쉽게 깨지는구나." 『세설신어』

2) **혜숙야(嵇叔夜)**[3]는 성품이 대장장이 일을 잘했다. 집에 버드나무 한 그루가 있어 매우 무성했는데, 그 주위에 물을 끌어 둘러놓고 여름철에는 그 아래에서 대장간 일을 했다.

---

1 왕융(王戎, 234~305)의 자는 준중(濬仲), 시호는 원(元)으로, 죽림칠현(竹林七賢) 가운데 한 사람이다. 혜제(惠帝) 때에 가후(賈后)에게 신임받아 사도(司徒)가 되었으나 한 일이 없었고, 욕심이 많아 전원(田園)을 각 주(州)에 두고서 친히 주판을 놓아 밤낮 회계를 맞추었다. 집에 좋은 오얏나무가 있었는데 누가 종자를 받을까 걱정되어 씨에다 송곳질을 했다. 『진서(晉書)』 권43 「왕융열전(王戎列傳)」

2 보병(步兵)은 진(晉)나라 때 죽림칠현의 한 사람으로 보병교위(步兵校尉)를 지낸 완적(阮籍)을 가리킨다. 『진서(晉書)』 권49 「완적열전(阮籍列傳)」

3 숙야(叔夜)는 죽림칠현 가운데 한 사람인 혜강(嵇康)의 자이다. 노장(老莊)의 학(學)을 좋아하여 『양생편(養生篇)』을 지었다. 『진서(晉書)』 권49 「혜강열전(嵇康列傳)」

3) 유백륜(劉伯倫)[4]은 우주가 좁다고 여겼다. 항상 녹거(鹿車)[5]를 타고 술 한 병을 가지고 사람을 시켜 삽(鍤)을 메고 따르게 하면서 말했다. "내가 죽으면 그 자리에 바로 묻으라."

4) 유령(劉伶)은 항상 술을 실컷 먹고 자유분방해, 옷을 벗은 알몸으로 집에 있기도 했다. 사람들이 그걸 보고 나무라면 유령은 이렇게 말했다.

"나는 천지를 집으로 삼고 집을 옷으로 삼는데, (그대들은 무슨 일로 내 옷 속에 들어왔는가?)"

5) 완선자(阮宣子)[6]는 항상 걸어 다니면서 돈 1백 전(錢)을 지팡이 머리에 걸고 다녔다. 술집에 이르면 혼자서 실컷 마셨다. (아무리 당세의 부귀한 자라도 즐겨 찾아간 일이 없었다.)

6) 왕평자(王平子)[7]·호모언국(胡母彦國)[8] 같은 사람들은 방종(放縱)을 달관(達觀)으로 여겨 혹 옷을 벗고 산 사람도 있었다. 악광(樂廣)이 웃으며 말했다.

4　백륜(伯倫)은 죽림칠현 가운데 한 사람인 유령(劉伶)의 자이다. 그가 지은 「주덕송(酒德頌)」에 "누룩을 베개 삼아 베고 술지게미를 깔고 눕는다.[枕麴藉糟]"라고 하였다.

5　녹거(鹿車)는 사슴이 끄는 작은 수레인데, 대개는 부녀자가 탄다.

6　선자(宣子)는 완수(阮脩)의 자이다. 죽림칠현 가운데 한 사람인 완적(阮籍)의 조카로, 청담(淸談)을 좋아하고 성격이 호방하였다. 『진서(晉書)』 권49 「완적열전(阮籍列傳) 완수(阮脩)」

7　평자(平子)는 진(晉)나라 왕징(王澄)의 자이다. 죽림칠현 가운데 한 사람인 왕융(王戎)의 아우로, 형주자사(荊州刺史)를 지냈다. 『진서(晉書)』 권43 「왕징열전(王澄列傳)」

8　언국(彦國)은 진(晉)나라 호모보지(胡母輔之)의 자이다.

"명교(名教) 가운데도 낙지(樂地)가 있는데 하필 그렇게 해야 되는가?"

7) **장계응(張季鷹)**[9]은 제멋대로 살아 거리끼는 바가 없었으니, 당시 사람들이 강동(江東)의 보병(步兵)[10]이라 했다. 어떤 이가,

"그대는 한 세상을 방탕하게 지내면서 죽은 후의 명성은 생각하지 않는가?"

하니, 그는 이렇게 대답했다.

"내게는 죽은 후의 명성이 당장의 한 잔 술보다 못하네."

8) 명제(明帝)가 **사곤(謝鯤)**[11]에게 물었다.

"그대는 스스로 유량(庾亮)과 비교해 어떻다고 생각하는가?"

사곤이 이렇게 대답했다.

"묘당(廟堂)에 앉아서 백관들의 본보기가 되는 것은 신이 유량만 못하고, 산속에서 조용히 즐기는 것은 제가 그보다 낫습니다."

9) **왕효백(王孝伯)**[12]이 말했다.

"명사란 반드시 기이한 재주가 있어야 하는 게 아니고, 항상 일 없이

---

9 계응(季鷹)은 진(晉)나라 문인 장한(張翰)의 자이다. 『진서(晉書)』 권92 「문원열전(文苑列傳) 장한(張翰)」

10 보병(步兵)은 흔히 죽림칠현의 한 사람으로 보병교위(步兵校尉)를 지낸 완적(阮籍)을 가리키는데, 계응이 오군(吳郡)출신이므로 그에 빗대어 강동 보병이라 불린 것이다.

11 사곤(謝鯤)은 죽림칠현(竹林七賢) 가운데 한 사람으로, 자는 유여(幼興)이다. 진(晉)나라 때 여덟 명의 방달(放達)한 선비 가운데 한 사람으로, 공명(功名)을 숭상하지 않았고 행실을 가다듬지 않았다. 스스로의 처신이 더러운 듯했으나 행동이 고상함에 누가 되지 않았다. 『진서(晉書)』 권49 「사곤열전(謝鯤列傳)」

12 효백(孝伯)은 진(晉)나라 왕공(王恭, ?~398)의 자이다. 『진서(晉書)』 권84 「왕공열전(王恭列傳)」

지내면서 술을 통음(痛飮)하거나 『이소경(離騷經)』을 숙독하면 명사라 부를 수 있다."

10) **왕우군(王右軍)**[13]이 이렇게 말했다.
"술은 절로 사람을 승지(勝地)로 끌어들이는 힘이 있다."

11) **왕효백(王孝伯)**이 왕대(王大)에게 물었다.
"완적(阮籍)은 사마상여(司馬相如)에 비해 어떤가?"
왕대가 이렇게 대답했다.
"완적의 가슴 속에는 응어리가 있기 때문에 술로 씻어내야 한다."

12) **왕자유(王子猷)**[14]가 산음(山陰)에 살았는데, 밤에 큰 눈이 내려 잠이 깨자 방문을 열어놓고 술을 따르라 명했다. 사방을 보니 온통 흰빛이었다. 일어나서 거닐며 좌사(左思)의 「초은시(招隱詩)」를 외다가 갑자기 대안도(戴安道) 생각이 났다. 이때 대안도는 섬계(剡溪)에 있었다. 그는 밤에 작은 배를 타고 밤새 가서 대안도의 집문에 이르렀지만, 들어가지 않고 돌아섰다. 어떤 사람이 그 까닭을 묻자, 그가 이렇게 대답했다.
"내가 흥(興)이 일어 왔다가 흥이 다해 돌아가니, (어찌 꼭 안도를 보아야 하는가.)"

---

13 왕우군(王右軍)은 우군장군(右軍將軍)을 지낸 진(晉)나라의 명필 왕희지(王羲之, 321~379)를 가리킨다.
14 자유는 진(晉)나라 명필 왕희지(王羲之)의 다섯째 아들 왕휘지(王徽之, 338?~386)의 자이다.

13) 맹만년(孟萬年)[15]은 술을 잔뜩 취하도록 마시기를 좋아했는데, 아무리 많이 마셔도 행동이 어지러워지지 않았다. 환선무(桓宣武)[16]가 일찍이 그에게,

"술에 무슨 좋은 것이 있다고 경(卿)은 즐기는가?"

물으니, 맹만년이 이렇게 대답했다.

"공(公)은 술의 흥취(興趣)를 모릅니다."

14) 도연명(陶淵明)이 한번은 9월 9일을 맞이하여 술이 없자 집 동쪽 울타리 아래에 있는 국화꽃 밭에서 국화 한 줌을 꺾어 들고 앉아 있었다. 얼마 후 흰옷 입은 사람이 오는 것이 보였는데, 바로 왕홍(王弘)이 보낸 술을 가지고 오는 사람이었다. 그래서 실컷 마셨다. 『하씨어림』

15) 도정절(陶靖節)[17]이 군(郡)에 있는데 장(將)이 인사를 드리러 와 보니, 정절은 마침 익은 술을 머리에 쓴 갈건(葛巾)으로 거르고 있었다. 다 거르고 나서는 갈건을 다시 머리에 썼다.

16) 장사광(張思光)이 이렇게 말했다.

"내가 옛날 사람을 보지 못한 것은 한스럽지 않으나, 옛사람에게 나를 보여주지 못한 것이 한스럽다." 『세설신어보』

---

15 만년(萬年)은 진(晉)나라 문신 맹가(孟嘉, 296~349)의 자이다. 『진서(晉書)』 권98 「맹가열전(孟嘉列傳)」

16 환선무(桓宣武)는 시호가 선무황제(宣武皇帝)인 진(晉)나라 반역자 환온(桓溫)을 가리킨다.

17 정절(靖節)은 동진(東晉)의 시인 도잠(陶潛, 365~427)의 사시(私諡)인 정절징사(靖節徵士)의 약칭이다. 『송서(宋書)』 권93 「은일열전(隱逸列傳) 도잠(陶潛)」

17) 진훤(陳暄)[18]은 글 짓는 재주가 뛰어났으나 술이 지나쳤다. 그의 조카 수(秀)가 글을 보내 못 마시게 말렸더니, 진훤이 이렇게 답했다.

"속히 술지게미 언덕을 만들라. 내가 이제 늙었다."『하씨어림』

18) 제(齊)나라 신무(神武)[19]가 이원충(李元忠)[20]을 복야(僕射)로 삼으려고 하니, 문양(文襄)[21]이 '그는 항상 술에 취해 있어 대각(臺閣)을 맡길 수 없다'고 했다. 원충의 아들 소(搔)가 그 말을 듣고 원충에게 술을 절제하자고 청하자 원충이 이렇게 말했다.

"내게는 복야 벼슬이 술 마시는 즐거움만 못하나, 너는 복야를 좋아하니 술을 마시지 않는 것이 좋겠다."

19) 왕무공(王無功)[22]은 문하성 대조(門下省待詔)였는데, 예부터 관(官)에서 날마다 술 3되를 주는 관례가 있었다. 어떤 사람이,

"대조(待詔)는 무슨 즐거움이 있습니까?"

물으니, 무공이 대답했다.

"좋은 술이 있으니 즐겁소."

시중(侍中) 진숙달(陳叔達)이 이 말을 듣고는 매일 술 1말을 주도록

---

18 진훤(陳暄)은 진(陳)나라 후주(後主) 때 사람으로 아주 술을 좋아하여 절제 없이 많이 마셨다. 『남사(南史)』 권61 「진훤전(陳暄傳)」

19 신무(神武)는 북제(北齊) 고조(高祖)의 시호이다. 고환(高歡, 496~547)은 동위(東魏)의 효장제(孝莊帝)가 시해된 뒤 효무제(孝武帝)를 옹립했다가 다시 효정제(孝靜帝)를 세웠는데, 그의 아들이 찬탈하여 북제(北齊)를 세우면서 신무제(神武帝)로 추존되었다. 『북제서(北齊書)』 권2 「신무제기(神武帝紀)」

20 이원충(李元忠, 486~545)은 북제(北齊)의 명신이다.

21 문양(文襄)은 고환(高歡)의 장남인 북제(北齊) 고징(高澄, 521~549)의 시호이다.

22 무공(無功)은 「취향기(醉鄕記)」를 지은 당나라 문인 왕적(王績, 590?~644)의 자이다.

하니, 당시 사람들이 두주학사(斗酒學士)라 불렀다.

20) 이백(李白)이 한번은 달빛을 받으며 **최종지(崔宗之)**[23]와 함께 채석강(采石江)에서 배를 띄워 금릉(金陵)에 이르렀다. 궁중에서 준 금포(錦袍)를 입고 배 안에 앉아서 멋대로 구경하고 웃기를 옆에 사람이 없는 듯이 했다. 『하씨어림』

21) 손산인(孫山人) 태초(太初)[24]가 무림(武林)에 우거하고 있을 때 비문헌(費文憲)[25]이 재상을 그만두고 돌아가다가 방문했다. 손(孫)은 마침 그때 낮잠을 자고 있었는데 일부러 누워서 일어나지 않다가 한참 후에 나왔으며, 또 고맙다는 인사도 하지 않았다. 대문까지 전송하다가 머리를 들어 동쪽을 바라보고,

"바다에 푸른 기운이 일어 마침내 적성(赤城)까지 뻗쳤으니, 몹시 기이하구나."

했다. 문헌(文憲)이 집을 나와서 자기 마부에게 이렇게 말했다.

"내 평생 이런 사람은 처음 보았다."『엄주집(弇州集)』

22) 손일원(孫一元)이 서호(西湖)에 은거할 때 조정의 높은 벼슬아치가

---

23 최종지(崔宗之)는 당나라 현종(玄宗) 때의 풍류 문인이다. 두보의 「음중팔선가(飲中八仙歌)」에 "최종지는 티 없이 맑은 미소년, 잔을 들고 푸른 하늘을 흘겨볼 때면, 깨끗하기가 바람 앞에 선 옥수(玉樹) 같구나.[宗之蕭灑美少年, 擧觴白眼望靑天, 皎如玉樹臨風前.]"라고 하였다.

24 태초(太初)는 명나라 은사 손일원(孫一元, 1484~1520)의 자이고, 산인(山人)은 그의 별칭이다. 태백산에 은거하였으므로 태백진인(太白眞人)이라고도 했다.

25 문헌(文憲)은 명나라 명산 비굉(費宏, 1468~1535)의 시호이고, 자는 자충(子充), 호는 건재(健齋)이다.

찾아왔다. 일원(一元)은 그를 전송하러 나와서 먼 산만 바라볼 뿐 한 번도 그 사람과 얼굴을 마주하지 않았다. 그러자 그 벼슬아치는 괴이 쩍게 여겨 물었다.

"산이 좋은 것이 무엇이오?"

일원이 대답했다.

"산이 좋은 것은 아니나, 청산을 대하는 것이 속인을 대하는 것보다 는 좋지요." 『소창청기』

23) 오문(吳門)의 **주야항(朱野航)**은 시를 잘 지었다. 왕씨(王氏)의 집에 유숙하면서 주인과 함께 늦도록 술을 마시고 마치는데 마침 달이 떠오 르고 있었다. 야항(野航)이 문득,

萬事不如杯在手　모든 일은 손에 든 술잔만 못하네
一年幾見月當頭　일 년에 몇 번이나 달을 보았던가

라는 시구를 읊고는 너무도 기뻐 미친 듯 외치면서 사립문을 두드려 주인을 불렀다. 주인이 일어나자 시를 읊고는 다시 술을 나누었다. 『사 우총설』

24) 진미공(陳眉公)[26]이 말했다.

"나는 1만 권의 기이한 책을 소장하여 기이한 비단으로 씌우고 기이 한 향으로 쬐면서 띠지붕·갈대 발·종이 창문·흙벽으로 된 집에서 평

---

26 미공(眉公)은 명나라 문인 진계유(陳繼儒, 1558~1639)의 호이고, 자는 중순(仲醇)이다. 당대의 서화가인 동기창(董其昌)과 함께 명성을 떨쳤으며, 29세에 유자의 의관을 태워 버리고 곤산(昆山)에 은거하여 저술에 몰두했다. 저술로『미공전집(眉公全集)』이 있다. 『명사(明史)』권298「은일열전(隱逸列傳) 진계유(陳繼儒)」

생을 베옷으로 지내며 시를 읊고 싶다.”

객(客)이 말했다.

“참으로 그렇게 되면 천지간의 한 이인(異人)일 겁니다.” 『암서유사』

권9

광회(曠懷) - 우주와 같이 넓은 장부의 뜻

1) 조화옹(造化翁)이 사람에게 공명과 부귀를 아끼지는 않으나, 오직 '한가한 것[閑]'만은 아낀다. 천지 사이에는 천지 운행의 기틀이 발동해, 돌고 돌아 한 순간도 정지하는 때가 없다. 이같이 천지도 한가할 수 없는데 하물며 사람에 있어서랴.

그러므로 높은 벼슬에 많은 녹을 받는 사람이나 청직(淸職), 현직(顯職)에 있는 사람이 얼마나 되는지 알 수 없지만, 세속을 떠나 조용히 즐기는 자는 매우 적다. 그들 중에는 날마다 재산을 모으고 좋은 집을 지으려는 생각뿐이나 한 번도 뜻을 이루지 못하고 먼저 죽는 사람도 있다.

다행히 집에서 먹고 지낼 수만 있다면 정말 한가한 생활을 즐기는 것이 좋을 텐데도 돈전대만 꼭 간수하려고 손을 벌벌 떨고, 수지 출납부만 챙기면서 마음을 불안하게 먹고 있으니 어찌 낮에만 분망하겠는가. 밤 꿈에도 뒤숭숭할 것이다. 이러한 처지에 있으면 좋은 산수와 좋은 풍경에 대해서 어찌 일찍이 맛을 알겠는가. 부질없이 삶을 수고롭게 하다가 죽어도 후회할 줄 모른다. 이들은 참으로 수전노(守錢奴)이니, 자손을 위해 소나 말 같은 노릇을 한다.

아! 수전노보다도 더 심한 자가 있으니, 그들은 자손을 위해 거의 독사나 전갈같이 되기도 한다. 그러므로 이런 시가 있다.

不是閑人閑不得 　한가한 사람이 아니면 한가함을 얻지 못하니
閑人不是等閑人 　한가한 사람이라고 등한한 사람은 아닐세 『문기유림』

2) 어떤 승려가 산에 머물러 있는데, 어떤 사람이 그를 쫓아내려 했다. 그러자 승려가 짚신 한 짝을 방장(方丈) 앞에 걸어두고 시를 써 놓았다.

方丈前頭掛草鞋 　방장 앞에 짚신을 걸어 놓았으니
流行坎止任安排 　내쫓든지 말든지 마음대로 하게나
老僧脚底從來闊 　늙은 중이 다닐 곳은 예부터 넓으니
未必骷髏就此埋 　내 해골이 이곳에 묻힐 지는 아지 못하겠네

사대부의 거취가 마땅히 이와 같아야 한다.

내가 이런 이야기를 들었다. 옛날에 경윤(京尹)이 있었는데 그 사람의 성명은 잊었다. 그는 부임할 때에 가솔을 거느리고 가지 않고, 짐이라고는 다만 낡아빠진 상자 하나뿐이었다. 늘 새벽에 일어나면 장막을 치우고 자리를 거두었으며, 밥을 먹고 나면 밥그릇을 씻고 수저를 거두어 두었다. 지팡이로 낡은 상자 짐을 청사(廳事) 앞에 받쳐놓곤 했다. 나그네가 항상 떠날 채비를 하고 있는 것과 같았다. 그러므로 그는 아무 두려움 없이 세력 있는 토호들과 내시들을 물리쳤다.

양성재(楊誠齋)[1]는 입조(立朝)하는 동안 (날마다 집에 돌아갈 때에 드

1 　성재(誠齋)는 송나라 문인 양만리(楊萬里, 1124~1206)의 호이고, 자는 정수(廷秀)이다. 남송 사대가 중 한 사람으로 꼽힌다. 시는 속어를 섞어 썼으며, 경쾌한 필치와 기발한 발상에 의한 자유 활달한 점을 특색으로 한다.

는 여비를 계산하였으며, 돌아갈 때 짐에 부담이 될까봐 한 가지 물건
도 사지 못하게 했다.) 날마다 짐을 묶어 놓아 행장(行裝)을 재촉하듯이
했으니, 바로 이같은 뜻이다. 『학림옥로』

3) 배진공(裴晉公)² 은 술수(術數)를 믿지 않았다. 그래서 그는 늘 사람
들에게 이렇게 말했다.

"닭고기든 돼지고기든 물고기든 마늘이든 닥치는 대로 먹고, 살고
늙고 병들고 죽는 것은 때가 오면 그대로 따른다."

수(隋)나라 위세강(韋世康)³ 이 이부상서(吏部尙書)가 되었는데, 항상 만
족하는 뜻이 있었다. 그가 자제들에게 말했다.

"녹이 어찌 많은 것을 기다리랴. 기한이 차면 물러가야 하고, 나이는
늙기를 기다리지 말고, 몸이 병들었으면 사퇴해야 한다." 『문기유림』

4) 여형공(呂滎公)⁴ 이 만년에 숙주(宿州)·진양(眞陽) 사이에서 십여 년
을 살았다. 그때 입을 거리와 먹을거리가 넉넉하지 못해 며칠 동안이
나 양식이 떨어진 적이 있었지만 공은 태연했다. 조용히 방에 들어앉
아 집안일을 일체 묻지 않고, 털끝만큼도 고을에 부탁하지 않았다. 그
가 화주(和州)에 있을 때 일찍이 시를 지었다.

除却借書沽酒外　책 빌려오고 술 사는 일 말고는
更無一事擾公私　공사간에 시끄러운 일이 하나도 없네 『저기실』

2　배진공(裴晉公)은 진국공(晉國公)에 봉해진 당나라 재상 배도(裴度, 765~839)를 가리
　킨다. 『신당서(新唐書)』 권173 「배도열전(裴度列傳)」
3　위세강(韋世康, 531~597)은 수나라 강주자사(絳州刺史)를 지낸 관원이다. 『수서(隋
　書)』 권47 「위세강열전」
4　형공(滎公)은 북송의 유학자 여희철(呂希哲, 1039~1116)의 봉호이다.

5) 요유(姚儒)가 말했다.

"『서경(書經)』에 '그 마지막을 삼가라' 했고, 『시경(詩經)』에 '처음엔 좋지 않음이 없으나 그 끝을 잘 맺는 이는 드물다.' 했다. 그렇다면 군자의 이름은 만년에 완전히 이루어지니, 조심조심하여 스스로를 잘 지켜 나가더라도 오히려 뜻밖의 잘못이 있을까 두렵다.

만에 하나 늙어 죽을 날이 가까울 때에 처첩과 자손의 장래를 도모하기 위해 이해득실을 걱정해서, 자기 스스로 더럽게 행동해 나쁜 인상을 준다면 사람들의 조소와 욕이 뒤따를 것이다. 이것이 크게 두려워해야 할 일이 아닌가. 그러므로 늙어 혈기가 이미 노쇠해진 때에 경계할 것은 탐욕(貪欲)에 있다고 한 것이다."『지비록』

6) 범충선공(范忠宣公)[5]이 말했다.

"사람들이 섭생(攝生)의 이치로 서로 권면하는 것은 사람이 원래 오래도록 이 세상에 살 수 있는 존재가 아님을 알지 못해서이다. 정영위(丁令威)[6]같이 1천 세에 학으로 변해 고향에 돌아와서 성곽과 사람들을 보았을 때 모두 자기가 있을 때의 성곽과 사람들이 아니라면, 자기만 살아 있는 것이 무슨 즐거움이 있겠는가."『견문수옥(見聞搜玉)』

7) 소식(蘇軾)이 별가(別駕)[7]로 담주(儋州)에 안치(安置)되어[8] 처음 도착

---

5 충선공(忠宣公)은 송나라 재상 범순인(范純仁, 1027~1101)의 시호이고, 자는 요부(堯夫)이다. 『송사(宋史)』 권314 「범순인전(范純仁傳)」

6 정영위(丁令威)는 한나라 요동(遼東) 사람으로, 도(道)를 배워 학(鶴)이 되었다고 한다. 천년 뒤에 고향에 돌아왔는데, 성곽은 옛날 그대로였지만 사람은 옛날 사람이 아니었다.

7 태수(太守)의 다음 자리인데, 별가(別駕)의 별칭이다. 조선 시대 판관(判官)에 해당한다.

8 신종(神宗)을 비판했다는 모함을 받아 1097년에 경주 별가(瓊州別駕)로 좌천되어, 경주

하자 관사(官舍)를 세내어 거처했다. 유사(有司)가 안 된다고 하자, 드디
어 땅을 사서 집을 지었다. 담주 사람들이 돌을 운반하고 삼태기에 흙
을 담아 나르며 도왔다. 그는 날마다 어린 아들 과(過)와 그곳에서 글을
읽으며 스스로 즐겼고, 때로는 큰 바가지를 짊어지고 밭이랑 사이를
다니면서 노래했다. 70세 된 엽부(饁婦)⁹가 그에게 말했다.

"내한(內翰)¹⁰의 옛날 부귀 영화영귀가 한바탕 봄꿈이었습니다."

소식이 정말 그렇게 여기고, 엽부를 '춘몽파(春夢婆)'라고 불렀다.

그때 왕정국(王定國)¹¹이 소식의 당(黨)에 연좌되어 침주(郴州)에 좌천
되어 있었는데, 소식이 북으로 귀향할 때 왕공(王鞏)과 작별했다. 공이
시아(侍兒) 유노(柔奴)에게 술을 내오게 하자, 식이 유노에게 물었다.

"영남(嶺南)이 아마도 좋지 않겠지?"

유노가 대답했다.

"제 마음이 편안한 곳이 바로 제 고향입니다."

식이 이 말을 듣고 유노에게 「정풍파(定風波)」라는 사(詞) 1수를 지어
주었다. 엽부와 유노는 참으로 달자(達者)요 초야에 묻힌 여류(女流)라
고 할 수는 없지만, 춘몽파라는 호 하나, 「정풍파(定風波)」라는 사 1수
로 마침내 천고의 쾌담이 되었다. 『문기유림』

의 담이(儋耳)라는 고을에서 지냈다. 담주는 지금의 해남도(海南道)이다.

9 엽부(饁婦)는 농부에게 들밥(곁두리)을 내다 주는 아낙네이다.

10 송나라 때에 한림학사(翰林學士)가 내정(內庭)에서 숙직했기 때문에 이런 별칭이 생겼
   다. 조선시대에는 예문관(藝文館)의 대교(待敎)와 검열(檢閱)을 한림(翰林), 또는 내한
   이라고도 했다.

11 정국(定國)은 북송(北宋)의 시인 왕공(王鞏, 1048~1117?)의 자이다. 호는 개암(介庵),
   자호는 청허거사(淸虛居士)이다.

8) 범충선(范忠宣)[12]이 영주(永州)에 유배되었을 때 어떤 사람에게 편지를 부쳤다.

"이곳의 양면(羊麪)이 북방의 것과 다름이 없어, 날마다 문을 닫고 들어앉아 박탁(餺飥)[13]을 먹고 있으면 내 몸이 먼 지방에 와 있는 줄 알지 못하겠다."『세설신어보』

9) 부귀(富貴)는 사람에게 조물주(造物主)가 아끼는 것이다. 그러므로 예부터 부귀가 젊은 시절에는 있지 않고, 항상 늘그막에야 있다. 젊을 때의 부귀도 없다는 건 아니지만, 대개 그런 경우는 드물다. 사람이 늘그막에 부귀를 얻더라도, 큰 집을 마련하고 기생이나 첩을 사서 자기 평생에 만족하지 못했던 것을 보상하는 꼴을 면치 못한다. 백낙천(白樂天)의 시에,

多少朱門鎖空宅 대궐 같은 많은 집 빈 채로 잠겨 있건만
主人到老不曾歸 주인은 늙을 때까지 돌아오지 않는구나

라고 한 것이나, 또 사공서(司空曙)의 시[14]에,

黃金用盡教歌舞 황금을 다 써서 노래 춤 가르쳤건만
留與他人樂少年 남에게 주어서 젊음을 즐기게 하네

---

12 충선(忠宣)은 송나라 재상 범순인(范純仁, 1027~1106)의 시호이고, 자는 요부(堯夫)이다.

13 박탁(餺飥)은 밀가루를 반죽하여 맑은 장국이나 미역국에 적당한 크기로 떼어 넣어 익힌 음식으로, 수제비와 비슷하다.

14 사공서(司空曙, 720~790?)는 대력십재자(大曆十才子) 가운데 한 사람으로 꼽혔던 당나라 시인으로, 자는 문명(文明), 혹은 문초(文初)이다. 이 시는 사공서가 지은 「병중에 여기를 보내다[病中嫁女妓]」 가운데 한 구절이다.

한 것과 같다. 이 두 사람의 시를 읽으니, 사람으로 하여금 슬프게 만든다. 실로 이것도 할 만한 것이 못된다. 『저기실』

10) 당나라 사공도(司空圖)[15]의 시에,

昨日流鶯今日蟬　어제는 꾀꼬리 소리더니 오늘은 매미 소리구나.
起來又是夕陽天　일어나 가려 하니 또 해가 저물었네.
六龍飛轡長相窘　여섯 말이 끄는[16] 수레처럼 세월은 빠르니
更忍乘危自着鞭　게다가 위험을 무릅쓰고 스스로 앞서 가면 되겠는가[17]

하여, 색(色)은 자기를 해롭게 하는 것이라 경계했다. 양성재(楊誠齋)는 해학을 잘했는데, 호색하는 자에게 이렇게 말했다.

"염라대왕이 아직 자네를 부르지 않았는데, 자네가 스스로 빨리 가기를 구하는 까닭이 무엇인가?"

이 말이 바로 이 시의 뜻이다. 『학림옥로』

---

15 사공도(司空圖, 837~908)는 당나라 시인으로 자는 표성(表聖), 호는 내욕거사(耐辱居士)・지비자(知非子)이다. 진사에 급제해 예부낭중(禮部郎中)이 되었다가 난리를 피해 벼슬을 사퇴하고 중조산 왕관곡(王官谷)에 삼휴정(三休亭)을 짓고 은거했다. 뒤에 주전충(朱全忠)이 당나라를 찬탈해 예부상서(禮部尙書)로 불렀으나 응하지 않았고, 애제(哀帝)가 시해를 당하자 마침내 단식하고 죽었다. 저서로는 『시품(詩品)』이 있다.

16 『주역』「건괘(乾卦) 단(象)」에 "때로 여섯 마리의 용을 타고 하늘을 어거한다.[時乘六龍以御天]"했다. 육룡(六龍)은 여섯 마리의 말이 끄는 천자의 수레를 말한다. 『주례(周禮)』「하관(夏官) 유인(庾人)」에 "말이 8척 이상이면 용이라고 한다.[馬八尺以上爲龍]"고 했다.

17 사공도의 「광제십팔수(狂題十八首)」 가운데 하나로, 『전당시(全唐詩)』 권634에 실려 있다. 세월이 빨리 흐르고 사람의 목숨도 그리 길지 않는데, 육룡(六龍)이 모는 수레를 탄 제왕들도 빠져나가기 힘든 호색(好色)의 위험한 고비를 어찌하려고 채찍을 잡고 치달리면서 스스로 목숨을 재촉하느냐는 뜻이다.

11) 두소릉(杜少陵)의 시(詩)에,

莫笑田家老瓦盆 농가의 낡은 질그릇 동이를 보고 웃지 마오
自從盛酒長兒孫 여기에 술을 담아 마시면서 자손을 키웠다네
傾銀注玉驚人眼 은대를 기울이고 옥배로 마시며 사람 놀라게 했지만
一醉終同臥石根 같이 취해 돌뿌리에 눕기는 한가지일세

했다. 질그릇 동이에 술을 담아 마시는 것이나 은대(銀臺)를 기울이고
옥배(玉杯)에 술을 따라 마시는 것이나 한번 취하기는 마찬가지이고,
소나무 침상에 왕골자리나 비단 장막에 옥베개나 한번 잠자기는 마찬
가지임을 말한 것이다. 이 이치를 안다면 빈부와 귀천을 하나로 볼 수
있다. 『학림옥로』

12) 축법심(竺法深)[18]이 간문제(簡文帝)와 마주앉고 있는데, 유윤(劉尹)
이 물었다.
"도인이 어찌 주문(朱門)[19]에서 노는가?"
법심이 대답했다.
"그대는 주문(朱門)으로 보이나 빈도(貧道)는 봉호(蓬戶)[20]에서 노는

---

18 축법심(竺法深)은 동진(東晉)의 고승이다. 왕돈(王敦)이 반역하자 아우 축법심이 홀로
벗어나 방외에 노닐었다. 법명은 축잠(竺潛, 286~374)인데, 법심이라는 자로 더 많이
불렸다.

19 왕공이나 귀족의 저택 대문을 붉게 칠했으므로, 주문(朱門)은 왕공이나 고관대작의 집을
말한다.

20 봉호(蓬戶)는 쑥으로 지붕을 이은 문이라는 뜻으로, 가난한 사람의 집이나 자기 집을
겸손하게 이르는 말이다. "선비는 가로세로 10보(步) 이내의 담장 안에 살며, 좁은 방은
사방에 벽만 서 있다. 대를 쪼개어 엮은 사립문을 매달고, 문 옆으로 규 모양의 쪽문을
낸다. 쑥대를 엮은 문[蓬戶]으로 방을 드나들고, 깨진 옹기 구멍의 들창으로 밖을 내다본
다.[儒有一畝之宮 環堵之室 篳門圭窬 蓬戶甕牖]"『예기』「유행(儒行)」

것과 같소."

(어떤 사람은 물은 자가 유윤이 아니고 변(卞) 땅의 영(令)이라고도 한다.) 『세설신어』

13) **고중결(顧仲玦)**이 만년에 불서(佛書)를 읽고 깨침이 있어서 드디어 머리를 깎고 금속도인(金粟道人)이라 이름을 짓고는 그 화상에 스스로 써 붙였다.

儒衣僧帽道人鞋　유자의 옷 승려의 모자에 도인의 신을 신었으니
天下靑山骨可埋　천하의 푸른 산에 뼈를 묻을 만하구나
若說向時豪候處　전에 내가 호기 부리던 곳을 말하자면
五陵衣馬洛陽街　오릉 출신으로 말 타고 노닐던 낙양 거리지

당시 사람들이 그의 활달함을 즐겨 감상했다. 『하씨어림』

14) **두사인(杜舍人)**[21]이 약관에 이름이 이뤄져 제책(製策)[22]에 등과해 이름이 경향에 떨쳤다. 그가 일찍이 동년(同年)들과 더불어 성남(城南)에서 유람하다가 한 절[23]에 이르니, 선승(禪僧)이 갈포를 입고 홀로 앉아 있었다. 그와 더불어 현언(玄言)과 묘지(妙旨)에 대해 말을 해보니 선승의 의표(意表)가 아주 뛰어났다. 선승이 두사인의 성(姓)과 자(字)를 묻고, 또 어떤 공부를 하고 있느냐고 물으니, 곁에 있던 사람이 여러

---

21 두사인(杜舍人)은 중서사인(中書舍人) 벼슬을 한 만당(晚唐)의 시인 두목(杜牧, 803~853)을 가리킨다. 자는 목지(牧之), 호는 번천(樊川)이다. 이상은(李商隱)과 더불어 이두(李杜)로 불리며, 작풍이 두보(杜甫)와 비슷하다 하여 소두(小杜)로도 불린다. 『당서(唐書)』 권166 「두목전(杜牧傳)」

22 제책(製策)은 과거 시험의 여러 과목 가운데 책문(策文)을 짓는 것이다.

23 『설부(說郛)』 권80 「고일(高逸)」에 절 이름이 문공사(文公寺)라고 했다.

번 등과한 것을 자랑했다. 그가 돌아보고 웃으며 말했다.

"그런건 모두 모르오."

그러자 두사인이 감탄하고 의아하게 여기면서 시를 지었다.

家在城南杜曲傍　내 집은 성 남쪽 두곡의 곁에 있고
兩枝仙桂一時芳　두 차례 과거를 한 번에 급제했지
禪師都未知名姓　선사는 도무지 내 성명도 모르다니
始覺空門意味長　불교의 의미가 유장함을 비로소 깨닫겠네 『사문유취』

15) 『녹설정잡언(綠雪亭雜言)』[24]에 이런 글이 있다.

"장사(長沙) 땅에 조사(朝士) 아무개가 있었는데, 고향에 돌아오니 의기가 넘쳤다. 그는 손님이 오면 북을 치고 피리를 불면서 매우 시끄럽게 맞이했다. 그 마을에 집우(執友)[25]가 한 사람 있어 그를 뵙기를 청했다. 조사가 '옹(翁)은 평소에 시 외기를 좋아했는데, 근래에는 어떤 시를 읽었는가?' 하니, 집우가 '근래에 손봉주(孫鳳洲)가 구양규재(歐陽圭齋)[26]에게 준 시 한 수를 외었는데 매우 좋더라.' 하고는 곧 낭랑히 그 시를 외웠다.

圭齋還是舊圭齋　규재는 그대로 옛날의 규재이니

---

24 『녹설정잡언(綠雪亭雜言)』은 명나라 학자 오영(敖英)의 저서이다. 오영의 자는 자발(子發)이며, 강서우부정사(江西右部正使)를 지냈다.

25 집우(執友)는 뜻이 같고 도가 합치하는 벗을 가리킨다. 『예기(禮記)』「곡례 상(曲禮上)」에 "집우는 그 어짊을 칭찬한다.[執友 稱其仁也]"라고 했는데, 이에 대한 정현(鄭玄)의 주에 "집우는 뜻이 같은 자이다.[執友, 志同者.]"라고 했다.

26 규재(圭齋)는 원나라 시인 구양현(歐陽玄, 1273~1357)의 호이고, 자는 원공(原功)이다. 『요사』, 『금사』, 『원사』 편찬의 책임자였고, 저서로 『규재문집(圭齋文集)』이 있다. 『원사(元史)』 권182 「구양현열전(歐陽玄列傳)」

不帶些兒官樣回 작은 관직도 가지지 못하고 돌아왔구나
若是他人居二品 이 사람이 남들처럼 이품에라도 있었다면
門前簫鼓鬧如雷 문전에 소고 소리가 천둥같이 요란했겠지

조사가 잠잠히 시 읊는 소리를 듣더니, 그 다음날 손님이 오자 집안
이 조용해졌다." 『공여일록』. 아래도 같다.

16) 강서(江西) 조상서(趙尙書)의 집이 **상성원(常省元)**의 동산과 서로
가까운 곳에 있었는데, 그는 그 동산을 백방으로 가지려 했으나 얻지
못했다. 하루는 상성원이 시와 서계(書契)를 지어 그에게 보냈는데, 시
는 이러하다.

乾坤到處是吾亭 천지에 가는 곳마다 나의 정자이니
機械從來未必眞 사람이 만든 기계 예부터 반드시 참이 아니라오
覆雨飜雲成底事 비와 구름 번복하며 무엇을 이뤘던가
淸風明月冷看人 맑은 바람 밝은 달이 사람 보길 냉랭히 하네
蘭亭禊事今非昔 난정의 계사는 이제 옛날 일이 아니던가
桃洞神仙也笑秦 무릉도원 신선들은 진나라를 비웃었네
園是主人人是客 동산이 바로 주인이요 사람은 나그네이니
問君還有幾年身 그대에게 묻노라 몇 년이나 더 살 수 있으신지

조상서가 그 시를 보고는 부끄럽게 여기며 사과하고 감히 그 동산을
받지 못했다. 아! 상성원이야말로 참으로 통달한 사람이요, 조상서도
허물을 아는 사람 중에 들 수 있겠다.

17) 태조(太祖)[27]가 곽덕성(郭德成)을 불러 도독(都督)을 삼자, 곽덕성이
관을 벗고 울면서 말했다.

"신은 술을 즐기고 늪기를 좋아하며 일을 잘 알지 못합니다. 그러므로 급한 일이 생기면 지위는 높고 녹은 무거우나 일은 구차하게 되고 다스려지지 않을 것이니, 상께서는 반드시 저를 죽이게 될 것입니다. 사람의 정은 돈을 많이 얻고 좋은 술을 마시며 자적(自適)[28]하다가 일생을 마치는 데 있을 뿐입니다." 『명세설신어』

18) 양승암(揚升庵)[29]이 벽에 이렇게 썼다.

"늘그막에 병마가 들어 붓과 벼루를 가까이하기가 어려우니, 신명(神明) 앞에서 시문을 짓지 않기로 발원(發願)[30]한다. 지금부터 아침에 죽 한 그릇, 저녁에 등잔불 하나로 재가 산승(在家山僧)이 되겠다."

다닐 때는 오직 방공(龐公)[31]의 '공제소유(空諸所有)'[32] 네 글자를 써서 지니고 다녔다. 『소창청기』

19) 도현경(都玄敬)[33]은 사는 집이 조용해 손님들을 모시고 술을 마시

---

27 곽덕성(郭德成)이 명나라 개국공신이므로, 여기서 말하는 태조(太祖)는 명나라 태조 주원장(朱元璋, 1328~1398)을 가리킨다.

28 '자적(自適)'은 자기가 하고 싶은 대로 사는 것이다. 『장자』「변무(駢拇)」에 "남이 좋아하는 것만 덩달아 좋아하고, 정작 자기가 좋아하는 것은 좋아하지 못하는 자[適人之適而不自適其適者]"가 되지 말라고 했다.

29 승암(升庵)은 명나라 학자 양신(楊愼, 1488~1559)의 호이고, 자는 용수(用修), 시호는 문헌(文憲)이다.

30 발원은 불교에서 교법(敎法)을 열심히 수행하여 반드시 증과(證果)에 이르려고 하는 서원(誓願)을 말하는데, 여기서는 단순히 기원하는 뜻으로 썼다.

31 방공(龐公)은 당나라 재가승(在家僧)으로, 이름은 방온(龐蘊, ?~808), 자는 도원(道元)이다. 재산을 모두 강에 넣어버리고 마조대사(馬祖大師)에게서 선학(禪學)을 배워 통달했다.

32 방온(龐蘊)의 계송(偈頌)에 "다만 가지고 있는 여러 가지를 비었다고 여길지언정, 여러 가지 없는 것을 실제 있다고 절대로 여기지 말라.[但願空諸所有 切勿實諸所無]"했다.

며 옛이야기 하기를 좋아했는데, 하루종일 그렇게 하려 했다. 어쩌다 쌀이 떨어지면 웃으면서 말했다.

"하늘과 땅 사이에서 마땅히 도생(都生)이 굶어 죽게는 안 할 것이다." 『소창청기』

20) 경허자(敬虛子)가 말했다.

"양자호(楊慈湖)[34]가 말하기를 '사람이 한 세상 사는데, 한바탕 바빠야만 곧 쉰다.' 했고, 또 '집이 있는 자가 그 가옥이 거처할 만하고, 곡식이 먹고 살 만하고, 채소밭의 채소가 먹고 살기에 넉넉하면 이미 부자인데, 안타깝게도 사람들은 이를 알지 못한다. 그러므로 지족(知足)의 즐거움을 얻는 자가 적다.' 했다. 지족(知足)의 즐거움을 아는 자가 적은 것은 '한바탕 바빠야만 곧 쉬게 된다.'는 말을 모르기 때문이라고 생각한다. 자기를 스스로 괴롭게 하는 것이 어느 것이 더 심한지 모르겠다. 달관자가 만약 이 괴로움을 버릴 수 있다면 자유자재로울 수 있다.

자유자재로울 수 있는 것은 인생에 있어서 더없이 통쾌한 일인데, 세상 사람들이 모두 미혹하여 이를 깨닫지 못하니 슬프구나." 『소창청기』

---

33 현경은 명나라 재상 도목(都穆, 1458~1525)의 자이다. 옛날 고상한 선비의 일화를 채록해서 『옥호빙(玉壺氷)』을 저술했다.

34 자호(慈湖)는 송나라 학자 양간(楊簡, 1141~1226)의 호이다. 육구연(陸九淵)의 제자로 심학을 발전시켜 자호 선생(慈湖先生)이라 불렸다. 『송사(宋史)』 권407 「양간열전(楊簡列傳)」

권10

유사(幽事) - 그윽이 사는 즐거움

1) 산림에 사는 선비들의 교제는 시장이나 조정 사람들과는 다르다. 예절은 간략함을 귀중히 여기고, 말은 정직함을 귀중히 여기고, 숭상하는 바는 청렴함을 귀중히 여긴다. 착한 일은 반드시 서로 추천하고, 과오는 반드시 서로 규계(規戒)하며, 질병은 반드시 서로 구제하고 치료한다. 편지에는 반드시 정직하게 사실을 말하며, 호칭은 호(號)나 자(字)를 쓰지 관직을 쓰지 않는다. 강론할 적에는 반드시 아는 것과 들은 것을 착실하게 말하고, 당시의 정책은 언급하지 않는다. 술과 음식은 마련된 대로 하되 모임의 좌석은 귀천(貴賤)과 나이 차례대로 하며, 주량대로 마시고 생각나는 대로 시도 짓는다. 좌기(坐起)[1]는 자연스럽게 하나 좌석에서 나가는 것은 허락하지 않는다. 심부름을 할 사람이 없으면 자신이 직접 일한다. 초청하면 반드시 기약대로 가지만, 부르지도 않는데 가는 짓은 하지 않는다. 볼일이 있으면 사실대로 말해야 하지만, 돌아와서 반드시 사례할 것은 없다. 충효나 우애에 관한 일은 마음을 다해서 한다. 부질없이 선배들을 미워하지 말고, 모름지기 후

---

1 좌기(坐起)는 직무를 관장할 책임이 있는 관원이 관아에 나아가 집무하는 것인데, 이 글에서는 모임에 참석하는 것을 가리킨다.

학들을 맞아 이끌어[2] 함께 옛 풍속을 추구해야 한다. 『패해』

2) 사람이 세상을 사는 것이 마치 흰 망아지가 벽 틈을 지나는 것[3]과 같다. 비 오고 바람 부는 날과 근심하고 시름하는 날이 으레 3분의 2나 되며, 그 가운데 한가로움을 얻은 시간은 겨우 10분의 1밖에 안 된다. 더구나 그런 줄을 알고 잘 누리는 사람은 또한 백에 하나나 둘이고, 백에 하나 되는 속에도 또한 허다히 음악이나 여색으로 낙을 삼으니 이는 본래 즐거움을 누릴 수 있는 경지가 자신에게 있다는 걸 알지 못해서이다.

눈에 보기 좋은 것이 당초부터 여색에 있지 않고, 귀에 듣기 좋은 것이 당초부터 음악에 있지 않는 법이다. 밝은 창 앞 정결한 탁자 위에 향을 피우는 속에서 아름다운 손님과 서로 마주해, 때때로 옛사람들의 기묘한 필적을 가져다가 조전(鳥篆)[4]·와서(蝸書)나 기이한 산봉우리, 멀리 흐르는 강물을 감상하고, 옛 종과 솥[鍾鼎][5]을 만지며 상(商)·주(周) 시대를 친히 보고, 단계연(端溪硯) 먹물이 바위 속의 원천이 솟듯

---

2 원문의 접인(接引)은 '맞아 이끌어준다'는 뜻이다. 『논어』「미자」11장 집주에 "접여·저익·장인에 대해서도 늘 간절하게 만나서 인도하려는 뜻이 있었으니, 모두 쇠퇴한 세상을 근심한 뜻이다.[於接輿沮溺丈人, 又每有惓惓接引之意, 皆衰世之志也.]"라고 한 데서 나왔다.

3 『장자』「지북유(知北遊)」에 "사람이 천지간에 사는 세월이 마치 흰 망아지가 벽의 틈을 지나는 것과 같아서 잠깐일 뿐이다.[人生天地之間 若白駒之過隙 忽然而已]"라고 했다.

4 조전(鳥篆)은 새의 형태와 같은 장식을 하여 전체(篆體) 비슷하게 된 예술적인 자체(字體)를 가리키는 것으로 춘추전국시대에 유행했다. 조적 고문(鳥跡古文)은 새 발자국 모양의 서체를 이르는 말로서, 중국 황제 때 창힐(蒼頡)이 새의 발자국을 보고 글자를 만들었다는 데서 유래한다. 이것도 조전(鳥篆)이라고 한다.

5 '종정(鐘鼎)'은 종(鐘)과 솥[鼎]인데, 공명을 기록하기 위해 종과 솥을 만들었다. 『삼국지(三國志)』「위지(魏志)」에 "공명이 정종에 드러난다.[功名著於鼎鐘]"고 했고, 「기린각부(麒麟閣賦)」에 "종정에 새긴다.[銘之以鼎鐘]"라고 했다.

하고, 거문고 소리가 패옥이 울리듯 하면, 자신이 인간 세상에 살고 있음을 모르게 된다. 맑은 복을 누리는 것으로 이보다 나은 것이 있겠는가. 『산가청사(山家淸事)』

3) 고향의 물가에 터를 잡아, 가시나무를 둘러 심어 울타리를 하고서 간간이 대나무를 심고, 남은 터에는 부용(芙蓉) 3백 68그루를 심어 부용이 두 길쯤 되게 하고, 매화 8그루를 둘러 심는데, 매화는 세 길 남짓 되게 한다. 겹울타리 밖에는 토란과 밤나무 같은 과일나무를 심고, 안에는 다시 매화를 심는다. 앞은 띠, 뒤는 기와로 팔각을 지어 '존경각(尊經閣)'이라 이름해 고금의 서적을 저장하며, 왼쪽에는 자손을 가르칠 글방을 두고 오른쪽에는 도원(道院)을 마련하여 손님을 대접한다.

앞채가 셋이니, 침실 하나, 독서실(讀書室) 하나, 약재실(藥材室) 하나요, 뒤채는 둘을 지어, 하나는 술과 곡식을 저장하고 농구(農具)와 산구(山具)를 두며, 하나는 종들의 방, 주방(廚房)·욕실을 알맞게 배치하여, 사동(使童) 하나, 여종 하나, 원정(園丁) 둘이 있게 한다. 앞에는 학옥(鶴屋)을 마련해 학을 기르고, 뒤에는 개 한두 마리와 나귀 한 마리, 소 두 마리를 기른다. 손님이 오면 채소에 밥과 술, 과일을 마련한다. 틈이 나면 독서하고 농사일을 보며, 괴롭게 시를 짓지 않고, 타고난 여생을 편안히 지낸다. 『옥호빙』

4) 솔과 대나무가 길에 우거지고 뜰에 꽃이 둘러 피면, 산인(山人)의 옷을 걸치고 지팡이를 끌며 책을 낀 채 흥얼거리고 다니면서 숲이 울창한 속에서 세월을 보낸다. 옛 이랑이나 새 이랑의 농작물과 급료와 휴가·진퇴 따위는 무릎 괴고 앉아 긴 휘파람으로 넘겨버리고, 혼인은

하건 말건, 모두 쓸쓸하고 정신없는 꿈속의 일 같은 것이다. 오직 명성 있는 좋은 선비를 기꺼이 맞이하여 함께 슴슴한 국수를 먹으면서, 유(儒)와 불(佛) 두 가지가 이합(離合)한 데를 이야기해, 성명(性命)의 참다운 곳이 마치 물속의 소금 맛이 없는 것도 아니고 있는 것도 아님 같음을 터득해야 하는 것이다. 『옥호빙』

5) 한지국(韓持國)[6]의 허창(許昌)에 있는 사제(私第)의 냉방[涼堂]이 깊이가 일곱 길이나 되어, 여름에도 오히려 있을 수가 없다고 했다. 상영사(常穎士)가 마침 교외(郊外)의 살던 곳에서 오자 지국이 물었다.

"교외에 있으니 시원하던가?"

상영사가 말했다.

"시원합니다."

지국이 그 까닭을 묻자, 영사가 말했다.

"들판 사람들은 처마가 긴 큰 집이 없으므로, 일찍 일어나도 수레나 말의 티끌에 시달릴 것이 없습니다. 가슴속에 다른 잡념 없이 몸뚱이를 내놓고 부채를 들고서 나무 걸상에 발을 걸치고 있으면서, 나무 그늘이 동쪽으로 가면 동쪽으로 따라가고 서쪽으로 가면 서쪽으로 따라갑니다."

그의 말이 채 끝나기도 전에 지국이 급히 제지하면서 말했다.

"자네 그만 말하게. 내 속이 다 시원하네." 『피서록화(避暑錄話)』

---

6 지국(持國)은 송나라 문신 한유(韓維, 1017~1098)의 자이고, 호는 남양(南陽)이다. 옛것을 좋아하고 학문을 좋아하여 시골에 물러나 살고 있다가 재상의 천거로 관직에 나아가 한림학사(翰林學士), 학사승지(學士承旨), 문하시랑(門下侍郞) 등의 관직에 있었으며, 원우당인(元祐黨人)으로 몰려 균주(均州)에 안치되었다가 죽었다. 저서로는 『남양집(南陽集)』이 있다. 『송사(宋史)』 권235 「한유열전(韓維列傳)」

6) 의리(義理)를 말한 책을 읽고, 법첩(法帖)의 글씨를 익힌다. 맑은 마음으로 고요히 앉아 유익한 벗과 청담(淸談)을 한다. 몇 잔 술로 얼근해지면 화초에 물을 주고 대나무를 심는다. 거문고를 듣다가는 학(鶴)을 애완하고, 향을 피우다 차도 끓인다. 배를 띄워 산수를 구경하고 장기와 바둑에도 뜻을 붙인다. 비록 다른 즐거움이 있다 하더라도 나는 바꾸지 않으리라. 『옥호빙』

7) 새 집이 낙성되었는데 시가(市街)의 소음이 귀에 들리지 않는다. 속인들의 수레가 문간에 닿지 않고, 손님이 찾아오면 자리를 권한다. 문 앞에는 푸른 산이 있고 흐르는 개울이 왼쪽에 있다. 세상일을 이야기하다가 문득 큰 술잔[大白]을 마신다.[7] 『옥호빙』

8) 손 가는 대로 대나무를 다듬어 낚싯대를 만들고, 맑은 물에 배를 띄워 푸른 숲이 우거진 언덕배기에 제멋대로 앉아 낚시질을 하노라면, 참으로 인간 세상의 잡념을 잊어버리게 된다.

사강락(謝康樂)이 '북고산(北固山) 밑에 큰 고기가 많이 있기에, 한 번 낚싯줄을 드리우자 마흔아홉 마리를 낚았다.' 했으니, 이때의 흥취야말로 어찌 엄릉(嚴陵)[8]만 못하랴. 『소창청기』

---

[7] 전국시대 위(魏)나라 문후(文侯)가 대부들과 술을 마실 적에 공승불인(公乘不仁)에게 주법(酒法)을 시행하게 하면서 말했다. "술잔을 단번에 다 마시지 않은 사람에게는 큰 술잔으로 벌주를 내리라.[飮不釂者 浮以大白]" 원문의 '대백부지(大白浮之)'는 술을 호쾌하게 마신다는 뜻으로 쓰이며, '부백(浮白)'은 벌주(罰酒)라는 뜻으로도 쓴다.

[8] 엄릉(嚴陵)은 자가 자릉(子陵)인 엄광(嚴光)을 가리킨다. 후한(後漢) 광무제(漢光武)가 황제가 되기 전에 함께 공부한 사이였는데, 광무가 즉위하자 변성명을 하고 부춘산(富春山)에 숨어 밭 갈고 고기 낚으며 여생을 마쳤다.

9) 잠명(箴銘) 몇 구절이 누가 지은 것인지 알 수 없는데, 그 글은
이렇다.

少飮酒 술은 적게 마시고
多啜粥 죽은 많이 먹으며
多茹菜 채소는 많이 먹고
少食肉 고기는 적게 먹는다
少開口 입은 적게 열고
多閉目 눈은 자주 감으며
多梳頭 머리는 자주 빗고
少洗浴 목욕은 적게 한다
少群居 떼지어 있기는 적게 하고
多獨宿 혼자 자기를 많이 하며
多收書 책은 많이 수집하고
少積玉 금옥은 적게 모은다
少取名 명성은 적게 취하고
多忍辱 굴욕은 많이 참으며
多行善 착한 일은 많이 하고
少干祿 녹(祿)은 적게 구한다
便宜再往 편리하다고 다시 가지 말라
好事不如無 좋은 일도 없음만 못하다『공여일록』

10) 산에서 사는 것이 도시보다 나으니, 여덟 가지 덕이 있다. 까다
로운 예절을 책망하지 않고, 낯선 손님을 만나지 않고, 술과 고기를
마구 먹지 않고, 밭이나 집을 다투지 않고, 세태를 묻지 않고, 시비
곡직을 다투지 않고, 글빚[文逋]을 받지 않고, 벼슬의 이동을 말하지
않게 된다. 이와 반대되는 것은 소를 흥정하는 가게이고 말을 매매하
는 역(驛)이다. 『소창청기』

11) 서적(徐勣)[9]이 아들 숭(崧)에게 훈계했다.

"작은 채마밭을 만들어 가꾸는 이유는 원예(園藝)를 선전해 이익을 꾀하려는 것이 아니라, 못을 파고 나무를 심어서 다소나마 관상(觀賞) 거리를 삼으려는 것이다." 『소창청기』

12) 농가 월령(月令)[10]을 마땅히 묘당(茆堂) 좌우로 붙여놓아서, 방향을 잃지 않고 담장을 수리하고, 절도를 잃지 않고 몸을 조섭하며, 정상을 잃지 않고 물건을 손질하며, 철을 잃지 않고 화초와 나무를 이식해야 한다. 『미공비급』

13) 낙빈왕(駱賓王)[11]의 시에,

書引藤爲架 등나무 끌어다 책 시렁을 만들고
人將薜作衣 벽려 가져다 옷을 지었네.[12]

했는데, 이러한 경지라면 독서하며 늙음을 잊을 만도 하다. 『암서유사』

---

9 서적(徐勣)은 송나라 문신으로 용도각 직학사(龍圖閣直學士)가 되었으나, 당시의 권신(權臣)인 채경(蔡京)이 결탁하자는 제안에 "사람에게 각각 뜻이 있으니, 어찌 이익과 복록 때문에 이를 바꾸겠소."라고 하여 끝내 등용되지 못했다. 『송사(宋史)』 권348 「서적열전(徐勣列傳)」

10 월령은 원래 『예기』 제6의 편명으로, 1년 열두 달 동안 다달이 행해야 할 정령(政令)을 기록한 것이다. 농가 월령은 농가에서 달마다 철에 따라 해야 할 일을 기록한 것인데, 조선 후기 정학유(丁學游, 1786~1855)가 「농가월령가」를 지었다.

11 낙빈왕(駱賓王, 627?~684?)은 당나라 시인으로, 자는 관광(觀光)이다. 문장을 잘하여 왕발(王勃), 양형(楊炯), 노조린(盧照鄰) 등과 함께 초당사걸(初唐四傑)이라 일컬어졌다.

12 『초사(楚辭)』 「구가(九歌) 산귀(山鬼)에 "벽려로 옷을 해 입고 여라의 띠를 둘렀네.[被薜荔兮帶女蘿]"라고 했는데, 벽려 덩굴로 만든 옷은 산에 사는 은자(隱者)의 복장을 가리킨다.

14) 알맞게 화초와 대나무를 심고, 성품에 따라 새와 고기를 키운다. 이것이 산림에서의 경제이다. 『암서유사』

15) 산에서 살려면 네 가지 법이 있으니, 나무는 일정한 줄이 없고, 돌도 위치가 없다. 집은 굉장하게 짓지 않고, 마음에는 바라는 일이 없다. 『암서유사』

16) 붉은 낙화(落花)와 이끼 반점(斑點)은 비단요에 해당되고, 향기로운 풀과 아리따운 꽃은 맵시 있는 여인에 해당된다. 거스르지 말아야 할 것은 산 사슴과 시내 비둘기이고, 음악은 물소리와 새 울음이다. 모피는 비단이고 산과 구름은 주인과 손님이다. 뿌리를 섞은 야채는 후청(侯鯖)[13]보다 못할 것이 없고, 잎이 얽힌 사립문은 저택만 못하지 않다. 초승달이 산으로 들어가고 나면 여러 생각이 가지가지로 마음속에 얽히는데, 한 가지 생각이 날 적마다 이러한 것으로 즐거움을 삼으면 10여 일이 못 되어 일체 모두 없어진다. 『지비록』

17) 손님이 초당을 지나가다 세상을 피해 숨는 것을 물었기에, 내가 응대하기 귀찮아 옛사람들의 시구를 가지고 대답했다. "무슨 생각으로 숨어 살기를 좋아하는가?" 하기에

得閒多事外　많은 일 밖에서 한가로움을 얻었고

---

13 후청(侯鯖)은 오후청(五侯鯖)의 준말이다. 고기와 생선을 합쳐서 만든 요리를 청(鯖)이라고 하는데, 서한(西漢) 성제(成帝) 때 누호(樓護)가 왕씨(王氏) 가문의 다섯 제후들이 준 진귀한 반찬을 한데 합쳐서 요리를 만들고는 오후청이라고 칭했다. 『서경잡기(西京雜記)』 권2

知足少年中 젊은 시절에도 만족함을 알았노라[14]

했다. "무슨 일을 하면서 해를 보내는가?" 하기에,

種花春掃雪 꽃 심느라 봄이면 눈을 치우고
看籙夜焚香 글 보느라 밤이면 향을 피우네[15]

했다. "무슨 일을 해서 살아가며 노년을 마칠 것인가?" 하기에,

研田無惡歲 벼루밭에는 흉년이 없고
酒國有長春 술나라는 언제나 봄이라네[16]

했다. "어디를 오가며 적막을 없애는가?" 하기에,

有客來相訪 찾아오는 손님 있을 때
通名是伏羲 인사 나눠 보면 복희 시절 사람일세[17]

했다. 『암서유사』

---

14 당나라 시인 주경여(朱慶餘)가 지은 「진일인에게 주다[贈陳逸人]」 가운데 두 구절이다. 이 시가 당시삼백수에 실려서 널리 전해졌지만 생졸년이 알려져 있지 않으며, 이름이 가구(可久)이고 자가 여경(慶餘)이라고 전하기도 한다. 당대(唐代) 시인이며 조주(越州) 사람이다.

15 당나라 시인 두상(竇常, 756~825)이 지은 「모산에서 양존사에게 지어 주다[茅山贈梁尊師]」의 한 구절인데, 『전당시(全唐詩)』 권271에 실려 있다. 두상의 자는 중행(中行)으로, 두상(竇常)·두모(竇牟)·두군(竇群)·두상(竇庠)·두공(竇鞏)의 5형제가 모두 시문(詩文)에 뛰어나 오성(五星)처럼 빛난다고 하여 당시 사람들이 '오두연주(五竇聯珠)'라고 불렀으며, 그들의 시집인 『연주집(聯珠集)』이 당시에 유행했다. 『신당서(新唐書)』 권175 「두군열전(竇群列傳)」

16 송나라 시인 당경(唐庚, 1071~1121)이 지은 「차계두(次洎頭)」 가운데 한 구절이다. 당경의 자는 자서(子西)이며, 벼루밭[研田]은 염전[潮田]으로도 되어 있다.

17 송나라 학자 소옹(邵雍, 1011~1077)이 지은 「전년노봉춘(箋年老逢春) 8수」 가운데 제2수의 마지막 구절이다.

18) 육평옹(陸平翁)의 『연거일과(燕居日課)』에 이렇게 말했다.

"서사(書史)로 정원을 삼고, 시 읊조리는 것으로 음악을 삼고, 의리로 고량진미를 삼고, 저술로 문채를 삼고, 글 외는 것으로 농사를 삼고, 기문(記問)[18]하는 것으로 저축을 삼고, 전배들의 언행으로 사우(師友)를 삼고, 충신(忠信)과 독경(篤敬)으로 수신을 삼고, 착한 일을 하면 복 받는 인과(因果)로 삼고, 천리대로 하고 천명을 알아차리는 것으로 서방(西方 극락)을 삼는다." 『미공비급』

19) 3월에는 차와 죽순(竹筍)이 처음으로 살이 오르고, 매화 바람이 시들어지지 않으며, 9월에는 순채(蓴菜)국과 농어회가 정말 맛이 좋고, 찹쌀로 빚은 술의 새 향기가 난다. 좋은 손님과 환한 창 앞에서 옛사람들의 법첩[法書]과 명화(名畫)를 내놓고 향을 피우며 감상하기가 이보다 나을 때가 없다. 『미공십부집』

20) 허근선(許謹選)[19]은 자유분방해 소소한 예절에 구애되지 않았다. 친한 벗들과 화단 속에 잔치 자리를 마련하면서 장막을 치거나 좌석을 만들지 않았다. 다만 어린 종들을 시켜 떨어진 꽃들을 모아 자리 아래에 깔게 하고는, "내가 본래 가지고 있던 꽃방석이다." 했다. 『소창청기』

---

18 독서하면서 마음속으로 자득함이 없이 남에게 응대하기 위해 기억만 해 두는 것을 말한다. 『예기』 「학기(學記)」에 "기억해 두었다가 남의 질문에 답하기나 하는 학문으로는 남의 스승이 될 수 없다.[記問之學 不足以爲人師]"라고 했다.

19 문천본뿐만 아니라 국립중앙도서관본, 연세대본 등에 모두 허근선(許謹選)으로 되어 있지만, 오대(五代) 왕인유(王仁裕)가 지은 『개원천보유사(開元天寶遺事)』 권상 「화인(花裀)」에는 당나라 학사 허신선(許愼選)의 이야기로 실렸으며, 허신(許愼)의 자가 근선(謹選)이라는 기록도 보인다.

21) 강남(江南) 이건훈(李建勳)[20]이 한 자나 되는 옥경(玉磬)을 하나 가지고 있었는데, 침향목(沈香木)으로 만든 절안병(節按柄)으로 치면 소리가 아주 맑게 퍼졌다. 손님 가운데 간혹 외설스러운 말을 하는 사람이 있으면 급히 일어나 옥경으로 소리 나게 두어 번 치면서 말했다.

"이로써 귀가 맑아지게 하는 것이다."

죽헌(竹軒) 하나에 '사우헌(四友軒)'이라 편액을 걸었는데, 거문고로 역양우(嶧陽友)를 삼고, 경쇠로 사빈우(泗濱友)를 삼고, 『남화경(南華經)』으로 심우(心友)를 삼고, 상죽탑(湘竹榻)으로 몽우(夢友)를 삼은 것이다. 『옥호빙』

22) 미공(眉公)이 말했다.

"산새가 오경(五更)에 소리치며 깨어나는 것을 '보경(報更)'이라 하는데, 산속의 진솔한 누각(漏刻) 소리이다. 내가 소곤산(小崑山) 밑에서 살 적에 매우(梅雨)[21]가 비로소 개어 좌중 손님들과 술잔을 돌리는데, 마침 뜰에서 개구리 소리가 들리기에 그만 마시자고 했다. 이어 연구(聯句) 하나를 지었다.

花枝送客蛙催鼓   꽃가지에선 손님 보내느라 개구리가 북 울리고
竹籟喧林鳥報更   숲속의 새는 대나무 통소 울리듯 오경을 알리네

산사실록(山史實錄)이라 할 만하다." 『암서유사』

---

20 이건훈(李建勳, ?~952)은 오대(五代) 남당(南唐)의 문인으로, 자는 치요(致堯)이다.
21 매실(梅實)이 익을 무렵인 초여름에 내리는 장맛비로 황매우(黃梅雨)라고도 한다.

23) **양원**(羊元)이 산속에 사는데, 문 앞에 산봉우리가 우뚝이 빼어났었다. 늘 호상(胡床)에 앉아 하루 종일 세상을 비웃으며 깔보고 때로는 드러눕기도 하다가, 손님들에게 말했다.

"이 취병(翠屛)은 저녁때 마주 보아야 사람의 마음속과 눈을 상쾌하게 한다."

그래서 안노공(顏魯公)[22]이 그 산을 취병산(翠屛山)이라고 명명했다.

『소창청기』

---

22 안노공(顏魯公)은 노군개국공(魯郡開國公)으로 봉해진 당나라 명필 안진경(顏眞卿, 709~785)을 가리킨다. 자는 청신(淸臣)이고 시호는 문충(文忠)이다.

권11

명훈(名訓) - 뜻을 세우는 가르침

1) 주자(朱子)[1]가 말했다.

"학문을 하려면 먼저 뜻을 세워야 한다. 뜻이 정해지지 않으면 끝내 일이 이루어지지 않는다." 『근사록(近思錄)』

2) 정자(程子 정이)가 말했다.

"뜻을 세워 그 근본을 정하고, 거경(居敬)[2]하여 그 뜻을 붙든다."

3) 상채(上蔡)[3]가 말했다.

---

1 국립중앙도서관본에는 '회암 선생(晦庵先生)'이라 했는데, 회암(晦庵)은 송나라 유학자 주희(朱熹, 1130~1200)의 호이다. 주희가 42세 때 건양(建陽) 노봉(蘆峯) 꼭대기에 회암(晦庵)을 짓고 거처했다.

2 거경(居敬)은 몸과 마음을 공손히 하여 모든 일에 조심함을 말한다. 『논어』 「옹야(雍也)」에 "경에 처하면서 간략함을 행하여 백성을 대한다면 가하지 않겠는가.[居敬而行簡 以臨其民 不亦可乎]"라고 했다. 마음의 잡념을 없애고 몸을 바르게 가지는 것을 말하는데, 거경(居敬)은 주희의 수양법 가운데 하나이다. "학자의 공부는 오직 거경과 궁리 두 가지 일에 달려 있으니, 이 두 가지 일은 상호 발명된다. 궁리를 하면 거경 공부가 날로 더욱 진전되고 거경을 하면 궁리 공부가 날로 더욱 치밀해질 것이다."라고 하였다. 『심경(心經)』 권4

3 송나라 유학자 사양좌(謝良佐, 1050~1103)가 상채(上蔡) 사람이어서 상채를 호로 삼았

"사람은 반드시 먼저 뜻을 세워야 한다. 뜻이 서면 근본이 있게 된다."

4) 명도(明道)[4]가 말했다.

"성인(聖人)을 배워 성취하지 못할지언정 한 가지 잘하는 일로써 이름을 얻으려 하지는 않겠다."

5) 회암(晦庵)이 말했다.

"학문을 하는 방법으로는 궁리(窮理)[5]보다 앞서는 것이 없고, 궁리의 요체로는 독서보다 앞서는 것이 없다."『주자전서(朱子全書)』

6) 왕양명(王陽明)[6]이 말했다.

으며, 자는 현도(顯道)이다. 저서로는『상채어록(上蔡語錄)』,『논어집해(論語集註)』등이 전한다.

4 명도(明道)는 송나라 유학자 정호(程顥, 1032~1085)의 호이고, 자는 백순(伯淳), 시호는 순공(純公)이다. 벼슬은 감찰어사(監察御史)·부구 지현(扶溝知縣) 등을 역임하고, 저서에「식인편(識仁篇)」·「정성서(定性書)」·문집(文集)·어록(語錄) 등을 모아 만든『이정전서(二程全書)』가 있다.『송사(宋史)』권427「정호열전(程顥列傳)」

5 궁리(窮理)는 외적인 수양법으로, 널리 사물의 이치를 궁리하여 정확한 지식을 얻는 것이다. 주희는『주자어류(朱子語類)』권9「학(學) 3」에서 "배우는 자의 공부는 오직 거경과 궁리 두 가지 일에 달려 있으니, 이 두 가지 일은 상호 발명된다. 궁리를 잘하면 거경 공부가 날로 더욱 진전되고, 거경을 잘하면 궁리 공부가 날로 더욱 치밀해진다.[學者工夫, 唯在居敬窮理二事, 此二事互相發. 能窮理, 則居敬工夫日益進; 能居敬, 則窮理工夫日益密.]"라고 했다.

6 양명(陽明)은 명나라 학자 왕수인(王守仁, 1472~1529)의 호이고, 자는 백안(伯安), 시호는 문성(文成)이다. 1499년 진사에 합격한 후 공부주사·형부주사 등을 역임하였다. 육구연(陸九淵)이 처음 주장한 심성론(心性論)을 완성하여 '양지(良知)가 바로 천리(天理)'이므로 자기 자신의 마음속에서 천리를 찾아야 한다고 주장하였다. 이는 실재하는 사물에서 이(理)를 찾아야 한다는 주자의 이론에 대립하는 것이다. 그의 주장은 유교사상과 어긋난다는 인식 때문에 한동안 사학(邪學)으로 간주되었으나, 1584년 공자의 묘에 배향되었다.

"일분(一分)의 인욕(人欲)을 덜면 일분의 천리(天理)를 얻는다."『사자수언(四字粹言)』

7) 강절(康節)[7]이 말했다.

"마음이 확고해 흩어지거나 어지럽지 않으면 모든 변화에 응할 수 있다. 이것이 군자가 마음을 텅 비게 하여 움직이지 않는 까닭이다." 『지비록』

8) 염계(濂溪)[8]가 말했다.

"고요해서 움직이지 않는 것이 성(誠)이고, 감응해서 드디어 천하만사의 이치에 통달한 것은 신(神)이며, 아직 형상으로 나타나지 않아 유무(有無) 사이에 있는 것은 기미[幾]이다."[9] 『근사록』

9) 남이 듣지 못하게 하려면 내가 말하지 않는 것이 낫고, 남이 알지 못하게 하려면 내가 행하지 않는 것이 낫다. 『공여일록』

10) 학문 공부는 모르는 데서 점점 아는 것이 생기고, 잘 아는 데서 점점 또 모르는 것이 생기게 해야 한다.

---

7 강절(康節)은 송나라 유학자 소옹(邵雍, 1011~1077)의 시호이고, 자는 요부(堯夫)이다. 『송사(宋史)』 권427 「소옹열전(邵雍列傳)」

8 염계(濂溪)는 송나라 유학자 주돈이(周敦頤, 1017~1073)의 호이고, 자는 무숙(茂叔), 시호는 원공(元公)이다. 주자(周子)라고 불렸다. 『송사(宋史)』 권427 「주돈이열전(周敦頤列傳)」

9 원문의 '적연부동(寂然不動)'은 천지 운화(運化)의 신묘함을 본체면에서 형용한 말이고, '감이수통(感而遂通)'은 현상면에서 형용한 말이다.

11) 병에 마개를 꼭 막듯이 입을 다물어 말을 삼가고, 군사가 성을 지키듯 마음에 사욕(私欲)이 일어나지 않게 조심하라.[10]

12) 혜숙야(嵇叔夜)[11]가 말했다.

"완사종(阮嗣宗)[12]은 남의 잘못을 말하지 않는다. 내가 그를 스승 삼고자 하지만 아직 미치지 못했다." 『문선(文選)』

13) 설문청(薛文淸)[13]이 말했다.

"소인과 더불어 사물의 진상을 낱낱이 말할 수 없다." 『독서록(讀書錄)』

14) 사마공(司馬公)[14]이 말했다.

"산을 오르는 데에도 도(道)가 있다. 천천히 걸으면 피곤하지 않고, 안전한 땅을 밟으면 위험하지 않다."

---

10 주희(朱熹)의 「경재잠(敬齋箴)」에 나오는 구절인데, 「경재잠」은 장식(張栻, 1133~1180)의 「주일잠(主一箴)」에 미흡한 부분을 보충하기 위해 경(敬)의 성격과 공부에 대한 방법론을 사언시로 지은 글이다.

11 숙야(叔夜)는 진나라 죽림칠현(竹林七賢) 가운데 한 사람인 혜강(嵇康)의 자이다. 혜강은 노장(老莊)의 학문을 즐기고, 양생(養生)하기를 좋아했으며, 늘 술을 마시면서 지냈다.

12 사종(嗣宗)은 진나라 죽림칠현(竹林七賢) 가운데 한 사람인 완적(阮籍)의 자이다. 건안칠자(建安七子) 가운데 한 사람인 완우(阮瑀)의 아들로, 높은 벼슬을 했지만 술에 빠져 살면서 속세의 관습을 백안시하였다.

13 문청(文淸)은 명나라 유학자 설선(薛瑄, 1389~1464)의 시호로, 자는 덕온(德溫), 호는 경헌(敬軒)이다. 1420년 향시(鄕試)에 장원급제한 후 어사(御史)에 임명되었으며, 백록동학규(白鹿洞學規)를 강의해 사람들이 설부자(薛夫子)라고 불렀다. 『명사(明史)』 권 282 「유림열전(儒林列傳)」 설선(薛瑄)

14 사마공(司馬公)은 송나라 재상 사마광(司馬光, 1019~1086)을 가리키는데, 자는 군실(君實)이다. 죽은 뒤에 태사온국공(太師溫國公)에 추증했기 때문에 사마온공(司馬溫公)이라고도 한다. 저서에 『자치통감』·『독락원집(獨樂園集)』·『서의전가집(書儀傳家集)』 등이 있다.

15) 사마공이 또 말했다.

"풀이 걸음을 방해하면 깎고, 나무가 관(冠)을 방해하거든 자르라. 그 밖에 다른 일은 모두 자연에 맡겨야 한다. 천지 사이에서 서로 함께 사는 것이니, 만물로 하여금 제각기 그 삶을 완수하도록 해야 한다."

16) 소강절(邵康節)이 말했다.

"착한 사람은 분명 사귀어야 하지만, 아직 모를 때 너무 급히 사귀면 안 된다. 악인은 멀리해야 하지만, 멀리할 수 없을 때 너무 급히 저버리면 안 된다."

17) 자가자(子家子)¹⁵가 말했다.

"가장 즐거운 것은 독서(讀書)만한 것이 없고, 가장 중요한 것은 자식을 가르치는 일만한 것이 없으며, 가장 부유한 것은 지붕을 기와로 이는 일만한 것이 없고, 가장 곤궁한 것은 땅을 파는 일만한 것이 없다."
『공여일록』

18) 사람이 살면서 하루에 혹 한 가지 착한 일을 듣거나 한 가지 착한 일을 행하면 그날은 헛되게 살지 않은 것이다.

19) 독서(讀書)는 사람의 기질을 변화시킬 뿐만 아니라 사람의 정신도 기를 수 있다. 이(理)와 의(義)가 사람을 수렴하기 때문이다.

---

15 자가자(子家子)는 공자의 손자인 자사(子思)의 손자인데, 이름은 구(求)이다. 노후(魯侯)의 스승이 되었다.

20) 날 때 모두 물건 하나도 가지지 않고 이 세상에 왔으니 가난한들 무슨 손해가 있으며, 죽을 때 모두 물건 하나도 가지지 않고 가니 부유한들 무슨 이익이 되겠는가. 『성학계관억설(聖學啓關臆說)』[16]

21) 나는 본래 복이 없는[薄福] 사람이니 덕을 두텁게 행해야 하고, 나는 본래 덕이 없는[薄德] 사람이니 복을 아껴서[惜福][17] 행해야 한다. 『미공십부집』

22) 속된 말은 장사치와 가깝고, 부드러운 말은 창기(娼妓)에 가까우며, 농담은 배우에 가깝다. 사군자가 일단 이런 것에 관련되면 위엄을 손상시킬 뿐 아니라 복도 받기 어렵다.

23) 한 가지 선한 생각에는 길신(吉神)이 따르고, 한 가지 악한 생각에는 나쁜 귀신[厲鬼][18]이 따른다. 이것을 알면 귀신을 부릴 수 있다.

---

16 허균이 1615~1616년에 동지겸 진주사(冬至兼陳奏使)의 부사로 북경에 다녀오면서 사온 책인데, 『을병조천록』에 이 책을 사면서 지은 시가 실려 있다. 그 제목은 이렇다. 「책팔이 왕노(王老)가 설날에 책 한 권을 보내 왔다. 지금 어사로 있는 용우기(龍遇奇)가 지은 『성학계관(聖學啓關)』이었다. 용우기공은 유학에 조예가 깊고 또 실천하는 사람이었다. 나는 감히 모른다고 한 그 책을 읽고서야 꿈에서 깨어난 듯했다. 과거 40년 동안 읽은 책들이 비록 더할 수 없이 넓고 정치하여도 그것은 도에 들거나, 본성을 회복하기에는 조금도 도움이 되지 아니했다. 이에 대한 입만 헛수고를 시켰으니, 어찌 애석하지 아니한가? 절구 한 수를 지어 지나간 잘못을 뉘우치고자 한다.[賣書人王老 元日贈一書 乃今御史龍公遇奇所述聖學啓關也 公之爲學造詣實踐 吾不敢知讀其書 醒然有得 回首四十年所讀書 雖極博極精 其於入道復性 毫無干預 是乃虛費脣舌也 豈不惜哉 賦一絶以懺前非云]」

17 석복(惜福)은 자신에게 주어진 복을 소중히 알고 아껴서 누리도록 검소하게 생활하는 것이다.

18 원문의 여귀(厲鬼)는 불행하고 억울한 죽음을 당했거나 제사를 지낼 후손을 남기지 못하

24) 육선공(陸宣公)[19]이 말했다.

"절약하지 않으면 가득 차 있어도 반드시 고갈되며, 절약하면 텅 비어 있어도 반드시 찬다." 『공여일록』. 아래도 같다.

25) 『성심전요(省心銓要)』[20]에 말했다.

"만족할 줄 알면 즐겁고, 탐욕에 힘쓰면 걱정스럽다."

26) 물이 모이면 도랑이 되고[21], 오이가 익으면 꼭지가 떨어진다[水到渠成 瓜熟帶落]. 이 여덟 자는 일생 받아 써야 할 말이다. 『소창청기』

27) 이지언(李之彦)이 말했다.

"언젠가 '전(錢)' 자의 편방(偏傍)을 장난삼아 보았는데, 위에도 과(戈) 자가 붙었고 아래에도 과(戈) 자가 붙었으니, 참으로 사람을 죽이는 물건인데도 사람들이 깨닫지 못하는 것 같다. 그렇다면 두 개의 창[戈]으로 재물[貝]을 다투는 것이 어찌 천(賤)[22]하지 않겠는가." 『미공비급』

고 죽어 돌림병과 같은 해를 일으킨다고 여겨지는 귀신이다. 조선 시대에 돌림병이 창궐할 때마다 임금이 지냈던 여제(厲祭)는 돌림병을 누그러뜨리기 위해 이 여귀에게 지낸 제사다.

19 선공(宣公)은 당나라 충신 육지(陸贄, 745~805)의 시호이고, 자는 경여(敬輿)이다. 그가 지은 상소문을 모아 만든 책이 『육선공주의(陸宣公奏議)』인데, 이 책을 읽고 눈물을 흘리지 않으면 충신이 아니라고 했다. 『신당서(新唐書)』 권157 「육지열전(陸贄列傳)」

20 『성심전요(省心銓要)』는 송나라 은군자(隱君子)인 서호처사(西湖處士) 임포(林逋, 967~1028)가 지은 책이다. 『송사(宋史)』 권457 「임포열전(林逋列傳)」

21 『주자대전차의』에 "생각건대, 덕장의 뜻은 '물이 이르면 도랑이 이루어진다'는 것으로써 도덕이 이루어지면 사업 또한 저절로 이루어짐을 비유한 것이다.[竊意德章之意 以水到渠成 比道德成 則事業亦自然成]"라고 하였다.

22 천(賤) 자에서 '조개 패(貝)'는 재물이고, 오른쪽 편방에는 창[戈]이 위아래 두 개가 있다.

28) **왕십붕**(王十朋)[23]이 말했다.

"글을 잘하지 못하는 자는 글하는 사실을 공개하지 말아야 하고, 글씨를 잘 쓰지 못하는 자는 바르게 글씨를 써야 하며, 말을 잘하지 못하는 자는 줄여서 말해야 한다."『공여일록』

29) 청복(淸福)[24]은 상제(上帝)가 아끼고 잘 주지 않는 것이니, 바쁘게 살면 복이 줄어든다. 청명(淸名)은 상제가 기피하고 잘 주지 않는 것인데, 비방을 얻으면 청명이 없어진다. 『미공십부집』

30) 예장(豫章) 장상공(張相公)이 말했다.

"빈곤해도 검소하다 자랑하지 말고, 부유해도 청렴하다 자랑하지 말라. 권세 있는 요로(要路)에 있을 때는 벼슬하고 싶은 생각이 없다고 말하지 말고, 산림에 있을 때는 경제(經濟)를 책임진다고 말하지 말라."

31) **진희이**(陳希夷)[25]가 말했다.

"좋아하는 곳은 오래 연연하지 말고, 마음에 드는 곳은 두 번 가지 말라."『사우재총설』

---

23 왕십붕(王十朋, 1112~1171)은 송나라 유학자로, 자는 구령(龜齡), 호는 매계(梅溪)이다. 저서에 『매계집(梅溪集)』, 『춘추상서논어해(春秋尙書論語解)』가 있다.

24 청복(淸福)은 권력이나 재물에 얽매이지 않고 스스로 처한 환경에 만족하며 유유히 살아가는 것을 가리킨다.

25 희이(希夷)는 송나라 유학자 진단(陳摶, ?~989)의 사호(賜號)이며, 자는 도남(圖南), 자호는 부요자(扶搖子)이다. 태평흥국(太平興國) 중에 나와서 조회하자 태종이 그를 매우 존중하여 희이 선생(希夷先生)이라는 호를 내렸다. 한나라 위백양(魏伯陽)이 만든 태극도(太極圖)가 그에게 전수되고, 다시 여러 사람을 거쳐 주돈이(周敦頤)에게 전해졌다고 한다. 『주역』에 정통하여 사람의 뜻을 미리 알았고 생사를 예견했다고 한다. 『송사(宋史)』권457 「은일열전(隱逸列傳) 진단(陳摶)」

32) 산에 사는 것은 좋은 일이지만 조금이라도 미련을 가지고 연연하면 사람이 많이 모이는 곳에 있는 것과 같고, 서화(書畵) 감상이 고상한 일이지만 조금이라도 탐욕을 내면 서화 장사나 마찬가지이다. 술을 마시는 일이 즐거운 일이긴 하나 조금이라도 남의 권유에 따르면 지옥과 마찬가지고, 손님을 좋아하는 것은 마음을 활달한 일이지만 속된 무리에게 끌리면 고해(苦海)와 같다. 『엄주사부고(弇州四部藁)』

33) 시는 성향에 맞으면 되니 두보(杜甫)의 고음(苦吟)[26]이 우습고, 술은 마음을 화락하게 하는 것이니 도연명(陶淵明)의 지나친 기주(嗜酒)도 싫다. 시로써 질투하고 이름을 다투면 어찌 성품에 맞는다 하겠으며, 술로써 미치고 욕질하면 어찌 마음을 화락하게 하겠는가. 『소창청기』. 아래도 같다.

34) 소탈함은 혜중산(嵇中散)[27]같이, 담박하기는 도율리(陶栗里)[28]같이,

---

26 고음(苦吟)은 고심하며 시구를 퇴고한다는 말로, 당나라 시인 가도(賈島)의 「삼월 그믐날 유평사에게 준 시(三月晦日贈劉評事)」에서 나온 말이다. "삼월도 이제 삼십일이 딱 되었으니, 봄 경치가 괴로이 읊는 나를 작별하려 하네. 오늘 밤엔 그대와 함께 잠을 자지 않으리니, 새벽 종이 울리기 전은 아직 봄이라오.[三月正當三十日 風光別我苦吟身 共君今夜不須睡 未到曉鐘猶是春]" 주희(朱熹)는 장식(張栻) 등 제자들과 함께 형산(衡山) 축융봉(祝融峯)을 유람하면서 지은 시 「도중에 경치가 매우 빼어났으나 읊고 감상할 틈이 없다가, 경부가 시를 지었기에 차운한다.[道中景物甚勝 吟賞不暇 敬夫有詩 因次其韻]」라는 시에서 "숲 뚫고 눈 밟으며 종소리 나는 곳 찾으니, 아름다운 풍경 마주쳐 걸음마다 새롭구나. 이르는 곳마다 정 남기고 이르는 곳마다 즐거우니, 괴롭게 읊조리는 사람 되는 것도 나쁘지 않네.[穿林踏雪覓鐘聲 景物逢迎步步新 隨處留情隨處樂 未妨聊作苦吟人]"라고 했다.

27 혜중산(嵇中散)은 죽림칠현의 한 사람으로 중산대부(中散大夫)를 지낸 진(晉)나라 혜강(嵇康)을 가리킨다.

28 도율리(陶栗里)는 율리에 은거하던 동진(東晉)의 은사 시인 도연명(陶淵明, 365~427)

호방하기는 **소자첨(蘇子瞻)**²⁹같이, 다감(多感)하기로는 **백향산(白香山)**³⁰ 같이, 사람을 평하지 않는 것은 **완사종(阮嗣宗)**³¹같이 하라.

35) **양자운(揚子雲)**³²의 현정(玄亭)³³에서 노[橈]를 멈추고 글자를 물은 것이나, **도연명(陶淵明)**의 국화 핀 집³⁴에 술을 가지고 찾아와 그를 부른 것은 모두 번거로운 일임을 알겠다. 이것은 **장중울(張仲蔚)**의 쑥 덤불 속의 은거³⁵나 **원안(袁安)**이 고와(高臥)³⁶한 것보다 못하다.

을 가리킨다. 율리는 중국 강서성(江西省) 구강현(九江縣)에 있는 지명이다.

29 자첨(子瞻)은 송나라 시인 소식(蘇軾, 1037~1101)의 자이다.

30 향산(香山)은 당나라 시인 백거이(白居易, 772~846)의 호이다. 그가 무종(武宗) 때에 형부상서(刑部尙書)에서 물러난 뒤에 향산으로 들어가서 향산거사(香山居士)라고 자호하고, 승려 여만(如滿) 등과 함께 향화사(香火社)를 결성하여 만년을 보냈다. 『구당서(舊唐書)』 권166 「백거이열전(白居易列傳)」

31 사종(嗣宗)은 죽림칠현의 한 사람인 진(晉)나라 완적(阮籍)의 자이다.

32 자운(子雲)은 한나라 문장가 양웅(揚雄, 기원전 53~18)의 자이다. 양웅이 기이한 문자들을 많이 알았으므로, 유분(劉棻) 등이 항상 그에게 가서 기이한 문자를 물어 배웠다. 양웅은 또 가난한 데다 술을 좋아했으므로, 가끔 일 벌이기 좋아하는 자들이 술과 안주를 가지고 그를 찾아가 수업(受業)을 청했다. 『한서(漢書)』 권87 「양웅전(揚雄傳)」

33 양웅(揚雄)이 『태현경(太玄經)』을 지으면서 사천성(四川省) 성도(成都)에 있는 집에 머물렀기 때문에 그 집을 '초현당(草玄堂)' 또는 '초현정(草玄亭)'이라고 했으며, 약칭으로 '현정(玄亭)'이라고 했다.

34 원문은 '국경(菊逕, 국화가 핀 오솔길)'이다. 도잠(陶潛)이 팽택영(彭澤令)을 지내다가 벼슬을 그만두고 대나무, 소나무, 국화가 있는 고향 율리(栗里)로 돌아가 「귀거래사」를 지었는데, "세 오솔길은 황폐해졌으나 소나무와 국화는 그대로 남아 있다.[三逕就荒, 松菊猶存.]라고 읊었다.

35 『고사전(高士傳)』 중 「장중울전(張仲蔚傳)」에 "중울은 늘 빈궁한 생활을 했는데, 집 주위에는 사람 키를 넘을 정도로 쑥대가 우거졌다. 문을 닫고 성품 공부만 할 뿐 명예를 탐하지 않았으므로 당시에 아무도 알아주는 사람이 없었으나, 유공(劉龔)만은 그를 인정했다."라고 했다.

36 후한(後漢) 화제(和帝) 때의 충신인 원안이 미천했을 때 낙양(洛陽)에 큰 눈이 왔다. 낙양영(洛陽令)이 민가를 순행하다 보니, 다른 사람들은 모두 눈을 치우고 나와서 걸식(乞食)을 하는데 원안의 집만 눈이 치워져 있지 않았다. 사람을 시켜 눈을 치우고 들어가

36) 내가 평생 아무 탈 없이 잘 있기를 바라는 것이 네 가지인데, 청산(青山)·고인(故人)·장서(藏書)·명훼(名卉)이다.

37) 문을 닫고 불서(佛書)를 읽는 일, 문을 열고 가객(佳客)을 접대하는 일, 문을 나가 산수(山水)를 찾는 일, 이 세 가지는 인생의 세 가지 즐거움이다.

38) 향은 멀리서 피워야 되고, 차는 짧은 시간 동안 끓여야 되고, 산은 가을에 올라가야 된다.

39) 구름은 희고 산은 푸르고, 시내는 흐르고 돌은 서 있고, 꽃은 새를 맞아 웃고, 골짜기는 나무꾼의 노래에 메아리친다. 온갖 자연 정경은 스스로 고요한데, 사람의 마음만 스스로 소란하다.

40) 당시(唐詩)에,

行到水窮處 걷다 보니 물이 다한 곳에 이르렀고
坐看雲起時 앉아 보니 구름이 피어나네[37]

하였는데, 이 말은 매우 의취가 있다. 희로애락(喜怒哀樂) 미발(未發)의 기상과 발(發)해 절도에 맞는[38] 단서를 이로써 모두 상상할 수 있다.

보았더니 원안이 방 안에 누워 있기에 '왜 나오지 않느냐'고 묻자, "큰 눈이 와서 사람들이 모두 굶주리는 때에 남에게 밥을 요구해서는 안 된다."라고 했다. 이에 낙양영이 원안을 어진 사람이라 하여 효렴(孝廉)으로 천거해 벼슬길에 나가게 했다. 후에 이를 '원안고와(袁安高臥)'라 하여 선비가 곤궁함에 처해서도 굳게 지조를 지키는 것을 비유했다.

37 당나라 시인 왕유(王維, 701~761)의 「종남별업(終南別業)」에 나오는 구절이다.

41) 이백(李白)의 시에,

淸風無間時　맑은 바람이 그치지 않고 불어
蕭灑終日夕　맑고 깨끗하게 하루를 보내네

라고 했다. 그 마음의 기상의 오묘함이 왕유(王維)의 "중의 옷이 산색에
비쳐 푸르네[空翠上人衣]"라고 한 시와 무엇이 다르겠는가.

42) 형공(荊公)[39]이

隣鷄報午寂　이웃집 닭이 한낮의 고즈넉함을 깨뜨리니
差足嗣響覺　사람으로 하여금 소리로써 깨닫게 하는구나.

라고 한 시는 고요함을 구하려는 마음이 있어 자연스럽지 못하다.

43) 오직 책을 읽는 것만이 이롭고 해가 없으며, 오직 산수를 사랑하
는 것만이 이롭고 해가 없다. 오직 음풍(吟風)과 농월(弄月)[40]만이 이롭
고 해가 없으며, 오직 단정히 앉아 고요히 잠자코 있는 것[端坐靜默]이

---

38 『중용장구』 제1장에 "기뻐하고 노하고 슬퍼하고 즐거워하는 정이 발하지 않은 것을 중
(中)이라 이르고, 발하여 모두 절도에 맞는 것을 화(和)라 이른다. 중이란 것은 천하의
큰 근본이요, 화란 것은 천하의 공통된 도이다.[喜怒哀樂之未發謂之中, 發而皆中節謂
之和, 中也者. 天下之大本也; 和也者, 天下之達道也.]"라고 하였다. 당시가 중용의
경지에 이른 것을 설명한 글이다.

39 형공(荊公)에 봉해진 송나라 재상 왕안석(王安石, 1021~1086)을 가리킨다.

40 원문은 완풍(玩風) 화죽(花竹)인데 같은 뜻의 음풍농월로 옮겨서 자연스럽게 지극한 즐
거움[至樂]과 연결시켰다. 북송의 정호(程顥)가 주돈이(周敦頤)를 만나보고 음풍 농월
하며 돌아왔던 기억을 이렇게 기록했다. "내가 주무숙을 재차 뵙고 나서 음풍농월하며
돌아온 뒤로 '나는 증점을 허여하겠다.'라는 뜻을 가지게 되었다.[自再見周茂叔後 吟風
弄月以歸 有吾與點也之意]"『이락연원록(伊洛淵源錄)』 권1 「염계선생(濂溪先生)」

이롭고 해가 없다. 이러한 것들을 지극한 즐거움[至樂]이라 한다. 『미공
비급(眉公秘笈)』

44) 진미공(陳眉公)이 말했다.[41]

"창을 닫고 향을 피우면 좋은 복이 이미 갖추어졌다. 복이 없는 자는
다른 생각을 반드시 하게 되고, 복이 있는 자는 독서로써 보충한다."

45) 항상 병날 때를 생각하면 더러운 마음이 차츰 없어지고, 항상
죽을 때를 예방하면 도념(道念)이 절로 생긴다. 풍류와 같은 만족스러
운 일은 일단 지나고 나면 서글픈 마음이 문득 생기고, 적막하면서도
맑고 깨끗한 경지는 오래될수록 오히려 맛이 늘어난다. 『소창청기』. 아래
도 같다.

46) 푸른 산이 문에 있고, 흰 구름이 창에 있으며, 밝은 달이 창가에
이르고 시원한 바람이 자리를 스칠 때, 이같이 경치 좋은 곳은 모두
백옥(白玉) 오성 십이루(五城十二樓)[42]이다. 이것을 택할 줄 이제 알았다.

47) 문을 닫고 거절을 당하는 것은 산새가 사람을 알고 부르는 것보

---

41 '陳眉公曰' 4자가 없지만, 국립중앙도서관본에 의해 보완하여 번역했다. 미공(眉公)은
『미공비급(眉公秘笈)』을 지은 명나라 문인 진계유(陳繼儒, 1558~1639)의 호이다.

42 전설 속에 나오는 신선의 거처인데, 『사기』 권28 「봉선서(封禪書)」에 처음 보인다. "천
자(무제)가 동쪽으로 가서 바닷가를 순시하고, 신선을 찾아 나섰던 방사들을 살펴보았으
나 아무도 효험을 본 자가 없었다. 어떤 방사가 이렇게 아뢰었다. '황제(黃帝) 때에 5개
의 성읍과 12개의 누대를 건축하고, 집기(執期)에서 신선을 맞이하려고 기다렸는데, 이
를 영년(迎年)이라고 부릅니다.' 천자(무제)는 그가 말한 대로 누대를 짓고, 이를 명년
(明年)이라 칭하고, 친히 그곳에 가서 상제에게 제사를 지냈다."

다 못하고, 뜻을 굽혀 동정을 받는 것은 들꽃이 나그네를 오만하게 대하는 것보다 못하다.

48) 차가 익고 향이 맑은데 나그네가 문에 이르니 기쁘다. 새가 울고 꽃은 지는데 사람이 없으니 한가롭다. 천년 만의 기묘한 만남으로는 좋은 책과 만나는 것이 가장 좋고, 일생의 청복(淸福)으로는 유사(幽事)가 계속 있는 것이 가장 좋다.

49) 부처에게 기도하여 죄를 뉘우칠 수 있다면 형관(刑官)의 권한은 없어지고, 신선을 찾아서 수명을 연장할 수 있다면 상제(上帝)가 필요 없다. 그러므로 달인(達人)은 나에게 있는 것을 다한다. 지성이 자연보다 더 귀하다.

50) 소자유(蘇子由)[43]가 말했다.
"질병이 많으면 도가를 배우는 것이 좋고, 근심 걱정이 많으면 불가를 배우는 것이 좋다."『지비록』

---

[43] 자유(子由)는 소식(蘇軾)의 아우인 송나라 문장가 소철(蘇轍, 1039~1112)의 자이다.

권12

정업(靜業) - 고요한 가운데 글 읽는 즐거움

1) 장횡거(張橫渠)[1]가 말했다.

"책은 이 마음을 지켜 준다. 잠시라도 책을 놓으면 그만큼 덕성이 풀어진다. 책을 읽으면 마음이 항상 있고, 책을 읽지 않으면 의리를 보아도 끝내 보이지 않는다."『장자전서(張子全書)』

2) 안지추(顔之推)[2]가 말했다.

"재물 일천 만 냥을 쌓아도 작은 기예(技藝) 한 가지를 몸에 지니는 것만 못하고, 기예 가운데 쉽게 익힐 수 있고 또 귀한 것은 독서만한 것이 없다. 그런데 세상 사람들은 모두 면식(面識)이 많기를 바라고 일을 널리 보려고 하면서도 독서하려 하지 않으니, 이는 배부르기를 구하면서 밥 짓기를 게을리하는 것과 같고, 따뜻하기를 바라면서 옷 만

---

1 횡거(橫渠)는 송나라 학자 장재(張載, 1020~1077)의 호이고, 자는 자후(子厚)이다. 1058년 진사시에 급제해 벼슬이 숭정원 교서(崇政院校書)에 이르렀다. 관중(關中)에서 강학하였으므로, 그의 학문을 '관학(關學)'이라 한다. 저서로『정몽(正蒙)』,「동명(東銘)」,「서명(西銘)」,『경학이굴(經學理窟)』,『횡거역설(橫渠易說)』등이 있다.

2 안지추(顔之推, 531~591)는 남북조시대 북제(北齊)의 문신으로, 자는 개(介)이고 안진경(顔眞卿)의 5대조이다.『안씨가훈(顔氏家訓)』2권을 지어 서치(序致), 교자(敎子), 형제(兄弟) 등 20항목으로 입신치가(立身治家)하는 법을 서술했다.

들기를 게을리하는 것과 같다."『안씨가훈(顔氏家訓)』

3) 또 **안지추**가 말했다.

"독서는 비록 크게 성취하지 못해도 한 가지 기예는 되는 것이라 스스로 살아가는 바탕이 된다. 부형은 항상 의지할 수 없고, 향국(鄕國)도 항상 보호해 주지 않는다. 하루아침에 떠돌게 되면 아무도 도와 줄 사람이 없다. 마땅히 자기 자신에게서 찾아야 한다."『안씨가훈』

4) **설문청**이 말했다.

"독서를 자기 심신(心身)에서 마음의 공부로써 체득하지 않으면 고금 천하의 책을 다 읽어도 무익하다."『독서록』

5) 독서하기 좋은 때가 있다. 그러므로 **동자(董子)**[3]의 '삼여설(三餘說)'이 가장 일리가 있다. 그는 말했다.

"밤은 낮의 여분이요, 비 오는 날은 보통 날의 여분이요, 겨울은 한 해의 여분이다. 이 여분의 시간에는 사람의 일이 다소 뜸해, 한 마음으로 집중해 공부할 수 있다."

그러면 어떻게 하는가. 맑은 날 밤에 고요히 앉아 등불을 켜고 차를 달인다. 온 세상은 죽은 듯 고요하고 간간이 종소리 들려올 때, 이러한 아름다운 정경 속에서 책을 마주해 피로를 잊고, 이부자리를 걷고 여자를 가까이하지 않는다. 이것이 첫째 즐거움이다.

비바람이 길을 막으면 문을 잠그고 방을 깨끗이 청소한다. 사람의

---

3 동자(董子)는 삼국시대 위(魏)나라 문신 동우(董遇)이다. 『삼국지(三國志)』 권63 「위서(魏書) 왕숙열전(王肅列傳)」

출입은 끊어지고, 책이 앞에 가득 쌓였으니, 흥에 따라 아무 책이나 뽑아든다. 시냇물 소리는 졸졸 들려오고 처마 밑 고드름에 벼루를 씻는다. 이같이 그윽한 고요가 둘째 즐거움이다.

또 낙엽이 진 숲에 세밑이 저물고, 싸락눈이 내리거나 눈이 깊게 쌓인다. 마른 나뭇가지를 바람이 흔들며 지나가면 겨울 새가 들녘에서 운다. 방 안에서 난로를 끼고 앉아 있으면 차 향기에 술이 익는다. 시를 모아 엮으면 좋은 친구를 대하는 것 같다. 이러한 정경이 셋째 즐거움이다.

나는 일찍이 이러한 의미를 알았기에, 그러한 것을 부연하여 여러 사람과 같이 나누고자 한다. 『소창청기』

(지난날 옛것을 좋아하던 사람들은 위로는 층층의 단애(斷崖)를 엿보고 아래로는 깊은 연못까지 내려가서, 비문(碑文)·판각(版刻)·솥에 새긴 글 등을 모두 찾아 전했다. 운향(芸香)이나 혜초(蕙草)를 끼워 향기를 나게 하며, 옥색이나 담황색의 비단으로 책갑을 만들어 보호하는 등, 전적(典籍)에 대한 기이한 버릇이 이와 같았다. 나도 비루하지만 젊어서부터 내가 좋아하는 것을 기호로 삼아 이상한 책을 많이 모아서, 늘 기쁜 마음으로 자제들에게 이렇게 말했다.

"내가 보지 못했던 책을 읽을 때에는 마치 좋은 친구를 얻은 것 같고, 이미 읽은 책을 볼 때에는 마치 옛친구를 만난 것 같다. 내 천성은 손님 접대하는 것을 즐거워하나 언행에 허물이 있을까 걱정되니, 이 책들을 의지해 문을 걸고 늙겠다."

죽창(竹窓) 아래에서 옛날에 들은 바를 기억해 '독서십육관(讀書十六觀)'을 만들었으니, 이는 불교 정토종(淨土宗)의 경전에 『십육관경(十六觀經)』[4]이 있음을 본 것이다. 『미공비급』 광함(廣函)

1. **여헌가**(呂獻可)[5]가 일찍이 말했다.

"독서는 많은 양을 할 필요가 없으니, 한 자를 읽었으면 한 자를 행해야 한다."

이천(伊川)[6]도 일찍이 말했다.

"한 자[尺]를 읽는 것이 한 치를 행하는 것만 못하다."

독서하는 사람은 마땅히 이 말을 지침으로 삼아야 한다.)[7]

2. **범질**(范質)이 벼슬길에 나가고부터 책을 놓지 않으면서 말했다.

"언젠가 이인(異人)이 내게 한나라의 재상이 되리라고 한 적이 있었는데, 과연 그렇다면 공부하지 않고서야 어떻게 재상노릇을 하겠는가."

독서하는 사람은 마땅히 이 말을 지침을 삼아야 한다.

3. **심유지**(沈攸之)가 늦게 책을 좋아하여 늘 말했다.

"내 일찍이 궁박과 현달에 천명이 있음을 알았건만, 10년 독서를 하

---

4 16관법은 극락에 태어날 수 있는 방법을 열여섯 가지로 나눈 것인데, 다음과 같다. ① 해를 생각하는 관[日想觀] ② 물을 생각하는 관[水想觀] ③ 땅을 생각하는 관[地想觀] ④ 나무를 생각하는 관[寶樹觀] ⑤ 연못의 물을 생각하는 관[寶池觀] ⑥ 누각을 생각하는 관[寶樓觀] ⑦ 연화좌(蓮華座)를 생각하는 관[華座觀] ⑧ 형상을 생각하는 관[像觀] ⑨ 몸을 보는 관[眞身觀] ⑩ 관세음보살을 생각하는 관[觀音觀] ⑪ 대세지보살을 생각하는 관[勢至觀] ⑫ 두루 생각하는 관[普觀] ⑬ 여러 가지를 생각하는 관[雜想觀] ⑭ 상배에 나는 관[上輩觀] ⑮ 중배에 나는 관[中輩觀] ⑯ 하배에 나는 관[下輩觀] 등이다. 이러한 열여섯 가지 관을 관상할 때 정토에 나아가게 되고, 정토를 볼 수 있는 지혜가 싹트게 되며, 주변의 사물들도 정토의 일부로 변모한다고 여겼다. 이 16관법이 『관무량수경(觀無量壽經)』의 내용 전체를 차지하고 있다.

5 헌가(獻可)는 송나라 문신 여회(呂誨, 1014~1071)의 자이다. 왕안석(王安石)이 정권을 잡자 당시 사람들은 인재를 얻었다 했으나, 여회는 상소해 그를 비판했다. "크게 간사한 자는 충신(忠信)한 듯한 법인데 왕안석은 겉으로 박야(朴野)한 듯이 보이나 속에 교사(巧詐)를 지녔으니 천하의 백성을 그르치는 것이 이 사람일 것이다."

6 이천(伊川)은 송나라 학자 정이(程頤, 1033~1107)의 호이다.

7 문천본의 필사자가 상당 부분을 삭제했지만, 독서 16관을 다 보여주기 위해 국립중앙도서관본을 참조해 보완 번역했다.

지 못해 한스럽다.”

4. **섭석림(葉石林)**이 말했다.

“다만 자손들에게 독서하는 사람[書種]이 끊이지만 않게 하여, 그들이 한 마을에서 착한 사람이 되면 족하다. 성공 여부는 하늘에 달렸다.”

독서하는 사람은 마땅히 이 말을 지침으로 삼아야 한다.

(5. **손울(孫蔚)**의 집안은 대대로 책을 모았으므로 원근에서 독서하러 오는 사람이 늘 1백여 명이었는데, 손울은 그들을 위해 옷과 음식을 마련해 주었다. 독서하는 사람은 마땅히 이 말을 지침으로 삼아야 한다.

6. **동파(東坡)**가 왕랑(王郞)에게 보낸 편지에서 말했다.

“나이 젊으면서 학문이 없는 자는 늘 책 한 권을 가지고 여러 번 읽어야 된다. 바다에 있는 여러 가지 보화를 사람들이 자기 힘에 따라 가져올 뿐 그것을 다 가져 올 수 없듯이, 독서도 다만 자기가 바라는 것을 얻을 뿐이다.

그러므로 학문을 하려는 자는 언제나 한 가지 뜻을 가지고 무엇을 구해야 한다. 고금의 흥망·치란과 성현의 이력을 구하려 한다면 여기에 뜻을 두고 구해야 하고, 다른 생각을 해서는 안 된다. 또 다른 사적이나 문물 등을 구하려 한다면 또한 이같이 해야 한다. 그렇게 하여 학문이 이루어지면 팔방에서 질문을 해 와도 대답할 수 있게 되어 건성으로 독서한 사람과는 비교가 되지 않는다.”

독서하는 사람은 마땅히 이 말을 지침으로 삼아야 한다.

7. **동우(董遇)**가 경서를 끼고 틈만 있으면 외웠는데, 그는 사람들이 배우겠다고 청해도 억지로 가르치려고 하지 않으면서 이렇게 말했다.

“먼저 1백 번을 읽으면 그 뜻이 저절로 드러난다.”

난성(欒城)[8]이 말했다.

“책을 보는 것은 약을 복용하는 것과 같다. 약의 양이 많으면 약의 힘이 자연 퍼진다."

독서하는 사람은 마땅히 이 말을 지침으로 삼아야 한다.

8. **강록(江祿)**은 독서가 아직 끝나지 않았을 때 급한 일이 생기면 반드시 보던 책을 잘 정돈한 뒤에 일어섰으므로 책이 손상되지 않았다. 그래서 다른 사람들도 그가 책을 빌려 달라는 것을 싫어하지 않았다.

제(齊)나라 **왕유(王攸)**는 남에게 책을 빌리면 그 잘못된 곳을 바로잡은 뒤에 돌려 주었다. 독서하는 사람은 마땅히 이것을 지침으로 삼아야 한다.

9. **유현(劉顯)**이 박학다식하다고 당시 사람들이 말했다.[9] 공환(孔奐)과 늘 독서 토론하는데 깊이 서로를 존중했다. 유현이 공환의 손을 잡고 말했다.

"백해(伯喈 채옹)가 자기 집 책을 전부 중선(仲宣 왕찬)에게 주었다. 나는 채옹이 한 일을 따르고 싶으니, 자네도 왕찬에게 부끄러움이 없도록 하라."

가지고 있던 책을 전부 공환에게 주었다. 독서하는 사람은 마땅히 이것을 지침으로 삼아야 한다.)

10. **소자미(蘇子美)**[10]가 장인(丈人) 두기공(杜祁公)의 집에 식객으로 있었는데, 날마다 저녁 독서를 할 때 술 한 말을 기준으로 삼았다. 두기가

---

8 난성(欒城)은 송나라 문장가로 소식(蘇軾)의 아우인 소철(蘇轍, 1039~1112)의 호이다.

9 남조(南朝) 양(梁)나라의 심약(沈約)과 유현(劉顯)은 모두 박학하고 문장을 잘했다. 심약이 유현에게 경사(經史)의 내용을 시험삼아 물어보자, 유현은 열 가지 중에 아홉 가지를 알아맞혔다. 심약이 "나는 늙어 혼몽하니, 조금만 물어보라." 하여 유현이 다섯 가지를 물었는데, 심약은 그 가운데 두 가지를 대답했다. 『남사(南史)』권50 「유현열전(劉顯列傳)」

10 자미(子美)는 송나라 문장가 소순흠(蘇舜欽, 1008~1049)의 자이고, 호는 창랑옹(滄浪翁)이다.

몰래 엿보니, 자미는『한서(漢書)』「장량전(張良傳)」을 읽다가 자객이
진(秦)나라 황제를 철퇴로 치는 장면에 이르자 손을 어루만지면서, '애
석하다. 맞지 않았구나.' 하며 큰 술잔 가득히 한 잔을 마시고, 또 장량
이 '처음에 신은 하비(下邳) 땅에서 시작하여 유(留) 땅에서 상과 만났습
니다. 이는 하늘이 저를 폐하께 내린 것입니다.' 한 데 이르자 또 책상
을 어루만지며 '임금과 신하가 서로 잘 만나기가 이처럼 어렵구나.'
하고는 다시 큰 술잔으로 한 잔 술을 들이켰다. 이에 두공이 웃으며
'이와 같이 먹는 술이라면 한 말도 많은 것이 아니겠구나.' 했다. 독서
하는 사람은 마땅히 이것을 지침으로 삼아야 한다.

(11. **황부옹(黃涪翁** 황정견)이 말했다.

"책을 뜯어 옹기를 덮거나 사적(史籍)을 찢어 문을 바르는 것은 누구
나 아깝게 생각하지 않는 사람이 없다. 그런데 선비가 운명이 궁박해
원통하게 모함을 당하면 이를 듣는 자도 가련하게 여기지 않고, 본 자
도 그를 생각해 주지 않으며 모두 그가 죽고 사는 것에는 무관심해진
다. 이 두 가지를 비교해 볼 때 앞의 경우는 종이 위의 글자를 중요하게
생각하는 것이고, 뒤의 경우는 뱃속에 글이 많이 들어 있는 선비를 마
치 원수로 여기는 것이니, 슬픈 일이다."

독서하는 사람은 마땅히 이 말을 지침으로 삼아야 한다.

12. **주자양(朱紫陽** 주희)이 말했다.

"한(漢)나라 오회(吳恢)가『한서(漢書)』를 베끼려고 대쪽을 만들었
고,[11] 조이도(晁以道)가 항상『공양전(公羊傳)』·『곡량전(穀梁傳)』을 얻으

---

11 원문의 살청(殺靑)은 푸른 대나무의 진액을 빼낸다는 말로, 한간(汗簡)이라고도 한다.
　　한(漢)나라 유향(劉向)의『별록(別錄)』에 "살청(殺靑)이란 대나무를 곧게 다듬어 대쪽을
　　만들어서 글씨를 쓰게 하는 것이다. 햇대나무에는 진액이 있어 잘 썩고 좀이 잘 쓸므로
　　대쪽을 만들 경우 모두 불 위에 쬐어 말린다."라고 한 데서 나온 말로, 후대에는 사책(史

려고 백방으로 구했으나 없었다. 뒤에 한 책을 얻었으므로 비로소 베
꼈다. 지금 사람들은 서로 돌려가며 책 베끼는 것을 싫어하기 때문에
책이 적어 독서가 넓지 못하다."

독서하는 사람은 마땅히 이 말을 지침으로 삼아야 한다.

13. 진자겸(陳子兼)[12]이 말했다.

"두영(竇嬰)·전분(田蚡)·관부(灌夫)의 전(傳)[13]을 읽으니, 관부가 술기
운으로 좌중을 매도하는 모습이 눈앞에 역력해 바로 영산(靈山)의 모임
과도 같다. 너무나 눈에 선해 사라지지 않는다."

독서하는 사람은 마땅히 이 말을 지침으로 삼아야 한다.

14. **조계인(趙季仁 조사서)**이 **나경륜(羅景綸 나대경)**에게 말했다.

"나는 평생에 세 가지 소원이 있다. 첫째는 세상의 훌륭한 사람을
전부 아는 것이고, 둘째는 세상의 좋은 양서(良書)를 모두 읽는 것이고,
셋째는 세상의 좋은 경치를 모두 구경하는 것이다."

冊) 또는 그 저술의 완성을 의미했다.

12 자겸(子兼)은 명나라 서화가 진유(陳鎏, 1508~1575)의 자이고, 호는 우천(雨泉)이다.

13 이 세 사람의 전(傳)을 함께 편집한 것이 『사기(史記)』 권107 「위기무안후열전(魏其武安
侯列傳)」이다. 위기후(魏其侯) 두영(竇嬰), 무안후(武安侯) 전분(田蚡)은 한나라 초기
황실의 외척이며, 관부(灌夫)는 오초칠국(吳楚七國)의 난에서 공을 세워 장군이 된 인물
이다. 이 편에서는 세 사람이 권력을 쟁취하는 모습을 기술하였다. 처음에는 전분이 두영
을 아들처럼 여겼지만, 승상이 된 뒤에는 관부의 일로 두영을 죄에 빠뜨려 죽게 하고는
자신도 곧 병에 걸려 죽었다.
두영(竇嬰)은 서한(西漢) 때의 대신(大臣)이며 자(字)는 왕손(王孫)이다. 문제(文帝)의
황후인 두황후(竇皇后)의 조카로 오초칠국의 난 때 대장군으로 임명되어 형양을 지키며
제나라 조나라의 병사를 감독하였다. 오초칠국의 난이 평정된 후 위기후(魏其侯)로 임명
되었다. 경제(景帝)는 두영이 사람됨이 가벼워 스스로를 진중하게 유지하지 못한다고
하여 재상으로 기용하지 않았다. 무제(武帝) 초에 승상(丞相)에 임명되었고, 유학(儒學)
을 숭상해 두태후의 뜻을 거슬러 파직되었으며, 승상 전분(田蚡)과 사이가 나빠져 그의
모함을 받아 사형에 처해졌다.

나경륜이 말했다.

"모두 다 하는 것이 어찌 가능하겠는가. 처하는 상황에 따라 지나쳐 버리지만 않으면 된다."

독서하는 사람은 마땅히 이 말을 지침으로 삼아야 한다.

15. **안지추(顏之推)**가 말하였다.

"나는 성현의 책을 읽을 때마다 엄숙하게 대하지 않은 적이 없었다. 그러기에 오래된 종이에 오경(五經)의 글뜻이나 선현(先賢)의 성명이 있으면 그것을 더럽히지 않는다."

16. **온공(溫公 사마광)**이 자기 아들에게 말했다.

"장사치가 돈을 모으듯이 유가(儒家)도 책을 보배같이 아껴야 한다. 지금의 석씨(釋氏 불교)나 노씨(老氏 도교)도 자기들의 책을 존경하는데, 우리 유가에서 오히려 그만 못해서야 되겠는가."

조자앙(趙子昂 조맹부)이 서발(書跋)에서 말했다.

"책을 모으는 것은 참으로 쉬운 일이 아니다. 책을 잘 보는 사람은 정신을 가다듬고 마음을 바르게 한 뒤 책상을 깨끗이 하고 향을 피우고 책을 본다. 책장을 접지도 말고 책 끝도 접지 말며, 손톱으로 글자를 상하게 하지도 말고 침을 책장에 바르지도 말라. 책을 베개 삼거나 어디에 끼우지도 말라. 책이 손상되면 곧 고치고, 책이 펼쳐졌으면 덮어 두라. 뒷날 내 책을 얻는 자에게 아울러 이 법(法)을 전한다."

독서하는 사람은 마땅히 이 말을 지침으로 삼아야 한다.

내가 이상의 지침을 베끼고 나서 붓을 던지고 꿈을 꾸었는데, 한 노인이 내 등을 어루만지며 말했다.

"'책을 다 믿으면 책이 이 세상에 없느니만 못하다.'는 것은 바로 글[文]로 말[詞]을 해쳐 본뜻을 다 전하지 못하고, 말[詞]로 뜻[義]을 해치는 경우를 위해 한번 말을 굴려보라고 한 말이다."

내가 그 노인의 말에 마음이 열려 그것을 깨닫고, 누구냐고 물었더니, 자칭 '착륜옹(斲輪翁)[14]'이라 했다. 내가 꿈을 깨어 이 말을 끝에다 적어 앞의 '16가지 지침'의 보충말로 삼는다. 이상이 독서 십육관이다.

6) 나의 집에는 옛날 장서(藏書)가 1만여 권 있는데, 이 가운데 내 손으로 직접 베낀 책이 많다. 이 책들을 보면 격세(隔世)의 느낌이 있다. 그래서 날마다 내가 보고 싶은 책 수십 권을 가져와 문생 등을 시켜 옆에서 읽게 했는데, 날이 저무는 줄도 몰랐다.

그 전에 내가 술 빚는 법을 한 가지 알고 있었다. 한여름에도 3일 만에 술을 익히니, 색깔은 동수(潼水)로 빚은 술 같아 옥우(玉友)[15] 못지 않다. 이 술을 저녁 무렵 서늘할 때 석 잔을 마시면 즐거움이 넘쳐 흘렀다. 독서로 더위를 피하는 것이 참으로 하나의 좋은 방법인데다 이 술까지 있으니 그 즐거움이 어떻겠는가. 문득 구문충공(歐文忠公 구양수)의 시

一生勤苦書千卷 한평생 괴로움이 책 1천 권에 있어
萬事消磨酒十分 만사는 술 한바탕 마시면 사그라지네[16]

하는 구절이 생각나 서글픔이 마음에 와 닿는다.) 『피서록화』

---

14 착륜(斲輪)은 『장자(莊子)』 「천도(天道)」에 나온 말로, 바퀴살을 알맞게 깎는 것을 말하는 데, 흔히 재주에 정통하고 경험이 풍부한 사람을 가리키는 말로 쓰인다. '착륜옹'이 고유명 사는 아니고, '수레바퀴를 깎는 장인(匠人) 편(扁)'이라 했으니 이름은 '편(扁)'이다.
15 옥우(玉友)는 백주(白酒)의 이칭으로 좋은 술을 말한다.
16 송나라 시인 구양수(歐陽脩, 1007~1072)가 지은 칠언율시 「벼슬에서 물러나 사는 느낌 을 시로 지어 북경의 한시중에게 보내다[退居述懷寄北京韓侍中] 2수」 가운데 제1수의 5, 6구이다.

7) **이영화(李永和)**[17]가 문을 닫아걸고 정원의 길도 쓸지 않으며, 사람들이 다니지 못하게 휘장을 내리고, 생업을 돌보지 않고 책을 편찬했다. 자신이 직접 산삭(刪削)[18]하면서 늘 탄식하며 말했다.

"장부가 책 1만 권을 갖고 있으니, 어느 겨를에 남면하여 백성(百城)을 다스리랴."『해악집』

8) **송경문(宋景文 송기)**이 말했다.

"글을 짓는 것은 조용한 가운데 하는 일이다."『해악집』

9) **황산곡(黃山谷)**이 말했다.

"날마다 옛사람의 법서(法書)나 명화(名畫)를 보면 얼굴 위에 세 말이나 되는 세속의 먼지를 떨어버릴 수 있다."『소창청기』

10) (**황태사(黃太史 황정견)**가 말했다.)

"사대부가 3일 동안 독서하지 않으면 의리가 가슴속에 들어오지 않는다. 그러면 자기의 몰골이 가증스럽고 언어가 무미함을 깨닫게 된다."『소창청기』

11) **황산곡**이 말했다.

"자제들의 여러 가지 병은 다 고칠 수 있으나, 잘못된 풍속은 고칠

---

17 영화(永和)는 남북조시대 북위(北魏)의 문인 이밀(李謐, 582~618)의 자이다. 이 이야기는 『위서(魏書)』 권90 「일사열전(逸士列傳) 이밀(李謐)」에 보인다.

18 틀린 글자를 고치는 수준을 넘어서서, 편집자의 의도에 따라 필요하지 않은 글자나 구절을 지워버리는 것이다. 『시경(詩經)』도 공자가 여러 편을 덜어내어 지금의 삼백 편을 만든 것이다.

수 없다. 잘못된 풍속을 고칠 수 있는 것은 오직 책뿐이다."「공여일록」

12) 예문절공(倪文節公)[19]이 말했다.

"솔바람 소리, 시냇물 소리, 산새 소리, 들벌레 소리, 학(鶴) 우는 소리, 거문고 소리, 바둑돌 놓는 소리[20], 비가 층계에 떨어지는 소리, 눈이 창밖을 스치는 소리, 차를 끓이는 소리 등은 지극히 맑은 소리인데, 독서하는 소리가 가장 좋다. 남이 독서하는 소리를 들을 때는 그렇게 기쁘지 않지만, 자기 자제(子弟)가 독서하는 소리를 들을 때 기쁨은 이루 말할 수 없다."「암서유사」

13) (예문절공이) 또 말했다.

"천하의 일은 이해(利害)가 언제나 반반인데, 전적으로 이(利)만 있고 조그만 해(害)도 없는 것은 오직 책뿐이다."「암서유사」

14) 진계유(陳繼儒)가 말했다.

"보지 못했던 책을 읽을 때는 좋은 친구를 얻은 것 같고, 이미 본 책을 읽으면 옛 친구를 만난 것 같다."「미공비급」

15) (진계유가 말했다.)

"은둔하는 곳에 쭉쭉 뻗은 대나무와 유명한 향이 있으면 맑은 복은 이미 다 갖추어진 것이나, 복이 없는 자는 다른 생각을 하게 된다. 복이

---

19 문절(文節)은 송나라 문신 예사(倪思, 1147~1220)의 시호이고, 자는 정보(正甫), 호는 제재(齊齋)이다. 『송사(宋史)』 권398 「예사전(倪思傳)」

20 '棋子落聲'은 문천본에 없는데, 국립중앙도서관본을 교감하여 보완 번역했다.

있다 하더라도 독서를 하여 복을 보충해야 한다." 『암서유사』

16) 1만 권의 책을 모아 비단으로 싸고, 서화첩 1천 축을 수집해 귀한 비단으로 싼다. 거문고 하나, 피리 하나, 칼이나 창, 자기 술그릇, 좋은 향, 오래된 솥, 비단으로 장식한 탑상, 글씨나 그림이 없는 병풍, 다구 (茶具), 먹 등을 갖춰 두고 틈이 있는 날 그 속에서 시를 읊으며 속된 세속의 일에 얽매이지 않는다면, 이런 경지야말로 동방(東方)의 정토 (淨土)요, 인간세상 가운데 선경(仙境)이다. 『암서유사』

17) 고금의 문장 가운데 수미(首尾)가 없는 것은 오직 『장자(莊子)』와 『이소경(離騷經)』 두 가지뿐이다. 굴원(屈原)과 장주(莊周)는 모두 슬픔 과 즐거움이 남보다 지나친 자들이다. 슬픔은 음(陰)을 방조하므로 『이 소경』은 고독하고 침잠해 깊숙이 내려가는 감정이고, 즐거움은 양(陽) 을 방조하므로 『남화경(南華經)』[21]은 자유분방하고 가볍게 위로 올라가 는 감정이다. 슬픔과 즐거움이 극에 달하면 웃고 우는 것이 절제가 없 고, 웃고 우는 것이 극에 달하면 언어가 절제가 없다. 『미공십부집』

18) 이백(李白)은 천재(天才)로 뛰어나고, 백거이(白居易)는 인재(人才) 로 뛰어나며, 이하(李賀)는 귀재(鬼才)로 뛰어나다. 『미공십부집』

19) 독서는 요점 파악을 귀하게 여긴다. 『도덕경(道德經)』 같으면 '유

---

21 당나라 현종(玄宗)이 742년에 노자(老子) 이담(李聃)을 조상으로 삼아 현원황제(玄元皇 帝)로 추존하고 장자(莊子)를 남화진인(南華眞人)으로 높였으며, 『장자』를 『남화경(南 華經)』이라고 부르게 했다. 장자가 살던 곳에 남화산이 있었다.

무(有無)' 두 자가 요점이고, 『능엄경(楞嚴經)』은 '심안(心眼)' 두 자가 요점이며, 『심경(心經)』은 '관조(觀照)' 두 자가 요점이다. 『암서유사』

20) 『산해경(山海經)』[22]을 읽으면 사람으로 하여금 높고 험한 산을 대하는 기분을 갖게 하고, 『수신기(搜神記)』[23]를 읽으면 사람으로 하여금 괴이하고 허망한 느낌을 갖게 한다. 그러나 게으른 병을 고치는 데는 이보다 나은 책이 없다. 『암서유사』

21) 운서(韻書)·자학(字學)·소지(嘯旨)는 산에 거주하는 여가에 익히지 않을 수 없다. 『암서유사』

22) 패관소설(稗官小說)이나 산경(山經) 지지(地誌)를 때때로 책상에 놓아두면, 들어 보지 못한 견문을 넓히기도 하고 노년(老年)의 벗이 될 수도 있다. 『암서유사』

23) 어린아이들이 세상일 때문에 책 읽을 시간이 나뉘어지면 안 된다. 책을 읽어서 세상일에 통해야 한다. 『암서유사』

24) 경·사·자·집(經史子集)[24]은 글로써 전하지만, 비각(碑刻)은 옛사

---

22 『산해경(山海經)』은 중국 최초의 지리서이자 신화집으로, 산천(山川)·초목(草木)·조수(鳥獸) 등에 관한 기괴한 이야기를 실었다. 우(禹)임금이 지었다고 하지만 확실치 않다. 전국시대 이후의 저작으로 추정되며 18권이 전하는데, 진(晉)나라 곽박(郭璞)이 주석을 달아 편찬해서 널리 읽혔다.

23 『수신기(搜神記)』는 진(晉)나라 간보(干寶)가 고금의 신기(神祇)·영이(靈異)·인물(人物)·신선(神仙)·오행(五行)에 관한 설화를 모은 책으로, 20권 454편이 전한다.

24 경사자집(經史子集)은 중국 서적의 분류법으로, 경서(經書)·사서(史書)·제자류(諸子

람의 필적이 함께 남아 있으므로 옛것을 좋아하고 옛날의 어진이와 벗하기를 좋아하는 선비들은 함께 그것을 찾아 전한다. 『암서유사』

25) 바둑을 두는 것보다 책을 베끼는 것이 낫고, 남의 잘못을 이야기하는 것보다 옛사람의 아름다운 말이나 행실을 적는 것이 낫다. 『암서유사』

26) 고첩(古帖)을 두루 찾아 책상 위에 놓으면 다섯 가지 좋은 점이 있다. 긴 해를 소일하고 속된 마음을 없앨 수 있는 것이 하나요, 육서(六書)[25]와 자획법(字劃法)을 분별할 수 있는 것이 둘째요, 옛사람의 기이한 글자를 많이 아는 것이 셋째요, 선현의 풍류와 운치가 눈앞에 선하게 보이고, 그들의 유행(遺行)이나 일적(逸籍), 그리고 그들의 교유 관계와 택묘(宅墓)를 알 수 있는 것이 넷째요, 책상에 매달려 앉아 날마다 머리를 모아 공부하지 않아도 훈수법(熏修法)[26]같이 저절로 공부가 되는 것이 다섯째의 좋은 점이다. 『태평청화(太平清話)』

類)·시문집(詩文集)의 네 가지이다. 『신당서(新唐書)』 권57 「예문지(藝文志)」 서문에 "한나라 이래 사관들은 작가의 이름이나 작품의 편제를 분류함에 있어 육예·구종·칠략 등으로 하였으나 당나라에 이르러 비로소 경(經)·사(史)·자(子)·집(集)의 사류(四類)로 나누었다.[自漢以來, 史官列其名氏篇第, 以爲六藝、九種、七略, 至唐始分爲四類, 曰經、史、子、集.]"라고 했다. 전통적인 칠략(七略)의 도서목록 분류법이 당대에 경사 자집의 사문(四門)으로 변경, 정착된 것이다.

25 육서(六書)는 자의 구성 원리에 관한 여섯 가지 법칙으로서, 상형(象形)·지사(指事)· 회의(會意)·형성(形聲)·전주(轉注)·가차(假借)이다. 한자의 여섯 가지 서체로는 대전 (大篆)·소전(小篆)·예서(隷書)·팔분(八分)·초서(草書)·행서(行書)를 육서라고 한다.

26 훈습(熏習)과 같은 뜻인데, 부처의 가르침을 듣고 불법을 터득하는 것을 말한다. 『대승기 신론(大乘起信論)』에, "훈습(熏習)이란 뜻은 이를테면 세간의 의복이 실상 향기와 아무 런 관계 없는데, 만약 사람이 향으로써 쐬면 향내가 나는 것과 같다." 했다.

권13

현상(玄賞)—그윽하게 감상하는 즐거움

1) 어떤 이가 **범맹박(范孟博)**[1]에게 **곽임종(郭林宗)**[2]이 어떤 사람이냐고 묻자, 맹박이 대답했다.

"곽임종은 숨어 살면서도 부모를 떠나지 않고, 곧게 살면서도 세속을 끊지 않은 사람이다. 천자가 그를 신하로 할 수 없고, 제후가 그를 벗할 수 없는 사람이다. 내가 그 밖의 것은 알 수 없다." 『세설신어』

2) **채사도(蔡司徒)**가 낙양에 있을 적에 **육기(陸機)**[3] 형제를 만나보고

---

1 맹박(孟博)은 후한(後漢)의 문신 범방(范滂, 137~169)의 자이다. 환제(桓帝) 때 기주(冀州)에 흉년이 들어 도적이 일어나자, 조정에서 청조사(淸詔使)로 삼아 안찰하게 했다. 범방이 수레에 올라 고삐를 잡고서 천하를 맑게 하려는 뜻을 품었는데, 그가 이르는 곳마다 죄 있는 수령들은 관리의 인끈을 풀어놓고 스스로 물러났다고 한다. 『후한서(後漢書)』권97 「당고열전(黨錮列傳) 범방(范滂)」

2 임종(林宗)은 후한의 명사 곽태(郭泰, 128~169)의 자이다. 세상 사람들이 유도 선생(有道先生)이라고 했는데, 임종이 동지들과 친하게 지내면서도 국정에 대해서는 자기 소신대로 할 말을 다하거나 심각하게 비평하지 않았으므로, 환관들이 정권을 휘두를 적에도 그를 해치지 못했다. 『후한서(後漢書)』권68 「곽태열전(郭泰列傳)」

3 육기(261~303)는 동진(東晉)의 시인으로, 자는 사형(士衡)이다. 아우인 육운(陸運)과 더불어 문장으로 이름나, 이륙(二陸)으로 불렸다. 『진서(晉書)』권54 「육기열전(陸機列傳)」에 "육기의 자는 사형으로 오군(吳郡) 사람인데, 오가 멸망하자 아우 운과 함께 낙(洛)에 들어갔다. 장화가 본래 그들의 명성을 존중해 '오를 정벌해서 두 인재를 얻었다'고

부하로 삼아 관아에 머물게 했다. 3간 기와집에 사룡(士龍 육운)은 동쪽
에 거처하고 사형(士衡 육기)은 서쪽에 머물렀는데, 사룡의 사람됨은
우아하고 유순하여 사랑스럽고, 사형은 키가 7척 남짓에 목소리는 종
소리 같으며 비분강개한 말투였다. 『세설신어』

3) 왕무자(王武子)[4]가 위개(衛玠)[5]의 뛰어나고 시원한 자태를 보고 감
탄하며 말했다.

"주옥(珠玉)이 곁에 있으니 나의 형용이 더러움을 깨닫게 된다." 『세설
신어』

4) 하지장(賀知章)이 이태백을 보고 칭찬했다.

"이 사람은 천상에서 인간 세상으로 귀양 온 신선[謫仙]이다." 『하씨
어림』

5) 문언박(文彦博)이 성도유수(成都留守)가 되었을 적에 문여가(文與可)[6]
를 보고 기특하게 여겨 말했다.

"여가는 마음씨가 깨끗해 마치 갠 구름과 가을달 같으니, 속세의 때
가 묻지 않았다." 『하씨어림』

했다."라고 했다.

4 무자(武子)는 진나라 무제(武帝)의 사위인 표기장군(驃騎將軍) 왕제(王濟)의 자이다.

5 위개(衛玠, 286~312)의 자는 숙보이다. 위개는 인물이 훌륭하고 장인인 악광(樂廣)은
   명망이 높아서 당시에 논하는 이들이 "장인은 얼음처럼 깨끗하고, 사위는 옥처럼 윤택하
   다.[婦翁冰淸, 女壻玉潤]"라고 했다. 『진서(晉書)』 권36 「위개열전(衛玠列傳)」

6 여가(與可)는 북송(北宋)의 문인 문동(文同, 1018~1079)의 자인데, 시(詩), 서(書), 화
   (畵)에 모두 뛰어났다.

6) 고금의 문장은 오직 4가(家)뿐이다. 좌씨(左氏)는 간략하면서도 화려하고, 장생(莊生 장자)은 호방하면서도 현묘하고, 『이소(離騷)』는 슬프면서도 그윽하고, 태사공(太史公 사마천)은 격렬하면서도 웅장하다. 『장설소췌』

7) 갈치천(葛稚川)[7]이 **육평원(陸平原)**[8]의 문장을 보고 말했다.
"육기의 문장은 현포적옥(玄圃積玉)[9] 같아서 야광주가 아닌 것이 없다."『하씨어림』

8) **안연지(顏延之)**가 **포명원(鮑明遠)**[10]에게 자기 시와 사강락(謝康樂)[11]의 시의 우열(優劣)을 묻자, 포명원이 대답하였다.
"사영운의 오언시는 마치 처음으로 피는 부용(芙蓉) 같아서 사랑스럽고, 그대의 시는 비단에 수놓은 것 같아서 아름다운 무늬가 눈에 가득하다."『하씨어림』

9) **소자첨(蘇子瞻)**이 강을 건너 의진(義眞)에 도착해 형공(荊公 왕안석)

---

7 치천(稚川)은 진(晉)나라 선인(仙人) 갈홍(葛洪)의 자이고, 호는 포박자(抱朴子)이다.
8 육평원(陸平原)은 평원내사(平原內史)를 지낸 동진(東晉)의 문인 육기(陸機, 261~303)를 가리킨다.
9 선경(仙境)에 쌓인 옥(玉)이라는 뜻이다. 현포(玄圃)는 신선이 사는 곳으로 곤륜산(崑崙山) 위에 있다고 한다.
10 명원(明遠)은 남조(南朝) 송나라 문인 포조(鮑照, 414~466?)의 자이다. 임해왕(臨海王) 유자욱(劉子頊)이 형주(荊州)를 다스릴 때 전군참군(前軍參軍)으로 있었는데, 유자욱이 난을 일으키자 반란군에게 피살되었다. 악부시(樂府詩)에 뛰어났으며, 저서로『포참군집(鮑參軍集)』이 있다.
11 강락(康樂)은 남조(南朝) 송나라 문인 사영운(謝靈運, 385~433)의 봉호이다. 포조와 함께 이름을 날렸으므로, 사람들이 포사(鮑謝)라고 함께 불렀다.

의 유장산시(遊蔣山詩)에 화답하는 시를 지어 형공에게 보냈다. 형공이
그 시를 읽다가,

峯多巧障日 산봉우리가 많아 햇빛을 가리고
江遠欲浮天 강이 멀어 하늘을 띄우려 하네.

라는 구절에 이르자 탁자를 어루만지며 감탄했다.

"내가 일생 동안 지은 시가 이 두 구절만 못하구나."『하씨어림』

10) 위(魏)나라 무제(武帝)[12]는 유연(幽燕)의 노장(老將)[13] 같아서 기운
(氣韻)이 침착하고 웅장하며, 조자건(曹子建)[14]은 삼하(三河)의 소년[15] 같
아서 풍류가 볼 만하다. 포명원(鮑明遠)은 주린 매가 나온 것 같아서
기교가 무쌍하며, 사강락(謝康樂)은 동해의 돛단배에 바람이 지나가고
햇볕이 쬐는 것 같다. 도팽택(陶彭澤)[16]은 붉은 구름이 하늘에 있는 것과

---

12 위무제(魏武帝)는 사후에 무황제(武皇帝)로 추증된 조조(曹操, 155~220)를 가리키며,
자는 맹덕(孟德)이다. 후한(後漢) 때 사람으로 삼국시대에 손권(孫權)·유비(劉備)와 함
께 패권다툼을 하였다. 소박한 민요였던 악부(樂府)를 공식 문학의 한 장르로 정착시켰
고, 당시 최고 시인의 한 명으로 꼽혔다.『삼국지(三國志)』권1「위서(魏書) 무제기(武
帝紀)」

13 유연(幽燕)은 전국시대의 연(燕)나라 지역, 당나라 이전의 유주(幽州)로, 중국의 요동(遼
東) 및 하북(河北) 지방을 가리킨다. 흉노와 맞선 지역이어서 강한 군사들이 배치되었으
며 안녹산의 본거지이기도 해서, 후대에 용맹한 군사나 장수를 일컬을 때 인용하는 표현
이다.

14 자건(子建)은 조조의 셋째 아들인 조식(曹植, 192~232)의 자이다.『남사(南史)』권19
「사영운전(謝靈運傳)」에 "영운이 말하기를 '온 천하의 재주가 모두 한 섬인데 조자건(曹
子建)이 8두(斗)를 얻었고 내가 1두를 얻었고 나머지는 고금의 사람들이 차지했다.' 하였
다."고 할 정도로 문학적인 재주가 뛰어났다.

15 삼하(三河)는 중국의 중앙인 낙양(洛陽) 황하(黃河)의 남북 지역으로, 요(堯)임금의 도
읍지 하동(河東), 은(殷)나라 도읍지 하내(河內), 주(周)나라 도읍지 하남(河南)을 가리
킨다. 풍류를 즐긴 왕공 귀족 소년들이 많았다.

같아서 권서(卷舒)[17]가 자유롭다.

왕우승(王右丞)[18]은 가을 물에 부용화(芙蓉花)가 바람에 의지하여 웃는 것과 같고, 위소주(韋蘇州)[19]는 원객(園客)이 홀로 누에를 치는[20] 것과 같아 음휘(音徽)[21]에 은연중 합치한다. 맹호연(孟浩然)은 동정호(洞庭湖)의 물결에 나뭇잎이 조금 떨어지는 것 같고, 두목지(杜牧之)는 동환(銅丸)이 비탈을 구르고 준마가 언덕을 내려오는 것 같다. 백낙천(白樂天)은 산동의 부로(父老)들이 농상(農桑)에 힘쓰는[22] 것 같아 일과 말이 모두 착실하고, 원미지(元微之)[23]는 귀년(龜年)[24]이 천보(天寶) 유사(遺事)[25]

---

16 도팽택(陶彭澤)은 팽택령을 지낸 진(晉)나라 시인 도연명(陶淵明)을 가리킨다.

17 나아가고 물러남을 뜻하기도 하고, 숨거나 드러냄을 뜻하기도 하며, 올바른 도가 행해지거나 행해지지 않음을 뜻하기도 한다.

18 왕우승(王右丞)은 상서 우승을 지낸 당나라 시인 왕유(王維, 701~761)를 가리킨다.

19 위소주(韋蘇州)는 소주 자사를 지낸 당나라 시인 위응물(韋應物, 737~804)을 가리킨다.

20 『술이기(述異記)』에 나오는 이야기이다. "원객(園客)은 제음(濟陰) 사람인데, 얼굴이 예쁘면서도 장가를 들지 않고 언제나 오색 향초(香草)를 가꾸며 살았다. 10여 년이 지난 어느 날 오색 나방이 향초 위에 앉기에 베에다 받아놓았더니 누에가 되었다. 그때 마침 한 여인이 나타나 누에치기를 도우면서 향초로 먹여 누에고치 1백 20개를 땄는데, 크기가 항아리 만했다. 이 여인은 그 고치를 다 켜서 실을 뽑은 뒤에 원객과 함께 신선이 되어 떠나갔다."

21 음휘는 원래 거문고의 소리 또는 곡조를 가리키는데 덕음(德音)이나 아름다운 소리를 뜻하는 말로 쓰인다.

22 『성호사설』에 『유유주집(柳柳州集)』을 인용해 "산동(山東)의 풍속은 어리석고 질박해 농상(農桑)에 힘쓴다."고 했다.

23 미지(微之)는 당나라 시인 원진(元稹, 779~831)의 자이다. 백거이와 친하게 지내 원백(元白)이라고 불렸다.

24 귀년(龜年)은 당나라 현종(玄宗) 때의 악공(樂工) 이귀년(李龜年)을 말한다. 두보(杜甫)의 시 「강남에서 이귀년을 만나다[江南逢李龜年]」에 "기왕의 댁에서 늘 만났고, 최구의 집에서 몇 번이나 연주 들었던가. 강남 풍경 한창 좋은 곳에서, 꽃 지는 시절에 또 그대를 만났구나.[岐王宅裏尋常見 崔九堂前幾度聞 正是江南好風景 落花時節又逢君]"라고 했다.

25 '천보(天寶) 유사(遺事)'는 천보(742~756) 연간에 전해지는 이야기들이라는 뜻인데, 오

를 말하는데 모양은 초췌하나 정신은 상하지 않은 것 같으며, 유몽득
(劉夢得)[26]은 얼음에 조각하고 아름다운 옥에 조각한 것 같아서 광채가
절로 난다. 이태백(李太白)은 유안(劉安)의 닭과 개가 하늘까지 울음소
리를 남겼으나[27] 그 소리가 나는 곳을 찾으려 하니 황홀하여 정처가
없는 것 같으며, 한퇴지(韓退之)는 모래주머니로 강물을 막고 배수진을
친 것은 오직 한신(韓信)만이 할 수 있는 것과 같다. 이장길(李長吉)[28]은
한나라 무제(武帝)가 승로반(承露盤)[29]에 이슬을 받아먹었으나 다욕(多
欲)을 고치는데 아무 도움이 없었던 것과 같으며, 맹동야(孟東野)[30]는
물에 잠긴 단검과 구렁에 누운 쓸쓸한 소나무 같다. 장적(張籍)은 배우
가 시골로 돌아다니며 술을 마시고 때로 해학의 기미가 있는 것과 같으
며, 유자후(柳子厚)[31]는 중추에 홀로 졸다가 갠 저녁에 외로이 피리를

대(五代)의 왕인유(王仁裕, 880~956)가 현종(玄宗) 때 궁중의 일화와 기이한 물품 등
소소한 내용을 『개원천보유사(開元天寶遺事)』 4권으로 잡다하게 기록했다. 궁중 내외
의 풍속과 습관, 현종과 양귀비의 사연, 귀족들의 사치 생활 등 159조를 기록해, 희곡
소설가들뿐만 아니라 장고가(掌故家)들도 즐겨 보았다고 한다.

26 몽득(夢得)은 당나라 시인 유우석(劉禹錫, 772~842)의 자이다.

27 한나라 회남왕(淮南王) 유안(劉安, 기원전 179~122)이 신선술을 터득하여 온 가족을
이끌고 하늘에 오를 적에, 그 집의 닭과 개도 그릇에 남아 있던 단약(丹藥)을 핥아 먹고
하늘에 올라가서, "개는 천상에서 짖고 닭은 구름 속에서 울었다.[犬吠於天上 鷄鳴於雲
中]"라는 전설이 전한다. 『논형(論衡)』「도허(道虛)」

28 장길(長吉)은 당나라 시인 이하(李賀, 790~816)의 자이다.

29 무제(武帝)가 불로장생하기 위해 원정(元鼎) 2년에 건장궁(建章宮) 신명대(神明臺)에
승로반(承露盤)이라는 구리 쟁반을 설치해, 여기에 맺힌 이슬에 옥가루를 타서 마셨다.
그 후 위(魏)나라 명제(明帝)가 본받아서 또 소림원(蘇林園)에 승로반을 설치했다. 『사
기(史記)』 권28 「봉선서(封禪書)」

30 동야(東野)는 당나라 시인 맹교(孟郊, 751~814)의 자이다.

31 자후(子厚)는 당나라 시인 유종원(柳宗元, 773~819)의 자이다. 한유와 함께 고문의 대
가이기도 하다. 영주사마(永州司馬)에서 유주자사(柳州刺史)로 나갔으므로 유유주(柳
柳州)라고도 부른다.

부는 것 같다. 이의산(李義山)[32]은 온갖 보물의 장식과 천사(千絲)의 철 망이 화려하고 고우나 실용에 적합하지 않은 것과 같다.

송조(宋朝)의 소동파(蘇東坡)는 천황(天潢)[33]을 파헤쳐 넓은 바다로 흐 르게 하는데 온갖 변괴가 다 생기지만 끝내는 웅혼한 데로 돌아가는 것과 같으며, 구양수(歐陽脩)는 네 개의 호(瑚)와 여덟 개의 연(璉)을[34] 종묘에 베풀어 놓은 것과 같다. 왕안석(王安石)은 등애(鄧艾)가 음평도 (陰平道)에서 줄을 타고 내려가 촉(蜀)에 들어갔으니 험하기 때문에 공 을 이룬[35] 것과 같으며, 황산곡(黃山谷)은 도홍경(陶弘景)이 궁중으로 들 어와서 이치를 변론하고 현학(玄學)을 담론하면서도 솔바람을 그리워 하는 생각이 여전한 것과 같다. 매성유(梅聖兪)[36]는 황하의 흐름을 막으 니 순식간에 소리가 없는 것과 같으며, 진소유(秦少游)[37]는 혼기를 맞은 처녀가 봄나들이를 했다가 끝내 아름다움이 손상된 것과 같다. 진후산 (陳後山)[38]은 깊숙한 곳에서 학이 홀로 울고 깊은 숲속에 꽃이 외로이

---

32 의산(義山)은 만당(晚唐) 시인 이상은(李商隱, 813~858)의 자이다.

33 원래는 하늘의 은하수를 말하는데, 일반적으로 왕실, 왕족이나 그 후예를 뜻하는 말로도 쓰인다. 북주(北周) 유신(庾信)의 글에 "물결은 하늘의 못에서 나눠 받았고, 가지는 태양 의 나무에서 갈려 나왔다.[派別天潢, 支分若木.]"라는 표현이 나온다.

34 호(瑚)와 련(璉)은 종묘(宗廟)의 서직(黍稷)을 담는 그릇으로써, 옥으로 장식한 매우 귀 중하고 화려한 그릇이다. 『예기(禮記)』「명당위(明堂位)」에 "유우씨의 두 대(敦)와 하후 씨의 네 연(璉)과 은나라의 여섯 호(瑚)와 주나라의 여덟 궤(簋)가 있다.[有虞氏之兩 敦、夏后氏之四璉、殷之六瑚、周之八簋.]"라고 했다. 공자가 자공(子貢)을 호련(瑚 璉)이라고 칭한 이래, 호련은 나라를 다스릴 만한 인재라는 뜻으로 쓰였다.

35 등애(鄧艾, 197~264)는 삼국시대 때 위(魏)나라의 장수로, 종회(鍾會)와 함께 촉(蜀)나 라를 공격하면서 갖은 고생을 다해 촉나라 군사들 몰래 음평도(陰平道)로 나아가 성도 (成都)를 함락시켰다. 『삼국지 위서(三國志 魏書)』권28「등애전(鄧艾傳)」

36 성유(聖兪)는 송나라 시인 매요신(梅堯臣, 1002~1060)의 자이고, 호는 완릉(宛陵)이다.

37 소유(少游)는 송나라 시인 진관(秦觀, 1049~1100)의 자이다. 소동파에게 인정받은 소문 사학사(蘇門四學士) 가운데 한 사람이다. 『송사(宋史)』권444「진관열전(秦觀列傳)」

38 후산(後山)은 송나라 문장가 진사도(陳師道, 1053~1101)의 자이고, 자를 사용해 진무기

피어 조용히 스스로 곱게 여길 뿐 알아주기를 구하지 않는 것과 같고, 한자창(韓子蒼)[39]은 이원자제(梨園子弟)[40]들이 음악을 연주하는데 차례로 늘어서서 질서 있는 것과 같으며, 여거인(呂居仁)[41]은 유학(儒學)을 버리고 선(禪)으로 돌아간 것을 스스로 뛰어나다고 여긴 것과 같다.

그 밖의 작가들을 쉽게 서술하기는 어려우나, 오직 당나라의 두공부(杜工部)만은 주공(周公)이 예(禮)를 제정하고 음악을 만든[42] 것과 같아서 후세 사람이 의의(擬議)[43]할 수 없다. 『시인옥설(詩人玉屑)』. 이상은 시문(詩文)에 대해 말했다.

11) 염입본(閻立本)[44]은 그림을 잘 그렸다. 형주(荊州)에 가서 **장승요(張僧繇)**[45]의 옛자취를 보고 말했다.

(陳無己)라고도 많이 불린다.

39 자창(子蒼)은 송나라 시인 한구(韓駒, ?~1135)의 자이고, 호는 능양(陵陽)이다.

40 이원(梨園)은 당나라 현종(玄宗) 때 영인(伶人 배우·광대)을 가르치던 곳인데, 현종이 음률을 알고 법곡(法曲)을 몹시 사랑해 좌부기(坐部伎)의 자제 3백 명을 뽑아 이원에서 가르치고 황제 이원자제(皇帝梨園子弟)라 불렀다. 또 궁녀 수백 명도 이원자제라 불렀다.

41 거인(居仁)은 송나라 시인인 여본중(呂本中, 1084~1145)의 자이다. 학자들이 동래 선생(東萊先生)이라고 불렀다.

42 "예를 제정하고 음악을 만든다[制禮作樂]"는 말은 성인의 덕을 가진 군주가 국가의 제반 절차와 문물을 정비한다는 뜻이다. 『예기』 「명당위(明堂位)」에 "주공이 예법을 제정하고 음악을 지으며 도량형을 반포하자 천하가 크게 복종했다.[周公 制禮作樂頒度量 而天下大服]"고 했다. 여기서는 두보에 의해서 시의 형식이 갖추어져 모든 시인들이 그를 따랐다는 뜻이다.

43 『주역』 「계사전 상」 8장에 "헤아린 뒤에 말하고, 의논한 뒤에 움직이니, 헤아리고 의논하여 그 변화를 이룬다.[擬之而後言 議之而後動 擬議以成其變化]"고 했다. 말하기 전에 의논하는 것을 의(擬)라 하고, 실행하기 전에 의논하고 평가하는 것을 의(議)라 하니, 의의(擬議)는 어떤 일의 계획이나 실행에 앞서서 토의하는 일을 가리킨다.

44 염입본(閻立本, 601~673경)은 초상화를 잘 그린 당나라 화가인데, 고직(庫直) 벼슬을 맡아 염고직(閻庫直)이라고도 불린다.

45 장승요(張僧繇, ?~549)는 남조(南朝) 양(梁)나라의 화가이다. 무제(武帝)가 안락사(安

"헛된 이름을 얻었을 뿐이다."

이튿날 다시 가서 보고 말했다.

"근대의 가수(佳手) 정도는 된다."

이튿날 또 가서 보고 말했다.

"명성이 높은 사람 가운데 헛되게 명성을 얻은 사람은 없다."

그 그림 밑에서 머물러 자며, 앉아서 보고 누워서 보았다. 『세설신어』

12) 막운경(莫雲卿)[46]이 말했다.

"서늘한 저녁에 못가에 걸터앉아 몇 잔의 술을 마시고, 간혹 붓과 벼루를 벌여 놓고 옛 법첩 한두 줄을 쓰거나 거문고를 타면 정신이 복희씨(伏羲氏)의 세상에 노는 듯하다." 『명세설신어』. 이상은 서화에 대해 말하였다.

13) 거문고는 타지 않는 것이 묘수(妙手)이고, 바둑은 두지 않는 것이 고수(高手)이다. 순박함만 보여주고 단점을 드러내지 않는 것이 옛날의 지인(至人)[47]이다. 『소창청기』

14) 동파(東坡)의 금시(琴詩)에,

樂寺) 단청을 장승요에게 맡겼는데, 네 마리 용 가운데 눈동자의 점을 찍은 두 마리는 곧바로 날아가 버리고, 점을 찍지 않은 두 마리는 그대로 남아 있었다는 '화룡점정(畫龍點睛)'의 고사가 전한다.

46 운경(雲卿)은 명나라 문인 막시룡(莫是龍, 1539~1587)의 자이고, 호는 추수(秋水)다. 글씨도 잘 쓰고, 그림도 잘 그렸다.

47 『장자』 「소요유(逍遙遊)」에 "지인(至人)은 자기를 내세우지 아니하고, 신의 경지에 이른 사람은 공을 내세우지 아니하며, 성인은 이름을 얻고자 하는 생각이 없다.[至人無己 神人無功 聖人無名]"라고 하여 지인, 신인, 성인을 구분했다.

若言琴上有琴聲 만약 거문고에 거문고 소리가 있다면
放在匣中何不鳴 갑 속에 있다고 어찌 울지 않으랴
若言聲在指頭上 만약 소리가 손가락 끝에서 난다면
何不於君指上聽 어찌 그대 손가락에서 들리지 않는가

했으니, 이는 한 권의 『능가경(楞伽經)』이다. 동파는 거문고로 설법(說法)했다고 이를 만하다. 『미공비급』

15) 오성(吳聲)은 청완(淸婉)하여 마치 장강(長江)이 넓게 흐르는 것 같고, 촉성(蜀聲)은 조급(躁急)하여 마치 격랑(激浪)이 천둥소리를 내는 것 같다.

16) 오나라 사람 중에 오동나무로 불을 피워서 밥을 짓는 이가 있었는데, 채옹(蔡邕)이 불타는 소리를 듣고, "이게 좋은 오동나무구나."라고 하였다. 채옹이 그 나무를 달라고 하여 깎아서 거문고를 만들었는데, 그 나무 끝에 불탄 흔적이 있어 초미금(焦尾琴)이라 하였다.[48]

17) 노래꾼 원도(袁綯)가 일찍이 동파(東坡)를 따라 손님들과 금산(金山)을 유람했는데, 마침 중추절이어서 사방 하늘이 구름 한 점 없이 푸른데다가 강물은 계속 흐르고 달빛은 그림처럼 아름다웠다. 드디어 금산 묘고대(妙高臺)에 올라 원도에게 노래를 부르게 했다. 그는 「수조가두(水調歌頭)」[49]를 불렀는데,

---

48 이상 15, 16번은 다른 본에 보이지 않고, 문천본에만 실려 있다.

49 악부(樂府) 상조곡(商調曲)의 이름으로, 수(隋)나라 양제(煬帝)가 강도(江都)에 갔을 때 처음 지었다. 소동파도 신종(神宗) 때 황주(黃州)로 유배되어 있으면서 「수조가두」를

明月幾時有 밝은 달이 얼마 동안이나 있게 될는지
把酒問靑天 술잔 잡고 푸른 하늘에 물어보리라

노래가 끝나자, 동파가 저절로 일어나 춤을 추었다. 『하씨어림』

18) 남악(南岳) **이암로(李巖老)**는 졸기를 잘했다. 다른 사람들이 배불리 먹고 바둑을 두면, 암로는 번번이 베개를 베고 누웠다. 몇 판의 바둑이 끝난 뒤에야 그는 한 번 돌아누우며 말했다.

"나는 비로소 한 판을 두었는데, 그대들은 몇 판을 두었는가?"

동파(東坡)가 말했다.

"암로는 언제나 사각(四脚)의 바둑판을 사용하는데, 바둑판 위에는 검은 돌만 놓는다. 예전에는 변소(邊韶)와 맞수였는데, 이제는 진단(陳摶)에게 백(白)을 빼앗겼으나 이기는 때도 더러 있다. 바둑을 둘 때에는 마음속에 전혀 딴 생각이 없다 하니, 구양공(歐陽公)의 시에,

夜涼吹笛千山月 천산에 달 밝은 서늘한 밤에 피리를 부노라니
路暗迷人百種花 온갖 꽃들이 길을 덮어 사람을 혼미케 하네
棋罷不知人換世 바둑 끝나고도 세상 바뀐 걸 몰랐지만
酒闌無奈客思家 술 취하니 나그네 고향 생각 어쩔 수 없네

한 것이 거의 이 사람에 가깝다." 『소창청기』

19) 나는 일찍이 '바둑은 세상을 피할 수 있고, 잠은 세상을 잊을 수 있다'고 생각했다. 그러나 바둑은 짝을 지어 밭을 가는 장저(長沮)

지었다.

·걸닉(桀溺)과 같아서 한쪽이 없으면 할 수 없지만, 잠은 바람을 타고 다니는 열자(列子)와 같아서 홀로 가고 홀로 올 수 있다. 아! 훌륭하구나. 희이(希夷)여. 잠의 뜻을 깊이 터득했구나.[50] 『이씨분서(李氏焚書)』 이상은 바둑에 대해 말했다.

20) **백낙천(白樂天)**이 여산(廬山) 초당에서 단약(丹藥)을 제련할 적에 비운리(飛雲履)[51]를 만들었는데, 검은 비단으로 바탕을 만들고 사면에는 흰 비단으로 구름무늬를 넣었다. 사선향(四選香)으로 물들였는데, 신을 흔들면 마치 안개가 이는 듯했다. 그가 말했다.

"내 발 아래 구름이 이니, 머지않아 하늘로 오르게 될 것이다." 『소창청기』

21) **충명일(种明逸)**[52]은 천성적으로 술을 좋아해, 차조를 심어서 술을 담그고 말했다.

"공산(空山)이 깨끗하고 고요해서 편안하게 화기(和氣)를 기를 수 있다."

그로 인하여 운계취후(雲溪醉侯)라고 호를 지었다. 『하씨어림』

---

50 희이(希夷)는 송나라 학자 진단(陳摶, 871~989)의 자이다. 그가 화산(華山)에서 수도생활을 할 때에 곡식을 먹지 않고 한 번 누우면 1백여 일씩이나 깨어나지 않고 잤다고한다. 『송사(宋史)』 권457 「은일열전(隱逸列傳) 진단(陳摶)」

51 검은 비단 바탕에 흰 명주로 구름무늬를 놓은 비운리(飛雲履)를 후대 도사들이 여전히신고 다녔는데, 박지원의 『열하일기』를 비롯한 연행록에 자주 보인다.

52 명일(明逸)은 송나라 처사 충방(种放, 955~1015)의 자이다. 초년에 종남산 표림곡(豹林谷)에서 농사를 지으며 고상한 처사로 이름이 났지만, 진종(眞宗)의 부름을 받고 좌사간(左司諫)이 되어 재산을 마련했다가 비방을 받았다. 어느 날 제자들을 모두 불러서 술을마시고 평생 지은 글을 다 불태워버린 뒤에 술 몇 잔을 더 마시고 죽었다. 『송사(宋史)』권457 「은일열전 충방(种放)」

22) 천수생(天隨生)[53]의 집이 황폐해져 건물이 적고 빈 땅이 많았는데, 앞뒤의 빈 땅에 구기자(枸杞子)와 국화를 심어 술을 담그는 자료로 삼았다. 한여름이 되어 구기(枸杞)의 가지와 잎이 쇠어 억세고 맛이 쓰고 떫어졌는데도 여전히 아이들을 재촉해 계속 채취하자, 어떤 사람이 말했다.

"천승(千乘)의 고을[54]에서 일 벌이기를 좋아해 날마다 짐승을 잡아 반찬을 만들어서 그대를 배불리 먹일 집이 없지 않은데, 그대는 문을 닫아 걸고 나가지 않으며 빈 창자 속에 옛 성현의 도덕과 언어만 채우고 있으니, 무엇 때문에 스스로 이처럼 자신을 괴롭히는가?"

천수생이 웃으며 말했다.

"내가 몇 년 동안 배고픔을 참고 경(經)을 읽었는데, 어찌 도고아(屠沽兒)[55]에게 주식(酒食)이 있는 것을 알지 못해서 이러고 있겠는가." 『소창청기』. 이상은 복식(服食)에 대해 말했다.

23) 선우백기(鮮于伯機)[56]가 일찍이 황폐한 포원(圃園)에서 괴송(怪松) 한 그루를 발견해 자기가 거처하는 서재 앞에 옮겨 심고, 그 괴송을 지리수(支離叟)라 이름짓고 아침저녁으로 어루만지며 즐겼다. 『하씨어림』

---

53 천수생(天隨生)은 당나라 육구몽(陸龜蒙, ?~881경)의 호이고, 강호산인(江湖散人)이라는 호도 사용했다. 『신당서(新唐書)』권196「육구몽열전(陸龜蒙列傳)」

54 『맹자』집주(集註)에서 천승지가(千乘之家)는 사방 100리의 땅에서 병거 1,000승을 낸다고 했지만, 『주자대전』권68「정전유설(井田類說)」에서는 '천승지국(千乘之國)은 사방 316리'로 바로잡아 설명했다. 원문의 천승지읍(千乘之邑)은 제후국 규모로 큰 고을을 뜻한다.

55 도고아(屠沽兒)는 백정과 술장수를 가리키는 말인데 여기서는 천시(賤視)해서 하는 말이다.

56 백기(伯機)는 원나라 서화가 선우추(鮮于樞, 1246~1302)의 자이다.

24) 막정한(莫廷韓)에게 미해(米海)의 악석(岳石)이 있는데, 멀리서 바라보면 색깔이 거무스름하다가 가까이에서 보면 그 색깔이 맑고 푸르다. 그 돌의 높이는 대략 일여덟 치 정도이고 길이는 한 자 정도인데, 봉우리와 구렁이 많았다. 두드리면 맑고 높은 소리가 나고, 아무리 건조한 날이라도 푸른 윤기가 흘렀다. 그 돌 밑에 운경(雲卿)[57]이란 두 글자를 새겼다. 『암서유사』

25) 지공(支公)[58]이 학(鶴)을 좋아하자, 그가 담동(郯東)의 앙산(峁山)에 머물고 있을 적에 어떤 사람이 학 한 쌍을 보내왔다. 세월이 조금 지나자 학은 날개가 자라 날려고 했다. 지공은 학이 날아가 버릴까봐 걱정되어 그 날개를 잘랐다. 학은 날개를 퍼덕일 뿐 다시 날지 못하고, 날개를 돌아보며 목을 늘어뜨려 마치 날개를 잃어버려 괴로워하는 듯했다. 도림(道林)이 말했다.

"이미 하늘을 날 뜻을 가졌는데 어찌 사람들의 구경거리가 되려 하겠는가."

다시 날개가 자란 뒤에 날려 보냈다. 『세설신어』

26) 노도(盧度)[59]가 여릉(廬陵)에 은거하며 집 앞 연못에 고기를 길렀는데, 그 고기들에게 모두 이름을 붙였다. 이름을 부르면 고기들이 차례

---

57 이 항목 처음에 막시룡(莫是龍, 1539~1587)의 자를 사용해 막정한(莫廷韓)이라고 했지만, 운경(雲卿)이라는 자가 더 널리 알려져 있다.

58 지공(支公)은 진(晉)나라 고승 지둔(支遁)을 가리킨다. 자는 도림(道林), 본성은 관씨(關氏)인데, 여항산(餘杭山)에 은거하여 도를 닦았으며 학과 말을 좋아했다.

59 노도(盧度, ?~393)는 남제(南齊)의 은사로, 여릉(廬陵) 삼고산(三顧山)에 은거했다. 『남사(南史)』 권75 「은일전(隱逸傳) 상 노도(盧度)」

로 와서 먹이를 먹고는 돌아갔다. 『하씨어림』

27) 회계산(會稽山) 속에 채씨(蔡氏) 성(姓)을 가진 사람이 은거하며 수십 마리의 쥐를 길렀다. 오라고 하면 오고 가라고 하면 가서 사람의 말을 재빨리 알아들으니, 당시 사람들이 채씨를 적선(謫仙)이라 했다. 『하씨어림』

28) **위제천(魏濟川)**이 학 여섯 마리를 기르며 날마다 죽을 쑤어 먹였다. 3년이 되자 그 학이 글자를 알아서, 제천이 책을 찾을 적에 학에게 책을 물어오게 하면 조금도 어긋나지 않았다. 『하씨어림』

29) 상산은사(商山隱士) 고태소(高太素)의 집을 청심정(淸心亭)이라 하는데, 늘 같은 시간이 되면 뜰 밑에서 원숭이가 울었다. 사람들이 그 원숭이를 보시원(報時猿)이라 하였다. 『하씨어림』. 이상은 금충(禽蟲)에 대해 말했다.

30) 봄날 뜰가의 몇 그루 매화나무에 꽃이 피면 석 잔 술을 마신다. 매화나무를 몇 바퀴 돌며 꽃을 감상하고 냄새를 맡으면 맑은 향내가 코를 찌른다. 고계적(高季迪)[60]의 시

雪滿山中高士臥 눈 가득한 산속에 고사가 누웠고
月明林下美人來 달 밝은 숲 아래에 미인이 오네[61]

---

60 계적(季迪)은 명나라 시인 고계(高啓, 1336~1374)의 자이다.
61 고계가 지은 「매화 9수(梅花九首)」 가운데 제1수의 함련(頷聯)이다.

라는 구절을 외니, 참으로 매화와 더불어 조화를 이룬 듯하다. 『소창청기』

31) 진계유(陳繼儒)가 말했다.

"향은 사람의 생각을 그윽하게 하고, 술은 사람의 뜻을 원대하게 하며, 돌은 사람의 뜻을 강하게 한다. 거문고는 사람의 뜻을 적막하게 하고, 차는 사람의 뜻을 시원하게 하며, 대나무는 사람의 뜻을 싸늘하게 하고, 달은 사람의 뜻을 외롭게 한다. 바둑은 사람의 뜻을 한가롭게 하고, 지팡이는 사람의 마음을 가볍게 하며, 물은 사람의 뜻을 비게 하고, 눈은 사람의 뜻을 넓게 한다. 칼은 사람의 생각을 슬프게 하고, 부들자리는 사람 마음을 상쾌하게 한다. 아름다움은 사람들로 하여금 그리워하게 하고, 승려는 사람들을 담담하게 한다. 꽃은 사람들을 운치 있게 하고, 금석이정(金石彝鼎)[62]은 사람을 고아하게 한다." 『미공비급』

32) 병에 꽃을 꽂아 책상 머리에 놓는 데는 꽃마다 알맞은 곳이 있다. 매화는 한겨울에도 굽히지 않으니 그 꽃을 몇 바퀴 돌면 시상(詩想)이 떠오른다. 살구꽃은 봄에 아리땁게 피니 경대(鏡臺)에 가장 알맞다. 배꽃에 비가 내리면 봄 처녀의 간장이 녹고, 연꽃이 바람을 만나면 붉은 꽃잎이 벌어진다. 해당화와 복사꽃·오얏꽃은 화려한 잔치자리에서 아리따움을 다투고, 모란과 작약은 노래하고 춤추는 자리에 어울린다. 꽃다운 계수나무 한 가지는 웃음을 짓기에 충분하고, 그윽한 난초 한 묶음은 이별하는[63] 사람에게 줄 만하다. 비슷한 것을 이끌어 실정에

---

62 '금석(金石)'은 쇠로 만든 종(鐘)이나 돌로 만든 비(碑)나 그릇과 술잔 등에 새겨진 글을 말한다. '이정(彝鼎)'은 고대 종묘(宗廟) 제사에 사용하는 예기(禮器)로, '이'는 술잔이고 '정'은 솥이다. 옛날에 큰 공을 세우면 그 표면에 공적을 새겨 길이 전하게 했다.

63 원문의 '비리(仳離)'는 부부가 이별하는 것, 특히 아내가 버림받은 것을 가리킨다. 『시경』

전용(轉用)하면 적합한 취향이 많다. 『미공비급』. 이상은 꽃에 대해 말했다.

「중곡유퇴(中谷有蓷)」에 "골짜기의 익모초 가뭄에 바짝 말랐구나. 여자가 이별했기에 깊은 한숨을 짓네.[中谷有蓷 暵其乾矣 有女仳離 嘅其嘆矣]"라는 구절이 있다.

권14
청공(淸供) – 맑은 즐길 거리

1) 산에 살면서 필요한 도구 : 경적(經籍)과 기저(機杼)[1]를 준비해 풍속을 교화하고 자손을 가르치는데 쓰고, 약품과 방서(方書)를 준비해 사악한 것을 물리치고 질병을 막는 데 쓴다. 좋은 붓과 종이를 쌓아두어 그림을 그리고 시를 읊는 데 쓰며, 맑은 술과 여러 가지 채소를 심어서 손님을 접대하고 홀로 술을 마실 때 쓴다.

떨어진 옷과 낡은 갓을 손질해 두었다가 눈 내리고 바람 불 때 쓰고, 아름다운 돌과 좋은 먹·고옥(古玉)·기이한 서적 등을 수집해 긴 날의 지루함을 던다. 버들개지로 베개를 만들고 갈꽃으로 이불을 만들어서[2] 침상을 잇대 놓아 밤 이야기를 즐기는 데 쓰고, 스님[3]과 백발의 어부를

---

1 기저(機杼)는 베틀인데, 뒤에 문장을 구성하는 기량이라는 뜻으로 쓰였다. 위(魏)나라 조영(祖瑩)이 문학으로 세상에서 인정을 받았는데, 사람들에게 이렇게 말했다. "문장은 모름지기 자기 베틀에서 나와 일가의 풍골을 이루어야 한다. 어찌 다른 사람들과 함께 생활할 수 있으랴.[文章須自出機杼, 成一家風骨, 何能共人同生活也.]"『위서(魏書)』 권82「조영열전(祖瑩列傳)」

2 갈꽃이불에 관한 고사가『한정록』제4권「퇴휴(退休)」에 보인다.

3 부처의 몸이 황금색으로 되어 있기 때문에 석가여래를 황면 노수(黃面老叟)라고 했다. 『전등록(傳燈錄)』에 "서방에 부처가 있는데, 그 형체가 길이는 1장 6척인데다 황금색 몸이다.[西方有佛 其形長丈六而金身]"라고 했다. 여기서는 승려를 가리킨다.

가까이해 늙는 근심과 번거로운 세상일을 잊도록 한다. 『암서유사』

2) **두섬(杜暹)**[4]은 집에 많은 책을 소장하고 있었는데, 스스로 모든 책에 발문을 써서 자손을 훈계했다.

"이 책들은 내가 녹봉을 받아 구입해서 손수 교정한 것이니, 자손들이 이를 읽으면 성인의 도를 알 것이다. 그러니 이를 팔거나 남에게 빌려 주는 것은 모두 불효이다."[5] 『태평광기』

3) 맑게 산다고 해서 지나치게 의도적이면 안 된다. 의관은 반드시 기이하고 옛스러운 것만 찾고, 물품은 훌륭한 것만 찾으며, 음식은 색다르게 맛있는 것만 찾는다면, 이는 청사(淸事) 중의 탁사(濁事)이다. 나는 이들을 청사의 좀이라고 생각한다. 『소창청기』

4) **사공도(司空圖)**가 중조산(中條山)에 은거할 때에 소나무 가지를 깎아서 붓대를 만들며 말했다.

"은둔한 사람의 붓은 마땅히 이래야 한다."『하씨어림』

5) 붓을 보호하려면 유황주(硫黃酒)[6]로 털을 풀고, 종이를 보호하려면 부용(芙蓉)의 가루로 종이의 빛을 낸다. 벼루를 보호하려면 무늬있

---

4 두섬(杜暹, 678~740)은 당나라 현종(玄宗) 때 명신으로 예부상서를 지냈으며, 효성과 청렴으로 이름났다.

5 국립중앙도서관본에는 이 아래 문방(文房), 군후(君厚) 등 2항목이 더 있는데, 문천본에는 빠졌다.

6 나병 치료에도 쓰는 술인데, 『의림촬요(醫林撮要)』에 보인다. "유황주(硫黃酒) : 유황을 곱게 가루 내어 술에 타 빈속에 먹는다. 혹은 대풍자기름[大風油]을 더한다. 『인재직지방(仁齋直指方)』에 나온다."

는 비단으로 만든 덮개를 쓰는데, 이는 먼지를 멀리하려는 것이다. 먹
을 보호하려면 표범가죽 주머니에 넣는데 이는 습기를 멀리하려는 것
이다. 『소창청기』

6) **온공**(溫公 사마광)이 **자첨**(子瞻 소식)과 차와 먹에 대해 말했다.

"차와 먹 두 가지는 성질이 서로 반대이다. 차는 흰 것을 좋은 것으
로 치는데 먹은 검은 것을 치고, 차는 무거운 것을 치는데 먹은 가벼운
것을 치며, 차는 새 것을 치는데 먹은 오래 묵은 것을 친다."

소자첨(蘇子瞻)이 말했다.

"상품의 차와 뛰어난 먹은 다 함께 향기로우니 이는 그 덕이 같은
것이고, 모두 성질이 단단하니 이는 그 지조가 같은 것이다. 비유하자
면 현인과 군자가 그 지혜와 아름다움의 정도가 같지는 않지만 그 덕과
지조는 한 가지인 것과 같다."

온공이 매우 옳게 여겼다. 『소문충공집』

7) 문사(文士)와 벼루의 관계는 미인과 거울의 관계와 같아서, 일생
동안 가장 가깝게 지낸다. 그러므로 거울은 진도(秦圖)[7]를 치고, 벼루는
송갱(宋坑)을 친다.[8] 『미공비급』

---

7 『서경잡기(西京雜記)』「함양궁이물(咸陽宮異物)」에 나오는 진시황의 거울로, 물건의
　본질을 잘 밝혀 주므로 아무리 모습을 꾸며도 본질 그대로 나타난다. 진시황이 이 거울을
　사용해 역심을 품은 자들을 가려내 처단하다가, 한나라 고조(高祖)에게 건너가고 다시
　항우에게 건너간 뒤 사라졌다고 한다.
8 국립중앙도서관본에는 이 아래 청천향병(淸泉香餅) 항목이 더 있는데, 문천본에는 빠
　졌다.

8) 먹을 갈 때는 병든 사람같이 하고, 붓을 잡을 때는 장사같이 하라.
『소창유기(小窓幽記)』[9]

9) 희지(羲之)는 공교하게 생긴 돌로 된 필가(筆架)를 가지고 있었는데 이름을 호반(扈斑)이라 했다. 헌지(獻之)는 반죽(斑竹)으로 만든 필통이 있었는데 이름을 취종(聚鍾)이라 했다. 『소창청기』

10) 깊은 산에서 고상하게 생활하려면 향로가 없어서는 안 된다. 은거한 지 이미 오래되어 좋은 향이 떨어지게 되면 사람들이 늙은 소나무나 잣나무의 뿌리·가지·잎사귀·열매 등을 채집해 빻고 단풍잎으로 기름을 내어 가지고 이와 섞어서 향을 만들어 한 심지씩 태운다. 이 또한 청고(淸苦)한 분위기를 내는 데 한 자락 도움이 된다.[10] 『소창청기』

11) 산재(山齋)에서 쓰는 도구 : 가을에 감국화(甘菊花)를 따다가 바둑판만한 크기의 붉은 천으로 만든 주머니에 담아서 베개를 만들어 쓰면 머리와 눈을 맑게 해주고, 사악하고 더러운 욕심을 제거해 준다. 또 버들개지나 부들꽃 같은 것들을 따다가 잘 두드려서 부드럽게 만들어 네모난 푸른 주머니에 담아서 방석이나 요를 만들면 햇볕을 받아들여, 따뜻하기가 솜보다도 낫다. 굽은 소나무 가지로 곡궤(曲几)를 만들어 등을 기대는 데 쓰는데, 이를 양화(養和)[11]라 한다. 『소창청기』

9　원문이 "磨墨如病夫 把筆如壯士"인 이 항목은 국립중앙도서관본이나 연세대본, 홍문관본 모두 보이지 않고, 문천본에만 보인다. 『소창유기(小窓幽記) 집소편(集素篇)』에서 뽑은 항목이다.

10　국립중앙도서관본에는 이 아래 인색(印色), 시통(詩筒), 엽전(葉錢), 방천리(房千里) 등 4항목이 더 있는데, 문천본에는 빠졌다.

12) 돌베개는 송나라 때 자백석(磁白石)으로 만든 것인데 대부분 무덤에서 발견되어 쓸 수가 없으므로 자석(磁石)으로 만들어 쓴다. 자석이 큰 덩어리가 없으면 작은 것을 다듬어서 베개의 윗부분만 만들고, 아래는 나무를 붙여서 써도 눈이 밝아진다. 눈을 밝게 해주는 것은 자석이 으뜸이니, 자석으로 분침(盆枕)을 만들어 쓰면 늙도록 눈이 어두워지지 않는다. 영왕(寧王)의 궁중에서 이를 썼다. 『소창청기』

13) 육무관(陸務觀)[12]이 말했다.

"주장(拄杖)[13]은 반죽(斑竹)으로 만든 것이 가장 좋다. 대나무는 늙고 가늘며 단단한 것이 좋고, 반점(斑點)은 약간 붉은색에 점이 드물게 박힌 것이 좋다."

가장강(賈長江)[14]의 시에,

揀得林中最細枝　숲속에서 가장 가는 가지를 골라내니
結根石上長身遲　돌 위에 뿌리 내려 더디게 자랐구나
莫嫌滴瀝經斑少　성글게 박힌 작은 점들 싫어 말게나
恰似湘妃淚盡時　상비(湘妃)[15]의 눈물 다할 때 모습과 흡사하다네[16]

11　당나라 재상 이필(李泌, 722~789)이 신선술을 좋아해, 항상 소나무의 늘어진 가지에 등을 기대고는 '양화(養和)'라고 했다. 『신당서(新唐書)』 권139 「이필열전(李泌列傳)」
12　무관(務觀)은 송나라 시인 육유(陸游, 1125~1210)의 자이고, 호는 방옹(放翁)이다.
13　주장(拄杖)은 행각승(行脚僧)이 가지고 다니는 지팡이인데, 은자가 쓰기도 한다. 소식(蘇軾)의 「정혜원 해당(定惠院海棠)」에 자신의 한가한 모습을 읊으면서 "여염집이건 절이건 묻지 않고, 주장을 짚고 문을 두드려 긴 대나무를 보노라.[不問人家與僧舍 拄杖敲門看脩竹]" 했다.
14　장강(長江)은 당나라 시인 가도(賈島, 779~843)의 호이다. 애초에 승려가 되었다가 환속해 장강 주부(長江主簿)를 지냈으므로 호를 장강이라 했다. 낭선(浪仙)이라는 자가 더 널리 알려져, 그의 시체를 가낭선체(賈浪仙體)라고 한다.
15　상비(湘妃)는 창오산에서 죽은 남편 순(舜)임금을 찾아왔다가 상수(湘水)에 몸을 던져

했으니, 주장(拄杖)을 잘 표현한 말이다. 내가 이 같은 성벽(性癖)이 없
다면 또한 쉽게 이 뜻을 알지 못했을 것이다.[17] 『미공비급』

14) 도복(道服)은 베로 만드는 것이 좋고, 그중에서도 흰색이 좋다.
이는 좌선(坐禪)하거나 말을 탈 때, 눈길을 걸을 때에 추위를 피하기
위해 입는다. 도선(道扇)은 종이를 풀로 붙여서 만든 것도 있고, 대쪽을
엮어서 만든 것도 있다. 옛날에는 아모선(鵝毛扇)[18]이 있었으니, 바로
우선(羽扇)이다.[19] 『소창청기』

15) 옛날 군자들은 음식을 대할 때 행하는 가르침이 있어서, 「향당(鄕
黨)」[20]과 「곡례(曲禮)」[21]에 실려 있다. 그러나 사대부들이 음식을 대할
때 이를 잊어버린다. 그러므로 이제 불가(佛家)에서 행하는 방법을 줄여

죽은 두 비(妃)인 아황(娥皇)과 여영(女英)을 가리킨다. 아황과 여영이 슬피 울어 떨어진
눈물이 대나무에 배어 흑색의 반점이 있는 반죽(斑竹)이 되었기에 소상반죽(瀟湘斑竹)
이라는 말이 생겨났다.

16 시의 제목은 「양포 수재에게 반죽으로 만든 주장을 주다[贈梁浦秀才斑竹拄杖]」이다.

17 "非유有此癖 亦未易賞音"은 문천본에 없는데, 국립중앙도서관본에서 보완해 번역했다.

18 거위 털로 만든 부채이다. 삼국시대 촉한의 군사인 제갈량(諸葛亮)이 거위 털로 만든
부채에 윤건(綸巾) 차림으로 전투를 지휘했으므로, 후대에는 지략 있는 인물의 표시로
썼다.

19 국립중앙도서관본에는 이 아래 죽장(竹杖), 정경(鄭敬), 포화욕(蒲花褥), 은낭(隱囊),
노화피(蘆花被), 지장(紙帳), 불주(拂塵), 의상(猗床), 죽탑(竹榻), 상범(向範), 연취반
(軟炊飯), 산거(山居), 동파(東坡), 청정반(靑精飯), 방수(方壽), 당자서(唐子西), 채다
(採茶), 산곡(山谷), 탕불욕로(湯不欲老), 동파(東坡), 다(茶), 원향신명(遠香新茗), 백
낙천(白樂天), 왕검(王儉), 죽순(竹筍), 채갑(菜甲), 동파(東坡), 입산(入山) 등 28항목
이 더 있는데, 문천본에는 빠졌다.

20 「향당(鄕黨)」은 『논어(論語)』 제10편의 편명이다.

21 「곡례(曲禮)」는 『예기(禮記)』의 편명으로 제1편이 「곡례 상」, 제2편이 「곡례 하」이다.
주로 언어·음식·쇄소(灑掃)·응대 등에 관한 예문(禮文)의 자잘한 것들이 기록되었다.

서 군자들이 음식을 대할 때 지킬 오관(五觀)을 짓는다. 『이문광독(夷門廣牘)』

1. 음식에 든 공력의 다소와 음식의 유래를 생각하라.

이 음식은 땅을 일구고 작물을 심고 거두어 빻고 물에 씻은 다음 끓여서 만든 것이니 노력이 매우 많이 들었다. 하물며 살아 있는 것을 잡아서 자기의 입맛을 즐기겠는가. 한 사람이 먹는 것은 열 사람이 수고한 결과이다. 벼슬하지 않고 집에 있을 때에는 부조(父祖)가 심력을 다해 이룩한 것을 먹는 것이고, 비록 자기의 재산으로 생활하더라도 또한 조상의 음덕을 받은 것이다. 벼슬하면 백성의 고혈(膏血)을 먹는 것이니 더 말할 게 없다.

2. 자기의 덕행이 온전한가 아닌가를 헤아려서 공봉(供奉)에 응하라.

처음에는 어버이를 섬기고, 중도에 임금을 섬기고, 마지막으로 입신(立身)하는 것이 목표이다. 이 세 가지를 모두 온전히 잘 행하면 이러한 공봉(供奉)을 받고, 이에 결함이 있으면 마땅히 부끄러운 줄을 알라. 감히 맛있는 음식을 모두 먹으면 안 된다.

3. 마음을 단속해서 지나치게 욕심내는 등의 허물을 저지르지 않는 것으로 요점을 삼으라.

마음을 다스리고 성품을 기르려면 먼저 세 가지 허물을 저지르지 않아야 한다. 즉 좋은 음식을 탐내는 것, 나쁜 음식을 대하면 성내는 것, 하루 종일 음식을 먹으면서도 음식이 온 곳을 모르는 어리석음이다. 군자가 음식을 대할 때 배부르기를 구하지 않는 것은 이 허물에서 떠나려는 것이다.

4. 음식은 양약(良藥)이니 몸이 여위지는 것을 막기 위해서 먹어야 한다.

오곡(五穀)과 오소(五蔬)²²로 사람을 기르고, 생선과 고기로 노인을 보양한다. 몸이 파리해지는 것은 굶주림과 목마름이 주병(主病)이고, 그 밖에 4백 4가지 병²³은 이에 따른 종속적인 병이다. 그러므로 반드시 음식을 의약으로 생각하고 먹어서 몸을 유지해야 한다. 이 때문에 만족할 줄 아는 사람은 음식 드는 것을 항상 약을 먹는 마음으로 한다.

5. 도(道)를 이루기 위해 이 음식을 먹는다.

군자는 밥을 먹는 잠깐 동안도 인(仁)에서 벗어나지 않으니, 먼저 정성스러운 행동을 한 뒤에 음식을 먹는다. "저 군자여, 소찬(素餐)하지 않는구나.[彼君子兮 不素餐兮]'²⁴ 한 것은 이를 두고 한 말이다.²⁵

---

22 오소(五蔬)는 유래가 문헌에 따로 보이지 않는데, 아욱·콩잎·염교·파·부추 등이 문헌에 많이 보인다.

23 『근사록』 권4 「존양류(存養類)」에 "사람이 걸리는 404가지의 질병은 모두 자기로부터 말미암는 것이 아니지만, 마음만은 반드시 자기에게 말미암도록 해야 한다.[人有四百四病 皆不由自家 則是心須敎由自家]'라"人有四百四病 皆不由自家 則是心須敎由自家]'고 했다. 404가지가 되는 이유로는 사지(四肢) 백체(百體)가 사시(四時)에 걸리는 질병이라는 해석과, 지수화풍(地水火風) 사대(四大)에 각각 101가지의 질병이 있기 때문이라는 해석이 있는데, 일반적으로 각종 질병을 말할 때 쓰는 표현이다.

24 이 구절은 『시경(詩經)』 위풍(魏風) 「벌단(伐檀)」 장에 보인다. 소찬은 공도 없이 봉록만 받아먹는 것을 말한다.

25 국립중앙도서관본에는 이 아래 산곡노인(山谷老人) 항목이 더 있는데, 문천본에는 빠졌다.

권15

섭생(攝生) – 정신을 맑게 하여 목숨을 연장하는 법

1) 사람의 정신은 맑은 것을 좋아하는데도 마음이 동요시키고, 마음은 고요함을 좋아하는데도 욕심이 끌어가고 있다. 항상 욕심만 버릴 수 있으면 마음은 절로 고요해지고, 마음만 맑게 가지면 정신은 절로 맑아진다. 『도서전집(道書全集)』

2) 삶은 죽음의 뿌리요, 죽음은 삶의 뿌리다. 은혜는 해로움에서 생기고, 해로움은 은혜에서 생긴다. 동심(動心)만 없애고, 조심(照心)을 없애서는 안 된다. 마음은 비게 하고, 한 곳에 집착하지 말아야 한다. 『도서전집』

3) 서른여섯 번 호흡 가운데 첫 번째가 중요한데, 내쉴 때도 조용히 하고 들이쉴 때도 조용히 하라. 앉아서도 그렇게 하고, 누워서도 그렇게 하라. 평탄한 곳을 가거나 서라. 떠드는 곳에 가지 말고, 비린 것을 먹지 말라. 그것을 태식(胎息)[1]이라고 하지만 사실은 단전(丹田)으로 숨

---

1 마음에 잡념을 없애고 고요히 앉아 가만가만 숨을 들이쉬어서 기운이 배꼽 아래까지 이르게 하는 호흡법(呼吸法)인데, 단전호흡(丹田呼吸)이라고도 한다.

쉬는 것이니, 병만 고쳐질 뿐 아니라 목숨도 연장된다. 오래오래 그렇게 하면 신선이 된다. 『도서전집』

4) 음식을 먹고 나서 입 다물고 똑바로 앉아 아무 생각도 하지 말고 모든 잡념을 다 잊고서 정신을 가다듬은 후, 아무 것도 보지 말고 아무 소리도 듣지 말고 정신을 내수(內守)에 집중하면서 숨을 고르게 조용히 들이쉬고 내쉬고, 숨을 쉬는지 안 쉬는지 모를 정도로 끊어지지 않게 계속하라. 심장 화기(火氣)는 자연히 아래로 내려가고 신장의 수기(水氣)가 위로 올라와, 입 속에 침이 생기고 영진(靈眞)이 몸 속에 있게 되어 오래 살 수 있게 된다. 『도서전집』

5) 욕심은 마음에서 일어나고 마음은 호흡을 고르게 쉬는 데 따라 안정되니, 마음과 숨이 서로 의지하면 숨이 고르게 되고 마음도 안정을 찾게 된다. 『도서전집』

6) 눈으로 조탁(彫琢)을 보는 자는 시력이 더욱 상하고, 귀로 교향(交響)을 듣는 자는 청력이 더욱 상하며, 마음으로 현묘한 것을 생각하는 자는 마음이 더욱 상한다. 『금단정리대전(金丹正理大全)』

7) 근골(筋骨)을 도인(導引)하면 겉모습이 건전하고, 정욕을 없애면 정신이 건전하며, 언어를 차분하게 하면 복이 갖추어진다. 이 세 가지만 보전되면 성현(聖賢)이라 할 수 있다. 『금단정리대전』

8) 정(精)·기(氣)·신(神)은 내면의 삼보(三寶)이고, 귀·눈·입은 외면의 삼보이다. 내면의 삼보는 물건에 끌려 흐리지 말게 해야 하고, 외면

의 삼보는 마음을 유혹하여 흔들리지 말게 해야 한다. 『금단정리대전』

9) 영욕에 흔들리지 않으면 간목(肝木)[2]이 안정을 잃지 않고, 몸가짐이 경건하면 심화가 일지 않는다. 절도 있게 음식을 먹으면 비토(脾土)[3]가 기운을 빼앗기지 않고, 호흡이 고르고 말을 적게 하면 폐금(肺金)[4]이 손상을 입지 않으며, 고요하여 욕심이 없으면 신수(腎水)[5]가 항상 넉넉하다. 『금단정리대전』

10) 잡념이 이는 것이 문제가 아니라, 그것을 늦게 깨닫는 것이 문제이다. 잡념이 이는 것은 병이고, 계속되지 않게 하는 것은 약이다. 『금단정리대전』

11) 고요한 곳에서는 기운을 단련시키고, 시끄러운 곳에서는 정신을 단련시킨다. 『금단정리대전』

12) 욕심을 없애고 마음을 맑게 하는 것 또한 마음이다. 마음을 가지고 욕심을 잡으려들면 욕심이 더욱 깊어질 것이다. 다투기와 뭇 잡념이 못 일어나게 하는 처방이 무중백련금(無中百煉金)에 나와 있다. 『금단

---

2 목(木)의 성질을 띤 간(肝)이라는 뜻이다. 간(肝)은 오행 가운데 목(木)에 해당하기 때문에 간을 간목(肝木)이라고 표현한다.

3 토(土)의 성질을 띤 비장(脾臟)이라는 의미이다. 비장(脾臟, 지라)은 오행 가운데 토(土)에 해당하기 때문에 비장을 비토(脾土)라고 표현한다.

4 금(金)의 성질을 띤 폐(肺)라는 의미이다. 폐(肺)는 오행 가운데 금(金)에 해당하기 때문에 폐를 폐금(肺金)이라고 표현한다.

5 수(水)의 성질을 띤 신장(腎臟)이라는 의미이다. 신장은 오행 가운데 수(水)에 해당하기 때문에 신장을 신수(腎水)라고 표현한다.

정리대전』

　13) 너무 성내면 기운이 손상되고, 생각을 많이 하면 정신이 손상된다. 정신이 피곤하면 마음이 부림을 당하고, 기운이 약하면 병이 서로 침범한다. 너무 슬퍼하거나 기뻐하지 말고 음식은 언제나 고르게 먹어야 한다. 두 번 세 번 삼가서 밤 술을 마시지 말고, 새벽에 성내는 일을 가장 조심하라. 저녁에 잘 때 운고(雲鼓)를 울리고, 새벽에 일어나 옥진(玉津 침)으로 양치질하면 요사(妖邪)가 몸에 덤비지 못하고, 정기가 자연 충만할 것이다.

　모든 병마에서 벗어나고 싶으면 언제나 오신(五辛)[6] 먹기를 삼가라. 정신을 편안히 하고 마음을 기쁘게 하며, 기운을 아껴 화순(和純)을 보전하라. 누가 수요(壽夭)를 운명이라 하는가. 그것을 가꾸기는 사람에게 달렸으니, 그대가 그 이치를 존중할 수 있으면 평지에서 진군(眞君)[7]을 뵐 수 있을 것이다. 『현관잡기(玄關雜記)』

　14) 마음은 정신의 집이고, 눈은 정신의 창문이다. 눈이 가는 곳이면 마음도 가게 되므로 내련(內煉)하는 법이 눈으로 코를 보고, 코는 배꼽을 대하여 심화를 내려 기해(氣海)[8]로 들여보내는 것인데, 그 공부는 다만 짧은 시간에 있을 뿐이다. 『장자양집(張紫陽集)』

6　불가(佛家)나 도가(道家)에서 꺼리는 다섯 가지 자극성 있는 채소. 불가에서는 마늘, 달래, 무릇, 김장파, 세파를 말하고, 도가에서는 부추, 자총이, 마늘, 평지, 무릇을 말한다.
7　진군(眞君)은 도교(道敎)에서 말하는 우주의 주재자, 즉 조물주이다.
8　기해(氣海)는 한 몸의 정기가 모인다고 하는 배꼽 밑의 혈(穴) 이름이다. 『동의보감(東醫寶鑑)』에서 기를 생기게 하는 근원이 되는 혈로 보고 있다.

15) 정(靜)이 극해 숨을 내쉴 때는 봄 연못의 물고기같이 하고, 동(動)이 극해 숨을 들이쉴 때는 모든 벌레가 동면하듯 한다. 물고기가 봄기운을 얻어 움직일 때 그 동작이 매우 뜨고, 벌레들이 찬 기운을 피하여 동면할 때 그 동면은 흔적이 없는데, 호흡법을 익히는 사람이면 꼭 그같이 해야 한다. 멈춤이 없이 조용히 들이쉬고 내쉬어서, 내쉴 때는 온몸 각 기관의 기운이 따라 나오고, 들이쉴 때는 온몸 각 기관의 기운이 따라 들어오게 해야 한다. 그렇게 오래 계속하면 그 속에서 진기(眞氣)가 생긴다. 약물의 모든 효력도, 화후(火候)[9]의 세고 약함도 모두 진기 속에서 찾으면 그 이상 더할 것이 없다. 『주자전서』

16) 지금 사람들의 정수(精水)가 다 아래로 흐르고 위로 발산되지는 않아, 수화(水火)가 서로 등을 지고 한데 뭉치지 못하는 것은 다 마음이 그렇게 만든 것이다. 마음에 참으로 애정이라는 것이 없다면 그 정수는 절대 아래로 흐르지 않고, 마음에 참으로 분한 감정이 없다면 불이 위로 치솟지 않는다. 한 생각도 나지 않고 모든 잡념이 깨끗이 사라지면 수화는 자연히 결합될 것이다. 『도서전집』

17) 눈은 정신의 들창이고, 코는 정신의 문이며, 미려(尾閭)[10]는 정액

---

9 도가(道家)의 용어로서 단약(丹藥)을 소련(燒煉)하는 일을 이른다. 『참동계』의 주에, "옛날부터 『단서(丹書)』가 있어 화후(火候)의 공용(功用)을 나타냈는데, 이것을 『화기(火記)』라 이른다." 했다. 단약을 골 적에 불의 열을 강하거나 약하게 조절하고 불 때는 시간을 정하는 것을 가리킨다.

10 바닷물이 쉴 새 없이 빠져나간다고 하는 바다 밑에 있는 큰 구멍인데, 한정 없이 새어나가는 것을 비유한 말이기도 하다. 『장자』「추수(秋水)」에 "천하의 물은 바다보다 큰 것이 없다. 온갖 내가 흘러들어 언제 그칠 줄을 모르지만 바닷물이 차지 아니하고, 미려가 배설하여 언제 그칠 줄을 모르지만 바닷물이 비지 않는다.[天下之水, 莫大於海, 萬川歸

의 길이다. 사람이 보기를 많이 하면 정신이 소모되고, 숨을 많이 쉬면 기운이 빠지고, 기욕(嗜慾)이 많으면 정액이 고갈된다. 모름지기 눈을 감아 정신을 기르고, 호흡을 조절해 기운을 기르고, 하원(下元)을 굳게 닫아 정액을 길러야 한다. 정액이 충만하면 기운이 여유가 있고, 기운이 여유가 있으면 정신이 완전하게 된다. 이것이 도가(道家)의 삼보(三寶)이다. 『도서전집』

18) 깨어 있는 것은 양(陽)과 합치되고, 잠자는 것은 음(陰)과 합치된다. 깨어 있을 때가 많으면 혼이 강장해지고, 잠을 오래 자면 넋이 강장해지는데, 혼이 강장한 자는 살아 있는 사람이요, 넋이 강장한 자는 죽은 무리이다. 그러므로 양생을 잘하는 이는 반드시 화락한 기운을 먹고 맛있는 음식은 삼가서 정신과 기운을 상쾌하게 만들고 낮이나 밤이나 항상 깨어 있다. 이것이 바로 오래 사는 방법이다. 『도서전집』

19) 분노를 폭발시키지 않아 성정을 기르고, 잡념을 덜어 정신을 기르며, 말을 적게 해서 기운을 기르고, 기욕을 없애서 정액을 기른다. 『현관잡기』

20) 옛날 길 가던 사람이 나이가 1백 세는 넘어 보이는 세 늙은이가 김을 매고 있는 것을 보고는 그 앞으로 가 절을 하고, 어찌하여 그렇게 오래 살게 되었는가를 거듭 물었다. 상 늙은이는 자기 안방에 못생긴 마누라가 있다고 했다. 중 늙은이는 저녁밥을 몇 수저씩 덜 먹는다고

之 不知何時止而不盈, 尾閭泄之, 不知何時已而不虛.」라고 했다. 이 글에서는 인체의 꽁무니뼈이다.

했다. 마지막 늙은이는 저녁 잠자리에 들어서는 머리를 덮지 않는다고 했다. 그 세 늙은이의 말이 바로 장수하는 비결이다. 『현관잡기』

21) 입 속에는 말이 적고, 마음속에는 일이 적고, 밥통 속에는 밥이 적고, 밤에는 잠이 적어야 한다. 이 네 가지만 적게 하면 신선도 될 수 있다. 『현관잡기』

22) 임맥(任脈)[11]은 중극(中極) 아래서 시작해 모제(毛際)로 올라와 뱃속을 따라 관원(關元)을 거쳐 목구멍까지 와서 음맥의 해(海)에 속한다. 독맥(督脈)[12]은 하극(下極)의 혈에서 시작해 척추를 타고 올라와 풍부(風府)에 이르러 뇌로 들어갔다가 정수리를 거치고 이마를 돌아 콧잔등에 와 닿아 양맥(陽脈)의 해에 속한다. 임맥과 독맥은 한 곳에서 발원해 서로 반대 방향으로 갈려서 독맥은 회음(會陰)을 거쳐 등쪽으로 올라가고, 임맥은 회양(會陽)을 거쳐 배쪽으로 올라가는데[13] 사람의 몸에 이 두 맥이 있는 것이 마치 천지에 자오선(子午線)이 있는 것과 같다.

『황정경(黃庭經)』에,

"내 마음속에 운행되는 천경(天經)이 갖춰져 있으니, 밤낮으로 그 길을 따르면 불로장생한다."

---

11 임맥(任脈)은 정경(正經)인 12경맥(經脈)에 대비되는 기경팔맥(奇經八脈) 가운데 하나로, 몸의 앞 중앙부를 흐르는 기(氣)의 통로이다. 회음(會陰)에서 시작해 음부와 배 속을 지나 관원혈(關元穴) 부위를 거쳐 몸의 앞 정중선을 따라 곧바로 목구멍까지 가서 입술을 돈 다음 뺨을 지나 눈 속으로 들어간다. 눈 아래의 승읍혈(承泣穴)에서 족양명위경(足陽明胃經)과 연결된다.

12 독맥(督脈)도 기경팔맥 가운데 하나이다.

13 문천본에는 이 뒤부터 실려 있는데, 국립중앙도서관본을 참조해 앞부분 몇 줄을 보완 번역했다.

했는데, 이 '천경'이 바로 내 몸에 있는 황도(黃道)로서 모든 동작이 일어나는 근본이니, 바로 임맥과 독맥을 가리킨 말이다. 『수진비록』

23) 몸이 몹시 얼었을 때 열탕(熱湯)에 들어가지 말며, 몹시 더울 때에 갑자기 냉수를 찾지 말아야 한다. 이는 모두 몸에 해가 적지 않다. 『수양총서』

24) 오래 뚫어지게 바라보면 심장을 상하게 되고, 오래 귀 기울여 들으면 신장(腎臟)을 상하게 된다. 오래 걸으면 근육을 상하게 되고, 오래 서 있으면 뼈를 상하게 된다. 오래 누워 있으면 기운을 상하게 되고, 오래 앉아 있으면 살을 상하게 된다. 말을 많이 하면 폐(肺)를 상하게 되고, 많이 웃으면 장(臟)을 상하게 된다. 『후생훈찬(厚生訓纂)』

25) 잠 잘 때는 말을 할 수 없다. 오장(五臟)은 경쇠[磬]를 달아 놓은 것과 같으니, 달지 않으면 소리가 날 수 없다. 『수양총서(壽養叢書)』

26) 잠자리에 들어서 입을 닫으면 않는 기운을 잃지 않고 사기(邪氣)가 침입하지 않는다. 『수양총서』

27) 등불을 켜고 누우면 신혼(神魂)이 불안하다. 『수양총서』

28) 발을 씻고 잠자리에 들면 사지(四肢)에 냉병(冷病)이 없어진다. 『수양총서』

29) 앉고 눕는 곳에 바람이 들어오는 틈이 있으면 급히 피해 앉아야

한다. 허약자나 노인에게는 더욱 좋지 않다. 집에 있거나 밖에 있거나 갑자기 큰 바람이나 폭우, 번개와 우레, 짙은 안개를 만나면 이것은 모두 용이나 귀신이 지나가는 것이니 방으로 들어가 향을 사르고 고요히 앉아 피한 뒤에 나와야 한다. 『수양총서』

30) 여름에 갑자기 몹시 춥거나 겨울에 갑자기 몹시 더운 것은 모두 피해야 한다. 계절병이나 유행병이 모두 여기서 나온다. 심하게 얼었을 때 끓는 물을 붓지 말고, 심하게 더울 때 갑자기 찬 물을 쓰지 말라. 해로움이 적지 않다. 대소변을 볼 때는 이와 입을 꼭 다물고 눈은 위를 보아서 기운이 빠지지 않게 해야 한다. 『수양총서』

31) 머리는 빗질을 많이 하는 것이 좋고, 손은 얼굴을 자주 문지르는 것이 좋다. 이는 (위아래를) 자주 부딪치는 것이 좋고, 침은 늘 삼키는 것이 좋다. 『수양총서』

32) 하늘과 땅의 거리는 8만 4천 리이다. 하늘에서부터 3만 6천 리를 내려오면 36양후(陽候)에 해당되고, 땅에서부터 3만 6천 리를 올라가면 36음후(陰候)에 해당된다. 하늘로 올라가는 36과 땅으로 내려오는 36의 중간 1만 2천 리가 바로 음·양이 모이는 곳이고 하늘과 땅의 한가운데이다.

사람의 몸에서 심장과 신장(腎臟)의 거리는 8촌(寸) 4푼(分)인데 심장 이하 3촌 6푼은 양에 해당되고, 신장 이상 3촌 6푼은 음에 해당된다. 중간 1촌 2푼이 바로 수화(水火)가 교구(交媾)하는 곳이며 사람 몸의 한가운데이다. 조용하고 텅 비어 속에 현원(玄元)의 기운을 간직하고 있으니, 바로 원신(元神)이 사는 곳으로 진토(眞土)라 한다. 밖으로는 두

눈과 화응(和應)하기 때문에 눈을 비토(飛土)라고 한다. 사람이 살아 있으면 신(神)이 존재하므로 눈빛이 밝고, 사람이 죽으면 신이 떠나므로 눈빛이 없어진다. 백성(百姓)들은 날마다 이 신(神)을 사용하면서도 알지 못한다. 이 한 구멍은 하늘과 땅으로도 그 큼을 비유하지 못하고, 해와 달로도 그 밝음을 비유하지 못한다. 혹시라도 이것을 알면 황하(黃河)의 물을 휘저어서 우유를 만들 수 있고, 대지(大地)를 변화시켜 황금을 만들 수 있다.[14] 신령함을 보게 되면 기운이 맑아지고, 기운이 맑아지면 욕심이 적어지며, 욕심이 적어지면 성명(性命)이 바르게 된다. 성명이 바르게 되면 정을 잊을 수 있고, 정을 잊으면 마음도 없어진다. 그러므로 마음이 없어지면 신(神)이 그제야 활동하고, 신이 온전하게 되면 신심(神心)이 절로 한가롭게 된다. 『사우재총설』

33)

閉目冥心坐	눈 감고 조용한 마음으로[15] 앉아
握固靜思神	굳게 주먹을 쥐고 고요히 정신을 집중한다
叩齒三十六	이를 서른여섯 번 마주치고
兩手抱崑崙	두 손으로 곤륜[16]을 감싼다
左右鳴天鼓	좌우의 천고(뇌)를 울리게 해
二十四度聞	스물네 번 들리게 한다

---

14 문천본에는 여기까지 필사되어 있지만, 국립중앙도서관본을 참조하여 나머지를 보완 번역한다.

15 문천본에는 '冥心' 두 자가 없지만, 오언시 형식으로 기록한 것이어서 글자 수를 맞추느라고 국립중앙도서관본을 참조해 보완 번역했다.

16 중국의 서쪽에 있다는 상상 속의 산으로 서왕모(西王母)가 그곳에 살며, 산 위에는 예천(醴泉)과 요지(瑤池)가 있다고 한다. 도가에서는 머리[頭]를 가리킨다.

微擺撼天柱　조금 흔들어 천주(목뼈)가 움직이게 하고

赤龍攪水渾　적룡(혀)을 놀려서 물이 솟게 한다

漱津三十六　서른여섯 번 입 안을 씻어

神水滿口勻　신수(침)를 입 가득히 모은다

一口分三嚥　한 입을 세 번에 나누어 삼키면

龍行虎自奔　용(腎水)이 가고 범(火氣)은 달린다

閉氣搓手熱　기를 가두고 손을 뜨겁도록 비벼

摩背後精門　등 뒤의 정문을 문지른다

盡此一口氣　이렇게 한 차례 하고 나면

想火燒臍輪　불로 배꼽을 태우는 듯해진다

左右轆轤轉　좌우로 도르레처럼 굴리고

兩脚放舒伸　두 다리를 쭉 뻗는다

叉手雙虛托　양손을 깍지껴서 허공을 치고

低頭攀足頻　머리를 낮추어 발을 자주 올린다

以候逆水上　침이 솟아나기를 기다려

再漱再吞津　두 번 입 안을 씻고 두 번 침을 삼킨다

如此三度畢　이렇게 세 차례를 마치면

神水九次吞　신수(침)를 아홉 번 삼킨다

咽下汩汩響　삼킬 때 꿀꺽꿀꺽 소리가 나면

百脈自調均　백맥이 절로 조화를 이룬다

河車搬運訖　물(침) 수레가 운반을 마치면

發火遍燒身　불기운이 온몸을 태워

邪魔不敢近　사악한 마귀가 감히 가까이 못하고

夢寐不能昏　꿈자리도 어지럽지 않다

邪氣不能入　사악한 기운이 침입 못하고

災病不能近　재앙과 질병도 가까이 못한다
子後午前作　자시 후 오전에 시작하면
造化合乾坤　조화가 건곤과 합치한다
循環次第轉　차례로 순환해 실시하면
八卦是良因　팔괘가 참으로 여기에 있다 『현관잡기』

34) 의서(醫書)에 이렇게 되어 있다.

"이 몸 전체를 두고 볼 때 무엇보다 먼저 보호해야 할 것은 원기(元氣)
이다. 그것을 잘 가꾸고 보호하는 방법은 아무리 편안한 상태라 하더
라도 위태로움을 당할 때를 생각해서 삼갈 것을 잊지 않는 것이고, 노
인일 경우는 더욱더 그래야 한다. 약이(藥餌)에 있어서는 간혹 진기(眞
氣)를 가져다주는 약물은 적고 화기(和氣)를 감퇴시키는 약물이 많으
니, 약을 잘 먹는다고 해도 수양을 잘하는 것만 못하다." 『수진비록』

35) 포박자(抱朴子)[17]가 이렇게 말했다.

"보통 사람들은 보탬 되는 것이 있어도 보탬 되는 줄을 모르고, 손상
되는 것이 있어도 손상 되는 줄을 모르고 있다. 손상 되는 것은 알기도
쉽고 속도도 빠른데, 보탬 되는 것은 알기도 어렵고 속도도 느리다.
그런데 그 알기 쉬운 것도 깨닫지 못하는 판에 그 어려운 것을 어떻게
알겠는가. 손상 되는 것은 마치 등잔불이 기름을 소모하듯 눈에 보이
지는 않으나 금방 없어지고, 보탬 되는 것은 마치 볍씨를 뿌려 가꾸는
것같이 눈에 띄지는 않으나 금방 무성해진다. 그러므로 몸을 가꾸고

17　포박자(抱朴子)는 진(晉)나라 선인(仙人) 갈홍(葛洪)의 호이며, 그가 내편(內篇) 20편과
외편(外篇) 52편으로 지은 책의 제목이기도 하다.

성정을 기르는 데 있어서도 애써 작은 일부터 삼가야 한다. 작은 보탬이 도움이 되지 않는다고 닦지 않아서는 안 되고, 작은 손상이 해로울 것이 없다고 막지 않아서도 안 된다. 작은 것을 모으면 그것이 크게 되고, 하나가 없어지면 1억 개도 없어지게 된다. 작은 것을 아껴 남이 알게 한다면 그는 도(道)를 아는 사람이다."『지비록』

36) 사람이 살아가는 데 있어서 정기(正氣)가 혈액과 짝을 이룬다. 혈액은 맥(脈) 속으로 흐르고 정기는 맥 겉으로 흐른다. 숨 한 번 내쉴 때 맥이 30번 가고, 한 번 들이쉴 때 맥이 30번 가서, 정기와 혈액이 함께 전신을 돌고 모든 뼛속까지 생기를 불어 넣는다. 끊임없이 돌고 돌아 조금도 궤도를 이탈하지 않음으로써, 그것이 생생불식(生生不息)하는 묘용(妙用)이 된다. 혈액은 영(榮)이고 정기는 위(衛)이다.[18] 『수진비록(修眞祕錄)』

37) 명도 선생(明道先生)[19]이 이렇게 말했다.

"사람의 감정 가운데 가장 쉽게 터지고 제어하기 어려운 것이 성내는 것이다. 성이 났을 때 그 노여움을 빨리 잊고 사리의 옳고 그름을 살필 수 있다면 외유(外誘)를 그렇게 미워할 것이 없음을 보리니, 도(道)

---

18 영(榮)은 피의 순환을, 위(衛)는 기의 흐름을 말한다. 『황제내경소문(黃帝內經素問)』 권9 「열론(熱論)」에 "오장이 이미 상하고 육부가 통하지 않으면 영위(榮衛)가 행하지 못한다. 이렇게 3일이 지나면 죽게 된다.[五藏已傷, 六府不通, 榮衛不行. 如是之後, 三日乃死.]"라고 했다.

19 명도(明道)는 송나라 유학자 정호(程顥, 1032~1085)의 호이고, 자는 백순(伯淳), 시호는 순공(純公)이다. 저서에 「식인편(識仁篇)」·「정성서(定性書)」·문집(文集)·어록(語錄) 등을 모아 만든 『이정전서(二程全書)』가 있다. 『송사(宋史)』 권427 「정호열전(程顥列傳)」

에 있어서도 절반 이상 올라선 사람이다."『하남사설(河南師說)』

38) 조문원(晁文元)²⁰이 말했다.

"내 일찍이 백낙천(白樂天)의 글이 확 트이고 활달해 보는 이의 가슴
속을 시원하게 해주는 것을 좋아했다. 그의 시에,

我無奈命何 운명을 내 어떻게 하랴
委順以待終 죽을 때까지 따르리
命無奈我何 운명이 나를 어떻게 하랴
方寸如虛空 내 마음²¹ 허공 같으니

했으니, 그 정도라면 조화나 음즐(陰隲)²²로도 마음의 동요를 일으키지
못할 것이다. 시속에서 일어나는 일들이야 그의 마음에 어찌 걸리겠는
가."『법장쇄금록(法藏碎金錄)』

39) 유공도(柳公度)가 섭생(攝生)을 잘하여 나이 여든이 되어도 걸음
걸이가 가벼웠으므로 사람들이 그 방법을 물었더니 이렇게 대답했다.

"내게 다른 방법은 없다. 다만 원기(元氣)를 기쁘거나 성내는 일에
쓰지 않았더니 기해(氣海)²³가 언제나 따뜻했을 뿐이다."『지비록』

---

20 문원(文元)은 송나라 학자 조형(晁迥, 951~1034)의 시호이다. 성품이 소탈하고 양생술
에 능해 진종(眞宗)이 호학장자(好學長者)라고 칭했다
21 원문은 방촌(方寸)이다. 옛사람들은 심(心)의 위치를 가슴 밑 배꼽 위 사방 한 치[方寸]
되는 곳에 있다고 생각했다.
22 음즐(陰隲)은 하늘이 말없이 보살펴 주는 복을 말한다. 『서경』「홍범(洪範)」첫머리에
"하늘은 암암리에 백성의 운명을 정해 놓고 그들의 삶을 돕고 화합하게 한다.[惟天陰騭
下民 相協厥居]"라고 했다.
23 기해(氣海)는 배꼽 아래 1촌 5푼쯤 되는 움푹한 곳에 있는 경혈이다. 『동의보감(東醫寶

40) 진원방(陳元方)[24]이 말했다.

"모든 병과 일찍 죽는 것이 음식 때문에 많이 일어나니, 음식의 해가 성색(聲色)보다 심하다. 성색은 1년 넘게도 끊을 수 있지만 음식은 하루도 안 먹을 수 없으므로, 이로운 것도 많지만 해로운 것 또한 매우 많다."『지비록』

41) 옥화자(玉華子)[25]가 말했다.

"음식은 사람의 생명이 관계된 것이니 어찌 끊을 수야 있겠는가. 요는 담박(淡泊)한 맛에, 살찌고 기름진 것은 빼고, 굽지 말고 살생하지 말며, 냄새나는 것을 멀리하되 음식을 잘 조절하여 장부(臟腑)에 맑은 기운이 통하고 속이 조화를 이루어 막힘없이 유통하게 함으로써 언제나 알맞은 상태를 느끼게 된다면 신명(神明)이 제 자리를 지켜 승강(昇降)이 자유로울 것이다."『수양총서』

42) 우리 고장에 나이 90여 세가 되었는데도 기운이 소년 못잖은 노인이 있기에 그에게 음식 먹는 법을 물었더니 그가 대답하기를,

"음식을 먹을 때 충분히 씹은 다음 침과 함께 가만히 넘겨야만 양분이 비장[脾]으로 들어가서 화색이 충만하게 되지 거칠게 먹으면 그것이 모두 찌꺼기가 되어 창자를 모두 메울 뿐이다."

鑑)』에 "기해는 남자의 기가 모이는 곳으로, 모든 기병에 전부 뜸 요법을 쓴다.[氣海者是 男子生氣之海也 一切氣疾皆灸之]"고 했다.

24 원방(元方)은 후한(後漢)의 문신 진기(陳紀, 129~199)의 자이다. 아우 진심(陳諶)과 함께 학문과 덕행으로 명성이 높아 사람들이 난형난제(難兄難弟)라고 칭했다.『후한서(後 漢書)』 권62 「진기열전(陳紀列傳)」

25 옥화자(玉華子)는 명나라 의학자 성단명(盛端明, 1470~1550)의 호이고, 자는 희도(希 道)이다. 저서『정재의초촬요(程齋医鈔撮要)』5권,『옥화자(玉華子)』4권이 전한다.

하였고, 또 한 노인은 나를 위하여 말하기를,

"일생 동안 음식을 대할 때 그 절반만 먹고 언제나 '여유를 두고 다 없애지 말아야겠다' 하는 마음을 두어야 한다. 대개 사람이 오래 살고 일찍 죽는 것이 따로 있는 것이 아니다. 천록(天祿)이 다 되면 죽는 것이며 닥치는 대로 마구 먹는 사람치고 머리가 희도록 사는 이를 보지 못하였다."

하였다. 내 생각에도 그 노인의 말대로만 한다면 창자 속이 항상 편안할 것 같으니, 이것 역시 섭양(攝養)하는 중요한 방법이라 하겠다. 『서호유람지(西湖游覽志)』

43) 팽조(彭祖 전갱(籛鏗))가 말하기를,

"한 달에 두 번 설정(泄精)하고 한 해에 24번 설정(泄精)한다. 이것은 절약하고 삼가는 도리다."

하였고, 소녀(素女)는,

"사람이 60세가 되면 정(精)을 배설하지 않아야 하는 것이니 이것은 죽음을 만회하는 방법이다."

하였고, 사상채(謝上蔡 송(宋) 사양좌(謝良佐))는,

"사람이 자식을 둔 후는 한 방울도 배설해서는 안 되니 이것은 달생양성(達生養性)하는 도리이다. 그러므로 '상사(上士)는 침상을 따로 쓰고, 중사(中士)는 이불을 따로 쓴다.' 하였으니 천 봉지의 약을 먹는 것이 혼자 자는 것만 못하다."

하였다. 『지비록』

44) 자경편(自警編)에 이렇게 되어 있다.

"관중(關中)의 은사(隱士) 낙경도(駱耕道)가 늘 말하기를 '수양(修養)하는 선비는 마땅히 월령(月令)을 써서 좌우(左右)에 두고, 하지(夏至)에 기욕(嗜慾)을 절약하여야 하고, 동지(冬至)에 기욕을 절약하여야 한다.' 하였다. 대개 일양(一陽)이 처음 생(生)할 때 그 기운이 미약하여 마치 초목(草木)이 싹틀 때 쉽게 상할 수 있는 것과 같으므로 완전히 금욕(禁慾)해야지 조절하는 식으로 해서도 안 된다. 그리고 기욕이란 사철 모두 사람을 상하게 하는 것이지만, 동지·하지는 음(陰)과 양(陽)이 다투는 시기이니 더욱 사람을 손상시키는 것이다."『지비록』

45) 팽조는 이렇게 말하였다.

"없어지고 생기는[消息] 실정을 몰라서는 안 된다. 또 심한 추위와 더위, 큰 바람·비·눈·일식·월식·지진·우레·번개 이런 것은 천기(天忌)이며, 만취하거나 과식·희로(喜怒)·우수(憂愁)·비애(悲哀)·공구(恐懼) 이런 것은 인기(人忌)이며, 산신(山神)·천기(川祇)·사직(社稷)·정(井)·조(竈)가 있는 곳 이런 것은 지기(地忌)이니 반드시 피하여야 한다." 『지비록』

46) 참찬서(參贊書)에 이렇게 되어 있다.

"생활을 규칙 있게 아니하거나 음식을 조절하지 아니하면 음(陰)이 해를 받아 오장(五臟)으로 들어가고, 적풍(賊風)과 허사(虛邪)는 양(陽)이 받아 육부(六腑)로 들어간다."『후생훈찬』

47) 천은자(天隱子)는 이렇게 말하였다.

"무엇을 편안한 곳이라 하는가. 화당(華堂) 수우(邃宇)에 중인(重茵) 광탑(廣榻)을 말함이 아니다. 남쪽으로 향하여 앉고 동쪽으로 머리하여 잠자며, 밝고 어두움이 적당히 된 곳이 편안한 곳이다. 집이 높은 데 있으면 양(陽)이 성하여 밝음이 많고, 집이 낮은 데 있으면 음(陰)이 성하여 어두움이 많다. 그러므로 밝음이 많으면 백(魄)이 상하게 되고, 어두움이 많으면 혼(魂)이 상하게 되는 것이다. 사람의 혼은 양이고 백은 음인데 밝고 어둠에 상하게 되면 질병이 생기게 된다." 『후생훈찬』

48) 노공(潞公) 문언박(文彦博)이 벼슬을 그만두고 낙양으로 돌아와 황제를 뵈었는데 그 당시 나이 80세였다. 신종(神宗)이 그의 건강함을 보고,

"경(卿)은 섭생(攝生)하는 도(道)가 있는가?"

하고 물으니, 노공이,

"별것이 아닙니다. 신(臣)은 다만 뜻에 맡겨 자적(自適)하여 외물(外物)로 화기(和氣)를 상하게 하지 아니하며, 감당하기 어려운 일은 감히 하지 아니하고, 적당히 흡족하고 좋을 때에 곧 그만두곤 하였습니다."

하니, 주상(主上)은 명언(名言)이라고 하였다. 『저기실』

49) 유궤(劉几)는 낙양(洛陽) 사람인데 나이 70이 넘었으나 정신이 쇠하지 아니하고 신체가 병 없이 건강하며 술을 굉장히 마셨다. 나는 평소부터 그가 양생(養生)을 잘한다는 말을 듣고 물어보니, 그가 말하기를,

"내게 방중 보도술(房中補道術)이 있는데 자네에게 주려 한다."

하므로, 나는,

"지금 하찮은 관직에 매여 있고 집에는 오직 어린 여자뿐인데 어디에 그것을 쓰겠소."

하였다. 그러나 유궤를 살펴보니 매번 술 한 번 마실 때 꼭 한 번씩 입을 씻는데, 비록 취하여도 잊지 않으니 이 때문에 치질(齒疾)이 없었

고, 저녁때는 무엇이든 조금만 먹었다. 유궤의 자서(子壻)에 진영(陳令)
이란 이가 있는데 그 술(術)을 꽤 알았다. 그는 말하기를,

"외신(外腎)을 따뜻하게 하는 것뿐이다."

하였다. 그 방법은 두 손으로 움켜쥐고 따뜻하게 하며 묵묵히 앉아 조
식(調息)하기를 1천 번에 이르면 두 고환이 진흙처럼 용액(融液)하여 허
리 사이로 들어가는데 이 술이 매우 묘하다. 『저기실』

50) 회회교(回回敎)의 문도들이 보양(保養)을 잘하는 것은 다른 법이
없고 오직 외신(外腎)을 따뜻하게 하여 찬기가 닿지 아니하게 할 뿐이
다. 그들은 남쪽 사람들이 여름철에 베 바지를 입는 것을 보고 매우
잘못되었다고 하며, 찬 기운이 외신을 상하게 할까 두렵다고 하였다.
밤에 누울 때는 마땅히 손으로 움켜쥐고 따뜻하게 해야 한다고 하며,

"이것이 바로 산 사람의 성명(性命)의 근본이니, 보호하지 않으면 안
된다."

하니, 이 말이 매우 이치가 있다. 『사우재총설』

51) 진서림(陳書林)이 이렇게 말하였다.

"내가 약시창부(藥市倉部)의 윤차(輪差)를 맡고 있을 때 제군들이 나
에게 미수(米壽 88세)를 받으라고 청하였다. 향인(鄕人) 장성지(張誠之
장존(張存)의 자)가 사농승 감사(司農丞監史)로서 같이 앉아 있었는데, 그
때가 심한 겨울 추위 끝이라 두세 시간 사이에 두 차례를 소변보려
일어나니, 그가 '왜 그처럼 자주 하는가?' 하고 물으므로 내가 '날씨가
추우면 자연 이렇게 된다.'고 대답했더니, 장씨(張氏)가 '나는 겨울 여
름 할 것 없이 아침저녁 두 차례면 된다.' 하였다. 그래서 내가 '도인(導
引)의 방법이 있는가?' 하고 물으니 그렇다고 대답하므로, 내가 '조만

간에 배우겠다.' 하고 여가(餘暇)를 이용하여 가르쳐 주기를 청하니, 그가 구두로 일러주기를 '내가 처음 이 문정공(李文定公 문정은 이적(李迪)의 시호)의 가서(家壻)가 되었는데 처제(妻弟) 소년이 어떤 분을 만나 얻은 것이다 하고, 마침내 소결(小訣)을 가르쳐 주었다. 즉 '잠자리에 들 때 침상에 앉아 다리를 내리고 옷을 끄른다. 숨을 멈추고 혀를 위 잇몸에 붙이고 눈은 이마를 쳐다보며 곡도(穀道)를 움츠러뜨리며 손으로 두 신유혈(腎腧穴)을 각각 1백 20번씩 마찰하는데 많이 할수록 좋다. 이걸 끝내고는 눕는데, 이렇게 하기를 30년 하니 매우 힘을 얻었다고 하므로, 돌아가 노인에게 말씀드렸더니, 노인이 시험해본 지 10일 만에 '정말 기묘하다.' 하였다. 친구 가운데 독실히 믿는 몇 사람에게 말하였더니 모두 효험을 얻었다고 하며 수련사(修練士)에게 일러 주라고들 하였다.」『저기실』

52) 동파(東坡)가 이렇게 말하였다.

"양주(楊州)에 시진(侍眞)이라는 무관(武官)이 있는데 이광(二廣)에 벼슬한 지 10여 년이지마는 끝내 수토병(水土病)에 걸리지 아니하였고, 안색은 불그레 윤기가 돌며 허리와 발이 경쾌하였다. 애초부터 약은 먹지 아니하였고 매일 5경(更)이면 일어나 앉아 두 발을 서로 대고 뜨거워 땀이 나도록 용천혈(湧泉穴)을 마찰하였다.

구공(歐公 구양수)이 평생에 선(仙)이나 불(佛)을 믿지 아니하고 남이 행기(行氣)하는 것을 웃더니 만년에 말하기를 '수년 이래 발에 종기가 나서 참을 수 없이 아팠는데, 어떤 사람이 한 방법을 일러주므로 3일을 해 보았더니 깨닫지 못하는 사이에 없어졌다. 그 방법이란 발을 쭉 뻗고 앉아 눈을 감고 주먹을 꼭 쥐며 곡도(穀道)를 움츠러뜨리고 몸을 좌우로 흔들며 두 발은 기구(氣毬) 모양으로 하여 힘이 다하면 쉬고 기운이 회복되면 다시 하는데 7일을 하고 8일째는 쉬었다.' 하였는데 이것이 반신운수(搬薪運水)의 첩법(捷法)이다. 문충공(文忠公)은 아픔이 가시자 곧 그만두었지마는 만일 그만두지 아니하였으면 상당한 유익함이 있었을 것이다. 또 왕정국(王定國)의 편지에 보면 '발바닥 마찰하는 법은 정국(定國)이 스스로 이미 행하고 있으니, 다시 바라는 것은 공부를 더하여 그만두지 아니하고 매일 술을 조금씩 마시고 음식을 조절하여 항상 위장 기운을 장건(壯健)하게 하기를 바란다.' 하였다."
『저기실』

53) 장차 정욕(情慾)을 받으려면 먼저 오관(五關)을 수렴하여야 한다. 오관이란 정욕의 길이며 기호(嗜好)의 창고이다. 눈은 채색(彩色)을 좋아하니 이름하여 벌성(伐性)의 도끼라 하고, 귀는 음성(淫聲)을 즐기니 이름하여 공심(攻心)의 북[鼓]이라 하며, 입은 자미(滋味)를 탐하니 이름하여 부장(腐腸)의 약(藥)이라 하고, 코는 방향(芳香)을 좋아하니 이름하여 훈후(熏喉)의 연기[煙]라 하고, 몸은 거마(車馬)를 편안히 여기니 이름하여 빈축을 부르는 기구라 한다. 이 다섯 가지는 양생(養生)이 되기도 하고 또한 상생(傷生)이 되기도 한다. 『후생훈찬』

54) 동료 광자원(鄺子元)이 한림보외(翰林補外)가 된 지 10여 년 동안 부름을 받지 못하여 실망이 말할 수 없었다. 마침내 심질(心疾)이 되었는데 매번 병이 발작하면 갑자기 혼궤(昏憒)하여 꿈꾸는 듯하며 혹은 헛소리까지 하였다. 어떤 이가 말하기를,

"진공사(眞空寺)에 노승(老僧)이 있는데 부적이나 약을 쓰지 아니하고 심질을 잘 치료한다."

하므로 자원이 찾아가 이야기하니 노승은,

"상공(相公)의 병환은 번뇌(煩惱)에서 생긴 것이고 번뇌는 망상(妄想)에서 생긴 것입니다. 대저 망상의 유래는 그 기미가 세 가지 있는데 혹은 수십년 전의 영욕(榮辱) 은수(恩讐)와 비환(悲歡) 이합(離合) 및 더러는 부질없는 정념(情念)들이니 이런 것은 과거 망상(過去妄想)이며, 혹은 일이 눈앞에 닥치면 순응하여도 될 것을 머리와 꼬리를 두려워하여 서너 번 반복하며 망설이고 결정하지 못하는 것이니 이런 것은 현재 망상(現在妄想)이며, 혹은 뒷날의 부귀영화가 모두 소원대로 되기를 기대하거나 혹은 성공하여 이름을 빛내고 치사(致仕)하고 전원으로 돌아가기를 기대하거나, 혹은 자손이 등용하여 서향(書香) 이어받기를 기대하는 것과, 그 밖에 일체의 꼭 이루거나 꼭 얻지 못할 일들을 기대하는 것이니 이것은 미래 망상(未來妄想)입니다. 세 가지 망상이 갑자기 생겼다가 갑자기 없어짐을 선가(禪家)에서는 환심(幻心)이라고 하며, 능히 그 헛됨을 조견(照見)하고 마음에서 잘라 버리는 것을 선가에서는 각심(覺心)이라 합니다. 그러므로 '생각이 일어나는 것은 걱정할 것 없고 오직 깨달음이 늦어질 것을 걱정한다.' 하였으니 이 마음이 만일 태허(太虛)와 같다면 번뇌가 어느 곳에 발붙이겠습니까."

하고, 또 말하기를,

"상공의 병환은 수화 불교(水火不交)에도 원인이 있습니다. 미색(美色)에 빠져 색황(色荒)을 하는 것을 선가(禪家)에서는 외감(外感)의 욕(欲)이라고 하고, 베개 위에서 미색 얻기를 생각하다가 혹 심화(心火)가 생기는 것을 선가에서는 내생(內生)의 욕이라 하는데, 두 가지의 욕에 얽히고 물들면 모두 원정(元精)을 소모하게 되니 만일 능히 떼어버리면 신수(腎水)가 자연히 불어나 위로 심장과 호응할 것입니다. 심지어는 문자(文字)를 사색하다가 침식(寢食)을 잃는 것을 선가에서는 이장(理障)이라 하며 직업에 빠져들어 피로함을 잊는 것을 선가에서는 사장(事

障)이라 하는데 두 가지의 장(障)은 비록 인욕(人欲)이 아니지마는 역시
성령(性靈)을 해롭힙니다. 만일 능히 없애버리면 심화(心火)가 위로 타
오르는 데 이르지 않고 아래로 신장과 호응할 수 있습니다. 그러므로
'육진(六塵)[26]과 서로 인연 맺지 아니하면 육근(六根)이 붙일 곳이 없어
지며, 근본으로 돌아가 전일(全一)하면 육용(六用)이 행하지 아니한다.'
하고 또 '고해(苦海)가 끝이 없으나 깨달으면 바로 피안(彼岸)이다.'라고
합니다."
하였다. 자원이 그 말과 같이 하여 이에 혼자 독방에 거처하며 일만
인연을 쓸어버리고 조용히 한 달 남짓 앉았으니 심질(心疾)이 씻은 듯
없어졌다. 내가 변문대(忭聞臺)에 있을 때 자원이 그것을 자세히 일러
주고, 또 이렇게 말하였다.

"선가설(禪家說)이 심질을 치료할 수 있으니 우리들은 잠시 일절(一
節)만 택하여도 좋으리라." 『사우재총설』

---

26 불가(佛家)의 용어로, 눈[眼]·귀[耳]·코[鼻]·혀[舌]·몸[身]·뜻[意]의 육근(六根)으로
부터 모든 마음을 더럽히게 되는 색(色)·성(聲)·향(香)·미(味)·촉(觸)·법(法)의 여섯
경지를 말한다.

권16

치농(治農)[1] - 자연 속에서 농사짓는 법

1) 택지(擇地) - 땅 고르기

생활의 방도를 세우는 데는 반드시 먼저 지리(地理)를 선택해야 한다. 지리는 수륙(水陸)이 서로 잘 통하는 곳을 으뜸으로 치기 때문에 산(山)을 등지고 호수(湖水)를 바라보는 곳이 가장 좋다. 그러나 반드시 지역이 너그럽고 크면서도 단단히 묶인 곳을 찾아야 하니, 지역이 너그럽고 크면 재물과 이익을 많이 산출할 수 있고, 지역이 단단히 묶였으면 재물과 이익을 모아들일 수 있다.[2]

---

1 제15권까지는 항목마다 출전을 밝혔지만, 제16권 「치농(治農)」에는 출전 표기가 없다. 그래서 허균 자신이 체험을 바탕으로 기록한 글이 아닌가 생각할 수도 있지만, 김용섭 교수가 이미 진계유가 찬집한 『도주공치부기서(陶朱公致富奇書)』를 발췌한 것이라고 밝혀냈다. 제15권까지가 은거해 마음의 평안을 얻기 위한 글이라면 제16권은 구체적으로 산업을 일으켜 자급자족할 방도를 찾기 위한 글이다. 따라서 덕성(德性)보다는 재리(財利)를 중요하게 여기며 살자고 한다.

2 『주례(周禮)』「하관(夏官)」에, "합방씨(合方氏)가 온 천하의 도로와 교통을 맡아서 재리(財利)가 서로 유통하게 한다."고 했다. 원문의 '긴속(緊束)'은 재물과 이익이 유통되는 길목을 가리키는 듯하다. 박지원이 지은 소설 허생(許生)에서 국부 변씨에게 만금을 빌린 허생이 "안성(安城)은 기(畿)·호(湖)의 접경이요, 삼남(三南)의 길목이다.' 생각하고는 그곳에 머물러 살며 대추·밤·감·배·감자·석류·귤·유자 등의 과실을 모두 값을 배로 주고 사서 창고에 쟁였다가 열 배를 받고 팔았다.

2) 자본(資本) - 밑천 마련하기

모든 경영(經營)[3]이 다 근본이 없으면 제대로 설 수 없고, 재물(財物)이 아니면 이뤄질 수 없다. 동류(同類)[4]는 이미 얻었다 하더라도 자본이 넉넉하지 못하면 또한 공이 이뤄질 수 없기 때문에, 장차 경영을 하려면 반드시 재물부터 먼저 저축해야 한다. 그렇다면 창업(創業)[5]한 자는 탐내지 않고 차서에 따라 하여도 절로 이익이 있다. 그러므로 자본이 없어서는 안 되겠지만, 반드시 부(富)까지 이룰 필요는 없다.

3) 정거(定居) - 거처 정하기

거처(居處)와 음식(飮食)은 사람이 살아가는 큰 단서[大端][6]이다. 지리

3　경영(經營)은 『시경』「영대(靈臺)」에 "영대를 짓기 시작하여, 땅을 재고 푯말을 세우니, 서민들이 와서 일해, 며칠도 되지 않아 다 이루었네.[經始靈臺 經之營之 庶民攻之 不日成之]" 한 데서 온 말이다. 그 뒤에 집을 짓는 것만 아니라 어떤 사업을 계획세우고 이뤄 나간다는 뜻으로도 썼다. 『시경』「북산(北山)」에 "여력(旅力)이 강해, 사방을 경영할 수 있네.[旅力方剛, 經營四方.]"라고 한 것은 벼슬에 나가 나라를 위해 사방에서 일하는 것을 말한다. 이 글에서는 좁은 의미로 농업 경영을 뜻한다.

4　『주역』「태괘(泰卦) 초구(初九)에 "서로 엉켜져 있는 띠풀의 뿌리를 뽑는 것같이 동류와 함께 가면 길(吉)하다."라 했다. 군자가 나아갈 때에는 반드시 동류들을 데리고 가서 단지 서로 양보하여 상대의 선(善)을 허여하는 데에 뜻이 있을 뿐만 아니라 서로 도와 성공을 이룬다는 뜻이다. 이 글에서는 함께 은거하는 동지를 가리킨다.

5　창업은 나라를 세우는 경우에 주로 쓴 말이다. 삼국시대 위(魏)나라 조식(曹植, 192~232)이 지은 「화각곡(畫角曲)」에, "임금 되기 어렵지만, 신하 되기도 어려우니, 어렵고 또 어렵네. 창업하기 어렵지만, 수성하기도 어려우니, 어렵고 또 어렵네. 자수성가 어렵지만, 보존하기 어려우니, 어렵고 또 어렵네.[爲君難, 爲臣難, 難又難. 創業難, 守成難, 難又難. 起家難, 保家難, 難又難.]"라고 했다.

6　『예기』「예운(禮運)」에서 "예의는 사람의 큰 단서이다. 믿음을 강구하고 화목을 도모해 사람의 피부와 살이 모인 곳과 근육과 뼈가 연결된 곳을 단단하게 만든다.[禮義也者, 人之大端也. 所以講信脩睦, 而固人之肌膚之會、筋骸之束也.]"라고 해, 예의가 가장 큰 단서라고 했다. 『중용장구(中庸章句)』제27장의 주희(朱熹) 주석에서 "존덕성은 마음을 보존해 도체의 큼을 다하는 것이고, 도문학은 지식을 지극히 해 도체의 세세함을 다하는 것이다. 이 두 가지는 덕을 닦고 도를 모으는 큰 단서이다.[尊德性, 所以存心而

(地利)는 이미 얻었다 하더라도 거처할 곳이 없으면 이 몸은 어디에 있을 것인가. 어떤 땅을 경리(經理)하려 할 때 또 집 짓는 일까지 하다보면 시기를 잃어서 일을 망치게 됨을 면치 못할 것이다. 그러므로 산업(産業)을 제정하려면 이미 완성된 가옥(家屋) 등을 사는 것이 옳다. 그러나 또한 너무 크지 않은 것으로 해야 한다.

4) 종곡[種穀] – 곡식 심기

거처를 (정해서) 옮기는 기준으로는 먹을 것이 넉넉한 곳을 근본으로 삼고, 먹을 것을 넉넉하게 하는 방도로는 농사(農事)를 근본으로 삼는다. 그러므로 한번 거처를 정하면 모든 하인들에게 곧바로 저마다 산업(産業)을 맡도록 해야 한다. 주인과 하인이 모두 10명이라면 60석(石)이 아니면 일 년 생활을 할 수 없으므로, 논밭이 많고 적음을 살펴서 알맞게 처리해야 한다. 농사지을 땅이 1백 묘(畝)[7]가 있다면 하인들에게 스스로 30묘를 경작하도록 하고, 그 나머지는 전인(佃人)[8]들에게 경작시키는 것이 옳다.

極乎道體之大也, 道問學, 所以致知而盡乎道體之細也, 二者, 修德凝道之大端也.]”라고 했다. 덕성을 높이고 학문을 말미암는 것이 사람의 큰 단서라고 보았는데, 이 글에서는 거처와 음식, 즉 의식주 가운데 두 가지를 큰 단서라고 본 것이다.

7 『예기(禮記)』「왕제(王制)」에 “1묘(畝)란 가로 1보(步) 세로 1보의 면적을 말하고, 1백 묘를 1부(夫, 1경)라 하는데 가로 세로가 각각 1백 보씩이다. 3부가 1옥(屋, 3경)인데 가로는 1백보 세로는 3백보이다. 3옥이 1정(井, 9백묘)인데 가로 세로가 각 1리(里) 씩이다.” 했다.

8 전인(佃人)은 전객(佃客)과 같은 말이니, 논밭을 빌려 경작하는 소작인이다. 『대명률집해(大明律集解) 부례(附例)』에 “전객(佃客)은 농지를 빌려 농사하는 사람이다.[佃種田地之人也]”라고 했다.

5) 종소(種蔬) - 채소 심기

곡식이 익지 않은 것을 기(饑)라 하고 채소가 익지 않은 것을 근(饉)이라 하니[9], 오곡(五穀)[10] 이외의 채소도 없어서는 안 된다. 살고 있는 집의 좌우에 즉시 땅을 일구어서 채소를 심되, 김매고 물주기에 편리하도록 둑을 쳐서 씨를 뿌린다.

6) 수식(樹植) - 나무 심기

이미 거처할 곳이 정해지면 모름지기 그 근방의 산지를 호미로 두루 파 보아서 그 토지의 적성에 따라 재목(材木)을 심고 과일나무도 심어 가꾸어서 재화(財貨)와 기용(器用)[11]의 자본으로 만들어야 한다.

7) 잠소(蠶繅) - 누에 치기와 고치 켜기

---

9 『논어』「선진(先進)」에 자로(子路)가 "천승의 나라가 대국 사이에 끼어있어서 군사로써 침략을 당하며, 잇따라 기근이 들었을 때에 제가 그 나라를 다스린다면 3년에 이르러서 백성들로 하여금 용기가 있으면서도 의를 지향하는 방도를 알 수 있도록 하겠습니다.[千乘之國, 攝乎大國之間, 加之以師旅, 因之以饑饉 由也爲之, 比及三年, 可使有勇, 且知方也]"라고 대답한 구절이 있는데, 집주(集註)에 "곡식이 익지 않은 것을 기(饑)라 하고 채소가 익지 않은 것을 근(饉)이라 한다.[穀不熟曰饑 菜不熟曰饉]"고 했다.
'기근(飢饉)' 두 글자에 관해 다른 설명도 있다. "다섯 가지 곡식이 제대로 익지 않은 것을 대기(大饑)라 한다. 한 가지 곡식이 제대로 익지 않은 것을 겸(歉)이라 하고, 두 가지 곡식이 제대로 익지 않은 것을 기(饑)라 하고, 세 가지 곡식이 제대로 익지 않은 것을 근(饉)이라 하고, 네 가지 곡식이 제대로 익지 않은 것을 강(康)이라 한다.[五穀不升爲大饑 一穀不升謂之歉 二穀不升謂之饑 三穀不升謂之饉 四穀不升謂之康]"『춘추곡량전(春秋穀梁傳)』「양공(襄公) 24년」

10 경전에 오곡의 명칭을 특별히 규정하지는 않았다. 『맹자』「등문공 상(滕文公上)」 제4장 "순 임금이 후직(后稷)을 시켜 백성들에게 농사짓는 법을 가르치게 해, 오곡을 심고 가꾸게 했다."는 구절에서 주희(朱熹)가 오곡을 '벼, 메기장, 찰기장, 보리, 콩[菽]'이라고 주석했다.

11 도구(道具)와 여러 가지 제도(制度)를 말하므로, 상당히 포괄적인 명칭이다.

『예기(禮記)』「월령(月令)」¹²에 말했다.

"천자(天子)와 제후(諸侯)는 반드시 공상(公桑)¹³과 잠실(蠶室)을 두었다."

하물며 사대부(士大夫)와 서인(庶人)의 집이겠는가. 일단 거주할 곳을 정했으면 집 주위에 뽕나무를 널리 심는다. 또 미리 곡(曲)·치(植)·거(籧)·광(筐)¹⁴ 등의 누에치기 도구들을 구해 놓는다면, 누에를 기를 때에 누에를 먹일 뽕이 모자랄 걱정이 없을 것이며, 따라서 누에치기 도구도 모자라는 일이 없을 것이다.

8) 목양(牧養) - 가축 기르기

생활을 꾸려나가는 방도는, 일정한 거처가 있고 상산(常産)¹⁵이 있는데다 가축(家畜)을 기르면 이(利)가 일어날 것이다. 도주공(陶朱公)¹⁶이 의돈씨(猗頓氏)¹⁷에게 고했다.

---

12 「월령(月令)」이 아니라 「제의(祭儀)」에 "古者 天子諸侯 必有公桑蠶室"이라는 말이 보인다.

13 천자(天子)와 제후(諸侯)의 상전(桑田)이다. 천자와 제후는 공상(公桑)과 잠실(蠶室)을 가지고 있어서, 궁실의 부인들은 반드시 공상에 뽕나무를 심어 잠실에서 누에를 쳐 옷감 짜는 일을 의무적으로 했다.

14 치(植)은 잠박(蠶薄)을 매다는 기둥, 거(籧)는 둥근 바구니, 광(筐)은 네모난 바구니이다.

15 『주자어류(朱子語類)』 권79에 "정인은 중인이라고 말하는 것과 같으니, 이는 평범한 사람으로서, 일정한 생업이 있어야만 일정한 마음을 갖게 되는 사람이다.[正人猶言中人 是平平底人 是有常産方有常心底人]"라는 주희의 말이 나온다. 『맹자』에 나오는 항산(恒産)과도 같은 뜻이다.

16 춘추시대 월(越)나라 대부 범려(范蠡)가 월왕(越王) 구천(勾踐)을 도와 오(吳)나라를 멸망시킨 뒤에 월왕과 같이 안락을 누릴 수 없다는 것을 알았다. 벼슬을 버리고 멀리 떠나 도(陶)에서 살면서 주공(朱公)이라 변성명하였다. 『사기(史記)』 권41 「월왕구천세가(越王勾踐世家)」에, "범려가 재상의 인장을 반납하고 재산을 전부 다 털어 친구와 향리에 나누어준 다음 귀중한 보물만 가지고 샛길을 통해 떠나 도(陶)에 정착했는데, 그 보물로 이자를 불려 억만금의 부자가 되자 천하에서 그를 도주공으로 일컬었다."라고 했다.

"그대가 치부(致富)를 하려면 마땅히 오자(五牸)[18]를 기르라."

또 말했다.

"생활을 꾸려나가는 방법이 다섯 가지 있는데, 그 가운데 수축(水畜)[19]이 으뜸이다."

그러니 가축 기르는 일을 늦춰서야 되겠는가.

9) 순시(順時) – 때를 따르기

천하(天下)의 일을 성취시키려면 시기를 따르는[20] 것보다 앞설 것이 없다. 그러므로 씨앗을 뿌리거나 나무를 심는 데도 각기 알맞은 시기가 있으니, 그 시기를 잃으면 안 된다. 옛 성인(聖人)이 촌음(寸陰)도 아꼈던[21] 것은 참으로 그럴 만한 이유가 있었다. 그러니 농사(農事)를 업(業)으로 하는 사람이 이를 생각지 않을 수 있겠는가.

---

17 의돈씨(猗頓氏)는 춘추시대 노(魯)나라의 대부호(大富豪)인데, 『사기(史記)』권129 「화식열전(貨殖列傳)」에서는 소금을 고아 부자가 되어 왕과 부(富)를 겨룰 정도였다고 했다.

18 소, 말, 돼지, 양, 나귀 등 다섯 종류의 암컷인데, 『공총자(孔叢子)』「진사의(陳士義)」에 나오는 이야기이다. "의돈(猗頓)은 노나라의 곤궁한 선비였다. 농사를 지어도 항상 굶주렸고 누에를 길러도 항상 옷이 부족했다. 도(陶)의 주공(朱公)이 부자라는 말을 듣고 찾아가 부자가 되는 방법을 물었더니, 주공이 말했다. '그대가 빨리 부자가 되고 싶으면 다섯 가지 암컷 짐승을 길러야 하네.' 이에 가축을 길러 큰 부자가 되었다."

19 『제민요술(齊民要術)』권6 「양어(養魚)」에 "생계를 마련하는 방법이 다섯 가지가 있는데 수축이 제일이니, 수축은 물고기를 기르는 못이다.[夫治生之法有五, 水畜第一, 水畜所謂魚池也.]"라고 했다. 어장을 만들어 물고기를 기르는 방법에 대해 도주공이 설명했다.

20 명이괘(明夷卦) 육이(六二) 정전(程傳)에 "육이는 지극히 밝은 재주로써 중정(中正)을 얻고 체(體)가 순(順)하니, 때에 순응하여 자처하는 것이 처하기를 지극히 잘 하는 것이다.[六二以至明之才 得中正而體順 順時自處 處之至善也]"라고 했다.

21 촌음은 아주 짧은 시간이다. 도간(陶侃)이 "대우는 성인인데도 촌음을 아꼈으니, 보통 사람들의 경우에는 응당 분음을 아껴야 할 것이다.[大禹聖者, 乃惜寸陰, 至於衆人, 當惜分陰.]"라고 하였다. 『진서(晉書)』권66 「도간열전(陶侃列傳)」. 분(分 푼)은 촌(寸 치)의 10분의 1이니, 더 짧은 시간도 아껴야 한다는 뜻이다.

10) 무근(務勤) - 부지런히 일하기

전(傳)에 이르기를,

"일생(一生)의 계책은 부지런한 데에 있다."[22]

했다. 또 이르기를,

"거름[糞]이 많고 부지런히 일하는 사람이 상농(上農)이다."[23]

했다. 반드시 밤에는 생각하고 낮에는 일하며, 용기 있게 앞으로 나아가고 과감하게 결단하여 적당한 시기를 놓치는 허물만 저지르지 않으면 이익이 갑절이 될 것이다.[24]

11) 습검(習儉) - 검소함 익히기

씨앗을 뿌리고 누에를 쳐 고치를 켜는 데서 곡식과 비단의 근원이 이미 열리고, 나무를 심어 가꾸고 가축을 기르는 데서 재화(財貨)의 밑천이 이미 갖추어진다. 그러나 그 재물을 절제 없이 써 버린다면 몸만

---

22 원나라 학자 노명선(魯明善)의 『농상의식촬요(農桑衣食撮要)』 「12월」에 "일생의 계책은 화락한 데에 있고, 일생의 계책은 부지런한 데에 있고, 일생의 계책은 봄에 있고, 일생의 계책은 새벽에 있다.[一生之計 在於和 一生之計 在於勤 一年之計 在於春 一日之計 在於晨]"라고 했다. 그러나 『명심보감』 「입교편(立教篇)」에는 공자삼계도(孔子三計圖)를 출전으로 들었으며, 소옹(邵雍)의 시에서 몇 글자를 바꿔 전해지는 구절이라고도 한다.

23 『맹자』 「만장(萬章) 하」 제2장 "경작자의 수확은 한 성년 남자에게 백무(百畝)의 땅을 주었으니, 그 백무의 땅을 농사지으면 상농부(上農夫)가 아홉 명을 먹여 살렸다.[耕者之所獲, 一夫百畝。百畝之糞, 上農夫食九人]"는 구절에 대한 집주이다. "한 지아비와 한 지어미가 백무의 땅을 농사지으면서 거름을 뿌리는데, 거름을 많이 하고 힘써 부지런히 일하는 자가 상농부이니 그가 거둬들인 것으로 아홉 명을 먹여 살릴 수 있다.[一夫一婦 佃田百畝 加之以糞 糞多而力勤者爲上農 其所收可供九人]"

24 문천본은 제16권 「치농(治農)」이 여기에서 끝나고 「병화사(瓶花史)」로 넘어간다. 총론 부분만 필사하고, 각론 부분은 필사하지 않은 셈이다. 그러나 실제로는 총론 부분이 다음 항목 「습검(習儉)」에서 끝나기 때문에, 국립중앙도서관본을 참조하여 아래에 보완 번역했다.

수고로울 뿐 재물을 쓰기에는 더욱 모자랄 것이다. 구공(寇公)[25]의 육회
명(六悔銘)[26]에 말했다.

 "부자로 살 때에 재물을 검소하게 쓰지 않으면 가난해진 때에 뉘우
친다."

---

25 구공(寇公)은 내국공(萊國公)에 봉해진 송나라 재상 구준(寇準, 962~1023)을 가리킨다.
자는 평중(平仲), 시호는 충민(忠愍)이다. 어려서부터 영특하여 『춘추(春秋)』 삼전(三
傳)에 통달했으며, 진종(眞宗) 때에 평장사(平章事)가 되었다. 이때 거란(契丹)이 침입
해 오자 여론을 배격하고 친정(親征)할 것을 청해 맹약을 성사시키고 돌아와 내국공(萊
國公)에 봉해졌다. 『송사(宋史)』 권281 「구준열전(寇準列傳)」

26 여섯 가지 뉘우침을 경계하는 글인데, 『명심보감』에 실려 널리 전해졌다. "관직에서 사곡
(邪曲)된 일을 행하다가 잃었을 때 뉘우치고, 부유할 적에 검약(儉約)하게 사용하지 않다
가 가난하게 되었을 때 뉘우친다. 젊어서 배우지 않았다가 세월이 지나갔을 때 뉘우치고,
일을 보고서 배우지 않았다가 사용하게 될 때 뉘우친다. 술에 취한 뒤 함부로 말했다가
깨어났을 때 뉘우치고, 평안하다고 여겨 섭생하지 않다가 병들었을 때 뉘우치게 된다.[官
行私曲失時悔, 富不儉用貧時悔, 學不少勤過時悔, 見事不學用時悔, 醉後狂言醒時
悔, 安不將息病時悔]"

병화사(瓶花史)²

원굉도(袁宏道) 지음

인(引)

유인(幽人)이나 운사(韻士)들은 가성(歌聲)과 미색(美色)을 완전히 끊어버리므로, 그들의 기호(嗜好)는 산과 물, 꽃과 대나무에 집중되지 않을 수 없다. 산과 물, 꽃과 대나무에는 명예가 존재하지 않고, 다툼도 끼어들지 않는다.

---

1 문천본에는 '부록(附錄)'이라는 명칭이 따로 없다. 국립중앙도서관본도 20권 형태로 되어 있다. 그러나 허균이 지은 범례에 따르면 16권이 맞다. 연세대학교 학술정보원 소장본에 「치농(治農)」까지는 "閑情錄卷之十六" 식으로 표기했지만, 「병화인(瓶花引)」부터는 "閑情錄卷之"라는 식으로 써서 권수를 표기하지 않았다. 허균 자신이 「범례」 마지막 항목에서 "오영야(吳寧野)의 『서헌(書憲)』, 원석공(袁石公)의 『병화사(瓶花史)』와 『상정(觴政)』, 진미공(陳眉公)의 『서화금탕(書畫金湯)』 등은 모두 사람의 본성에 맞는 놀이 도구이니, 한정(閑情)에 없을 수 없다. 그러므로 『한정록』 끝에 부록으로 붙여 고요하게 감상할 자료로 삼게 한다."라고 설명했으므로, 이 부분은 부록으로 처리한다.

2 명나라 문인 원굉도(袁宏道)가 1599년 봄 북경에서 지은 「병사(瓶史)」를 옮겨 적은 것이다. 문천본의 필사자는 『한정록』 제16권 「치농(治農)」에서 앞부분의 총론만 필사하고, 구체적인 농사법을 적은 각론들은 관심이 없어 상당수 건너뛰며 필사했다. 그러나 「병사(瓶史)」는 전체 문장을 모두 필사하고 첫 단락의 제목에 해당하는 「병화사인(瓶花史引)」이라는 제목을 붙였으며, "袁石公著"라고 큰 글씨로 썼다.
「병사(瓶史)」는 『원중랑집(袁中郎集)』 권24에 실려 있다. 원굉도가 쓴 원굉도의 「행장」에 의거하면, 원굉도는 "작은 방을 꾸미기 좋아했는데, 여러 가지 배치에 극히 나름대로 방식이 있었다.[好修治小室, 排當極有方略]"고 한다.

　천하의 사람들은 쟁탈의 벼랑과 이익의 연수(淵藪)에 서식하여 머물면서, 눈이 티끌과 모래에 흐려져 있고, 마음은 계산에 지쳐 있어서, 저 자연의 정경으로 가려고 해도 갈 겨를이 없다. 그런데 유인이나 운사는 틈을 내어서 언제라도 그러한 것을 차지할 수 있다. 유인이나 운사들은 다투지 않는 경지에 처해 일체를 천하 사람들에게 양보하는 사람이다. 오로지 산과 강, 꽃과 대나무는 남에게 양보하려고 해도 남이 반드시 즐겨 받지는 않으므로, 거기에 거처해도 편안하고 그것을 차지해도 아무런 앙화가 없다.

　아아! 이 은자들의 사업은 결연하고 매운 장부들이 하는 것이니, 내가 평소 선망하고 기도해도 반드시 얻을 수는 없었던 것이다. 다행히 몸이 은현(隱見)의 사이에 처해서, 세간에서 쫓아갈 수 있고 다툴 수 있는 것들이 이미 이르러 오지 않았으므로, 나는 드디어 높은 바위 아래 삿갓을 비스듬히 쓰고 흐르는 물에 갓끈을 씻으려[3] 했다. 그러나 다시 낮은 관직에 얽매여서 가까스로 꽃을 기르고 대를 옮겨 심는 한 가지 일이 있어서 스스로 즐길 수 있을 따름이다.

　서울의 집[4]이 저습하고 좁아서 옮겨 다니는 것이 일정치 않으니, 부

3　원문의 '탁영(濯纓)'은 갓끈을 씻는 것이니, 은둔하여 결백한 삶을 사는 것을 말한다. 어떤 유자(孺子)가 「어부가」를 노래하며, "창랑(滄浪)의 물이 맑으면 내 갓끈을 씻을 것이요, 창랑의 물이 흐리면 내 발을 씻을 것이다." 하자, 공자가 말하기를, "소자(小子)들아, 들어 보아라. 맑으면 갓끈을 씻게 되고, 흐리면 발을 씻게 되는 것이니, 모두가 스스로 취하는 것이다."라고 한 말이 『맹자』 「이루 상(離婁 上)」에 실려 있다.

4　원굉도는 1568년 12월 6일 호북성(湖北省) 공안현(公安縣) 장안리(長安里)에서 태어났다. 여러 차례 향시에 떨어지다가, 25세 되던 1592년 3월 예부회시(禮部會試)에 급제했으며, 1594년 10월 북경에 와서 오현(吳縣)의 지현(知縣)에 제수되었다. 1597년 2월에 사직하고 강남의 산수를 유람하다가, 1598년 4월 북경에 올라와 순천부(順天府) 교수(教授)를 맡았다. 1599년 3월에 국자감(國子監) 조교(助教)로 승진했다. 이 무렵에 이 글을 지은 것이다.

득이 마침내 담병(膽瓶)[5]에 꽃을 담아 때때로 바꾸어 꽂아줄 수밖에 없다. 그러자 서울의 인가에 있는 모든 아름다운 꽃들이 하루아침에 드디어 나의 책상머리 물건이 되었다. 꽂아주고 풀 베고 물 대고 정돈하고 하는 수고 없이도 음미하고 감상하는 즐거움이 있으니, 이 즐거움을 취하는 자는 탐욕을 부리지 않아도 취하고 이 경지를 만나는 자는 남과 다투지 않아도 만나게 된다. 이것은 글로 적어둘 만하다.

아아! 이 취미는 잠시 동안 마음을 유쾌하게 하는 일이니, 습관을 붙여서 항상 이런 식으로 하여 산수에 노니는 진정한 큰 즐거움을 잊어버리는 일이 없도록 해야겠다. 석공이 기록했다.

병 안에 있는 모든 품목을 뒤에 조목조목 나열하여, 기이한 일을 추구하기 좋아하면서도 가난한 여러 사람들과 함께 하고자 한다.

1. 화목(花目)

연경(燕京)은 날씨가 몹시 추워서 남쪽 지방의 이름난 꽃들이 대부분 올라오지 않는다. 올라오는 것이 있다고 해도, 대부분 세력 있는 환관의 큰 밭에서 차지하므로 유생(儒生)이나 빈한한 선비는 장막을 들춰볼 수 없으므로, 어쩔 수 없이 가까이 있으면서 쉽게 이르게 할 수 있는 것을 취하지 않을 수 없다.

꽃을 취하는 것은 친구를 취하는 것과 같다. 산림의 기일(奇逸)한 인사들은 자신의 족속을 헷갈려 사슴이나 돼지의 무리와 어울리고[6],

---

5 담병(膽瓶)은 목이 길고 배가 불룩한 형태의 병이다.
6 원문의 '족미어록시(族迷於鹿豕)'는 사슴이나 산돼지 같은 짐승들과 무리를 지어 사는 잘못을 저지른다는 뜻이다. 『맹자』 「진심 상(盡心 上)」에, "순(舜)이 깊은 산속에 살며 나무나 바위와 함께 거처하고 사슴과 멧돼지와 노닐었으니, 심산의 야인과 다른 점이 거의 없었다.[舜之居深山之中 與木石居 與鹿豕遊 其所以異於深山之野人者 幾希]"라

몸은 더부룩하게 자란 풀 속에 감추었으니, 내가 비록 그들을 친구로 삼으려고 해도 그럴 수가 없다. 그러므로 큰 고을 대도회지에서, 시류의 인물들이 모두 다 표시하고 함께 지목해 준사(雋士)라고 지적하는 사람을 나도 역시 친구로 삼고자 한다. 가까우면서 쉽게 불러올 수 있는 사람을 취하자는 것이다.

여러 꽃 가운데서 가까이 있으면서 내가 쉽게 다가갈 수 있는 것으로는, 봄에 들어서면 매화가 있고, 해당이 있다. 여름에는 모란이 있고 작약이 있고 석류가 있다. 가을에는 목서(木樨)가 있고 연(蓮)과 국화가 있다. 겨울에는 납매(臘梅)[7]가 있다. 한 방 안에, 순욱(荀彧)의 향[8]과 하안(何晏)의 분(粉)[9]이 교대로 빈객이 된다.

아무리 취하기에 가깝다고는 해도 아무 꽃이나 함부로 취해 오지는 않으니, 가져올 꽃이 없으면 차라리 대나무나 잣나무 서너 가지를 병에 꽂아 보충한다. 비록 노성인은 없더라도 오히려 전형은 남는[10] 법이

고 했다.

7 납제(臘祭)를 지내는 섣달을 납월(臘月)이라 하고, 납월 한겨울에 피는 매화를 납매(蠟梅)라 한다.

8 원문의 '순향(荀香)'은 순욱(荀彧)의 향인데, 순영향(荀令香)이라고도 한다. 『태평어람(太平御覽)』 권70에 실린 진(晉)나라 습착치(習鑿齒)의 『양양기(襄陽記)』에, "순영군이 남의 집에 가면 사흘 동안 향이 났다.[荀令君至人家 坐處三日香]"고 했다.

9 하안(何晏)은 삼국시대 위(魏)나라 사람으로 자(字)는 평숙(平叔)이다. 공주에게 장가들어 벼슬이 시중상서(侍中尙書)에 이르렀다. 『태평어람(太平御覽)』 권154에는 그의 얼굴이 몹시 희고 아름다워, 명제(明帝)가 분칠한 것이 아닌가 의심해 여름에 뜨거운 탕(湯)을 먹여 시험해 보았다는 이야기가 실려 있다. 땀이 비오 듯하여 소매로 얼굴을 닦자 더욱 아름다워졌다고 한다. 『세설신어(世說新語)』 「용지(容止)」에는 그가 용모도 잘 생긴 미남자였지만 곱게 꾸미기를 매우 좋아해 항상 얼굴에 백분(白粉)을 발랐다는 이야기도 실려 있다.

10 노성인은 옛 신하를, 전형은 옛 법도를 말한다. 『시경(詩經)』 대아 「탕(蕩)」에 "노성인은 없다 해도 전형은 아직 있는데, 한번도 따르지 않다가 국가의 운명 기울었네.[雖無老成人 尙有典刑 曾是莫聽 大命以傾]"라고 했다.

니, 어찌 시정의 용렬한 자들을 어진 이들의 사(社)에 더럽게 들어오도
록 해서, 황보씨(皇甫氏)를 은일자의 대열에 끼워 넣었다는 조롱[11]을 끼
치게 하랴?

2. 품제(品題)

한나라 후궁이 삼천이었지만, 조비연(趙飛燕)[12]의 동생[13]이 으뜸이었
다. 형부인(邢夫人)과 윤부인(尹夫人)은 똑같이 한무제의 총애를 입었지
만, 윤부인은 형부인을 바라보고 자신이 그녀에게 미치지 못함을 한탄
하여 눈물을 떨구었다.[14] 그러므로 미색이 절륜한 것이 무엇인지를 아

---

11 동진(東晉)의 역신(逆臣)인 환현(桓玄)이 안제(安帝)에게 선위(禪位)를 받아 제위에 오
   르고 초(楚)나라를 세운 뒤에, 역대에 모두 은사(隱士)가 있었는데 자신의 세대에만 은사
   가 없는 것을 유감으로 여겨 황보밀(皇甫謐)의 6세손 황보희지(皇甫希之)에게 자금과
   식량을 주어 산림(山林)에 살도록 하다가 불러들여 저작(著作)에 임명하고는, 그에게
   이것을 사양하고 받지 말게 한 다음 고사(高士)라고 일컬었다. 그러자 당시 사람들이
   이를 충은(充隱)이라 명명한 이야기가 『진서(晉書)』 권99 「환현열전(桓玄列傳)」에 실려
   있다.
12 한나라 성제(成帝)의 황후인 조황후(趙皇后)를 가리킨다. 원래는 양아공주(陽阿公主)
   집안의 가녀(歌女)였는데, 몸이 가볍고 춤을 잘 추어 비연(飛燕)이라 불렸다. 성제가
   공주의 집에 들렀다가 보고 반해서 궁궐로 불러들여 후궁으로 삼았고, 뒤에 황후로 책봉
   했다. 성제는 조비연의 여동생 합덕(合德)도 후궁으로 들여 총애했다. 조비연과 합덕
   모두 슬하에 자식을 두지 못했는데, 다른 후궁이 아들을 낳으면 곧바로 살해하는 등
   갖은 악행을 저질렀다. 애제(哀帝) 때 황태후(皇太后)가 되었으나, 평제(平帝)가 즉위한
   후 서민으로 강등되어 내쳐지자 자결하고 말았다. 『한서(漢書)』 권97 「외척전(外戚傳)
   효성조황후(孝成趙皇后)」
13 원문의 '조제(趙娣)'는 조비연(趙飛燕)의 동생 조소의(趙昭儀)를 가리킨다. 『서경잡기
   (西京雜記)』에 다음과 같은 기록이 있다. "비연이 황후가 되고 여동생은 소양전(昭陽殿)
   에 들었다. 황후는 몸이 가볍고 허리가 섬약해 걸을 때 앞뒤로 예쁘게 움직였다. 소의는
   거기에는 미치지 못했다. 다만 약골이면서 피부가 풍만하고, 특히 웃고 말하는 것이 교태
   스러워, 두 사람이 모두 색이 홍옥과 같았다. 당시 제일이라고 했다."
14 『사기』 「외척세가(外戚世家)」에 나오는 이야기이다. 한무제가 윤부인과 형부인을 같이
   총애하면서 두 사람이 서로 얼굴을 마주치게 하지 않았다. 윤부인이 형부인을 만나보고

는 자는, 자신이 아미(蛾眉)[15]의 미녀라고 해도 그 절륜의 미색 앞에서
는 고개를 숙이지 않을 수 없다. 그만큼 품물 가운데 가장 훌륭한 것은
그 부류에서 벗어나는 것이다. 성을 기울어뜨릴 정도의 미인[16]을 보통
의 뭇 희첩들과 함께 수레에 태우고, 길사(吉士)[17]를 범재(凡才)와 함께
수레를 몰도록 한다면, 누구의 죄인가?

매화는 중엽(重葉), 녹악(綠萼), 옥접(王蝶), 백엽(百葉), 상매(緗梅)를
상등으로 친다. 해당은 서부(西府), 자금(紫錦)을 상등으로 친다. 모란
은 황루자(黃樓子), 녹호접(綠蝴蝶), 서과양(西瓜瓤), 대홍(大紅), 무청예
(舞靑猊)를 상등으로 친다. 작약은 관군방(冠群芳), 어의황(御衣黃), 보장
성(寶粧成)을 상등으로 친다. 유화(榴花)는 심홍중대(深紅重臺)를 상등으

싫다고하자 무제가 다른 여인에게 옷을 입혀 시녀 수십 인을 거느리게 해서 윤부인에게
보였다. 그러나 윤부인은 그녀가 차림이나 태도로 보아 군주의 총애를 받을 만한 여인이
아니라고 했다. 다시 무제가 형부인에게 낡은 옷을 입혀 윤부인 앞에 나아가게 하였다.
윤부인이 형부인을 바라보고 그녀에게 미치지 못함을 한탄하여 눈물을 떨구었다.

15 아미(蛾眉)는 누에의 눈썹같이 가늘게 굽어진 눈썹을 말하며, 미녀를 가리킨다. 『시경』
「위풍(衛風)」「석인(碩人)」에 "매미 이마에 나방 같은 눈썹, 생긋 웃는 예쁜 보조개, 아름
다운 눈이 맑기도 해라.[螓首蛾眉 巧笑倩兮 美目盼兮]"했다. 『초사』이소(離騷)에는,
"뭇 여인들이 내 아름다움을 질투하여, 나를 음란한 짓 잘한다고 헐뜯누나.[衆女嫉余之
蛾眉兮 謠諑謂余以善淫]"라고 했다.

16 원문의 '경성(傾城)'은 여색으로 성을 무너뜨릴 정도의 미인을 가리킨다. 『시경』「대아
(大雅)」「앙(卬)」편에 "철부는 성을 이루고 철부는 성을 기울인다.[哲夫成城 哲婦傾城]"
라고 했는데, 여기서의 철부(哲婦)는 주나라를 웃음 때문에 멸망시킨 포사(褒姒)를 가리
킨다. 이백(李白)의 「청평조사(淸平調詞)」에, "모란꽃과 경국지색이 둘이 서로 좋아해,
군왕이 웃는 얼굴로 길이 구경하네. 봄바람에 끝없는 한을 풀어 녹이며, 침향정 북쪽
난간에 기대섰구나.[名花傾國兩相歡 長得君王帶笑看 解釋春風無限恨 沈香亭北倚闌
干]"라고 양귀비(楊貴妃)를 경국지색(傾國之色)이라 했다.

17 길사(吉士)는 어질고 훌륭한 선비를 가리킨다. 『시경』「권아(卷阿)」에 "봉황이 훨훨 날
아, 날개깃을 탁탁 치며, 앉을 자리에 앉도다. 왕에게는 길사가 많으시니, 군자가 부리는
지라, 천자께 사랑을 받도다.[鳳凰于飛 翽翽其羽 亦集爰止 藹藹王多吉士 維君子使
媚于天子]"라고 했다.

로 친다. 연화는 벽대금변(碧臺錦邊)을 상등으로 친다. 목서(木樨)는 구자(毬子), 조황(早黃)을 상등으로 친다. 국화는 여러 가지 색의 학령(鶴翎), 서시(西施), 전융(剪絨)을 상등으로 친다. 납매(蠟梅)는 경구(磬口)[18]의 향을 상등으로 친다.

이 여러 꽃들은 모두 명품이라서 가난한 선비의 서재에 다 가져올 수 있는 것은 아니다. 내가 유독 이 여러 종류를 거론한 것은, 요컨대 갖가지 화초들을 판단해 보통의 규방여성이나 자태가 고운 여성 정도밖에 되지 않는 꽃을 기이하게 빼어난 꽃 속에 뒤섞이게 하고 싶지 않아서이다.

한 글자의 칭찬이 화려한 곤룡포를 내리는 것보다 영광스러운 법이다.[19] 지금 예궁(蘂宮:꽃궁전)의 동호(董狐)[20]가 화림(華林:꽃숲)의 『춘추(春秋)』를 편정(編定)하는데, 어찌 근엄하고 신중하지 않을 수 있으랴! 공자는 『춘추』에 대하여 말하길, "그 의리는 내가 가만히 취하였다."[21]

---

18 반쯤 벌어진 매화의 꽃봉오리를 말한다. 납매(臘梅) 중에는 활짝 피었을 때에도 꽃잎이 언제나 반절만 벌어지는 품종이 있는데, 이를 경구매(磬口梅)라고 부르기도 한다.

19 『춘추곡량전(春秋穀梁傳)』 서문에 "공자의 한 글자 표창이 화려한 곤룡포를 내려 주는 것보다 뛰어난 영예이고, 한마디 폄언이 시장에서 회초리질 당하는 것보다 더한 수치이다.[一字之褒 寵踰華袞之贈 片言之貶 辱過市朝之撻]"라고 했다.

20 동호(董狐)는 춘추시대 사관(史官)인데, 『춘추좌씨전(春秋左氏傳)』 '선공(宣公) 2년'의 전(傳)에 그의 이름이 보인다. "영공(靈公)이 조순(趙盾)을 죽이려 했다. 조순이 국경을 넘어서 달아나자, 조천(趙穿)이 영공을 시해했다. 조순이 돌아와 조천을 토벌했다. 동호는 그 일을 적어서 '조순이 그 군주를 시해하다'라고 했다. 공자가 말하길, '동호는 옛날의 양사(良史)이다. 서법(書法)을 숨기지 않았다'라고 했다." 이 글에서는 품제(品題)를 쓰는 원굉도 자신을 가리킨다.

21 『맹자』 「이루 하(離婁 下)」에 나온다. "왕의 자취가 그치자 『시』가 망했고, 『시』가 망한 뒤에 『춘추』가 지어졌다. 진(晉)의 승, 초(楚)의 도올, 노나라의 『춘추』는 한 가지이다. 그 일은 제환공과 진문공의 일이며, 그 글은 역사 기록이다. 공자가 말하길, '그 의리는 내가 가만히 취했다'고 했다.[王者之迹熄而詩亡 詩亡然後 春秋作 晉之乘 楚之檮杌 魯之春秋 一也 其事則齊桓晉文 其文則史 孔子曰:其義則丘竊取之矣]"

라고 했다.

3. 기구(器具)

꽃을 키우는 병은 역시 정미하고 우량한 것이어야 한다. 비유하자면 옥환(玉環)[22]과 비연(飛燕)[23]을 초가집에 둘 수 없는 것과 같다. 또 혜강(嵇康)[24], 완적(阮籍)[25], 하지장(賀知章)[26], 이백(李白)을 술과 먹을 것 파는 싸구려 음식점 안으로 청할 수는 없는 것과도 같다.

내가 일찍이 강남 사람의 집에 소장된 오래된 술잔을 보았는데, 청취

---

22 옥환(玉環)은 당나라 현종(玄宗)이 총애한 양귀비(楊貴妃)의 어릴 적 이름이다. 현종이 양귀비의 미색에 혹해서 여도사(女道士)로 삼은 다음에는 태진(太眞)이란 이름을 하사했으며, 이후 27세 때 귀비(貴妃)로 책봉했다.

23 비연(飛燕)은 각주 12번에 보이는 한나라 황후 조비연(趙飛燕)을 가리킨다.

24 혜강(嵇康)은 어려서 부모를 잃고 위(魏)나라 종실의 사위가 되어 중산대부(中散大夫) 벼슬을 했다. 그는 잘 생겼는데, 술에 취해 쓰러지는 모습을 친구 산도(山濤)가 이렇게 표현했다. "평소에는 당당한 모습이 마치 외로운 소나무가 홀로 서 있는 것 같은데, 술에 취하면 한쪽으로 기울어지는 모습이 마치 옥산이 무너지려는 것 같았다.[嚴嚴若孤松之獨立 其醉也 傀俄若玉山之將崩]"『세설신어(世說新語)』「용지(容止)」

25 완적(阮籍)은 삼국시대 위(魏)나라 사람으로, 유령(劉伶)과 함께 죽림칠현(竹林七賢)의 한 사람이다. 노장(老莊)을 좋아했고, 술을 마시면서 현담(玄談)을 즐겼다. 보병영(步兵營)의 영주(營廚)에 좋은 술이 300곡(斛)이나 있다는 말을 듣고는 자청하여 보병 교위(步兵校尉)가 되었으며, 날마다 곤드레가 되도록 술을 마시고 세상일에 대해서는 상관하지 않았다.

26 하지장(賀知章)은 당나라 때 산음(山陰)에 살았던 시인으로, 성격이 활달하고 문장에 능했으며 글씨를 잘 쓰고 술도 좋아했다. 늘그막에 벼슬을 버리고 자호를 사명광객(四明狂客)이라고 하고서 전원으로 돌아와 자기 집을 천추관(千秋觀)으로 꾸몄다. 방생지(放生池)를 만들기 위해 호수를 구하다가 천자의 명으로 경호(鏡湖)의 섬계(剡溪) 한 굽이를 하사받았다. 이백(李白)의 「대주억하감(對酒憶賀監)」 시에, "사명에 미친 나그네 있었으니, 풍류 넘치는 하계진이로다. 장안에서 한 번 서로 만나고는, 나를 적선인(謫仙人)이라 불렀지. 그 옛날 술을 그리도 좋아하더니, 어느새 솔 밑의 티끌이 되었구려. 금거북으로 술 바꿔 마시던 일, 생각만 하면 눈물이 건을 적시네.[四明有狂客 風流賀季眞 長安一相見 呼我謫仙人 昔好杯中物 翻爲松下塵 金龜換酒處 却憶淚沾巾]"라고 했다.

색(青翠色) 무늬가 깊숙이 박히고, 사석(砂石) 같은 점들이 불쑥해서 꽃의 금옥(金屋)이라고 일컬을 만했다. 그 다음은 관요(官窯)[27], 가요(哥窯)[28], 상요(象窯), 정요(定窯) 등의 도요(陶窯)에서 만든 것으로, 섬세하고 아름답고 촉촉하고 윤기가 있으니, 모두 화신(花神)의 정사(精舍)이다.

서재의 병은 키가 낮고 작은 것이 적당하다. 동기(銅器) 가운데 화고(花觚), 동차(銅觶), 준뢰(尊罍), 방한호(方漢壺), 소온호(素溫壺), 편호(匾壺) 등이라든가, 요기(窯器) 가운데 지추(紙槌), 아경(鵝頸), 여대(茹袋), 화준(花樽), 화낭(花囊), 시초(蓍草), 포추(蒲槌) 등은 모두 그 형태가 짧고 작게 만들어진 것이어야만 맑은 청공(清供)[29]에 들 수 있다. 그렇지 않으면, 집의 당(堂)에 있는 향화(香火)의 화로와 무슨 차이가 있겠는가. 아무리 옛것이라고 해도 속되다. 하지만 꽃의 형태는 절로 크고 작은 차이가 있으니, 이를테면 모란, 작약, 연화는 형질이 이미 크므로 이러한 제한에 포함되지 않는다.

일찍이 듣자니, 오래된 동기(銅器)는 흙 속에 들어 있었던 해가 오랠수록 흙의 기운을 깊이 받았으므로 꽃을 기르는 데 쓰일 수 있으며, 꽃의 색깔이 꽃나무 가지 머리에 있는 것처럼 선명하다고 한다. 꽃이 빨리 피고 늦게 지는 것은 이런 병에서만 결실을 볼 수 있다. 도기(陶器)도 마찬가지이다. 그러므로 병에 관해서 오래된 것을 보물로 여기는 것은 비단 감상 때문만이 아니라는 것을 알 수 있다. 하지만 한미한 인사는 이렇게 할 길이 없다. 선요(宣窯)와 성요(成窯)[30]에서 만든 자기

---

27 관요(官窯)는 송나라 때 내부(內府)에서 변주(汴州)에 설치한 기와가마이다.

28 가요(哥窯)는 송나라 때 용천현(龍泉縣)의 장씨(章氏) 형제가 경영하던 기와가마이다.

29 청공(清供)은 청한한 생활에 필요한 도구이다.

30 원문은 '선성요(宣成窯)'인데, 명대의 대표적인 요(窯)인 선요(宣窯)와 성요(成窯)를 가리킨다. 선요는 선덕(宣德) 연간에 만들어졌고, 성요는 성화(成化) 연간에 만들어졌다.

(磁器) 꽃병을 얻기만 해도, 거지가 갑자기 부자가 된 것이라고 말할 수 있다.

겨울 꽃에는 주석의 관병(管瓶)을 사용하는 것이 적절하다. 북쪽 땅은 날씨가 추워서 얼어붙은 얼음이 동병(銅瓶)도 쪼갤 수 있으니, 자기병만 그런 것이 아니다. 또 물속에 유황을 서너 개 넣어두는 것도 좋다.

4. 택수(擇水)

서울(북경)의 서산(西山) 벽운사(碧雲寺)의 물, 열백호(裂帛湖)의 물, 용왕당(龍王堂)의 물은 모두 사용할 수 있다. 일단 고량교(高梁橋)[31] 쪽으로 들어가면 곧 탁한 품질이 된다. 병의 물은 바람과 햇볕을 잘 받은 것을 사용해야 한다.

그 밖에 상원(桑園)의 물, 만정(滿井)[32]의 물, 사와(沙窩)의 물, 왕마마정(王媽媽井)의 물은 맛이 비록 달지만 꽃을 기르기에는 적합치 않다. 쓴 물은 더욱 꺼린다. 맛이 몹시 짭짤하기 때문이다. 매우(梅雨 장마)[33]의 물을 많이 받아 놓았다가 쓰는 것이 더 좋다. 물을 저장하는 방법은, 처음에 커다란 항아리에 넣을 때에, 불을 때서 열을 통과시킨 흙을 한 덩이 던져 넣어두면, 한 해가 지나도 물이 썩지 않는다. 그러면 꽃을 기르는데 좋을 뿐만 아니라, 차를 끓이는 데도 좋다.

---

31 고량교(高梁橋)는 고량하(高粱河)에 걸쳐 있는 다리인데, 북경 서직문(西直門) 밖에 있다.

32 만정(滿井)은 안정문(安定門)을 나가서 오래된 해자를 따라 동쪽으로 3리 정도를 가면 있던 우물이다. 주변 경관이 뛰어나 도성 사람들이 많이 모였다고 한다.

33 매실(梅實)이 누렇게 익을 무렵인 초여름에 내리는 장맛비를 매우(梅雨), 또는 황매우(黃梅雨)라고 한다.

5. 의칭(宜稱)

꽃을 병에 꽂을 때는 너무 번잡하게 많이 꽂아서는 안 되며, 또 너무 성길 정도로 꽂아도 안 된다. 많아야 두 세 종류에 지나지 않는 것이 좋다. 높이와 밀도는 마치 화원(畫苑)의 회화 구도 같아야 묘하다.

병을 놓을 때에는 같은 두 개를 나란히 두어서는 안 되고, 일률적으로 두어서도 안 되며, 행렬을 이루어서는 안 되고, 구도를 맞추려고 끈으로 묶어서도 안 된다.

꽃이 가지런하다는 것은, 바로 하나로 정해지지 않고 들쑥날쑥해 의태(意態)가 천연스러워야 하니, 마치 소자첨(蘇子瞻)의 문장이 임의대로 이어졌다 끊어졌다 하고 이청련(李靑蓮)의 시가 대우(對偶)[34]에 구애받지 않는 것 같아야, 참으로 가지런한 것이다.

만약 가지와 잎이 서로 짝을 이루고 붉은 색과 흰색이 서로 배합한다면, 이것은 관아의 섬돌 아래의 나무요, 묘문(墓門)의 화표(華表)와 같은 것이다. 어찌 가지런하다고 할 수가 있겠는가?

6. 병속(屛俗)

방안에는 천연의 안궤(案几) 하나, 등나무 평상 하나를 둔다. 안궤는 널찍하고 두터운 것이 적당하며, 겉이 세밀하고 매끄러운 것이 적당하다. 본래의 나무 바탕에 변란(邊欄)을 세공하고 칠을 바른 탁자, 금니(金泥)로 그림을 그리고 나전을 박은 평상, 그리고 꽃을 채색한 병가(瓶架) 따위는 모두 들여놓지 않는다.

---

34 대우(對偶)는 한시에서 두 구(문장)를 대응시켜서 대(對)로 하는 방법인데, 대장(對仗)이라고도 한다. 두 문구의 글자 수가 대체로 같고, 문법적 구조도 같으며, 의미내용도 개념이나 범주가 공통되어야 한다. 율시의 함련과 경련은 반드시 대장이 되게 하지만, 절구의 경우는 꼭 대장을 할 필요는 없다.

7. 화수(花祟)

꽃 아래에서 향을 피우면 안 된다. 마치 차 안에 과실을 넣으면 안
되는 것과 같다. 차에는 참 맛이 있으니, 달거나 쓰거나 한 맛이 아니다.
꽃에는 참 향기가 있으니, 연기의 내음이 아니다. 맛이 빼앗기고 향기
가 손상되는 것은 속된 이들의 잘못이다. 더구나 향불의 향기는 지나치
게 강해, 한 번 그 독에 쏘이면 꽃은 곧바로 말라 시들게 된다. 그러므로
향불의 향은 꽃에게는 칼날이다. 봉향(棒香)과 합향(合香)³⁵은 더욱 사용
해서는 안 된다. 그 속에 사향 배꼽[麝臍]이 들어 있기 때문이다.

예전에 한희재(韓熙載)³⁶는 말하길, "목서(木樨)는 용뇌향(龍腦香)에,
도미(酴醾 들장미)는 침수향(沉水香)에, 난(蘭)은 사절(四絶)에, 함소(含笑)
는 사향(麝香)에, 담복(薝蔔 치자)은 단향(檀香)에 적합하다."고 했다. 그
러나 이것은 죽순 속에 고기를 끼우는 것과 다름없으니, 그것은 관청
의 부엌에서 배당(排當)³⁷을 위해 하는 짓이지, 아사(雅士)들이 할 일이
아니다. 심지어 탁한 기운의 매연은 꽃을 죽일 수도 있으므로 빨리 물
리쳐 버려야 한다. 이것을 두고 화수(花祟 꽃의 빌미)라고 해도 또한 옳
지 않을까?³⁸

---

35 용뇌(龍腦)와 사제(麝臍)를 합해서 제조한 향이다. 『본초강목(本草綱目)』에 "용뇌는 서
해(西海)의 파율국(婆律國)과 남번제국(南番諸國)에서 나는데, 나무가 백송(白松)과 같
고, 기름이 얼음처럼 맑고 희다." 했고, 사향노루[麝]도 『자휘(字彙)』에 "작은 노루와
같고 호표(虎豹)의 무늬가 있으며, 배꼽에 향(香)이 있다." 했다.

36 한희재(韓熙載)는 송나라 동광(同光) 연간의 진사이다. 시문과 회화에 뛰어나서, 당시의
서현(徐鉉)과 명성이 나란하여 한서(韓徐)라고 병칭되었다. 이 글은 「오의설(五宜說)」
에 나오는데, 방 속에 향과 꽃을 아울러 두고 즐긴다는 내용이다.

37 제왕이 궁중에서 연회를 베푸는 일을 이르는 말이다. 송나라 주밀(周密)의 『제동야어(齊
東野語)』「어연연화(御宴煙火)」에 "목릉(穆陵)이 초년에 일찍이 상원일(上元日)에 청
연전(淸燕殿)에서 배당(排當)을 열어 놓고 공성태후(恭聖太后)를 정중히 청했다."라고
했다.

8. 세목(洗沐)

서울(북경)에는 황사가 때때로 일어나, 빈 창과 깨끗한 책상 위로 한 바탕 울부짖으며 불어오기만 하면 날아온 먼지가 한 치 남짓 쌓인다. 병군(瓶君)이 곤욕을 당하는 것이 이때가 가장 심하다. 그러므로 꽃은 반드시 하루에 한 번씩 목욕해야 한다.

남위(南威)[39]와 청금(靑琴)[40] 같은 미인이라 하더라도 화장하거나 분 바르지 않고, 머리 감고 빗질하지 않으면 어여쁠 수가 없다. 지금 잎은 서넛 남고 꽃은 시들어가거나 얼굴에는 때가 끼고 피부는 더러운데 전혀 정성스럽게 장식하지 않고 진토의 본바탕 그대로 내버려두면, 당장 말라서 시들어질 것이다. 내 어찌 그대로 보고만 있겠는가?

꽃에게도 희로애락이 있고, 아침저녁으로 일어나고 잠들고 하는 습관이 있으니, 꽃을 목욕시키는 자는 그 적절한 시기를 보아서 꽃에 물을 주어야 한다. 맑은 구름이 뜨고 햇빛이 명랑한 때, 저녁 해가 지고 아름다운 달이 뜰 때, 이때가 꽃의 아침이다. 바람이 미친 듯 울부짖고 연일 비가 오며, 폭염이 쏟아지고 지독하게 추울 때, 이때가 꽃의 저녁이다.

이른 아침이나 해가 불처럼 타오를 때, 야들야들한 자태를 바람에 흔드는 것은 꽃이 즐거워하는 것이다. 어슴푸레 황혼이 질 때 연기같

---

38 문천본에는 마지막 "此謂花祟" 뒤에 "不亦宜哉" 네 글자가 없이 끝났는데, 국립중앙도서 관본을 참조해 보완 번역했다.

39 남위(南威)는 전국시대의 미인 남지위(南之威)를 가리킨다. 진문공(晉文公)이 남위를 만나보고는 사흘 간 조회를 보지 않았다고 한다. 그런 뒤에 진문공이 마침내 남위를 멀리하면서, "후세에 반드시 색 때문에 나라를 망하게 하는 자가 있으리라"고 경계했다고 한다.

40 청금(靑琴)은 옛날의 신녀이다. 『사기』「사마상여열전(司馬相如列傳)」에 "청금이나 복비(宓妃) 같은 무리는 세속을 멀리 벗어나 아리땁고 세련되며, 화장하고 꾸미는 데 힘을 쏟는다.[如夫靑琴宓妃之徒 絶殊離俗 妖冶嫻都 靚妝刻飭]"라고 했다.

이 흰 안개에 싸여 모습이 희미한 것은 꽃이 시름겨운 것이다. 좁은 난간 같은 나무 칸막이에 가지를 비스듬하게 기대어 마치 바람에 이기지 못하는 듯한 자태로 있는 것은 꽃이 꿈을 꾸는 것이다. 방긋 웃으면서 눈을 흘겨, 찬란한 광채가 눈을 즐겁게 하는 것은 꽃이 깨어나는 것이다. 새벽에는 아무도 없는 정원과 널찍한 저택에서 일어나고, 저녁에는 밀실과 깊은 방에서 잠이 들며, 수심이 들면 숨을 죽이고 똑바로 앉고, 기쁘면 좋아서 소리치고 기뻐서 웃고, 꿈을 꾸면 발을 드리우고 휘장을 내리고, 깨어나면 피부가 기름지고 살결이 윤택하다. 이 모든 것을 꽃의 성정(性情)을 기쁘게 하고 그 기거동작(起居動作)에 맞추어서 해야 한다.

아침에 일어날 때 목욕을 시키는 것이 상등이다. 잠들려고 할 때 목욕을 시키는 것은 그 다음이다. 기뻐하고 있는데 목욕을 시키는 것은 하등이다. 저녁나절에 목욕을 시키고 수심에 잠겨 있을 때 목욕을 시키는 것은 참으로 꽃에게 형벌을 가하여 죽이는 것일 따름이니, 어찌 좋다고 하랴?

목욕을 시키는 방법은 이러하다. 샘물 가운데 달면서도 맑은 물을 사용해 가늘고 미미하게 쏟아주어서, 마치 가랑비가 숙취를 깨게 하고 맑은 이슬이 초목의 싹을 적시듯이 해야 한다. 손으로 꽃을 만진다든가, 손톱으로 꺾거나 파거나 해서는 안 된다. 또한 어리석은 종이나 함부로 하는 여종에게 맡겨서는 안 된다.

매화를 목욕시키는 데는 은사(隱士)가 적절하고, 해당을 목욕시키는 데는 운치 있는 손님이 적절하다. 모란과 작약을 목욕시키는 데는 옷을 아름답게 화장한 미인이 적절하고, 석류를 목욕시키는 데는 미색이 있는 여종이 적절하다. 목서(木樨)를 목욕시키는 데는 맑고 영리한 아이가 적절하고, 연꽃을 목욕시키는 데는 교태스러운 첩이 적절하다.

국화를 목욕시키는 데는 옛것을 좋아하면서 기이한 삶을 사는 기인이 적절하고, 납매를 목욕시키는 데는 맑게 바싹 마른 승려가 적절하다. 하지만 추운 계절에 피는 꽃인 한매(寒梅)는 그 성격이 목욕을 견디지 못하므로, 마땅히 가벼운 깁으로 보호해야 한다. 이렇게 해서 각각의 격조에 다 맞으면 신색과 광채가 저절로 발해 꽃의 성명(性命)을 연장할 수 있으니, 어찌 유독 그 광채와 윤기만을 더하는 데 그치겠는가?

9. 사령(使令)

꽃에는 사령(使令)이 있으니, 마치 중궁(中宮)에게 빈(嬪)과 시어(侍御)가 있고, 규방 부인에게 첩과 잉첩이 있는 것과 같다. 산꽃과 풀꽃 가운데는 요염한 것이 참으로 많고, 연기와 비도 측근이 총신이 될 수 있으니, 어찌 빠뜨릴 수 있겠는가?

매화는 영춘(迎春), 서향(瑞香), 산다(山茶)를 몸종으로 삼고, 해당은 빈파(蘋婆), 임금(林檎), 정향(丁香)으로 몸종을 삼으며, 모란은 매괴(玫瑰), 장미(薔薇), 목향(木香)으로 몸종을 삼고, 작약은 앵속(罌粟), 촉규(蜀葵)로 몸종을 삼는다. 석류는 자미(紫薇), 대홍(大紅), 천엽(千葉)으로 몸종을 삼고, 연꽃은 산반(山礬), 옥잠(玉簪)으로 몸종을 삼으며, 목서는 부용(芙蓉)으로 몸종을 삼고, 국화는 황백산다(黃白山茶), 추해당(秋海棠)으로 몸종을 삼으며, 납매는 수선(水仙)으로 몸종을 삼는다.

각 몸종도 모두 자태가 있고 각각 제 시절에 성해, 짙거나 담박하거나 우아하거나 속된 차이가 있으니, 또한 그 나름의 품평을 할 수 있다. 수선(水仙)은 신골(神骨)이 아주 맑아서, 직녀(織汝)의 시녀 양옥청(梁玉淸)과 같다. 산다(山茶)는 신선하면서 곱고, 서향(瑞香)은 향기가 강렬하고, 매괴(玫瑰)는 하늘하늘하고, 부용(芙蓉)은 선명하면서 어여뻐서, 석숭(石崇)의 시녀 현풍(翾風), 양가(羊家)의 시녀 정완(淨琬)과 같다. 임금

(林檎 능금)과 빈파(蘋婆)는 자색이 고와서 사람의 마음에 들어, 반항(潘生)의 시녀 해수(解愁)[41]와 같다. 앵속(罌粟)과 촉규(蜀葵)는 울타리에 어여쁘게 피어, 사공도(司空圖)[42]의 시녀 난대(鸞臺) 같다. 산반(山礬)은 정결하면서 표일해 숲 속에 은둔한 사람의 기상이 있으니, 어현기(魚玄機)[43]의 시녀 녹교(綠翹) 같다. 황백의 산다(山茶)는 운치가 그 자태보다도 뛰어나니, 곽관군(郭冠軍)의 시녀 춘풍(春風) 같다. 정향(丁香)은 수척하고 옥잠(玉簪)은 추위를 이기려는 모습이고 추해당(秋海棠)은 애교가 넘치면서도 시큰한 태깔이 있으니, 정강성(鄭康成)[44]과 최수재(崔秀才)의 시녀 같다.

그 나머지는 하나하나 형상을 비유할 수 없지만, 요컨대 모두 세상에서 이름이 나 있다. 그것들도 각각 부드럽고 아양떨고 섬세하고 교묘하여, 몸종으로 부릴 기품이 넉넉하니, 어찌 소자첨(蘇子瞻)의 유화(榴花)[45]나 백낙천(白樂天)의 춘초(春草)[46] 아래에 들어간다고 하랴!

---

41 반생(潘生)은 촉나라 사람 반항(潘炕)을 가리킨다. 해수는 반항의 시녀로, 성은 조(趙)이다. 그 어머니가 해당을 삼키는 꿈을 꾸고 낳았다고 한다. 미녀이면서 가곡(歌曲)을 잘했는데, 『외사도올(外史檮杌)』에 나온다.

42 사공도(司空圖)는 당나라 문인으로, 『시품(詩品)』의 저자이다. 벼슬을 그만 둔 뒤 산에 들어가 살았다. 친구가 찾아오면, 자기가 죽은 뒤 들어가려고 파 둔 무덤으로 안내해 시를 짓게 하고 술을 마셨다. 평소에는 허름한 옷을 입고 구장(鳩杖)을 짚고, 난대(鸞臺)라는 시녀를 데리고 산보했다.

43 어현기(魚玄機)는 당나라 때의 여성 시인으로, 온정균(溫庭筠)에게 배웠다. 뒷날 이억(李億)의 첩이 되었으나, 정실의 질투를 사서 여도사로서 함의원(咸宜院)에 살았다. 그 시녀가 녹교(綠翹)인데, 어현기는 자신의 연인 진(陳)이 녹교와 밀통한다고 착각해 녹교를 죽였다. 어현기 자신도 26세로 사형을 당했다.

44 강성(康成)은 후한의 경학가 정현(鄭玄)의 자이다. 『세설신어(世說新語)』 「문학(文學)」 편에 보면, 정현 집의 노비는 모두 책을 읽는다고 했다. 또 정현의 여종이 『시경』의 의미를 은어(隱語)로 해석했다는 이야기도 실려 있다.

45 자첨(子瞻)은 소식(蘇軾)의 자이다. 『오잡조(五雜俎)』 권8 「인부(人部) 차소지(釵小志)」에, 소식에게 유화(榴花)라는 시첩이 있었다고 한다.

10. 호사(好事)

혜강(嵇康)은 쇠 단련하기를 좋아했고[47], 무자(武子)는 말(馬)을 좋아했다.[48] 육우(陸羽)는 차를 좋아했고[49], 미전(米顚)은 바위를 좋아했으며[50], 예운림(倪雲林)은 깨끗한 것을 좋아했다.[51] 이 사람들은 모두가 어느 한쪽에 지나칠 정도로 취향을 응집함으로써, 세속에 얽매이지 않고 남달리 웅장하고 빼어난 기운을 기탁하였던 사람들이다. 내가 보기에 세상에서 말하는 것이 무미건조하고 면목(面目)이 가증스런 사람은 모

---

46 낙천(樂天)은 백거이(白居易)의 자이다. 『오잡조(五雜俎)』 권8 「인부(人部) 차소지(釵小志)」에, 백거이에게 춘초(春草)라는 시첩이 있었다고 한다.

47 혜강(嵇康)은 죽림칠현 가운데 한 사람이지만 가난하게 살면서 하수(何秀)와 함께 큰 나무 아래서 대장간 일을 했다. 귀공자가 만나러 오더라도 예를 갖추지 않고 쇠 불리는 일을 계속했다고 한다.

48 무자(武子)는 진(晉)나라 사람 왕제(王濟)를 가리킨다. 『세설신어』에 "왕무자(王武子)가 견책을 받아 벼슬을 그만두고 북망산(北邙山) 밑으로 이사갔는데, 당시에 사람이 많아 땅이 귀했다. 왕무자가 말을 타고 활을 쏘는 것을 좋아해 땅을 사들인 다음 빙 둘러 낮은 담을 쌓고 줄에 동전을 꿰어 그 주위에다 쳤으므로 당시 사람들이 금랄이라고 불렀다."라고 했다.

49 육우(陸羽)의 자는 홍점(鴻漸)으로, 당대(唐代)의 은사(隱士)이다. 차의 근원 및 차에 관한 기구와 끓이고 마시는 방법 등을 10가지로 분류해 『다경(茶經)』을 지었다.

50 미전(米顚)은 미불(米芾)의 별칭인데, 송나라 양양(襄陽) 사람으로 자(字)는 원장(元章), 호는 해악외사(海嶽外史)이다. 서화기물(書畵器物)을 많이 수장했고, 글씨를 잘 썼다. 송나라 때 비연(費袞)이 지은 『양계만지(梁溪漫志)』 「미원장배석(米元章拜石)」에 바위에게 절한 이야기가 실려 있다. "미원장이 유수를 다스릴 때 괴석이 강둑에 있다는 말을 듣고……공이 명해 치소로 옮겨 한가할 때 감상하려 하였다. 돌이 이르자 갑자기 놀라 자리를 펴게 하고 마당 아래에서 절하며 '제가 석형을 보고자 한 것이 20년입니다.'라고 했다.[米元章守濡須 聞有怪石在河壖……公命移至州治 爲燕游之玩 石至而驚 遽命設席 拜于庭下 曰吾欲見石兄二十年矣]"

51 운림(雲林)은 원나라 화가 예찬(倪瓚)의 호이고, 자는 원진(元鎭)이다. 황공망(黃公望)·왕몽(王蒙)·오진(吳鎭)과 더불어 원말 4대가의 한사람으로, 집안이 매우 부유하여 청비각(淸閟閣)에 많은 고서화를 수장하였다. 재산을 전부 친족에게 나누어주고, 명나라 건국에 참여하지 않았다.

두가 집착의 대상이 없는 사람들이다. 만약에 진정으로 집착하는 것이
있어서 그 속에 푹 빠져서 그것을 즐겨, 성명(性命)과 생사(生死)의 문제
로 삼는다면, 어느 겨를에 금전의 노예가 되거나 벼슬하는 일에 미칠
수 있겠는가?

예부터 꽃에 집착하는 성격을 가지고 있는 사람은 남이 기이한 꽃에
대해 이야기하는 것을 들으면, 아무리 깊은 계곡이나 험한 산이라고
하더라도 넘어지고 자빠지는 것을 꺼리지 않고 쫓아갔다. 혹독하게
춥거나 맹렬하게 더워서 살갗이 쭈그러지거나 비늘처럼 갈라지고, 때
낀 땀이 진흙 물처럼 흘러내린다고 해도 모두 돌아보지 않았다. 꽃 하
나가 피려 하면 베개와 이불을 옮겨 놓고 그 꽃 아래에 누워 잠자면서
꽃이 미미하게 꽃봉오리를 맺는 데서부터 활짝 피기에 이르고 다시
떨어지기 시작하고 다시 땅에 완전히 떨어져 시들기까지를 전부 보고
서야 그 곁을 떠난다.

어떤 것은 일천 그루 일만 본이 갖가지로 변화를 다 하고, 혹은 단
하나의 가지에 여러 꽃방이 그 아취를 있는 대로 다 드러낸다. 혹은
잎을 냄새 맡아보고서 꽃이 큰지 작은지를 알고, 혹은 뿌리를 보고서
꽃의 색이 붉은지 흰지를 변별한다. 이 정도가 되어야 참으로 꽃을 사
랑한다고 하며, 이것을 두고 참으로 기이한 일을 탐승하기 좋아한다고
하는 것이다.

저 석공(石公)[52]이 꽃을 기르는 것으로 말하면 애오라지 한가한 생활
에서 갖게 되는 외롭고 적막한 괴로움을 깨기 위한 것이니, 참으로 꽃
기르기를 좋아하는 것이 아니다. 만일 꽃 기르기를 참으로 좋아한다면

---

52 원굉도 자신을 가리킨다.

이미 도화동(桃花洞) 어구의 사람이 되었을 것이니, 어찌 다시 인간세계 진토 속의 관리 노릇을 하겠는가?

11. 청상(淸賞)

꽃을 감상할 때 차를 마시며 감상하는 것은 상등이고, 한가하게 맑은 이야기를 하면서 마시는 것은 그 다음이며, 술을 마시면서 감상하는 것은 하등이다. 만약 술잔을 돌리고 찻잔을 건너 자리로 건네주면서 일체의 용렬하고 더러우며 세속적인 이야기까지 한다면, 이는 화신(花神)이 깊이 증오하고 통렬하게 배척하는 것이다. 차라리 입을 다물고 고목처럼 뻣뻣하게 앉아서 꽃의 번뇌를 일으키지 않는 것이 옳다.

꽃을 감상하는 데는 장소가 있고 시간이 있으니, 적절한 시간이 아닌데도 부질없이 꽃을 손님으로 청하는 것은 도무지 당돌한 일이다.

추운 철의 꽃은 첫눈이 올 때가 절절하고, 눈이 갤 때가 적절하고, 초승달이 뜰 때가 적절하고, 따뜻한 방안이 적절하다.

따뜻한 철의 꽃은 맑은 날이 적절하고, 약간 선선할 때가 적절하고, 화려한 방안이 적절하다.

더운 철의 꽃은 비가 온 뒤가 적절하고, 상쾌한 바람이 불 때가 적절하고, 멋진 나무 그늘 아래가 적절하고, 대나무 그늘이 적절하고, 물가 누각이 적절하다.

서늘한 철의 꽃은 삽상한 달이 오를 때가 적절하고, 석양이 적절하고, 빈 섬돌이 적절하고, 이끼 낀 오솔길이 적절하고, 오래된 등나무와 뾰족한 바위 가가 적절하다.

바람과 일광을 따지지 않고 아름다운 장소를 가리지 않는다면, 신기(神氣)가 흩어지고 느슨해져서 도무지 감상하는 기분이 나지 않는다. 그렇게 되면 기방이나 술집 속에 놓여있는 꽃과 무엇이 다르겠는가?

12. 감계(監戒)

송나라 장공보(張功甫)[53]가 지은『매품(梅品)』은 언어가 극도로 운치가 있어서, 내가 읽어보고 탄상했으며, 그 글을 본떠서 서너 조항을 적어 병화재(瓶花齋)의 벽에 걸었다.

꽃이 마음에 들 때는 모두 14조이다.

1) 밝은 창가에,
2) 깨끗한 궤안에,
3) 골동의 솥에,
4) 송나라 벼루에 있거나,
5) 파도 소리 같은 솔바람 소리,
6) 시냇물 소리를 들을 때,
7) 주인이 기이한 일을 좋아하고 시를 잘 지을 때,
8) 단골 승려가 차를 끓일 줄 알 때,
9) 계주(薊州) 사람이 술을 보내 올 때,
10) 좌객이 꽃 그림을 잘 그릴 때,
11) 꽃이 활짝 피었는데 마음에 드는 친구가 방문할 때,
12) 원예의 책을 직접 베낄 때,
13) 밤 깊은 데 차로(茶鑪)가 끓을 때,
14) 아내와 첩이 꽃 고사를 누가 더 아나 경쟁할 때에 꽃이 마음에 든다.

---

53 공보(功甫)는 장자(張鎡)의 자이고, 호는 약암(約庵)이다. 1185년에 남호(南湖) 물가에 원포(苑圃)를 얻었는데 거기에 오래된 매화 수십 그루가 있었고, 다시 서호(西湖) 북산의 홍매(紅梅)를 얻어 모두 3백여 그루가 되었다. 당을 만들어서 꽃이 필 때 그 안에 머무니 빙 둘러 맑은 빛이 비쳐 한 밤에 달을 대한 것 같았으므로 그 당을 옥조(玉照)라 명명했다는 이야기가「옥조당매품기(玉照堂梅品記)」에 실려 있다. 그는「매품(梅品)」에서 화의칭(花宜稱) 26조, 화증질(花憎疾) 14조, 화영총(花榮寵) 6조, 화굴욕(花屈辱) 12조를 나누어 기술했다.

꽃을 모욕하는 것은 모두 23조이다.

1) 주인이 자주 손님을 접대할 때,
2) 속된 사람이 함부로 들어올 때,
3) 가지를 휘게 할 때,
4) 용렬한 승려가 선(禪)을 이야기할 때,
5) 창 아래서 개가 싸울 때,
6) 골목길에서 연밥이 날아들 때,
7) 가동(歌童)이 「익양강(弋陽腔)」을 불러댈 때,
8) 추녀가 꽃가지를 꺾어 머리에 꽂을 때,
9) 관직의 승진과 이동을 따질 때,
10) 억지로 연민하고 사랑하는 듯한 태도를 지을 때,
11) 응수해야 할 시를 아직 짓지 못해 시 빚을 갚지 못할 때,
12) 꽃이 활짝 피었는데 아내가 가계부의 계산을 재촉할 때,
13) 『운부(韻府)』에서 압운할 글자를 검색할 때,
14) 찢어진 책이 낭자하게 널려져 있을 때,
15) 복건(福建)의 거간꾼이 들나들 때,
16) 오중(吳中)의 가짜 그림이 있을 때,
17) 쥐 똥이 널려 있을 때,
18) 전갈[蝎]의 침[涎]이 얼룩졌을 때,
19) 종들이 거드름을 피울 때,
20) 주령(酒令)을 막 시작해 잔이 도는데 술이 떨어졌을 때,
21) 술집과 이웃이 되어 있을 때,
22) 책상 위에 '황금백설(黃金白雪)', '중원자기(中原紫氣)' 같은 시가 놓여 있을 때,
23) 연경(燕京)의 풍속이 너무 경쟁적으로 완상(翫賞)해, 꽃 하나가 필 때마다 붉은 장막까지 준비해 가지고 구름처럼 몰려드는 것 등이다.

내가 보기에는 꽃을 모욕하는 자가 많고 꽃을 좋아하는 자는 적다.

허심탄회하게 점검해 보면 나 같은 자들도 때때로 잘못을 범하는 일이 있으므로, 특별히 한 통을 적어서 자리의 오른쪽에 두고 스스로 경계를 삼는다.

화안(花案)[1]

손님 가운데 꽃을 품평하는 이가 말했다.

"꽃의 품종으로 화안(花案)을 정하되, 염품(艶品)·은품(隱品)·선품(禪品)·명품(名品)으로 분류해, 복사꽃이나 오얏꽃의 유(類)를 염품으로, 모란·작약의 유를 명품으로, 국화의 유를 은품으로, 연꽃의 유를 선품으로 삼으려 한다. 이를 큰 길거리에 걸어 놓아도 그 차서가 공정할 것이다."

내가 이렇게 말했다.

"높은 재주를 가진 인재를 빠뜨리지 않고 가난한 선비에게도 쌓아둔 보옥(寶玉)이 있으니, 평(評) 덕분에 기이한 것이 되고 청(淸)한 것을 말미암아 귀중한 것이 된다. 참담한 백빈(白蘋)·홍료(紅蓼)를 들면 제아무리 춘해당(春海棠)도 우위(優位)에 들기 어렵고, 향기가 풍성한 수선화·석죽화(石竹花)를 수집하면 제아무리 목부용(木芙蓉)도 낙제하기 알맞다. 깊은 산 그윽한 골짜기에 있어서 소문은 들을 수 있으나 구경할

---

1 이 글은 원굉도의 글이 아니라 오종선(吳從先)의 글이다. 김은슬은 「『閒情錄』 現傳本에 나타난 문헌의 인용방식과 그 체계」에서 「병화사」의 문장도 원굉도의 『원중랑집』에 실린 「병사」보다는 오종선의 『소창청기』에 실린 「병사」 문장에 더 가깝다고 밝혀냈다. 하버드 대학 소장본의 체재에 따라 「화안(花案)」을 「병화사」와 마찬가지로 제목으로 삼는다.

수 없는 꽃이 명품이고, 무성한 숲 꽃 핀 골짜기에 있어서 가까이할
수는 있으나 친할 수 없는 꽃이 은품이다. 선(仙)이란 해탈로써 의취를
삼으므로 수렁 속에서 나는 연꽃뿐만 아니라 아침에 피었다가 저녁에
시드는 근화(槿花)나 아침에 봉오리가 벌어졌다가 저녁에 오므라드는
훤초(萱草)도 다 그 본능을 발휘할 수 있다. 도량(道場)에 나아가서 본래
의 공색(空色)²을 지관(止觀)하면³ 일체가 다 우로(雨露)이고 또 음양(陰
陽)을 따질 나위도 없다."

손님이 또,

"그같이 꽃을 이야기하면 결국 정격(正格)이 없어서, 혹 고한(孤寒)
한 의취에는 뛰어날지 모르지만, 호걸스러운 풍도에는 전도(顚倒)될
것이다."

하기에, 내가,

"아! 고한(孤寒) 이외에 또 어느 호걸이 있겠는가?"

했더니, 손님이 탄복했다. 이에 이 화안(花案)을 현방(賢榜)⁴에 끼워 넣
는다.

---

2 공색(空色)은 불교에서 말하는 공즉시색(空卽是色) 색즉시공(色卽是空)을 말한다.
3 지관(止觀)은 불교의 수행 방법의 하나로, '지(止)'는 모든 번뇌를 끝내고 한 경지에 전념
  하는 것이고, '관(觀)'은 지(止)를 기초하여 얻은 지혜로 사리를 밝게 분변하는 것이다.
  불교에서는 지관의 경지를 통과해야 깨달음을 얻어 해탈할 수 있다고 한다.
4 현방(賢榜)은 훌륭한 인재들이 명단이니, 이 글에서는 이전 사람들의 화안을 높여 가리
  키는 말이다.

상정(觴政)[1]

　나는 초엽(蕉葉) 술잔 하나도 마실 수 없지만, 술항아리의 찰랑대는 소리를 들을 때마다 문득 펄쩍펄쩍 뛴다. 술손님을 만나면 그와 함께 머물며 술을 마셔대어, 밤이 새지 않으면 그만 두지 않는다. 오랫동안 친하게 지낸 사람이 아니면, 내가 술을 받아들일 장(腸)[2]이 없다는 것을 알지 못한다. 시사(詩社)에서는 술을 많이 마시는 무리를 가까이하는데, 그들이 술을 마시는 올바른 태도를 익히지 않아서 아주 거칠다는 것을 크게 깨달았다.

　술지게미 언덕[3]에서 저울을 들고 공평하게 저울질을 하면서 술의

1　상정(觴政)은 주령(酒令)이라고도 하니, 음주에 관한 정령(政令)이다. 초굉(焦竑)의 『필승속집(筆乘續集)』 권4에 상정(觴政)에 관한 설명이 있다. "위문후(魏文侯)가 여러 대부와 술을 마시며 공승불인(公乘不仁)에게 '상정'을 짓게 했는데 지금의 주령과 비슷하다. 당나라 때 문사들은 혹 경전과 사서를 주령으로 삼았다. 퇴지(退之)의 시에 '영(令)은 예전의 일에 의거하여 한다'라고 했고, 낙천(樂天)의 시에 '아름다운 영(令)을 한가롭게 징험하며 경사를 궁구한다'라고 한 것이 이것이다.[魏文侯與諸大夫飮, 使公乘不仁爲觴政, 殆卽今之酒令耳. 唐時文士或以經史爲令, 如退之詩'令徵前事爲', 樂天詩'閑徵雅令窮經史', 是也.]"

2　유차(劉叉)의 「자문(自問)」 시에 "주장(酒腸)은 바다같이 넓고, 시담(詩膽)은 하늘보다 크다.[酒腸寬似海, 詩膽大於天]"라고 했다.

3　원문의 조구(糟丘)는 언덕처럼 쌓아둔 술지게미이다. 『한시외전(韓詩外傳)』에, "걸(桀)

헌장(憲章)을 제대로 갖추지 않는다면 그것은 역시 영장(令長)의 책임이다. 이제 옛 규정 가운데 간명하고 올바른 것을 채록하고 여기에 새로운 조항을 덧붙여 '상정(觴政)'이라 명명한다. 술손님들은 각각 한 질씩 거두어가기 바란다. 이 또한 취향(醉鄕)[4]의 갑령(甲令)이다.

1. 리(吏) – 술자리를 관리하는 사람

술을 마실 때는 한 사람을 명부(明府)[5]로 삼아서, 술잔을 주고받는 것이 적절한지를 주관한다. 술잔을 따르고 마시는 것이 나약해져 관리의 임무를 제대로 하지 못하는 것을 '썰렁하다[冷]'고 한다. 술잔을 따르고 마시는 것이 맹렬하게 되어 가혹하게 정치하듯이 하는 것을 '뜨겁다[熱]'고 한다.[6] 한 사람을 녹사(錄事)로 삼아서, 좌중의 사람을 규찰하는데, 반드시 술 마시는 재주가 있는 자를 가려서 써야 한다. 술 마시는 재주에는 세 가지가 있으니, 선령(善令)[7], 지음(知音)[8], 대호(大戶)[9]이다.

은 주지(酒池)를 만들어 배를 띄울 수 있었고, 조구(糟丘)는 십 리에 뻗어 있었다.[桀爲酒池 可以運舟 糟丘足以望十里]"고 했다. 뒤에는 호주가들의 모임을 가리키는 말로 사용되었다.

4　취향(醉鄕)은 취한 기분을 별천지에 비유한 말이다. 수나라 왕적(王績)의 「취향기(醉鄕記)」에 "취향은 중국과의 거리가 몇천 리인지 모른다. 토지는 광대하지만 언덕이 없으며 그곳의 날씨는 화평해 그믐이나 초하루, 추위나 더위가 없고, 풍속이 대동(大同)해 읍락(邑落)이 없음은 물론 사람들도 매우 청렴하다." 했다.

5　명부(明府)는 '밝은 원님'이라는 뜻인데, 현령(縣令), 군수(郡守), 목사(牧使) 등 지방관에 대한 존칭이다.

6　한직(閑職)의 관리를 냉관(冷官), 요로(要路)의 관리를 열관(熱官)이라고 한다. 송나라 시인 육유(陸游)의 시 「감우(感遇)」에, "벼슬생활 오십년 동안 열관을 끝내 사모하지 않았네.[仕宦五十年 終不慕熱官]"라고 했다.

7　선령(善令)은 명령을 잘 시행하는 것을 말한다.

8　지음(知音)은 노래와 악기의 소리를 잘 변별하거나 음악의 재능이 있는 사람을 말하는데, 자기를 알아주는 사람을 가리키기도 한다. 백아(伯牙)가 거문고를 타는데, 높은 산에 뜻이 있으면 (그의 친구) 종자기(鍾子期)가 듣고서, "태산과 같이 높구나"라고 말했다.

2. 도(徒) – 술을 같이 마실 수 있는 무리

주도(酒徒)[10]를 선택하는 데는 열두 가지가 있다.

1) 말씨가 정성스럽되 아첨하지 않는 자,
2) 기운이 부드럽되 휩쓸리지 않는 자,
3) 어떤 것이든 주령이라고 하면 존중하지 않는 것이 없는 자,
4) 주령이 시행되면 좌중에서 펄쩍 뛰며 날아 움직이는 자,
5) 주령을 듣는 즉시 이해하고 되묻지 않는 자,
6) 우아한 해학을 잘하는 자, 굽은 술잔을 받아도 불평하지 않는 자,
7) 술잔 앞에서는 술을 따지지 않는 자,
8) 옥 술잔을 날리고 뿔 술잔을 튀게 하면서도 몸가짐에 허물이 없는 자,
9) 차라리 잔뜩 취할망정 술을 쏟거나 흘리지 않는 자,
10) 시제(詩題)를 나누어[11] 지을 수 있는 자,
11) 술잔과 구기[杓]를 감당할 수 없으면서도 밤새 흥이 일어나는 자이다.

또 흐르는 물에 뜻이 있으면 종자기가 듣고서, "강물처럼 넓구나"라고 말했다. 백아가 생각한 것을 종자기가 반드시 알아맞혔다. 종자기가 죽자, 백아가 "지음(知音)이 없다"면서 거문고의 줄을 끊어버렸다. 『열자(列子)』「탕문편(湯問篇)」

9 대호(大戶)는 주량이 센 사람, 소호(小戶)는 약한 사람을 가리킨다. 당나라 백거이(白居易)의 「취후(醉後)」에 "그래도 소호라 늘 일찍 술 깨어, 오랫동안 취향에 머물지 못함을 꺼리노라.[猶嫌小戶長先醒 不得多時住醉鄕]"했다. 『백낙천시집(白樂天詩集)』 권19

10 초한(楚漢) 시대에 역이기(酈食其)가 패공(沛公 유방)을 만나려고 군문(軍門)으로 찾아갔을 때 사자(使者)가 나와서 사절하자, 역생이 칼을 어루만지면서 사자를 꾸짖어 말했다. "달려가서 다시 패공에게 말하라. 나는 고양의 술꾼이지, 유자가 아니다.[走復入言 沛公 吾高陽酒徒也 非儒人也]" 『사기(史記)』 권97 「역생열전(酈生列傳)」

11 원문의 분제(分題)는 제목을 나누어 시를 짓는 것이다. 『창랑시화(滄浪詩話)』에 "옛사람들이 제목을 나누되, 혹은 각각 한 사물을 시로 지었다. 아무개를 전송한다고 한다면, 제목을 나누어 아무 사물을 얻는 것과 같다. 혹은 탐제라고도 한다.[古人分題, 或各賦一物. 如云送某人, 分題得某物也. 或曰探題]"라고 했다.

3. 용(容) - 술 마시는 모습

즐거워서 마실 때는 절도가 있어야 하고, 힘들어서 마실 때는 고요해야 하며, 권태로워서 마실 때는 해학을 해야 한다. 예법에 맞게 마실 때는 말끔해야 하고, 문란하게 마실 때에도 일정한 법도를 지켜야 한다. 새로 사귄 사람과 마실 때는 한아하고 진솔해야 하며, 잡배들과 마실 때는 몸을 사려 물러나야 한다.

4. 의(宜) - 알맞은 분위기

술에 취하려면 분위기가 적절해야 한다. 꽃 아래서 취할 때는 낮이어야 하니, 꽃의 빛을 받아들일 수가 있기 때문이다. 눈 속에서 취할 때는 밤이어야 하니, 개결함을 필요로 하기 때문이다. 득의하여 취할 때는 노래를 해야 하니, 따라 부르는 노래를 이끌어낼 수 있기 때문이다. 이별을 앞두고 취할 때는 바리때를 쳐야 하니, 정신을 장대히 할 수 있기 때문이다. 문인과 함께 취할 때는 절조와 문장을 삼가해야 하니, 업신여길까 두렵기 때문이다. 준걸한 사람과 취할 때는 술잔과 기치(旗幟)를 더해야 하니, 열렬함을 도울 수 있기 때문이다. 누정에서 취할 때는 더워야 하니, 그 청량함을 바탕으로 삼고자 하기 때문이다. 물가에서 취할 때는 가을이어야 하니, 그 상쾌한 물에 배를 띄울 수 있기 때문이다.

어떤 사람은 이렇게 말하기도 한다.

달 아래서 취할 때는 누정이어야 하고, 더위에 취할 때는 배라야 하며, 산에서 취할 때는 호젓해야 한다. 아름다운 사람과 취할 때는 발그레하게 취기가 올라야 하고, 문인과 취할 때는 오묘한 주령(酒令)을 내어야 하지 가혹하게 술을 따르면 안 된다. 호객과 취할 때는 술잔을 휘두르며 호탕한 노래를 불러야 한다. 음악을 아는 사람과 취할 때는 오(吳) 땅 아이의 청아한 목소리에 단판(檀板 박판)을 쳐야 한다.

5. 우(遇) – 적합한 상황

술을 마시는 데에는 다섯 가지 적합한 때와 열 가지 부적합한 때가 있다.

맑은 달과 좋은 바람, 상쾌한 비와 때 맞게 내리는 눈이 첫째 적기이다.

꽃이 피고 술이 익은 때가 둘째 적기이다.

우연찮게 술을 마시고 싶을 때가 셋째 적기이다.

조금 마셔도 취흥이 오를 때가 넷째 적기이다.

처음에는 우울하다가 뒤에는 밝아져서 담론의 기봉(機鋒)이 언뜻 날카로워 질 때가 다섯째 적기이다.

해가 뜨겁고 바람이 건조할 때가 첫째 부적기이다.

정신이 삭막할 때가 둘째 부적기이다.

특별히 여러 가지로 준비했어도[12] 술 마시는 사람(飮戶)이 어울리지 않을 때가 셋째 부적기이다.

주인과 손님이 서로 끌어당기며 트집 잡을 때가 넷째 부적기이다.

서둘러 응접해 연회를 다 끝마치지 못할까 염려하듯 할 때가 다섯째 부적기이다.

억지로 얼굴을 꾸며서 즐거운 듯할 때가 여섯째 부적기이다.

가죽신발이 판판해지고 꺾이도록 아첨하는 말이 오고갈 때가 일곱

---

12 원문의 배당(排當)은 연회에 앞서 일체를 준비하는 일인데, 원래는 궁중의 연회 때 준비하는 것을 말한다. 『고항기(古杭記)』에 "궁중의 술 마시는 연회를 배당이라고 한다.[宮中飮宴名排當]"라고 했다.

째 부적기이다.

일정을 정해놓고 높은 곳에 올랐으나[13] 날씨가 음산하고 비까지 내릴 때가 여덟째 부적기이다.

술자리가 거처에서 멀어 어두워지면 돌아가려고 생각할 때가 아홉째 부적기이다.

손님이 멋있으나 다른 약속이 있을 때와 기생이 즐겁게 만드나 다급한 용무가 따로 있을 때, 술이 진하고 맛있으나[14] 변했고, 고기 구이가 맛은 있으나 식어 있을 때가 열째 부적기이다.

6. 후(候) - 술자리의 징후

술자리가 즐거워질 징후는 열세 가지가 있다.

1) 알맞은 때를 만났을 때가 첫째이다.
2) 손님과 주인이 오랫동안 만나지 못했을 때가 둘째이다
3) 술이 잘 익었으면서 주인이 엄할 때가 셋째이다.
4) 술잔을 들기 전에는 노래를 부르지 않을 때가 넷째이다.
5) 능력이 없는 자에게 벌칙이 있을 때가 다섯째이다.
6) 마시면서 안주를 거듭 들지 않을 때가 여섯째이다.

---

13 원문의 등림(登臨)은 옛날 풍속에 9월 9일에는 사람들이 붉은 주머니에 수유(茱萸)를 담아서 팔뚝에 걸고 높은 산에 올라가 국화주(菊花酒)를 마시어 재액을 소멸시켰다는 데서 온 말이다. 주머니에 수유를 담는 내력은 선인(仙人) 비장방(費長房)의 고사에서 왔다. 후한(後漢) 때 환경(桓景)이 선인 비장방에게 유학(遊學)했는데, 하루는 비장방이 환경에게 이르기를 "9월 9일 너의 집에 재앙이 있을 것이니, 급히 가서 집안사람들로 하여금 각각 붉은 주머니에 수유를 담아서 팔뚝에 걸고 높은 산에 올라가서 국화주를 마시게 하면 이 재앙을 면할 것이다."라고 했다. 환경이 그의 말에 따라 9월 9일에 온 가족을 거느리고 높은 산에 올라갔다가 저물녘에 내려와 보니, 닭과 개, 소와 양 등의 가축만 일시에 다 죽어 버리고 사람들은 끝내 무사했다고 한다.

14 순주(醇酒)는 양조(釀造)한 다음에 물을 타지 않고 곧바로 걸러낸 술이다.

7) 술자리에서 움직이지 않을 때가 일곱째이다.

8) 주령의 시행을 감독하는 녹사(錄事)의 풍모가 의젓하고 법이 준엄할 때가 여덟째이다.

9) 명부(明府)가 청탁을 용납하지 않을 때가 아홉째이다.

10) 자기의 책임을 남에게 떠넘기지 않을 때가 열째이다.

11) 남의 책임을 자기가 대신 지지 않을 때가 열한째이다.

12) 술 마시는 능력을 믿지 않을 때가 열두째이다.

13) 술자리를 돕는 가아(歌兒)와 주노(酒奴)가 사람의 마음을 이해할 때가 열세 째이다.

즐겁지 않은 징후에는 열여섯 가지가 있다.

1) 주인이 인색할 때가 첫째이다.

2) 손님이 주인을 경시할 때가 둘째이다.

3) 음식이나 가구를 어지럽게 늘어놓아 질서가 없을 때가 셋째이다.

4) 방이 어둡고 등불이 침침할 때가 넷째이다.

5) 음악이 거슬리고 기생이 교만할 때가 다섯째이다.

6) 조정의 정사를 의논할 때가 여섯째이다.

7) 해학을 교대로 해댈 때가 일곱째이다.

8) 일어섰다 앉았다 해서 어지러울 때가 여덟째이다.

9) 귀에 대고 소근거릴[15] 때가 아홉째이다.

10) 주령의 정해진 규칙을 무시할 때가 열째이다.

11) 술에 취해 함부로 지껄여 댈 때가 열한째이다.

12) 우두커니 앉아 다른 생각이나[16] 할 때가 열두째이다.

---

15 원문의 섭유(囁嚅)는 소근거림이다. 『초사(楚辭)』의 「칠간(七諫)」 가운데 「원세(怨世)」에, "앞 성인의 법도를 고침이여, 소근거림을 좋아하여 마구 만들어내는구나[改前聖之法度兮, 喜囁嚅而妄作]"라는 구절이 있는데, 왕일(王逸)의 주(注)에 "섭유는 작은 소리로 사사로운 계획을 꾀하는 모습[小語謀私貌]이다."라고 했다.

13) 평두(平頭)[17]가 술을 훔쳐 마셔 나자빠질 때가 열셋째이다.

14) 손님의 종이 떠들썩해 법도를 지키지 않을 때가 열넷째이다.

15) 깊은 밤 술자리에서 달아날 때가 열다섯째이다.

16) 미친 꽃과 병든 잎이 있을 때가 열여섯째이다. 애주가들은 눈으로 흘겨
보는 자를 '미친 꽃(狂花)'이라 하고 조는 자를 '병든 잎(病葉)'이라고
한다.

그 밖에도 즐거운 술자리에 방해가 되는 자[18]들은 으레 꾸짖어 쫓아
내야 한다. 방해가 되는 자들이란 언어가 비속하고 용모가 비루해 경
망스러운 부류의 사람이다.

7. 전(戰) - 술전쟁

양으로 마시는 사람은 큰 뿔술잔을 다투고, 호기로 마시는 사람은
육박(六博)[19]과 국희(局戲)[20]를 다투며, 흥취로 마시는 사람은 예리한 담

---

16 원문의 좌치(坐馳)는 몸은 여기에 있으면서 다른 것을 생각하는 것이다. 『장자』「인간세
(人間世)」에 "길상이 그칠 곳에 그치니, 잠시 여기에 그치지 않음을 좌치라고 한다.[吉祥
止止, 夫且不止, 是之謂坐馳]"했다.

17 평두노자(平頭奴子)의 준말인데, 관을 쓰지 않은 종이다. 송나라 육유(陸游)의 「치사후
즉사(致仕後卽事)」에 "맨다리 여종은 술 사러 가고, 관을 쓰지 않은 남종은 나귀를 끌고
돌아가네.[赤脚婢沽村釀去 平頭奴馭驥驢歸]"라는 구절이 있다.

18 원문의 해마(害馬)는 본래 말의 천성(天性)을 해친다는 뜻으로, 방해물이란 뜻으로 쓴
다. 『장자』「서무귀(徐無鬼)」에, "천하를 다스린다는 것은 말 기르는 것과 무엇이 다르겠
습니까? 역시 그 본성을 해치는 일을 제거할 따름입니다.[夫爲天下者 亦奚以異乎牧馬
者哉 亦去其害馬者而已矣!]"라고 했다.

19 쌍륙 같은 놀이를 가리키는데, 『사기(史記)』권126「골계열전(滑稽列傳)」에 술자리의
유흥 가운데 하나로 꼽았다. "마을의 모임에서 남녀가 서로 섞여 앉아 술잔을 돌리며
노닐면서, 쌍륙, 투호 놀이를 하며 서로 끌어다 무리를 짓고, 손을 잡아도 벌하지 않고
눈짓해도 금하지 않았다. 앞에서는 귀걸이를 떨어뜨리고 뒤에서는 비녀를 빠뜨리는 지경
에 이르면, 순우곤은 속으로 즐거워하여 능히 술 여덟 말을 마시되 열에 두세 번 취할
뿐이다.[若乃州閭之會 男女雜坐 行酒稽留 六博投壺 相引爲曹 握手無罰 目眙不禁 前

론을 다툰다. 재주로 마시는 사람은 시부(詩賦)와 악부(樂府)를 다투고, 신령으로 마시는 사람은 구애받지 않음을 다툰다. 이것을 '주전(酒戰)' 이라 한다. 경전에서는 "백전백승은 싸우지 않음만 못하다"[21]라고 했다. 구애받지 않음을 높이 쳐서 그렇게 말한 것이다.

8. 제사[祭]

술을 마실 때는 반드시 시조에게 제사를 올리니, 예법이 그러하다. 지금 선보(宣父 공자)께 제사를 올려서 그를 '주성(酒聖)'이라 부른다. 대개 주량의 한도가 없고 아무리 술을 마셔도 흐트러지지 않았기[22] 때문이다. 상정(觴政)의 시조이며, 음주의 종주이다.

네 분을 배향하니[23], 완사종(阮嗣宗)[24], 도팽택(陶彭澤)[25], 왕무공(王無

有瘖珥 後有遺簪 髡竊樂此 飮可八斗而醉二參]"

20 원문의 국희(局戲)는 국면(局面)에서 승부를 다투는 놀이이니, 장기(將棋)나 바둑을 가리킨다.

21 『손자(孫子)』「모공(謀攻)」에, "백번 싸워 백번 이기는 것은 최선의 방법이 아니다. 싸우지 않고서도 상대방의 군사를 꺾는 것이 최선의 방법이다.[百戰百勝 非善之善者也 不戰而屈人之兵 善之善者也]"라고 했다.

22 『논어』「향당(鄕黨)」편에, "오직 술은 한량 없이 드시되, 흐트러지는 데 이르지 않았다.[唯酒無量, 不及亂]"라고 했다.

23 문묘(文廟)에 공자를 주벽(主壁)으로 하여 배향된 네 사람의 성인, 즉 복성공(復聖公) 안자(顔子), 종성공(宗聖公) 증자(曾子), 술성공(述聖公) 자사(子思), 아성공(亞聖公) 맹자(孟子)에 비견한 것이다.

24 사종(嗣宗)은 완적(阮籍)의 자이니, 삼국시대 위(魏)나라 사람으로, 유령(劉伶)과 함께 죽림칠현(竹林七賢)의 한 사람이다. 노장(老莊)을 좋아하였고, 술을 마시면서 현담(玄談)을 즐겼다. 보병영(步兵營)의 영주(營廚)에 좋은 술이 300곡(斛)이나 있다는 말을 듣고는 자청하여 보병 교위(步兵校尉)가 되었으며, 날마다 곤드레가 되도록 술을 마시고 세상일에 대해서는 상관하지 않았다.

25 팽택(彭澤)은 팽택 현령으로 부임했다가 오두미(五斗米) 녹봉 때문에 허리를 굽힐 수 없어 귀거래(歸去來)한 도잠(陶潛)을 가리킨다. 그가 지은 「오류선생전(五柳先生傳)」에 "술 거나히 마시고 시를 지어 자신의 뜻을 즐기니, 무회씨의 백성인가, 갈천씨의 백성인

功)²⁶, 소요부(邵堯夫)²⁷이다.

십철(十哲)²⁸은 정문연(鄭文淵)²⁹, 서경산(徐景山)³⁰, 혜숙야(嵇叔夜)³¹,

가?[酣觴賦詩 以樂其志 無懷氏之民歟 葛天氏之民歟]"라고 했다. 『송서(宋書)』 권93 「은일열전(隱逸列傳) 도잠」에 "도잠은 술이 다 익으면 머리 위에 쓴 갈건을 가지고 술을 거른 뒤에 도로 다시 머리에 썼다."라고 할 정도로 늘 술을 즐겼다.

26 무공(無功)은 왕적(王績, 약 590~644)의 자이다. 수(隋)나라 때 비서성 정자(秘書省正字), 육합현승(六合縣丞)을 지냈고, 당(唐)나라에서 태악승(太樂丞)을 지내다가 사직하고 고향에 들어가 은둔했다. 취중(醉中)의 경계(境界)를 서술한 「취향기(醉鄕記)」를 지어 유령(劉伶)이 지은 「주덕송(酒德頌)」에 비견했다.

27 요부(堯夫)는 송나라 소옹(邵雍, 1011~1077)의 자인데, 강절(康節)이라는 시호로도 불린다. 유일(遺逸)로 추천을 받아 관직에 제수되었으나 나아가지 않고 소문산(蘇門山)에서 독서에만 심취하여 자기 거소를 안락와(安樂窩)라고 이름하고, 자호를 안락 선생(安樂先生)이라 했다. 소옹의 「안락와중음(安樂窩中吟)」 제11수에 "술을 마시되 만취하지는 말 것이며, 꽃을 구경하되 만개할 때는 말아야 하네. 사람이 이런 일을 알 수 있다면야, 어찌 양 미간에 괜한 시름 이르리오.[飮酒莫敎成酩酊 賞花愼勿至離披 人能知得此般事 焉有閑愁到兩眉]"했다.

28 『논어』「선진(先進)」에 '덕행에는 안연(顏淵)·민자건(閔子騫)·염백우·중궁(仲弓), 언어에는 재아(宰我)·자공(子貢), 정사(政事)에는 염유·계로(季路), 문학에는 자유(子遊)·자하(子夏)'라 하여 공자 문하생 70명 중 대표적인 제자 10명을 그 장점에 따라 네 가지로 분류했다. 이를 후세에 '사과십철(四科十哲)'이라 했다.

29 문연(文淵)은 삼국시대 오(吳)나라 정천(鄭泉)의 자이다. 술을 매우 즐겨서, "미주 오백 휘(斛)를 가득 채운 배를 얻어서, 사계절의 맛난 음식[四時甘絶]을 두고 거듭 통음(痛飮)하여, 술이 줄 때마다 더 채우면 또한 장쾌한 일이 아니겠는가!"라고 했다. 임종 때에는, "나를 도가(陶家)의 곁에 장사지내다오. 백세 뒤에 흙으로 화하여 주호(酒壺)가 되면 실로 내 마음을 얻었다고 하리라"라고 했다. 『상우록(尙友綠)』 권20에 나온다.

30 경산(景山)은 삼국시대 위(魏)나라 문신 서막(徐邈)의 자이다. 상서랑(尙書郎) 서막이 몹시 술을 좋아한 나머지 금주령(禁酒令)이 내렸음에도 불구하고 사적으로 술을 마시고 잔뜩 취했다. 교위(校尉) 조달(趙達)이 가서 조사(曹事)를 묻자 서막이 "내가 성인(聖人)에게 맞았다.[中聖人]"고 말해 위나라 태조(太祖)를 대단히 노하게 한 적이 있었다. 뒤에 문제(文帝)가 또 서막에게 묻기를, "경은 또다시 성인에게 맞는가?" 하자, 서막이 말하기를, "스스로 징계하지 못하고 때로 다시 맞곤 합니다."고 했다. 성인은 청주(淸酒)를 말한다. 문제 때에 주군(州郡)으로 나가서 가는 곳마다 정치적 업적을 올렸으며, 시호는 목(穆)이다.

31 숙야(叔夜)는 혜강(嵇康)의 자이다. 어려서 부모를 잃고 위나라 종실의 사위가 되어 중산 대부(中散大夫) 벼슬을 했다. 그는 잘 생겼는데, 술에 취해 쓰러지는 모습을 친구 산도(山

유백륜(劉伯倫)³², 상수(向秀)³³, 완중용(阮仲容)³⁴, 사유여(謝幼興)³⁵, 맹만
년(孟萬年)³⁶, 주백인(周伯仁)³⁷, 완선자(阮宣子)³⁸이다.

濤)가 이렇게 표현했다. "평소에는 당당한 모습이 마치 외로운 소나무가 홀로 서 있는
것 같은데, 술에 취하면 한쪽으로 기울어지는 모습이 마치 옥산이 무너지려는 것 같았다.
[巖巖若孤松之獨立 其醉也 傀俄若玉山之將崩]"『세설신어(世說新語)』「용지(容止)」
32 백륜(伯倫)은 진(晉)나라 유령(劉伶)의 자이다. 술을 좋아해「주덕송(酒德頌)」을 지었
다. 유령은 술을 몹시 좋아하여 녹거(鹿車)를 타고 술 병 하나를 들고서 한 사람에게
삽(鍤)을 지고 뒤따르게 하며, "내가 죽으면 곧 나를 묻어라"라고 했다. 아내가 술을 쏟아
버리고 울면서, "당신은 술을 너무 많이 마시니, 섭생의 도가 아닙니다. 마땅히 끊어야
합니다."라고 했다. 그러자 유령이 "옳은 말이다. 내가 스스로 술을 끊지 못해 귀신에게
축문을 올리고 맹서를 할 테니 술과 고기를 준비하라."고 했다. 아내가 그 말대로 하자
유령이 무릎을 꿇고 축문을 올린 뒤, "하늘이 유령을 낳아 술로 이름을 내게 했으니,
한 번 마시면 한 휘(斛)를 마시고, 다섯 말을 마셔야 술이 깹니다. 부인의 말은 들을
수 없습니다.[天生劉伶 以酒爲名 一飮一斛 五斗解酲 婦人之言 愼不可聽]"하고는 술
잔을 당겨 마시고 고기를 입에 물고는 다시 취했다고 한다. '유령해정(劉伶解酲)'이란
제목으로『몽구(蒙求)』에 나오는 이야기이다.
33 원문은 상자수(尙子秀)로 되어 있는데, 자가 자기(子期)인 진(晉)나라 상수(尙秀)를 가
리킨다. 죽림칠현의 한 사람으로,『장자』에 주를 달았다.
34 중용(仲容)은 진(晉)나라 죽림칠현(竹林七賢)의 한 사람인 완함(阮咸)의 자이다. 호방해
세속에 구애되지 않았으며, 음률에 밝아 비파를 잘 탔다. 유령(劉伶)의「주덕송(酒德頌)」
에 "술에 취한 대인 선생(大人先生) 옆에 두 호걸이 모시고 섰는데, 그 모습이 마치 나나니
벌과 배추벌레 같았다." 했다. 두 호걸은 완적(阮籍)의 아들과 조카인 완혼(阮渾)과 완함
(阮咸)을 가리킨다.
35 유여(幼興)는 진(晉)나라 사곤(謝鯤)의 자이다.『주역』을 좋아하고 거문고를 잘 탔다.
진나라 말기에 호무보지(胡毋輔之), 사곤(謝鯤), 완방(阮放), 필탁(畢卓), 양만(羊曼),
환이(桓彛), 완부(阮孚), 광일(光逸) 등 여덟 사람이 예법을 전혀 돌아보지 않고 날마다
청담을 나누며 곤드레가 되도록 술을 마시고 놀아서 팔달(八達)이라고 불렸는데, 그중에
는 옷을 다 벗고 알몸을 내놓은 자까지 있었다.
36 만년(萬年)은 진(晉)나라 맹가(孟嘉)의 자이다. 재명(才名)이 있어 태위(太尉) 유량(庾
亮)이 강주(江州)를 다스릴 때 그의 종사관이 되었고, 나중에 정서대장군(征西大將軍)
환온(桓溫)의 참군(參軍)이 되어 남다른 풍류와 문장으로 그의 사랑을 받았다. 한번은
환온이 9월 9일에 용산(龍山)에서 잔치를 열어 막료들이 모여 즐겁게 놀았는데, 그때
마침 서풍(西風)이 불어 맹가의 모자가 날아갔는데도 맹가는 술에 취해 알아차리지 못했
다. 환온이 손성(孫盛)에게 글을 지어 조롱하게 하자 맹가가 곧바로 화답했는데, 그 글이
매우 아름다워 모두들 찬탄하여 마지않았다. 후에 이 고사로 인하여 중양절에 높은 곳에

산거원(山巨源)[39], 호모언국(胡母彦國)[40], 필무세(畢茂世)[41], 장계응(張季鷹)[42], 하차도(何次道)[43], 이원충(李元忠), 하지장(賀知章)[44], 이태백(李太

올라가 모자를 떨어뜨리는 풍류가 생겨났다고 한다. 『진서(晉書)』 권98 「맹가열전(孟嘉列傳)」

37 백인(伯仁)은 진(晉)나라 주의(周顗)의 자이다.

38 선자(宜子)는 진(晉)나라 완수(阮修)의 자로, 완함(阮咸)의 조카이다. 속인 보기를 좋아하지 않고, 「대붕찬(大鵬贊)」을 지어 스스로를 대붕에 견주었다. 관직은 홍려승(鴻臚丞), 태자세마(太子洗馬)에 이르렀다. 그는 길을 다닐 때 돈을 지팡이에 달고 다니면서 술을 마시고 돈을 낼 때마다 그 지팡이에 달린 돈을 냈다. 그래서 술 마실 때 술값으로 내는 돈을 장두전(杖頭錢)이라고 부르게 되었다.

39 거원(巨源)은 진(晉)나라 산도(山濤)의 자이다. 노장(老莊)을 좋아하고, 혜강(嵇康), 여안(呂安)과 친했으며, 완적(阮籍)과 함께 죽림칠현의 한 사람으로 꼽혔다. 관직은 무제(武帝) 때에 이부상서(吏部尙書)가 되었다가, 우복야(右僕射)로 옮겼다. 산도가 유령과 대숲에서 술에 취해 있을 때 왕융(王戎)이 오자 "속물이 다시 와서 사람의 기분을 망쳐놓는구나." 했다. 산도가 비현령(郫縣令)으로 있을 때에 그곳에 나는 큰 대나무를 잘라서 만든 통에 술을 빚었는데, 몇십 일 뒤에 뚜껑을 여니 향기가 100보 밖까지 미쳤다 한다. 이 술을 비통주(郫筒酒)라 했다.

40 언국(彦國)은 진(晉)나라 호모보지(胡母輔之)의 자이다. 어려서 이미 고사(高士)의 명성이 있었으며, 원제(元帝) 때에 상주자사(湘州刺史)가 되었다.

41 무세(茂世)는 진(晉)나라 필탁(畢卓)의 자이다. 자유분방하고 술을 좋아했다. 이부낭(吏部郎)으로 있을 때 이웃집 항아리 사이로 숨어들어가 술을 마시다가 술을 관장하는 자에게 붙잡혔다. 이튿날 이부낭이라는 사실을 안 주인이 그를 풀어주자, 필탁은 주인을 항아리 사이로 데리고 가서 연회를 열어 취하게 만든 뒤 돌아갔다. 필탁이 "술 수백 휘(斛)를 배에 가득 싣고, 사철의 맛있는 음식을 양쪽 배머리에 놓고, 오른손에는 술잔을 잡고 왼손에는 게의 집게발을 쥐고서 술못 가운데 떠서 헤엄친다면 한평생을 마칠 수 있겠다.[得酒滿數百斛船, 四時甘味置兩頭, 右手持酒杯, 左手持蟹螯, 拍浮酒池中, 便足了一生矣]'라고 말했다. '필탁옹하(畢卓甕下)'라는 표제가 『몽구(蒙求)』에 실려 있다.

42 계응(季鷹)은 서진(西晉) 장한(張翰)의 자이다. 제왕(齊王) 사마경(司馬冏)이 집정할 때 동조연(東曹掾)으로 있었는데, 가을바람이 불자 문득 고향 오중(吳中) 송강(松江)의 농어(鱸魚) 회와 순채국이 생각나서, "사람이 태어나 귀하게 되어 뜻을 얻었더라도 고향 떠나 수천 리 밖에서 벼슬에 얽매여 있으면서 높은 작위를 구할 것이 무어 있나?"라고 말하고는, 즉시 돌아갔다. 이백(李白)의 시 「월중의 산수를 찾아가는 벗을 전송함[送友人尋越中山水]」에 "팔월에 시를 지은 매승(枚乘)처럼 시를 짓고 삼오(三吳)의 장한(張翰)처럼 한 잔 술을 마시리.[八月枚乘筆 三吳張翰杯]"했다.

43 차도(次道)는 진(晉)나라 때 대장군 왕돈(王敦)의 주부(主簿)를 지냈던 하충(何充)의 자

白)[45] 이하의 분들은 동서 양무(兩廡)[46]에 제사지낸다.

의적(儀狄)[47], 두강(杜康)[48], 유백타(劉白墮)[49], 초혁(焦革)[50] 같은 분들의

이다. 하충은 술을 잘 마셔서 단양영(丹陽令)을 지낸 유담(劉惔)에게 평소 예우를 받았는데, 하충이 술을 마시는 태도가 항상 온순하고도 공손했으므로, 유담이 늘 "차도와 술을 마시다 보면 집에 있는 술을 모두 기울이고 싶어진다.[見次道飮 令人欲傾家釀]"라고 했다. 『진서(晉書)』 권77 「하충열전(何充列傳)」

44 하지장(賀知章)은 당나라 때 산음(山陰)에 살았던 시인으로, 자는 계진(季眞)이다. 성격이 활달하고 문장에 능했으며 글씨를 잘 쓰고 술도 좋아했다. 늘그막에 벼슬을 버리고 자호를 사명광객(四明狂客)이라고 하고서 전원으로 돌아와 자기 집을 천추관(千秋觀)으로 꾸몄다. 이백(李白)의 「대주억하감(對酒憶賀監)」 시에, "사명에 미친 나그네 있었으니, 풍류 넘치는 하계진일세. 장안에서 한 번 서로 만나고는, 나를 적선인(謫仙人)이라 불렀지. 그 옛날 술을 그리도 좋아하더니, 어느새 솔 밑의 티끌이 되었구려. 금 거북으로 술 바꿔 마시던 일, 생각만 하면 눈물이 건을 적시네.[四明有狂客 風流賀季眞 長安一相見 呼我謫仙人 昔好杯中物 翻爲松下塵 金龜換酒處 却憶淚沾巾]"라고 했다.

45 태백(太白)은 당나라 시인 이백(李白)의 자이다. 이백의 「양양가(襄陽歌)」에 "인생 백년 삼만 육천 날, 하루에 모름지기 삼백 잔씩 마시리라.[百年三萬六千日 一日須傾三百杯.]"라고 했다.

46 무(廡)는 행랑이다. 공자(孔子)의 사당인 문묘(文廟)는 정전(正殿)인 대성전(大成殿)과 동서(東西)의 양무(兩廡)로 되어 있는데, 우리나라 대성전에는 정위(正位)의 공자를 중심으로 하여 사성(四聖), 십철(十哲) 및 송조 육현의 위패를 좌우에 모셨고, 동서의 양무에는 공자의 다른 제자 60여 명을 비롯하여 조선과 중국의 선유(先儒) 110위(位)를 배향했다. 산도(山濤)부터 이백(李白)까지 소개된 인물들이 이에 해당된다는 뜻이다.

47 의적(儀狄)은 하(夏)나라 때 처음으로 술을 만든 사람이라고 『전국책(戰國策)』 「위책(魏策) 2」에 실려 있다. "옛날에 제녀(帝女)가 의적으로 하여금 술을 만들게 했는데, 맛이 있었다. 이를 우(禹)에게 올렸는데, 우가 그 술을 마셔 보니 역시 맛이 있었다. 이에 마침내 의적을 멀리하고 맛있는 술을 끊으면서 말하기를, '후세에 반드시 술 때문에 자기 나라를 망하게 할 자가 있을 것이다.' 했다."

48 두강(杜康)은 전설상 술을 처음 빚었다는 사람의 이름인데, 흔히 술을 비유하는 말로도 쓰인다. 삼국시대 위(魏)나라 조조(曹操)의 「단가행(短歌行)」에 "무엇으로 근심을 풀까, 오직 두강이 있을 뿐.[何以解憂 惟有杜康]"이라고 했다. 왕적이 술을 몹시 좋아하여 두강(杜康)과 의적(儀狄) 이래 애주가들을 모아 「취향기(醉鄕記)」라는 주보(酒譜)를 저술했다. 『신당서(新唐書)』 권196 「은일열전(隱逸列傳) 왕적(王績)」

49 유백타(劉白墮)는 진(晉)나라 하동(河東) 사람으로, 술을 잘 빚었다. 유백타가 6월 햇볕이 쨍쨍 내리쬘 때 술단지에 술을 담고 햇빛 속에 그대로 두어 열흘이 지났더니 술이 증발하지 않았으므로 마셔보니 향기롭고 맛이 좋았다. 한 번 취해서는 한 달이 넘도록

경우에는 모두 술을 만드는 법으로 명성을 얻었지만 술을 마시는 무리와는 무관하기에 잠시 문간 담 쪽에 사당을 두어 양객(釀客)이라는 정려를 세워준다. 이는 마치 교궁(校宮 학궁)에 토주(土主)[51]가 있고 범우(梵宇 절)에 가람신(伽藍神)[52]이 있는 것과 같다.

9. 전형(典刑)

조참(曹參)[53]과 장완(蔣琬)[54]은 음주의 국수요, 육가(陸賈)[55]와 진준(陳

깨지 않았다고 한다. 경사(京師)의 조신이나 귀인들이 다투어 사 가서 일천리 밖까지 보냈는데, 술 이름을 학상(鶴觴)이라고도 하고 기려주(騎驢酒)라고도 했다. 『낙양가람기(洛陽伽藍記)』

50 대악서사(大樂署史) 초혁(焦革)의 집안에서 술을 잘 빚었다. 왕적(王績)이 그 말을 듣고 대악승(大樂丞)이 되기를 원했지만 이부(吏部)에서 적임이 아니라고 허락하지 않았다. 그러나 왕적이 꼭 하고 싶다고 청해 마침내 대악승에 임명되었다. 그 뒤 초혁이 죽자 그 아내가 여전히 술을 보내 주었는데, 1년 남짓에 그의 아내마저 죽었다. 그러자 왕적이 "하늘이 나에게 좋은 술을 못 마시게 하는가?" 하고는 벼슬을 버리고 떠났다.

51 흙으로 만든 우상. 토우(土偶).

52 원문의 가람(伽藍)은 가람신(伽藍神)의 준말이니, 사찰을 수호하는 열여덟 신이다.

53 조참(曹參, ?~기원전 190)은 자가 경백(敬伯)으로 패현(沛縣)의 옥리(獄吏)였는데, 소하(蕭何)와 함께 일어나 고조를 도와 천하를 평정하고 평양후(平陽侯)에 봉해졌다. 손님이 오면 조참이 순주(醇酒), 즉 물을 섞지 않은 진한 술을 대접했다 한다. 『한서(漢書)』 권39 「조참전(曹參傳)」

54 장완(蔣琬)의 자는 공염(公琰)으로, 삼국시대 촉(蜀)나라 상향(湘鄕) 사람이다. 선주(先主)를 따라 촉으로 들어갔으며, 제갈공명이 '사직(社稷)의 인재'라고 칭찬했다. 제갈량이 관중(關中)에 주둔할 때 부사(府事)를 통솔해, 늘 군사와 식량을 충분하게 했다. 234년 제갈량이 사망하자 그의 유언의 의해 후계자로 지명되어 대사마가 되었다. 『삼국지(三國志) 촉지(蜀志)』 권14 「장완전(蔣琬傳)」

55 육가(陸賈)가 한나라 고조(高祖)를 도와 천하가 안정된 뒤에도 남월왕(南越王)을 달래어 한나라로 귀순하게 만들었으며, 진(秦)나라가 천하를 잃고 한이 천하를 얻게 된 이유와 고금의 치란에 관한 일들을 12편(篇)으로 엮어 『신어(新語)』를 저술했다. 육가는 "눈꺼풀이 떨리면 술과 음식을 얻고, 등잔 불꽃이 피면 돈과 재물을 얻는다.[目瞤得酒食 燈火得錢財]"고 할 정도로 술을 밝혔다. 남월왕 위타(尉佗)를 설복시키고 얻어온 수천금의 뇌물을 아들 5형제에게 나누어 주고 돌아다니면서 소를 잡아 친구와 술을 마시며 즐겼다.

遵)[56]은 음주의 달인이며, 장사량(張師亮)[57]과 구평중(寇平仲)[58]은 음주의
호걸이고, 왕원달(王元達)[59]과 하승유(何承裕)는 음주의 준재였다.

채중랑(蔡中郎)[60]은 술을 마시면서 문학을 했고, 정강성(鄭康成)[61]은
술을 마시면서 유학을 했다. 순우곤(淳于髡)[62]은 술을 마시면서 해학을

『사기』 권97 「역생육가열전(酈生陸賈列傳)」

56 진준(陳遵)에게 술 마실 일이 생기면 빈객이 집에 가득했는데, 문을 닫고 수레바퀴의
빗장을 가져다가 우물에 던져 손님을 가지 못하게 했다. 공부(公府)의 연리(掾吏) 진준이
날마다 밖에 나가 술에 취해 업무를 내팽개친 나머지 백 번 견책을 받은 끝에 면직될
운명에 처했는데, 대사도(大司徒) 마궁(馬宮)이 "이 분은 대도(大度)의 인사인데, 어떻
게 자잘한 법규로 문책할 수 있는가." 하고 우대했다. 『한서』 권92 「유협열전(遊俠列傳)
진준전(陳遵傳)」

57 사량(師亮)은 송나라 장제현(張齊賢)의 자이다. 태조(太祖) 조광윤(趙匡胤)이 서경(西
京)인 낙양에 행차했을 때 장제현이 포의(布衣)의 신분으로 열 가지 계책을 바쳤다.

58 평중(平仲)은 북송의 명신 구준(寇準)의 자이다. 진종(眞宗)을 옹립하는 데 공을 세웠고,
경덕(景德) 원년에 거란이 침공하자 친정(親征)을 주장해 적을 물리쳤다. 구준은 밤에
잔치를 베풀고 술을 진탕 마시기를 즐겼는데, 기름등을 켜지 않고 측간이나 마구간에도
아침까지 촛불을 켜두었기 때문에 구준이 관직을 그만 둔 뒤에 와보니 측간에 촛농이
잔뜩 덩어리져 있었다고 한다. 송나라가 거란의 침입을 당했을 때, 친정(親征)하라는
계책을 진종(眞宗)이 받아들여서 첫 전투에 승리하고, 진종이 군대를 구준에게 맡기고
물러나 구준의 동태를 살폈다. 구준이 양억(楊億)과 술을 마시며 바둑을 두고 노래하자,
진종이 "구준이 이같이 하니 내가 어찌 걱정하겠는가?[準如此 吾復何憂]"라고 했다.

59 원달(元達)은 진(晉)나라 사람 왕침(王忱)의 자이다. 재기(才氣)를 믿고 멋대로 술을 마
시고 예절을 무시했다. 관직은 형주자사(荊州刺史)에 이르렀다.

60 채중랑(蔡中郎)은 후한 때 중랑장(中郎將) 벼슬을 지낸 채옹(蔡邕)을 말하는데, 자는
백개(伯喈)이다. 사장(辭章)을 잘하고, 음률에 정통했으며, 악기를 잘 다루었을 뿐만
아니라, 서화(書畵)에 능했다. 『후한서』 권70 「공융열전(孔融列傳)」에 공융이 그와 술
마시던 기억을 더듬은 고사가 실려 있다. "공융은 채옹과 잘 지냈는데, 채옹이 죽은 뒤에
채옹과 모습이 비슷한 병사가 있자 그를 불러 함께 술을 마시면서 '노성인(老成人)은
없지만 그 전형(典型)은 남아 있구나.' 했다."

61 강성(康成)은 후한의 경학가 정현(鄭玄)의 자이다. 『세설신어(世說新語)』 「문학(文學)」
편에 정현 집의 노비는 모두 책(고전)을 읽는다고 했고, 정현의 여종이 『시경』의 의미를
은어(隱語)로 해석했다는 이야기도 실려 있다.

62 순우곤(淳于髡)은 전국시대 제(齊)나라 사람으로, 골계(滑稽)를 잘 했고 다변(多辯)이었
다. 선왕(宣王)이 밤새 술 마시기를 좋아하여 백관이 문란해지고 제후들이 능멸하기에

했고, 광야군(廣野君)⁶³은 술을 마시면서 달변을 했으며, 공북해(孔北海)⁶⁴는 술을 마시면서 방자했다.

취전(醉顚)⁶⁵과 법상(法常)⁶⁶은 선사(禪師)이면서 술 마시는 자이고, 공원(孔元)⁶⁷과 장지화(張志和)⁶⁸는 신선도를 하면서 술 마시는 자이며, 양자운(揚子雲)⁶⁹과 관공명(管公明)⁷⁰은 현가(玄家)이면서 술 마시는 자였다.

백향산(白香山)⁷¹의 음주는 자적하고, 소식(蘇軾)의 음주는 울분에 싸

이르렀으므로 순우곤이 왕에게 은거를 설득해 선왕이 그 제언을 따랐다.

63 광야군(廣野君)은 한나라 역이기(酈食其)의 봉호이다. 역이기가 유방을 만나려고 군문으로 찾아갔을 때, 사자(使者)가 나와서 사절해 말하기를, "패공(沛公)은 선생을 사절한다. 지금 바야흐로 천하를 일삼는 터라, 유자(儒者)를 만날 겨를이 없다."라고 하자, 역이기가 칼을 어루만지면서 사자를 질책해 말했다. "달려가서 다시 패공에게 말하라. 나는 고양의 술꾼[高陽酒徒]이지 유자(儒子)가 아니다."

64 공북해(孔北海)는 한나라 건안칠자(建安七子) 가운데 한 사람으로 북해상(北海相)을 지낸 공융(孔融)을 말한다. 그는 선비를 좋아하고 문장에 능해, "좌상에는 언제나 손님이 가득하고, 술통에는 술이 마르지 않으니, 나는 걱정이 없다." 했다.

65 취전(醉顚)은 취한 태전(太顚)인 듯한데, 한유(韓愈)가 조주 자사(潮州刺史)로 좌천되어 있을 때 사귄 승려이다.

66 법상(法常)은 당나라 승려이다. 대매산(大梅山)에 호성사(護聖寺)를 짓고 종풍(宗風)을 크게 떨쳤다.

67 문천본을 비롯한 모든 이본에 공원(孔元)으로 되어 있는데, 신선술을 하면서 술을 마신 사람은 공원방(孔元方)이다. 공원방은 평생 송지(松脂)와 복령(茯笭)을 먹어, 늙어서도 얼굴이 더욱 젊어졌다. 『소서(素書)』 2권을 집필하였으며, 『신선전(神仙傳)』에 나온다.

68 장지화(張志和)의 자는 자동(子同), 초명은 귀령(龜齡)이다. 당나라 숙종(肅宗)으로부터 지화(志和)라는 이름을 하사받았다. 안진경이 호주 자사(湖州刺史)가 되었을 때 장지화 등의 문객과 더불어 날마다 술을 마시며 시를 지었다고 한다. 저서에『현진자(玄眞子)』가 있다.

69 자운(子雲)은 서한(西漢)의 학자 양웅(揚雄)의 자이다. 『주역』과『논어』를 모방해 각각 『태현(太玄)』과『법언(法言)』을 지었다. 집이 가난하고 술을 좋아했는데 아무도 그 집에 찾아오는 이가 없었다 한다.

70 공명(公明)은 삼국시대 평원(平原) 사람 관로(管輅)의 자이다. 성상(星相)과 점복(占卜)에 정통했다.

71 백향산(白香山)은 향산거사(香山居士)라 자호한 백거이(白居易)를 가리킨다. 그가 형

였으며, 진훤(陳喧)의 음주는 어리석고[72], 안광록(顔光祿)[73]의 음주는 궁지가 있었다. 형경(荊卿)[74]과 관부(灌夫)[75]의 음주는 분노했으며, 신릉군(信陵君)[76]과 동아왕(東阿王)[77]의 음주는 슬펐다.

부상서(刑部尚書)로 치사(致仕)한 뒤 만년에는 시주(詩酒)를 즐기며 취음 선생(醉吟先生)이라 자칭했으며, 「독숙향산사(獨宿香山寺)」 시에 "술 친구와 노래 친구는 지금 어디에 있나, 비와 구름처럼 흩어져 모두 돌아오질 않네.[飮徒歌伴今何在 雨散雲飛盡不廻.]"라고 했다.

72 원문은 진훤지음애(陳喧之飮騃)인데, 『설부(說郛)』 「주보(酒譜)」에 진훤이 "하수조(何水曹)는 술잔이든 솥이든 가리지 않고 마셨고 나는 표주박이든 국자든 가리지 않는다"라며 호기를 부린 고사가 보인다.

73 안광록(顔光祿)은 남조 송나라 문인인 광록훈(光祿勳) 안연지(顔延之)를 가리키는데, 자는 연년(延年)이고, 시호는 헌(憲)이다. 검약하게 생활하고 재물에 담박했으나, 술을 즐겨 세행(細行)을 돌보지 않았고, 술집에서 미친 듯 노래했다. 그는 도잠(陶潛)과 다정한 사이였는데, 시안 태수(始安太守)로 부임하자 날마다 도잠에게 들러서 술을 실컷 마시고 취했다. 그가 그곳을 떠나게 되자 도잠에게 2만 전(錢)을 남겨 주었는데, 도잠은 그 돈을 전부 다 술집으로 보내 놓고는 자주 가서 술을 마셨다. 『송서(宋書)』 권93 「은일열전(隱逸列傳) 도잠(陶潛)」

74 자객 형가(荊軻)를 연나라 사람들이 형경(荊卿)이라 불렀다. 연나라 태자(太子) 단(丹)이 상객(上客)으로 받들었는데, 태자의 명으로 진왕(秦王) 영정(嬴政)을 암살하기 위해 진나라에 갔다가 실패해 살해되었다. 그가 연나라에 와서 비분강개하여 술 마시는 모습을 사마천이 『사기』 「자객열전」에서 이렇게 묘사했다. "형가는 연나라로 가서 연나라의 개 잡는 백정과 축(筑)을 잘 타는 고점리(高漸離)와 친하게 지냈다. 술을 좋아하는 형가는 날마다 개백정과 고점리와 어울려 연나라 시장 바닥에서 술을 마셨다. 술이 얼근하게 취하면 고점리가 축을 타고 형가는 그 소리에 맞추어 시장 한가운데서 노래를 부르며 서로 즐겼다. 그러다가 또 서로 울기도 했다. 마치 옆에 아무도 없는 것처럼 제멋대로였다."

75 관부(灌夫)는 한(漢)나라 영음(潁陰) 사람으로, 자는 중유(仲孺)이다. 부친 장맹(張孟)이 관영(灌嬰)의 사인(舍人)이 되어 총애를 입어, 성을 관씨로 하게 되었다. 관부는 강직한 성격의 소유자여서 빈궁한 인사들에게는 깍듯이 자기를 낮추는 반면 신분이 귀하고 권세있는 사람일수록 반드시 능멸했는데, 승상인 무안후에게도 술이 취한 상태에서 심하게 무안을 준 적이 여러 번 있었다. 무안후가 연왕(燕王)의 딸을 부인으로 맞아들이던 날 초청을 받고 함께 연회에 참석했다가, 승상의 무례함에 화가 난 관부가 다른 귀인을 모욕하면서 술자리가 끝나자, 무안후가 마침내 태후(太后)의 분부를 무시한 불경죄(不敬罪)를 적용해 관부를 기시형(棄市刑)에 처했다. 후에 술기운을 빌려 마음속의 불만을 토로하는 사람을 관부라고 하였다.

위의 여러 공들이 모두 음주가는 아니지만, 흥(興)에 따라 감회를
표현했으므로 줄곧 추앙을 받아왔다. 유사한 사람들을 만나 더욱 확장
되었으니[78], 환락의 마당에서 종공(宗工)[79]이고 음주가의 척도이다.

10. 장고(掌故)

육경(六經)과 『논어(論語)』[80] · 『맹자(孟子)』[81]는 음주의 법식을 말했으

---

76 신릉군(信陵君)은 전국시대 위(魏)나라 소왕(昭王)의 아들로, 이름은 무기(無忌)이다.
식객이 삼천 명이었으며, 제후들은 그가 어질다는 소문을 듣고 위나라를 공격하지 않았
다. 뒷날 위나라 왕이 참언을 믿고 신릉군을 등용하지 않았으므로, 신릉군이 술만 마시다
가 죽는 모습을 사마천이 『사기』 「위공자열전(魏公子列傳)」에서 이렇게 기록했다. "위
나라 왕은 날마다 공자(신릉군)를 헐뜯는 말을 듣다 보니, 믿지 않을 수 없었다. 위나라
왕은 결국 공자 대신 다른 사람을 장군으로 임명했다. 공자는 자기가 모함 때문에 쫓겨난
것을 알고 병을 핑계로 조정에 나가지 않았다. 빈객들과 밤낮으로 술자리를 벌여 좋은
술을 마시고 많은 여인을 가까이 했다. 이렇게 4년 동안 계속 밤낮으로 즐기고 마시더니,
결국은 술중독으로 죽고 말았다."

77 동아(東阿)는 삼국시대 위(魏)나라 조조(曹操)의 셋째 아들인 동아왕(東阿王) 조식(曹
植)을 가리키는데, 자는 자건(子建)이다. 재주가 많았으나 형인 문제(文帝)가 질투해
등용하지 않았으므로 좌절해 술만 마시다가 마침내 병이 나서 죽었다.

78 원문의 촉류광지(觸類廣之)는 비슷한 경우를 만나 점점 넓어지는 것을 말한다. 『주역』
「계사전 상(繫辭傳 上)」에 "이것을 이끌어 펴서 비슷한 경우에 따라 확장하면 천하의
능사가 다 망라되니, 도를 드러내고 덕행을 신묘하게 한다.[引而伸之 觸類而長之 天下
之能事畢矣 顯道 神德行]"고 했다.

79 종장(宗匠)은 종사(宗師)와 같은 말로, 문장이나 학문이 뛰어나 뭇사람들에게 추앙 받는
사람을 가리킨다. 『금사(金史)』 권125 「원호문전(元好問傳)」에 "병란 뒤에 원로들이 모
두 죽고 호문이 일대의 종공이 되어 사방의 묘도문자가 모두 그의 문에 몰려들었다.[兵後
故老皆盡 好問蔚爲一代宗工 四方碑板銘志 盡趨其門]"라고 했다.

80 『논어』 「자한(子罕)」편에 "나가서는 공경을 섬기고 들어와서는 부형을 섬기고, 상사에
대해 감히 힘쓰지 않음이 없고, 술에 취해서 문란해지지 않는다. 이 가운데 어느 것이
나에게 있겠는가?[出則事公卿 入則事父兄 喪事不敢不勉 不爲酒困 何有於我哉]"했
으며, 「향당(鄕黨)」편에, "(공자께서) 술은 한량 없이 드시되, 흐트러지는 데 이르지는
않으셨다.[唯酒無量 不及亂]"라고 했다.

81 『맹자』 「이루 하(離婁 下)」에 "우(禹)는 맛있는 술을 싫어하고 착한 말을 좋아했다.[禹惡
旨酒 而好善言]"고 했으니, 이는 술을 경계하는 뜻이다. 불효의 다섯 가지를 거론하며,

므로 음주의 경전이다.

그 이하 여양왕(汝陽王)[82]의 『감로경(甘露經)』[83]과 『주보(酒譜)』, 왕적 (王績)의 『주경(酒經)』[84], 유현(劉炫)[85]의 『주효경(酒孝經)』[86]과 『정원음략 (貞元飲略)』[87], 두자야(竇子野)[88]의 『주보(酒譜)』[89], 주익중(朱翼中)의 『주 경(酒經)』[90], 이보적(李保績)의 『북산주경(北山酒經)』, 호씨(胡氏)의 『취향

"박혁을 하고 술 마시기를 좋아하면서 부모의 봉양을 돌아보지 않는 것이 두 번째 불효이다.[博奕好飲酒 不顧父母之養 二不孝也]"라고 했다.

82 두보(杜甫)의 「음중팔선가(飲中八仙歌)」에 "여양왕(汝陽王 이진)은 술 세 말을 들이킨 뒤에 비로소 조정에 나아가면서도, 길에서 술 실은 수레를 보면 침을 흘렸고, 주천으로 봉지(封地)를 옮겨 받지 못함을 한했네.[汝陽三斗始朝天 道逢麴車口流涎 恨不移封向酒泉]"라고 했다.

83 여양왕(汝陽王) 이진(李璡)은 당나라 음중팔선(飲中八仙) 가운데 한 사람이다. 집에 술을 빚는 특별한 방법이 있어 감로경(甘露經)이라 했으며 '양왕 겸국부상서(醸王兼麴部尙書)'라 자칭했다. 『취선기(醉仙記)』

84 『주경(酒經)』은 왕적(王績)이 저술했다는 책으로, 술 만드는 법과 고래의 양조법을 보록(譜錄)한 것이라고 한다. 세상에서 그를 두주학사(斗酒學士)라고 불렀으며 『주경』・『주보(酒譜)』를 편찬했다고 하는데, 그가 지은 「취향기(醉鄉記)」가 세상에 전한다.

85 유현(劉炫)은 수(隋)나라 경성(景城) 사람으로, 자는 광백(光伯)이다. 박람강기(博覽强記)하여 개황(開皇) 연간에 국사 편찬에 종사했다. 우홍(牛弘) 등이 유서(遺書)를 구입하려고 하자, 『연산역(連山易)』・『노사기(魯史記)』 등 1백여 권을 위조해 관청에 보내어 상을 받았다. 제유(諸儒)와 더불어 오례(五禮)를 수정했으며, 『논어』・『효경』・『춘추』・『상서』・『모시』 등의 술의(述義)와 『춘추공매(春秋攻昧)』・『오경정명(五經正名)』・『주시서(注詩序)』・『산술(算術)』 등의 저술이 있다.

86 『신당서(新唐書)』 권59 「예문지3 소설가류」에 "유현 주효경 1권[劉炫酒孝經一卷]"이라고 했는데, 내용은 알 수 없다.

87 『신당서(新唐書)』에 『주효경』만 유현의 저술로 소개했고, 『정원음략(貞元飲略)』은 두상(竇常)의 저술로 소개했다.

88 자야(子野)는 송나라 문인 두평(竇苹)의 자이다. 학문이 정밀하고 박학했으며, 저서에 『주보(酒譜)』와 『신당서음훈(新唐書音訓)』이 있다.

89 『주보(酒譜)』 1권은 『사고제요(四庫提要)』에 실려 있는 두평(竇苹)의 저술인데, 술의 고사를 다양하게 서술하고, 술 이름에서 시작하여 주령(酒令)으로 마쳤다.

90 이규경의 『오주연문장전산고』 「인사편(人事篇) 주전고변증설酒典考辨證說)」에 "『주경』은 두 본이 있으니, 하나는 소식(蘇軾)이 지었고, 하나는 주익중이 지었다.[『酒經』有二

소략(醉鄕小略)』, 황보숭(皇甫嵩)[91]의 『취향일월(醉鄕日月)』, 후백(侯白)[92]
의 『주율(酒律)』 등 여러 음주가들이 지은 기전(記傳)과 부송(賦誦) 등은
내전(內典)[93]이다.

『몽장(蒙莊)』[94]과 『이소(離騷)』, 『사기(史記)』, 『한서(漢書)』, 『남사(南
史)』, 『북사(北史)』, 『고금일사(古今逸史)』[95], 『세설신어(世說新語)』[96], 『안
씨가훈(顔氏家訓)』[97], 도정절(陶靖節), 이백, 두보, 백향산(白香山), 소옥

本 一則蘇軾著 一則朱翼中作]"라고 했다. 『북산주경(北山酒經)』 3권이 『사고제요(四
庫提要)』 자부(子部) 「보록류(譜錄類)」에 실려 있는데, 수권(首卷)은 총론, 2, 3권은
누룩을 만드는 법, 술을 빚는 법을 설명했다.

91 황보숭은 후한(後漢)의 조나(趙邯) 사람으로, 어려서부터 시서(詩書) 읽기를 좋아하고
    궁마(弓馬)를 연습했으며, 황건적(黃巾賊)을 격파한 공으로 괴리후(槐里侯)에 봉호(封
    號)되었다. 황제에게 일 년의 조세를 면제해 주어서 백성들을 살찌울 것을 주청하자,
    백성들이 노래 부르기를, "천하가 크게 어지러움이여, 시장은 폐허가 되었도다. 어미가
    자식을 기르지 못함이여, 아내는 남편을 잃었도다. 황보께서 계심에 힘입어서 다시금
    편히 살게 되었도다.[天下大亂兮市爲墟 母不保子兮妻失夫 賴得皇甫兮復安居]" 했다.
    동탁이 살해된 뒤에는 거기장군(車騎將軍)이 되었으며, 병으로 죽었다. 『후한서(後漢
    書)』 권71 「황보숭열전(皇甫嵩列傳)」

92 후백(侯白)은 수(隋)나라 임장(臨漳) 사람으로, 자는 군소(君素)이다. 골계를 잘 하고
    변설에 뛰어났다. 문제(文帝)의 때에 비서(秘書)에서 국사(國史)를 정리했는데, 뒤에
    오품식(五品食)을 하사받고 한 달 남짓에 죽었다. 저서에 『정이기(旌異記)』가 있다.

93 『석씨요람(釋氏要覽)』에 의하면 불경(佛經)을 내전(內典)이라 하고, 불경 이외의 서적을
    외전(外典)이라 일컬었다. 여기서는 술에 대하여 본격적으로 지은 글들이라는 뜻이다.

94 장주(莊周)가 몽현(蒙縣) 사람이므로 몽수(蒙叟)라고도 부르고, 『장자』를 몽장(蒙莊)이
    라고도 한다.

95 명나라 오관(吳琯)이 교감해 182권으로 간행한 책인데, 서정 55종을 합지(合志), 분지
    (分志), 일기(逸記), 세가(世家), 열전(列傳)의 다섯 종류로 나누어 실었다.

96 남조(南朝) 송나라 유의경(劉義慶)이 후한(後漢)에서 동진(東晉)에 이르기까지의 귀족
    ·학자·문인·승려 등 700여 명의 덕행·언어·문학 등 36문에 관한 일화 1,130조를 분류
    하여 3권에 실은 책인데, 양(梁)나라 유효표(劉孝標)의 주가 있다.

97 『안씨가훈(顔氏家訓)』은 북제(北齊)의 안지추(顔之推)가 지은 책으로 서치(序致), 교
    자(敎子), 형제(兄弟), 후취(後娶), 치가(治家), 풍조(風操), 모현(慕賢), 면학(勉學),
    문장(文章), 명실(名實), 섭무(涉務), 성사(省事), 상족(上足), 계병(誡兵), 양생(養生),

국(蘇玉局)[98], 육방옹(陸放翁) 등의 문집은 외전(外典)[99]이다.

시여(詩餘)[100]는 유사인(柳舍人)[101]과 신가헌(辛稼軒)[102] 등이, 악부(樂府)는 동해원(董解元)[103], 왕실보(王實甫)[104], 마동리(馬東籬)[105], 고칙성(高

귀심(歸心), 서증(書證), 음사(音辭), 잡예(雜藝), 종제(終制)의 20편을 2권에 실었다. 입신치가(立身治家)의 법을 서술하고, 세속의 잘못을 변정(辯正)하며, 자손을 경계했는데, 『사고제요(四庫提要)』 잡가부(雜家部)에 전한다.

98 옥국(玉局)은 사천성(四川省) 성도현(成都縣)에 있던 도관(道觀)이다. 송나라 시인 소식(蘇軾)이 옥국제거사(玉局提擧司) 벼슬을 했으므로, 소옥국은 소식을 가리킨다.

99 고대 경학가들이 여러 가지 사건이나 관련된 기록을 근거로 하여 경전의 본의(本義)를 미루어 설명해 놓은 책을 일컬어 '외전(外傳)'이라 한다. 전문적으로 경전의 의미를 해석한 책을 '내전(內傳)'이라고 일컬었던 것에 대한 상대적 의미이다. 예를 들면 『춘추좌씨전(春秋左氏傳)』은 내전이고 『국어(國語)』는 외전이며, 『시경』에는 『한시외전(韓詩外傳)』이 있다. 『춘추』에는 또 『곡량외전(穀梁外傳)』과 『공양외전(公羊外傳)』 등이 있다.

100 시여(詩餘)는 송나라 때 발달한 사(詞)를 말한다. 고시(古詩)가 변해서 악부(樂府)가 되고 또 변해서 장단구(長短句)가 되었는데, 이것이 바로 시여이다. 매구(每句)의 자수가 전편에 걸쳐 일정한 것을 원칙으로 하는 제언체(齊言體)의 시와는 달리, 시여(詩餘)는 형식상으로 구법의 장단이 일정하지 않은 점을 따서 장단구라고 부르기도 한다.

101 유사인(柳舍人)은 송나라 사인(詞人) 유영(柳永)을 가리키는데, 자는 기경(耆卿)이다. 경우(景祐) 연간의 진사로 사(詞)에 뛰어나, 『악장집(樂章集)』을 남겼다. 벼슬이 둔전원외랑(屯田員外郎)에 이르렀으므로 세상에서 유둔전(柳屯田)이라고도 불렀다. 가사(歌詞)에 능하여 교방(教坊)의 악공(樂工)이 매번 신강(新腔)을 얻게 되면 반드시 유영에게 가사를 요구했다. 처음 이름이 삼변(三變)이었으므로 자칭 타칭 "봉지 전사 유삼변(奉旨塡詞柳三變)"이라고 했다. 저서에 『악장집(樂章集)』이 있다.

102 가헌(稼軒)은 송나라 시인 신기질(辛棄疾)의 호이다. 벼슬은 용도각대제(龍圖閣待制), 추밀도승지(樞密都承旨)에 이르렀다. 주희(朱熹)와 친했고, 시문을 잘 지어 소식과 함께 소신(蘇辛)이라고 병칭되었다. 사(詞)를 잘 지어 『가헌사(稼軒詞)』를 남겼는데, 「설사(雪詞)」에 "땅에 가득한 눈을 마주해, 그대와 술을 따라 마시네.[對瓊瑤滿地 與君酬酌.]"라고 했다.

103 해원(解元)은 거인(擧人)으로서 수석한 사람을 가리키는 말이다. 금나라 장종(章宗) 때의 사람이지만 이름과 본향이 알려지지 않아, 동해원이라 부르며, 그가 지은 『서상기(西廂記)』 서상탄창본(西廂彈唱本)을 『동서상(董西廂)』이라고도 한다.

104 왕실보(王實甫)는 원나라 대도(大都) 사람으로 잡극(雜劇)의 작가이다. 당나라 원진(元稹)의 「회진기(會眞記)」에서 취재한 「동서상(董西廂)」을 왕실보가 각색해 희곡화한 『서상기(西廂記)』가 유명한데, 장군서라는 청년이 최앵앵이라는 미인을 사모해 벌어지는

則誠)[106] 등이, 전기(傳奇)는『수호전(水滸傳)』과『금병매(金甁梅)』등이 일전(逸典)이다.

이러한 고전들에 익숙하지 않으면, 낯빛을 잘 지키고 내장이 술항아리와 같더라도 술을 마시는 무리가 아니다.

11. 형서(刑書)

얼굴빛이 교만한 자는 묵형(墨刑)[107]에 처하고, 얼굴빛이 아첨하는 자는 비형(鼻刑)에 처하며, 상대방의 표정과 기색을 엿보는 자는 궁형(宮刑)에 처한다.

기지와 총명을 머금은 말을 하는 자는 형틀을 채우고, 깊이 생각에 빠져 주령의 순서를 저버릴 것 같은 자는 귀신(鬼薪)[108]의 형벌에 처한다. 주령의 흐름을 막히게 하는 자는 체직(遞職)에 처한다. 쓸데없이

이야기이다.

105 동리(東籬)는 원나라 문인 마치원(馬致遠)의 호이다. 악부에 뛰어나 관한경(關漢卿), 정광조(鄭光祖), 백박(白樸)과 함께 4대가로 꼽혔다.『동리악부(東籬樂府)』를 지었고,『한궁추(漢宮秋)』,『천복비(薦福碑)』등 많은 잡극을 남겼다.

106 칙성(則誠)은 명나라 문인 고명(高明)의 자이다. 관직은 처주녹사(處州錄事)에 이르렀다.『비파기(琵琶記)』를 지었고,『유극재집(柔克齋集)』을 남겼다.

107 고대 중국에서 육형(肉刑)을 가할 때에 통용하던 방법이 다섯 가지였는데, 죄인의 얼굴에 글자를 새기는 묵형(墨刑), 코를 베는 의형(劓刑), 발꿈치를 베는 비형(剕刑), 남자는 거세하고 여자는 생식기를 절단하는 궁형(宮刑), 목을 베는 대벽(大辟)이다. 그러나 수(隋)나라 때에는 사형(死刑)·유형(流刑)·도형(徒刑)·장형(杖刑)·태형(笞刑)으로 바뀌었다.『서경』「여형(呂刑)」에 "묵형에 해당하는 죄가 1000조항이고, 의형에 해당하는 죄가 1000조항이고, 비형이 500조항, 궁형이 300조항, 대벽이 200조항이다." 했으니 오형에 해당되는 죄가 모두 3000조항이다.

108 귀신(鬼薪)은 진(秦)·한(漢) 때 형벌의 하나이다. 종묘(宗廟)에 공급하는 땔나무를 마련하는 형벌로, 3년 동안 부과한다. 죄인의 가족 중 남자를 몰수하여 궁중이나 관부의 잡역·수공업적 생산의 노역 등을 시켰는데, 당초에 종묘의 땔나무를 공급하게 한 데서 생긴 이름이다.『사기(史記)』권6「진시황본기(秦始皇本紀)」에 보인다.

경솔하게 머리를 내미는 자는 소영(憌罌)[109]을 씌우고, 용의에 허물이 있는 자는 궁형 대신에 폐슬(蔽膝)을 제거한다.[110] 취흥이 극에 이르지 않았는데 가겠다고 하는 자는 풀로 엮은 신발 한 쌍을 신게 한다.[111]

함께 앉아있는 사람을 욕하는 죄에는 세 가지 등급이 있다. 재궁[112]에서 아침마다 절구질하게 하는 것은 예전의 사문도(沙門島)[113] 유배에 해당한다. 허랑하게 주광(酒狂)에 가탁하여 잔혹하게 사람을 부리는 것은 높은 형벌을 가한다. 또 그 무리를 내몰아 허물을 모방하게 하는 자는 사형에 처한다.

---

109 소영(憌罌)은 죄인의 머리에 씌우던 풀로 만든 띠이다. 소(憌)는 초(草)와 통하고 영(罌)은 영(纓)이다. 『순자집해(荀子集解)』「정론편(正論篇)」 제18에 "비형을 소영으로 대체한다.[劓]憌罌]"했는데, 양경(楊倞)의 주에 이렇게 설명했다. "소영은 마땅히 '조영(澡罌)'으로 되어야 하니, 그 베를 표백하여 갓끈을 만든 것을 이른다. 정현(鄭玄)이 '상중(喪中)에 쓰는 관의 장식이니, 죄인에게 그것을 쓰게 한다.' 했다."

110 원문의 '공애필(共艾畢)'은 궁형(宮刑)의 죄를 애필(艾畢)로 대신한다는 뜻이다. 애필은 '艾韠'로도 적는데, 애(艾)는 예(刈)와 통하고 필(韠)은 관복 위에 걸치는 폐슬(蔽膝)이다. 애필은 고대의 상형(象刑) 가운데 하나로, 죄인의 폐슬을 제거하여 궁형에 대체하는 것을 말한다. 『순자(荀子)』「정론(正論)」에 보면, "옛 사람을 다스릴 때는 신체에 직접 가하는 형벌이 없고, 상형이 있으니, 묵경(墨黥)은 소영(憌罌)으로 대신하고 공(共 宮刑)은 애필로 대신한다.[治古無肉刑而有象刑. 墨黥, 憌罌. 共, 艾畢]"라고 했다.

111 원문의 '비대구(菲對屨)'는 비리(菲履, 풀이나 삼으로 엮은 신발) 한 쌍이다. 『한서(漢書)』「형법지(刑法志)」에 보면, "세속에서 말하는 자들이 '옛 나라를 다스리는 데는 신체에 가하는 형벌이 없고, 묵경의 벌도 상형을 가하며, 풀로 엮은 신발을 신기고 붉은 옷을 입히되 가장자리에 테를 두르지 않게 했'고 하는데, 이것은 그렇지 않다.[世俗之爲說者 以爲治古者無肉刑 有象刑墨黥之屬 菲履緖衣而不純 是不然也]"라고 했다.

112 원문의 청성(靑城)은 송나라 재궁(齋宮)의 이름이다. 하나는 남훈문(南薰門) 바깥에 있는 제천(祭天)의 재궁이니 남청성(南靑城)이라고 한다. 다른 하나는 봉구문(封丘門) 바깥에 있는 제지(祭地)의 재궁이니 북청성(北靑城)이라고 한다.

113 사문도(沙門島)는 산동성 봉래현(蓬萊縣) 서북, 등주(登州)의 바다 속에 있는 섬으로, 송나라·원나라 때 죄수를 유배보내던 곳이다. 『송사』 권 199 「형법지(刑法志) 상」에 "사죄(死罪)를 짓고서 감형을 받은 자는 대부분 등주(登州) 사문도와 통주(通州)의 섬으로 보냈다."라고 했다.

12. 품제(品題)

술은 색깔이 맑고 맛이 차가운 것이 성인(聖人)이고, 색깔이 금빛 같고 순수해 쓴 것은 현인(賢人)이며[114], 색깔이 검고 맛이 시거나 싱거운 것은 우인(愚人)이다. 찰벼로 빚어 사람을 취하게 하는 것은 군자(君子)이고, 납월(12월)에 빚은 술로 사람을 취하게 하는 것은 중인(中人)이며, 길거리의 막걸리와 소주로 사람을 취하게 하는 것은 소인(小人)이다.

13. 술잔[杯杓]

옛날 옥과 옛날 도자기 술잔은 상품이요, 무소뿔과 마노 술잔은 다음이요, 근래의 좋은 오지그릇은 또 그 다음이다. 황백의 금파라[115] 잔은 하품이요, 소라 모양으로 바닥이 뾰족하고 여러 번 굽어진 것은 최하품이다.

14. 안주[飮儲]

술맛을 돕는 음식을 '음저(飮儲)'라고 한다. 첫 번째는 '청품(淸品)'이니 신선한 대합과 전국에 담근 조개, 술에 담근 게와 같은 것이다. 두 번째는 '이품(異品)'이니 곰 비계와 복어 뱃속의 비계[116]와 같은 것이다.

---

114 이백(李白)의 「독작(獨酌)」 시에 "이미 청주는 성인에 비견됨을 들었는데, 다시 탁주는 현인과 같다고 말하누나.[已聞淸比聖 復道濁如賢]"라고 했다.

115 이백(李白)의 시 「대주(對酒)」에 "포도주를 금파라(金叵羅)에 따라 마시니, 열다섯 살 오희가 말 짐 위에 취하여 있네.[葡萄酒金叵羅 吳姬十五醉馬馱]"라고 했다.

116 원문의 '서시유(西施乳)'는 복어 뱃속의 살지고 흰 기름덩이를 가리킨다. 맛이 너무 좋아 월(越)나라의 미녀 서시의 가슴에 비유한 것이다. 송나라 조언위(趙彦衛)의 『운록만초(云麓漫鈔)』 권5에 "복어는 배가 볼록 튀어나오고 무늬가 있어서 매우 추하다. 배 속에 하얀 것을 눌이라 하고 간을 지라고 한다. 눌이 가장 달고 살져서 오나라 사람들이 맛있게 먹는데, 이것을 서시유라 한다.[河豚腹脹而斑狀甚醜 腹中有白曰訥 有肝曰脂 訥最甘肥 吳人甚珍之 目爲西施乳]"라고 했다.

세 번째는 '이품(膩品)'이니 새끼 양과 구운 새끼 거위와 같은 것이다. 네 번째는 '과품(果品)'이니 잣과 은행과 같은 것이다. 다섯 번째는 '소품(蔬品)'이니 신선한 죽순과 여린 부추 같은 것이다.

15. 술자리의 치장[飮餙]

기댈 안석과 밝은 창, 제철의 꽃과 아름다운 나무, 겨울 장막과 여름 그늘, 수놓은 치마와 등으로 만든 자리이다.

16. 취흥을 돕는 도구[歡具]

바둑판, 높고 낮은 투호, 술잔의 산가지, 주사위, 골동의 세발솥, 곤산(崑山)의 지패(紙牌), 갈고(羯鼓)[117], 고운 동자, 시녀, 자고침(鷓鴣沈)[118], 다구(茶具), 오(吳)나라 종이, 송나라 벼루, 좋은 먹.

석공(石公)은 술잔만 보아도 대뜸 취하는데, 어찌 일개 백의(白衣)로써 취향(醉鄕)의 영수가 되려 하겠는가. 그러나 갑옷을 입고 무기를 들어 싸우는 데는 용장(勇將)이 아니면 무용을 발휘할 수 없지만, 용장을 거느리는 대장은 그렇지 않다. 유후(留侯)의 얼굴이 여인과 같다[119] 해

---

117 서방의 갈(羯) 부족이 치는 북이다. 당나라 현종 때에 이원(梨園)에서 새로 작곡한 관현악을 화악루(花萼樓) 아래에서 연주했는데, 그 작곡이 매우 잘못되어서 현종이 그것을 중지시키고 다시, "갈고(羯鼓)를 가져오라. 이 더러운 소리를 들은 것을 씻겠다." 했다. 갈고를 가져다가 한 곡조 쳤더니 그 곡조가 끝나면서 근처의 꽃들이 일시에 피었다 한다. 현종이 웃으면서 빈어(嬪御)들을 돌아보고 이르기를, "이 한 가지 일로 말하자면 나를 조화옹이라 부르지 않아서 되겠느냐?[此一事 不喚我作天公可乎]"라고 했다.

118 자고(鷓鴣) 무늬가 있는 침향인데, 해남에서 난다. 자고반(鷓鴣斑)이라고도 한다.

119 유후(留侯)는 한나라 공신 장량(張良)의 봉호이다. 사마천이 그의 세가(世家)를 지으면서, "나는 그가 아주 장대하고 뛰어난 인물인 줄로 알았는데, 그의 초상을 보니, 그의 모습이 마치 부인과 미녀 같았다.[余以爲其人計魁梧奇偉, 至見其圖, 狀貌如婦人好

서 만인적(萬人敵)의 대장이 아니라 하지 못할 것이다. 석공은 음략(飮
略)[120]에 정통하고 주해(酒解)에 심오하니, 조구(糟丘)의 패왕(霸王) 자리
를 우리 주당(酒黨)의 여러분들이 함께 추대하지 않을 수 없을 것이다.

서헌(書憲)[1]

사람이 좋아하는 것이 있으면 다 벽(僻)이 생기니, 벽이 없으면 수고로움도 없게 마련이다. 예를 들면 산수(山水)에, 혹은 화목(花木)에, 혹은 개나 말, 비단바지[紈袴]에, 혹은 사죽(絲竹)에, 혹은 술에, 혹은 차[茶]에 벽이 있어서 정이 끌리게 되면, 마침내 은근히 주선하고 간곡히 포치(布置)하는 사이에 자기의 뜻대로 이루어지기를 기필하여 교룡(蛟龍)이나 호표(虎豹)의 소굴에도, 풍정(風亭)이나 노사(露榭)에도 회피하지 않으면서 정신력을 소모하고 보고 들은 것을 다해 글을 지어 칭송하는 한편, 좇아가고 싶어하고 또 기뻐서 어쩔 줄 몰라한다.

이는 한때의 벽임에도 오히려 이러하니, 이것이 만약 글로 이루어진다면 천추(千秋)에 규칙이 되어, 소년에서 장년에, 장년에서 노년에, 노년에서 죽음에 이르도록 아침 저녁으로 몽상이 오가고 자손들의 손길이 닿지 않는 데가 없을 것이다. 이 어찌 한때의 흥에 따라 섭렵했다가 흥이 다했다 해서 그만둘 수 있는 일인가.

그러므로 세속에 얽매여 낭함보질(琅函寶帙)[2]을 상서롭지 못한 것으

---

1 오종선(吳從先)이 책을 이용하고 소장하는 법을 소개한 글이다.
2 낭함(琅函)은 옥으로 만든 함으로, 귀중한 글이나 서적을 보관한다. 보질(寶帙)도 보배

로 여기거나 성현의 말을 끝내 격외(格外)의 것으로 간주하는가 하면, 혹 동벽(東壁)³의 영화를 위해 두어(蠹魚)⁴를 사우(死友)⁵로 삼는다.

그러나 아침에는 수족처럼 여기던 것을 저녁에는 원수처럼 미워하여, 이전의 전칙(典則)을 한때 자기의 의사를 표현하는 도구로 이용하곤 하니 무슨 도움이 되겠는가. 이는 다름 아니라 그 운취(韻趣)의 깊지 못한 때문에 감고(甘苦)를 조절하지 못해서다. 경우에 따라 시의(時宜)를 얻어 운취로써 거둬들인다면 몸을 의지하고 시선이 닿는 데마다 다 유쾌하여 팔삭 구구(八索九丘)⁶를 자기의 몸에서 탈락시킬 수 없는 물건으로 간주하게 될 것이다.

벽이 있으면서도 수고롭지 않고, 또 벽이 있는 이와도 앞서기를 다투지 않아야만 남들도 기꺼이 양보할 것은 물론, 나더러 남이 좋아하

로운 책을 넣어두는 책갑이니, 역시 귀중한 서적을 가리킨다.

3 동벽(東壁)은 문장(文章)을 맡은 별이름으로, 한림원이나 홍문관을 가리키며, 출세를 뜻한다. 『진서(晉書)』 권11 「천문지 상(天文志上)」에 “동벽에 두 별이 문장을 주관하니, 천하의 도서를 갈무리한 비밀 창고이다.[東壁二星, 主文章, 天下圖書之祕府也.]”라고 했다.

4 두어(蠹魚)는 책 속의 좀벌레인데, 책을 뜻하기도 하고, 책 속에 묻혀 살아가는 선비를 뜻하기도 한다.

5 사우(死友)는 정의가 돈독해서 죽을 때까지 저버리지 않는 벗이다. 장소(張劭)가 임종하면서, “죽음까지도 함께할 수 있는 벗을 보지 못하는 것이 한스럽다.[恨不見死友.]”라고 탄식하면서 숨을 거두었는데, 영구(靈柩)가 꼼짝하지 않다가 범식(范式)이 찾아와서 조문하자 비로소 움직였다고 한다. 『후한서(後漢書)』 권81 「독행열전(獨行列傳) 범식(范式)」

6 삼황오제(三皇五帝) 때에 있었다는 책이라 하는데 지금은 전해지지 않는다. 『춘추좌씨전』 「소공(昭公) 12년」 조에 “왕이 나와서 다시 이야기를 할 때 좌사(左史) 의상(依相)이 빠른 걸음으로 지나갔다. 왕이 말하기를 ‘저 사람은 훌륭한 사관(史官)이다. 그대는 잘 봐 두라. 그는 삼분(三墳) 오전(五典) 팔삭 구구(八索九丘)를 모두 읽을 수 있다.’라고 했다.” 했다. 공안국(孔安國)의 설을 따르면, 삼분은 복희(伏羲)·신농(神農)·황제(黃帝)의 글이고, 오전은 소호(少昊)·전욱(顓頊)·고신(高辛)·요(堯)·순(舜)의 글이며, 팔색은 팔괘(八卦)의 설이고, 구구는 구주(九州)의 지(志)를 가리킨다.

는 것을 탈취한다고 이르지 않을 것이므로 내가 직접 실험할 수 있다. 그래서 서헌(書憲)을 만들어 동지들에게 기대하는 바이다. 단란한 모임만을 빌어서 운취에 끌어들일 뿐, 규칙을 만들어 절제하지 않으면 사람들이 벽에만 전락하게 되므로 나의 실수도 여간 크지 않을 것이다.

1. 도(徒)

놀이에서 동반자를 결집하는 데 한 가지 운치스럽지 못한 것만 있어도 오히려 연운(煙雲)이 색상을 상실하게 되고 화조(花鳥)가 운치를 감소하게 된다. 하물며 높고 큰 서재나 비밀스럽게 숨겨진 누각에서랴.

그러므로 마음을 천추(千秋)에 두되 오활하지 않은 자, 마음을 조용한 데 두되 망령되지 않은 자, 적막을 깨뜨릴 만한 자, 말재주는 둔하지만 끝까지 앉아 있을 자, 기색이 융화하여 떠들어대지 않는 자, 고금을 뒤집어 마구 논박하지 않는 자, 문서를 아뢰고 처리하는 데 모두 부합되는 자를 스승으로 높이기도 하고 혹 벗으로 사귀기도 해야만 다 우리의 무리가 될 수 있다.

만약 크게 놀랄 일이건 조금 괴이한 일이건 간에 남의 재주를 억누르려 하거나 음험 불량해 좌중을 이간한다면 서책[7]마저도 다 시름겨운 눈으로 보게 될 것이다. 간사한 인물을 쳤던 홀[觸邪笏][8]과 아첨꾼을 가리켰던 풀[指佞草][9]에 대한 사적이 업가(鄴架)[10]에 들어 있을 것이니,

---

7 원문은 '표상(縹緗)'인데, 표(縹)는 담청색(淡靑色)의 비단이고, 상(緗)은 천황색(淺黃色)의 비단이다. 옛사람이 표상을 책의 표지로 사용했으므로 책을 표상(縹緗)이라고도 했다.

8 당나라 문신 단수실(段秀實)이 사농경(司農卿)으로 있을 때, 간신(奸臣) 주자(朱泚)가 반역을 도모하고는 단수실이 인망이 높다 하여 불렀다. 단수실은 그에게 협력하는 척하다가 갑자기 그의 홀(笏)을 빼앗아 이마를 후려치고 침을 뱉으며 크게 꾸짖었다. 『신당서(新唐書)』 권153 「단수실열전(段秀實列傳)」

화흠(華歆)이 관영(管寧)에게 절교당한 일이 어찌 그만한 이유가 없었겠는가.[11] 그러나 고결하고 탈속한 인품은 혹 이목(耳目)을 떠나서 절로 부합되기도 하여 마치 서책 가운데 패사(稗史)도 있는 것과 같으니, 이 점은 별론(別論)으로 다루어야 한다.

2. 의(宜)

사기(史記)를 읽을 때에는 설창(雪窓)을 이용해 현명(玄冥)한 지감(知鑑)을 통해야 한다.

자서(子書)를 읽을 때에는 달빛을 동반해 심원한 정신을 붙여야 한다.

불서(佛書)를 읽을 때에는 미인을 상대로 하여 적멸한 데 빠지지 않아야 한다.

『산해경(山海經)』·『수경(水經)』·총서(叢書)·소사(小史) 따위를 읽을 때에는 듬성한 꽃가지와 맑고 야윈 대나무와 냉랭한 바위와 차가운 이끼를 가까이해 무한한 유담(遊談)을 모으거나 표묘(縹緲)한 논설을 집약시켜야 한다.

충렬전(忠烈傳)을 읽을 때에는 생황을 불거나 비파를 뜯어서 그 방혼(芳魂)을 들춰내야 한다.

9 요(堯)임금 때에 굴일초(屈軼草)가 대궐 뜰에 돋아났는데, 아첨꾼[佞人]이 조정에 들어오면 그쪽으로 방향을 돌려 가리켰으므로 지영초(指佞草)라고 불렀다는 전설이 진(晉)나라 장화(張華)가 지은 『박물지(博物志)』권4에 나온다.

10 업가(鄴架)는 '업후(鄴侯)의 서가'라는 말인데, 당(唐)나라 때 업후(鄴侯)에 봉해진 이필(李泌)이 많은 장서를 가지고 독서했다. 한유(韓愈)의 시 「수주에 독서하러 가는 제갈각을 전송하며[送諸葛覺往隨州讀書]」에 "업후의 집에 책이 많아, 서가에 삼만 축이 꽂혔지. 하나하나 다 상아 찌를 붙였는데, 새롭기가 손도 안 댄 것 같다네.[鄴侯家多書 架揷三萬軸. ——懸牙籤 新若手未觸]"라고 했다.

11 후한(後漢) 때 관영이 화흠과 함께 글을 읽는데 문밖에 한 고관이 지나가자 화흠이 뛰쳐나가 구경하므로, 관영이 자리를 갈라 앉으면서 "자네는 나의 벗이 아니다." 했다.

간녕론(奸佞論)을 읽을 때에는 칼을 휘두르거나 술을 들이마셔서 그 분한 기운을 해소시켜야 한다.

소(騷)를 읽을 때에는 공산(空山)에서 슬피 부르짖어야 산학(山壑)을 놀라게 할 수 있다.

부(賦)를 읽을 때에는 물가에서 미친 듯이 부르짖어야 바람을 일으 킬 수 있다.

시사(詩詞)를 읽을 때에는 가동(歌童)을 시켜 박자를 치도록 해야 한다.

귀신에 관한 잡록(雜錄)을 읽을 때에는 촛불을 밝혀서 유명(幽冥)을 깨뜨려야 한다.

그 밖의 책들은 경우가 다르고 또 운치가 일정하지 않다.

미공(眉公 진계유)이 더위를 해소시키고 추위를 물리치던 예도 그 뜻 에 알맞다고 하겠으나 어느 때인들 산질(散帙)[12]이 될 기회가 아니겠으 며, 어느 곳인들 책을 덮어 놓을 장소가 없겠는가. 괜히 숙야(叔夜)의 게으르다는 핑계[13]를 내세워 구실로 삼을 필요가 없다.

3. 진(珍)

진장(珍藏)이란 꼭꼭 싸 둔다는 뜻이 아니다. 비유하자면 홍안(紅顔) 을 어찌 황금옥(黃金屋)에만 줄곧 둘 수 있겠는가. 만약 봄바람[春風 미 인]이 동작대(銅雀臺)[14]에만 갇혀 있었다면 비파곡(琵琶曲)이 어떻게 먼

---

12 산질(散帙)은 소임이 없이 한산한 벼슬아치이다.

13 숙야는 진나라 죽림칠현 가운데 한 사람인 혜강(嵇康)의 자이다. 산도(山濤)가 혜강을 추천해 자기의 자리를 대신시키려고 하자, 혜강이 자신은 게으르다고 하여 굳이 사양했다.

14 하북성(河北省) 임장현(臨漳縣) 서남쪽 옛 업성(鄴城) 서북쪽 모퉁이에 있던 호화로운 누대인데, 조조(曹操)가 210년에 세웠다. 구리로 큰 공작을 주조하여 누대 위에 두었으

호지(胡地)에서만 나왔겠는가.[15] 그러므로 손바닥 위나 품 속에 가지고 은근히 즐겨야만 헛것이 안 된다.

그렇다면 금함(錦函)과 보축(寶軸)에 오색의 아첨(牙籤)[16]을 붙여놓을 뿐만 아니라 정신과 넋을 책에 쏟아, 마치 한 나라의 구슬[漢珠]이 손에 들어오자 늘 가지고 다니며 마음대로 애호하듯 책을 차마 손에서 놓지 못해야만 참다운 진장(珍藏)이다.

그렇지 않고 한우충동(汗牛充棟)[17]으로 쟁여만 놓으면 눈앞에 좀벌레 무더기만 늘어나는 셈이니, 책이 나에게 무슨 도움을 주겠는가. 이는 도리어 천하게 될 뿐이니 어찌 진장(珍藏)이라 하겠는가.

4. 축(蓄)

일 만들기 좋아하는 사람이 우연히 감상할 만한 것을 만나게 되면 숙상구(鷫鸘裘)[18]까지도 어려워하지 않고 벗어 주고 쫓아간다. 그러나

므로 '동작대'라고 했다. 조조가 죽으면서 유언하기를, "궁녀와 기녀들은 모두 동작대에 소속시켜 두고, 무덤 앞에 6자의 상과 휘장을 설치해서 아침저녁으로 제물을 올리게 하라. 매달 15일에는 휘장을 향해서 음악을 연주하고 춤을 추게 하라."라고 했다고 한다. 『문선(文選)』 권30 「조위제문(弔魏武帝文)」

15 한나라 원제(元帝)가 화공을 시켜 궁녀들의 초상화를 그리게 해서 그림을 보고 마음에 든 궁녀를 골랐는데, 왕소군(王昭君)은 화공 모연수(毛延壽)에게 뇌물을 바치지 않아 미인으로 그리지 않았다. 왕소군을 흉노(匈奴) 선우(單于)에게 보내게 되자, 왕소군이 떠나는 길에 말에 올라 비파를 타면서 원망하는 심정을 하소연했다. 『한서(漢書)』 권94 「흉노전(匈奴傳) 하」

16 아첨(牙籤)은 상아로 만든 책갈피인데, 책을 찾아보기 좋게 찌를 끼워 넣는 것이다.

17 수레에 실으면 소가 땀을 흘리고 쌓아올리면 마룻대에 닿을 정도로 책이 많다는 뜻이다. 당나라 시인 유종원(柳宗元)의 「문통선생 육급사묘표(文通先生陸給事墓表)」에 나오는 구절이다 "그의 책을 놓아두면 마룻대에 닿았고 내놓으면 소와 말이 실어 나르느라 땀을 흘릴 정도였다.[其爲書 處則充棟宇 出則汗牛馬]"

18 숙상구(鷫鸘裘)는 목이 길고 기러기와 비슷한 숙상의 깃으로 만든 초록색 갖옷인데, 한나라 문장가 사마상여(司馬相如)가 가난할 때 입었던 옷이다. 사마상여가 부인 탁문군

책만은 돈의 여유가 생긴 뒤에야 살 수 있다.

　기이한 책은 잃어버리는 예가 많다. 그래서 자신이 한평생 몹시 좋아하는 책, 책상 위에 없어서는 안될 책, 천하에서 미처 보지 못한 책은 마치 명주보완(明珠寶玩)처럼 수장하려고 한다. 옛사람의,

　"집안을 돌보지 않아 파산하다."[19]

라는 말이 바로 이를 말한 것이다. 그러나 이 같은 서적을 구입할 만한 재력이 없을 경우에는, 노온서(路溫舒)[20]처럼 부들잎을 엮어서 서책을 쓰거나, 손경(孫敬)[21]처럼 버들잎을 엮어서 경서(經書)를 써 외우거나, 범왕(范汪)[22]처럼 불을 피워 놓고 책을 써서 독송(讀誦)하거나, 유향(劉

(卓文君)과 함께 고향 성도(成都)로 돌아갔을 때 워낙 가난해서, 자기가 입고 있던 숙상구를 전당잡히고 술을 사서 탁문군과 함께 마시며 즐겼다.『한서(漢書)』권57「사마상여열전(司馬相如列傳)」

19　원문의 "破産不爲家"는 당나라 시인 이백(李白)이 지은 시「하비의 이교를 지나다가 장자방을 생각하며[經下邳圯橋懷張子房]」의 제2구이다. 장량이 박랑사(博浪沙)에서 진시황(秦始皇)을 공격했다가 실패한 후 이름을 고치고 하비(下邳)로 달아나 가난하게 살았는데, 흙다리에서 황석공(黃石公)의 신을 신기고『소서(素書)』와『태공병법(太公兵法)』을 전수받았다.

20　노온서(路溫舒)는 어릴 때 양치기 생활을 하면서 늪에 자라는 부들의 잎을 엮어서 글씨 연습을 하고, 틈틈이 율령(律令)을 공부해 옥리(獄吏)가 되었다. 그 후 효렴(孝廉)으로 천거를 받아 산읍승(山邑丞)이 되었다. 선제(宣帝)가 즉위하자 덕을 숭상하고 형벌을 완화하자는 상소를 올려 선제로부터 칭찬을 받았다.『한서(漢書)』권51「노온서전(路溫舒傳)」

21　후한(後漢) 때의 학자 손경(孫敬)이 책 읽던 이야기가『초국선현전(楚國先賢傳)』에 실려 있다. "손경의 자는 문보(文寶)인데, 항상 문을 닫고 들어앉아 글을 읽었다. 졸음이 오면 상투에 노끈을 매어서 들보 위에 묶어 놓아 잠을 쫓고 글을 읽었으므로, 그가 시장에 들어가자 시장 사람들이 그를 보고 모두 말하기를 '폐호 선생(閉戶先生)이 왔다.'라고 했다.[孫敬字文寶, 常閉戶讀書, 睡則以繩繫頭, 懸之梁上. 嘗入市, 市人見之, 皆曰閉戶先生來也.]"

22　진(晉)나라 문신 범왕(范汪, 308~372)의 자는 현평(玄平)으로, 아버지를 일찍 여의고 외가에서 자랐다. 13세에 다시 어머니까지 잃고 몹시 가난하게 생활했으나, 배우기를 좋아해 부모의 여묘 곁에서 산나물을 해 먹으며 땔나무를 태워 글씨를 썼다[然薪寫書]고

向)[23]처럼 남의 고용살이를 하며 글을 읽음으로써 그 소득이 바로 진장(珍藏)이 되고, 한 권의 책이 천고(千古)의 부(富)가 될 수 있다. 어찌 꼭 혜시(惠施)의 오거서(五車書)[24]나 장화(張華)의 삼십승(三十乘)을 수장(收藏)해 적석산(積石山)이나 봉래산(蓬萊山)을 창고로 삼은 뒤에야 책이 많다고 칭하겠는가.

5. 친(親)

한(漢)나라 궁중에 가득찬 3천 명의 후궁들도 임금의 총애를 같이 받고 있는 동료들을 질투했고, 맹진(孟津)[25]에 모인 8백의 제후도 다 한나라의 군주였다.[26] 겨우 한 장의 편지로도 전체의 뜻을 이해하는 이도 있으나, 사람의 총명에는 한계가 있으므로 마음이 해박한 데로 치닫거나 되어가는 대로 들뜨면 귀와 눈이 어지럽게 된다. 그러므로 정예하고 기이한 것만을 골라서 침실의 비장(祕藏)으로 삼기를, 마치

한다. 『진서(晉書)』 권75 「범왕열전(范汪列傳)」. 등잔에 기름이 없을 정도로 가난해 땔나무를 태운 불빛에 글을 읽었다는 뜻의 '연신조자(然薪照字)'라는 고사성어도 전한다.

23 유향(劉向, 기원전 77~6)은 한(漢)나라 고조(高祖)의 배다른 동생 유교(劉交)의 4세손이다. 문장에 능하고 경술(經術)에 조예가 깊었으며, 외척 왕씨(王氏)를 신랄하게 배척했다. 저서로는 『홍범오행전(洪範五行傳)』, 『열녀전(列女傳)』, 『신서(新序)』, 『설원(說苑)』 등이 있다. 『한서(漢書)』 권36 「유향열전(劉向列傳)」

24 혜시(惠施)는 장자(莊子)의 친구인데, 『장자』 「천하(天下)」에 "혜시의 학설은 다방면에 걸쳐 있어서, 그 저서가 다섯 수레에 쌓을 정도이다.[惠施多方 其書五車]"라고 했다.

25 주나라 무왕(武王)이 은(殷)나라 주왕(紂王)을 칠 때에 제후(諸侯)와 집결했던 곳이다. 옛날 황하에 있었던 나루터로, 지금의 하남성(河南省) 맹진현(孟津縣) 동북 맹현(孟縣) 서남쪽에 있다. 전설에 따르면 무왕이 여기에서 제후들과 회맹하고 황하를 건넜기 때문에 맹진(盟津)이라 불렸다가 와전되어 맹진(孟津)이 되었다고도 한다.

26 『서경(書經)』 「태서(泰誓)」에 "13년 봄에 맹진에서 크게 모였다.[惟十有三年春大會于孟津]"라고 했다. 『사기(史記)』 권4 「주본기(周本紀)」에, 주나라 무왕(武王)이 은나라 주왕(紂王)을 치려고 할 즈음에 "제후로서 기약을 하지 않고도 맹진에 모인 자들이 8백 명의 제후였다.[諸侯不期而會盟津者, 八百諸侯.]"라고 했다.

군중(軍中)의 효장(梟將)이나 궁중의 절색처럼 해야만 거리가 날로 가까워지고 정리가 날로 친절해진다.

그러려면 빈사(嬪使)를 자기가 좋아하는 사람에게 보내어 뜻밖의 어려움에 대비하게 하고 은밀하게 총애해야지, 어찌 널리 사랑하다가 자기가 좋아하는 사람을 잃을 수 있겠는가. 서점에 가서 책들을 탐독한 왕충(王充)[27], 글을 한 번만 보고도 바로 통한 양웅(揚雄), 서음(書淫)이란 칭호를 받은 현안(玄晏)[28] 등을 나는 오히려 곡학(曲學)이라고 한정짓는다.

6. 형(刑)

형(刑)이란 사실대로 색출해 내는 것을 말한다.

도(陶) 자를 음(陰) 자로, 어(魚) 자를 노(魯) 자로, 해(亥) 자를 시(豕) 자로 오기(誤記)한 자는 과오죄(過誤罪)에 해당한다.

증삼(曾參)이 사람을 죽였다고[29] 말한 자, 손빈(孫臏)의 발을 자르게

---

27 후한(後漢) 때 왕충(王充, 27~97?)은 집이 가난해서 책이 없었으므로, 늘 낙양(洛陽)의 서사(書肆)에 노닐면서 그 파는 책들을 보았는데, 한 번 죽 훑어 보고는 다 외어버림으로써 마침내 제자백가에 박학다식한 학자가 되었다.[家貧無書, 常游洛陽市肆, 閱所賣書, 一見輒能誦憶, 逐博通衆流百家之言]『후한서(後漢書)』 권49「왕충열전」

28 현안(玄晏)은 서진(西晉)의 학자 황보밀(皇甫謐, 215~282)의 호이고, 자는 사안(士安)이다. 어려서는 방탕하게 지내다가 20여 세부터 주경야독하며 전적을 두루 섭렵했다. 풍병에 걸려서도 침식을 잊고 독서와 저술에 몰두해 '서음(書淫 책에 미친 사람)'이라 불렸다. 무제(武帝)가 기용하려 해도 응하지 않고, 책을 빌려달라는 표문(表文)을 올려 한 수레 분량의 책을 하사받았다.

29 "옛날 증자(曾子)가 비(費) 땅에 살았는데, 증자와 이름이 같은 비 땅의 사람이 살인했다. 사람이 찾아가 증자의 어머니에게 고하기를, '증삼(曾參)이 살인했다.'라고 하니, 증자의 어머니가 말하기를, '나의 아들은 사람을 죽이지 않을 것이다.' 하고 아무렇지도 않은 듯이 베를 짰다. 조금 있다가 사람이 또 찾아가서 말하기를, '증삼이 살인했다.'라고 하니, 증자의 어머니가 여전히 베를 짰다. 또 조금 있다가 사람이 찾아가서 말하기를, '증삼

한 자, 굴원(屈原)이 쫓겨나게 한 자, 반첩여(班婕妤)의 은총을 질투한
자는 무고죄(誣告罪)에 해당한다.

설씨(薛氏)의 『원경(元經)』[30], 양웅(揚雄)의 『논어(論語)』[31]와 왕망(王莽)
의 부명(符命)[32], 조조(曹操)의 구석(九錫)[33]은 반역죄에 해당된다.

사건의 자취가 모호할 경우에는 당연히 엄격한 법관을 본받아서 심
리해야 한다. 헌원경(軒轅鏡)[34]이 나의 눈앞에 환한데, 형적을 감춘 죄

이 살인했다.'라고 하자, 증자의 어머니가 두려워서 북을 던져버리고 담을 넘어 달아났
다. 증삼이 어질고 어머니가 믿었지만, 세 사람이 의심하자 어진 어머니도 믿을 수 없었
다." 『전국책(戰國策)』 「진책(秦策) 2」

30 설씨(薛氏)의 『원경(元經)』은 왕통이 기록한 『원경』에 대한 설수(薛收)의 전(傳)인 『원
경설씨전(元經薛氏傳)』 10권을 가리킨다. 왕통(王通, 584~617)이 공자의 『춘추』 체제
에 따라 애공 14년(기원전 481) 획린(獲麟) 이후 북위(北魏)에 이르기까지 연도별로 사건
을 기록하고 『원경(元經)』이라 제목을 붙였다. 왕통이 공자의 경전을 이었다고 자부해
『예론(禮論)』, 『악론(樂論)』, 『속서(續書)』, 『속시(續詩)』, 『원경(元經)』, 『찬역(贊易)』
등, 이른바 '왕씨육경(王氏六經)'을 편찬했다.

31 서한(西漢)의 양웅(揚雄, 기원전 53~18)이 『논어(論語)』를 모방해 지은 『법언(法言)』을
가리킨다. 학행(學行)·수신(修身)·문신(問神) 등 총13편으로 구성되었는데, 공자를 높
이고 왕도(王道)를 담론했다.

32 부명(符命)은 하늘에서 제왕이 될 만한 사람에게 주는 상서로운 징조이다. 『한서(漢書)』
권87 「양웅열전(揚雄列傳)」에 "왕망(王莽)이 이미 부명(符命)을 인용해서 스스로 왕이
된 뒤에 그 근원을 없애 앞의 일을 신격화하려고 했다."라고 했다. 『산곡외집(山谷外集)』
권1 「계상음(溪上吟)」에 "더듬어 생각하니 옛날에 양자운이 각심하고 맹가를 부지런히
배웠지.……그 또한 일을 좋아하는 사람이 가끔 술을 싣고 그를 찾아갔다네.[念昔揚子雲
刻意師孟軻……亦有好事人 時能載酒過]"라고 했는데, 그 주에 "양웅의 자는 자운(子雲)
이다. 왕망이 한나라를 찬탈하자 담론하는 자들 중에 부명(符命)을 들어 왕망의 공덕을
찬양해 벼슬을 받은 자가 매우 많았다. 그런데 양웅은 그러지 않아 벼슬을 받지 못했으므
로 그를 찾는 사람이 드물었으나, 가끔 호사가들이 술을 싣고 찾아가 글을 배웠다."라고
했다.

33 구석(九錫)은 천자가 공이 높은 제후에게 내려 주는 아홉 가지 물건과 제도로 거마(車
馬)·의복(衣服)·악칙(樂則)·주호(朱戶)·납폐(納陛)·호분(虎賁)·궁시(弓矢)·부월(鈇
鉞)·거창(秬鬯) 등이다. 동소(董昭)가 212년에 조조에게 위왕(魏王)의 칭호와 구석(九
錫)을 받으라고 권했다.

34 헌원경(軒轅鏡)은 황제 헌원씨(黃帝軒轅氏)가 만든 거울이다. 헌원씨가 서왕모(西王

인의 죄상을 낱낱이 색출해내지 못한다면 기록되어 있는 형서(刑書)가 한낱 휴지조각에 불과하게 될 것이다.

그러므로 세밀하게 심리해서 단안(斷案)을 작성하고 또 공초(供招)를 받아서 억울한 죄인을 석방하고 엉성한 법망(法網)을 보완함으로써 천년 뒤에 나에게 '시비(是非)에 정확했다'고 말하도록 해야 한다. 그래야만 옛사람이 나에게 입과 귀를 쓸모없이 맡겨 준 결과가 되지 않을 것이기에 '형(刑)'이라 한다.

7. 임(臨)

『시경』에 "하늘이 너의 머리 위에 임(臨)해 있다."[35] 했고 『시경(詩經)』에 "마치 깊은 못[淵]가에 임해 있듯이 한다."[36] 했으니, 여기에는 외경(畏敬)과 긍지(矜持)의 두 가지 의의가 있다.

책상과 서가(書架)에 가득 쌓인 도적(圖籍)[37]에는 옛 성현이 의지하여 있으니, 한 조각 한 치의 종이엔들 어찌 빈말이 씌어졌겠는가. 하늘이 내게 '불가환(不可逭)'[38]의 의(義)를 부여했으니, 훈고(訓詁)에 충실하기를 행여 남보다 뒤질까 걱정해야 한다. 만약 성현의 초자(肖子)[39]가 되

母)를 만나 큰 거울 12개를 만들어 달마다 바꾸어 사용했는데 이것이 거울을 만든 시초이다. 『패사유편(稗史類編)』에 보인다.

35 『시경』「대아(大雅) 대명(大明)」에 "그대의 마음을 두 가지로 하지 말지어다, 상제께서 그대를 내려다보고 계시니라.[毋貳爾心 上帝臨汝]"라고 했다.

36 『시경(詩經)』「소아(小雅) 소민(小旻)」에 "매우 두려워하고 조심하기를 깊은 못가에 임한 듯이 하며, 얇은 얼음을 밟는 듯이 한다.[戰戰兢兢 如臨深淵 如履薄氷]"라고 했다.

37 도적(圖籍)은 천하의 지도와 모든 백성의 호적을 가리키는데, 모든 문서와 서적을 뜻하기도 한다.

38 『서경(書經)』「태갑(太甲)」에 "하늘이 지은 재앙은 그래도 피할 수 있지만 나 스스로 지은 재앙은 도망하기 어렵다.[天作孽猶可違, 自作孽不可逭.]"라고 했다.

39 초자(肖子)는 어버이를 닮아 어진 아들이다.

지 못하면 명교(名教 유교)의 죄인이 되고 하늘을 가볍게 여기면 곧 밑
바닥으로 타락하게 되니, 세교(世教)에 주는 도움이 얼마나 대단한가.

책을 기이한 향(香)에 쐬거나 비단으로 포장하거나 향초(香草)로써
두충(蠹蟲)을 물리치거나 이슬로써 손을 씻는 등 겉모습만 장엄하기에
힘쓰면서 불자(佛子)의 장경(藏經)이나 도가(道家)의 비록(祕錄) 따위를
가지고 외운다면 자신에게 아무런 도움도 없다. 하물며 장식용으로
삼아서 마치 아이들의 장난처럼 뒤적일 수 있겠는가. 아무렇게나 너저
분하게 간수하면 경사(經史)도 혼(魂)이 나가게 되고, 어지러워 찾아보
기 힘들게 다루면 영웅도 기(氣)를 상실하게 된다. 하늘의 감시가 바로
가까이 있는데, 내 어찌 감히 쓸데없는 말을 하겠는가.

8. 범(範)

밭을 매면서 책을 읽던 상림(常林),

쇠뿔에 책을 걸었던 이밀(李密)[40],

땔나무를 팔아서 독서하던 갈홍(葛洪)[41],

마른 풀에 불을 붙여놓고 읽던 이강(李康),

보리가 빗물에 떠내려가는 줄도 몰랐던 고봉(高鳳)[42],

---

40 수나라 말에 이밀(李密)이 구산에 있는 포개(包愷)를 찾아가면서 쇠뿔에 『한서(漢書)』
한 질을 걸어 놓고는, 소를 타고 가는 동안 한 손으로는 고삐를 잡고 한 손으로는 책장을
넘기며 읽었다고 한다. 월국공(越國公) 양소(楊素)가 보고 물었더니, 이밀이 「항우전」을
읽고 있다고 대답했다. 『구당서』 권53 「이밀열전(李密列傳)」

41 갈홍(葛洪, 284~364)은 집이 가난해 직접 땔나무를 해다가 팔아서 종이와 붓을 샀으며,
밤마다 책을 베끼고 외워서 공부했다.

42 고봉은 한(漢)나라 때 사람으로, 자는 문통(文通)이다. 그의 아내가 밭에 가면서 마당에
보리를 널어놓고, 그에게 닭이 오지 못하도록 지키게 했다. 그때 소나기가 쏟아졌으나
고봉은 장대를 잡고 경전을 외우느라 빗물에 보리가 떠내려가는 줄도 몰랐다고 한다.
『후한서(後漢書)』 권113 「은일열전(隱逸列傳) 고봉(高鳳)」

양(羊)을 잃어버렸던 왕육(王育)[43],

금(金)을 내버렸던 악양자(樂羊子)[44],

도끼를 내던진 문옹중(文翁仲)[45],

유서(遺書)를 힘써 독송하던 공총자(孔叢子)[46],

가업(家業)을 돌보지 않던 주매신(朱買臣)[47],

---

43 왕육(王育)은 전조(前趙) 때 사람인데, 『진서(晉書)』권88 「왕육열전」에 독서한 이야기
가 실려 있다. "왕육은 어렸을 때에 고아가 되어 가난했으므로 남의 하인이 되어 양과
돼지를 키웠는데, 학당(學堂)에 가까웠다. 육은 틈만 나면 언제나 땔나무를 주워서 서생
을 고용해 책을 베꼈다. 나중에는 부들을 잘라서 책을 배웠는데, 밤낮 그치지 않았다.
양이나 돼지를 잃어버려 주인이 때렸는데, 육이 자기를 팔아 변상하려 했다. 곽자경이
듣고서 기특하게 여겨, 육을 대신해 양과 돼지를 변상하고, 육에게 옷과 음식을 대어
주어 자기 아들과 함께 배우게 했다.[王育少孤貧 爲人傭 牧羊豕 近學堂 育常有暇拾薪
以僱書生抄書 後截蒲以學書 日夜不止 亡失羊豕 其主笞之 育將鬻己以償 於是郭子敬
聞而嘉之 代育還羊豕給其衣食 令育與其子同學]"

44 악양자가 금을 내버린 이야기는 『한정록』권7 「숭검(崇儉)」에 실려 있다. "악양자가 언젠
가 길을 가다가 금 한 덩어리를 주워서 집으로 돌아와 아내에게 주었더니, 아내가 말했
다. '제가 들으니 뜻있는 선비는 도천(盜泉)의 물도 마시지 않고, 청렴한 사람은 무례한
태도로 주는 음식은 받지 않는다고 했습니다. 하물며 주운 물건을 가지고 이(利)를 구하
여 행동을 더럽힐 수 있겠습니까?' 양자가 크게 부끄러워하며, 그 금덩이를 들에 버렸다."
『하씨어림』

45 옹중(翁仲)은 후한 순리(循吏) 문당(文黨)의 자이다. 『여강칠현전(廬江七賢傳)』에 문당
의 도끼 이야기가 실려 있다. "문당의 자는 옹중이다. 학교에 입학하기 전에 친구와 함께
산에 들어가 나무를 하다가, 친구에게 말했다. '내가 멀리 공부하러 가고 싶은데, 먼저
내 도끼를 높은 나무 위에 던져서 도끼가 가지에 걸리게 해보겠다.' 올려다보며 던졌더
니, 도끼가 과연 나무 위에 걸렸다. 그래서 장안(長安)에 가서 공부했다."

46 '공총자(孔叢子)'는 서명(書名)인데, 이 글에서는 『공총자』를 저술했다는 공부를 말한
다. 공부(孔鮒, 기원전 252~208)는 진(秦)나라 때의 학자로 자는 자어(子魚)이며, 공자
의 8대손이다. 진시황이 분서갱유(焚書坑儒)를 하기 전에 『논어』와 『효경(孝經)』, 『상서
(尙書)』 등의 책을 숨기고 은거했는데, 뒤에 반란을 일으킨 진승(陳勝)의 부름을 받고
나아가 박사(博士)가 되었다가 진승과 함께 죽었다. 저서에 공씨 일족의 언행을 모은
『공총자(孔叢子)』와 『이아(爾雅)』를 모방한 『소이아(小爾雅)』가 있으나, 모두 위서(僞
書)라는 주장도 있다.

47 주매신(?~기원전 115)은 젊어서 글 읽기만 좋아하고 산업에 힘쓰지 않아 집이 몹시 가난

'나의 도가 동으로 옮겨간다[吾道已東]'고 한 마계장(馬季長)[48],

기자(奇字)를 가르쳤던 양자운(揚子雲)[49],

산곡에 숨어 살던 환영(桓榮)[50],

자명 무쌍(慈明無雙)[51]이란 칭찬을 받던 순상(荀爽),

언치[牛衣]를 팔았던 유식(劉寔)[52],

해, 항상 땔나무를 팔아 겨우 입에 풀칠을 했다. 땔나무를 지고 다니면서도 늘 글을 읽으
므로, 그의 아내가 따라다니면서 그에게 '길에서 노래하지 말라'고 말렸으나 그가 듣지
않자, 그에게 '끝내 굶어 죽고 말 것'이라고 욕을 하고는 마침내 그를 버리고 떠났다.
나중에 회계태수(會稽太守)가 되어 고향에 돌아오자, 그의 예전 아내가 자기 처지를
부끄럽게 여겨 스스로 목매 죽었다. 『한서(漢書)』권64 「주매신전(朱買臣傳)」

48 계장(季長)은 후한(後漢)의 학자 마융(馬融, 79~166)의 자이다. 제자 정현(鄭玄)이 학업
을 완성하고 돌아갈 때 마융이 '나의 도가 동으로 옮겨간다[吾道已東]'고 칭찬했다.

49 자운(子雲)은 후한의 학자 양웅의 자이다. 『수서(隋書)』권32 「경적지(經籍志)」에 "한나
라 때에 여섯 가지 체로 학동들을 가르쳤으니, 여기에 고문, 기자(奇字), 전서, 예서,
무전, 충조가 있었다.[漢時以六體敎學童, 有古文奇字篆書隷書繆篆蟲鳥.]"라고 했다.
『한서(漢書)』권87 「양웅열전(揚雄列傳)」에 "유분이 일찍이 양웅에게서 기자를 배웠다.
[劉棻嘗從雄學作奇字]"라고 했다.

50 『후한서(後漢書)』권37 「환영열전(桓榮列傳)」첫 단락에 있는 이야기이다. "(스승) 주보
(朱普)가 세상을 떠나자 영이 구강에 달려와 문상하고, 흙을 져다가 무덤을 만들었다.
그리고는 머물러 가르쳤는데, 따르는 제자가 수백 명이었다. 왕망이 패해 천하가 어지러
워지자, 영이 경서를 껴안고 제자들과 함께 산곡으로 달아나 숨었다. 항상 굶주리고 가난
했지만, 강론을 그치지 않았다.[朱普卒 榮奔喪九江 負土成墳 因留敎授 徒衆數百人
莽敗 天下亂 榮抱其經書與弟子逃匿山谷 雖常飢困而講論不輟]"

51 후한(後漢)의 명현(名賢)인 순숙(荀淑)이 박학다식하고 인격이 고결해, 이고(李固), 이
응(李膺) 등이 스승으로 섬겼다. 순숙에게는 아들 여덟이 있었는데, 모두 총명하였으므
로 사람들이 팔룡(八龍)이라고 불렀으며, 여섯째 아들 순상(荀爽, 128~190)이 12세에
『춘추』와 『논어』를 통달했으므로 자명무쌍(慈明無雙)이라고 했다. 자명(慈明)은 순상의
자이다.

52 진(晉)나라 유식(劉寔, 220~310)이 독서한 이야기는 『진서(晉書)』권41 「유식열전(劉寔
列傳)」첫 줄에 실려 있다. "유식의 자는 자진(子眞)으로, 평원 고당 사람이다. 식은
어렸을 때 가난해, 언치를 팔아 생활했다. 그러나 배우기를 좋아해, 손으로 새끼를 꼬면
서 입으로는 책을 외워 고금에 널리 통했다.[劉寔 字子眞 平原高唐人也 寔少貧苦 賣牛
衣以自給 然好學 手約繩 口誦書 博通古今]"

대껍질에 글씨를 쓴 동알(董謁)[53],

벽(壁)을 뚫었던 광형(匡衡)[54],

걸상이 패인 관영(管寧)[55],

옥산이 옆사람을 비춘다[玉山照人]는 배해(裴楷)[56],

명아주 불로 빛을 분간한[藜火分色] 유향(劉向)[57]

남의 마음을 헤아리고[58] 상투를 매달았던 소계자(蘇季子)[59],

53 동알은 집이 가난해서 나뭇잎을 주워 서간을 대신해 마음속의 사연을 말했다. 싸리를 엮어 상을 만들어서 새나 짐승의 털을 모아놓고 그 위에서 잤다. 남의 집에 들르면 자리에서 손바닥에 붓으로 글을 썼다가 집에 돌아와 대껍질에 베껴 썼으니, 결국 종이 손바닥의 글씨로 혀가 검어져, 세상 사람들이 '중원의 손바닥[仲元掌]'이라고 했다. 『동명기(洞溟記)』. 중원은 동알의 자이다.

54 광형(匡衡)의 자는 치규(稚圭)로, 서한(西漢) 때의 학자이다. 어려서 집이 가난해 촛불을 밝힐 수 없었기에 이웃집과 연결된 벽을 뚫어서 그 불빛으로 책을 읽었다 한다. 이 이야기가 『몽구(蒙求)』에 '광형착벽(匡衡鑿壁)'이라는 제목으로 실려 있다.

55 후한(後漢)의 은사 관영(管寧, 158~241)의 자는 유안(幼安)이다. 관영이 난세를 피해 요동에 우거하면서 50년 동안 목탑(木榻)에서 단정하게 무릎을 꿇고 책을 읽었으므로 무릎 닿은 부분이 모두 깊숙이 파였다고 한다. 『고사전(高士傳)』「관영(管寧)」. 관영천탑(管寧穿榻), 또는 요동천탑(遼東穿榻)이라는 숙어로 알려졌다.

56 『진서(晉書)』 권35 「배해열전(裴楷列傳)」에 나오는 이야기이다. "배해(裴楷)의 풍신(風神)이 고매한데다 용모가 뛰어나고, 많은 책들을 널리 섭렵해 의리(義理)에 특별히 정통했기에 사람들이 옥인(玉人)이라 불렀다. 또 '배숙칙을 보면 마치 옥산이 사람을 비추는 것 같다'고 했다.[楷風神高邁 容儀俊爽 博涉群書 特精理義 時人謂之玉人 又稱見裴叔則 如近玉山映照人也]" 숙칙(叔則)은 배해의 자이다.

57 『습유기(拾遺記)』 권6에 나오는 이야기이다. "유향(劉向)이 성제(成帝) 말년에 천록각(天祿閣)에서 책을 교정보며 오로지 정밀하게 깊이 생각하였다. 밤에 한 노인이 누런 옷을 입고 푸른 명아주 지팡이를 짚고 천록각에 올라와 유향이 어둠 속에 혼자 앉아 책 읊는 것을 보고 노인이 지팡이 끝에 입김을 불자 연기가 나며 불이 탔다. 그러고 나서 유향을 보며 개벽 이전을 이야기해 주었다.[夜有老人 著黃衣 植青藜杖 登閣而進 見向暗中獨坐誦書 老父乃吹杖端 煙燃 因以見向 說開闢已前]"

58 원문 '췌마(揣摩)'는 상대방의 마음을 헤아려 이에 맞게 설득해서 목적을 달성하는 독심술(讀心術)이다. 전국시대 귀곡자(鬼谷子)가 처음 주장해 유행한 종횡가(縱橫家)의 변론술(辯論術)인데, 소진(蘇秦)과 장의(張儀)가 그를 찾아와 사사(師事)하며 배웠다.

59 계자(季子)는 전국시대 유세객이자 재상인 소진(蘇秦)의 자이다. "언제나 문을 닫고 책

기꺼이 벌주를 마셨던 소자미(蘇子美)[60] 등 그 운치가 갖가지이니,
다 나의 스승이다.

9. 적(適)

풍월을 읊을 때,

벼루를 이슬로 갈을 때,

경쾌한 배[舟]를 탈 때[61],

높은 누각에 오를 때,

산비 내릴 때,

골짜기 구름이 피어오를 때,

미인들에게 향(香)을 나눠줄 때,

고사(高士)들이 죽림(竹林)을 방문할 때,

새가 그윽하게 울 때,

꽃이 차갑게 웃을 때,

낚시꾼들이 안개와 물기운을 띠고 서로 맞을 때,

을 읽다가 졸음이 오면 상투에 노끈을 매어서 들보 위에 묶어 놓아 잠을 쫓고 글을 읽었던
[常閉戶讀書 睡則以繩繫頭, 懸之梁上]" 손경(孫敬)의 이야기가 『한정록』 권19 「서헌
(書憲) 축(蓄)」에 실려 있는데, 소진도 유세에서 실패하고 돌아와 형수에게 비웃음을
당한 뒤에 상투에 노끈을 매어서 들보 위에 묶어 놓고 병법을 공부했다고 한다.

60 자미(子美)는 송나라 시인 소순흠(蘇舜欽)의 자이다. 원문의 '부백(浮白)'은 큰 술잔[大
白]에 술을 가득 따라 호쾌하게 마시는 것을 비유하는 말이다. 전국시대 위(魏)나라 문후
(文侯)가 대부들과 술을 마실 때에 공승불인(公乘不仁)에게 주법(酒法)을 시행하게 하
면서 이르기를, "술잔을 단번에 다 마시지 않은 사람에게는 큰 술잔으로 벌주를 내리겠
다.[飮不釂者, 浮以大白.]"고 한 데서부터 '부백(浮白)'이 벌주를 뜻하게 되었다.

61 당나라 시인 이백의 시 「조발백제성(早發白帝城)」에 "아침에 백제성 채색 구름 사이에서
출발해, 천릿길 강릉을 하루에 돌아왔네. 강 양쪽 언덕 원숭이는 끝없이 울어대는데,
경쾌한 배로 이미 만 겹 산을 지났네.[朝發白帝彩雲間 千里江陵一日還 兩岸猿聲啼不
住 輕舟已過萬重山]"라고 했다.

늙은 중이 게송(偈頌)을 물을 때,

하인이 부드러운 붓을 희롱할 때,

상머리에 술독이 놓인 때,

구름 사이로 학(鶴)이 날 때,

차를 맛보고 낙엽을 쓸 때,

가부좌(跏趺坐)했다가 산보(散步)할 때,

고적(古蹟)들을 늘어놓을 때,

앵무새를 길들일 때가 책을 읽기에 적합하다.[62]

흥이 날 때에 그에 맞는 책을 읽어야 하며, 정신이 너무 삭막하지 않게 해야 한다. 태사(太史) 풍개지(馮開之)[63]가 말하기를, "독서하기를 너무 좋아하면 산만해지고, 너무 싫어하면 간삽(艱澁)해진다." 했다. 이 말을 세 번 되풀이해 보니 내 의취와 깊이 부합된다.[64]

10. 배(配)

짧은 책을 읽을 때에는 빨리 끝나는 것이 아쉽다.

긴 책을 읽을 때에는 빨리 끝나지 않는 것이 괴롭다.

깎아내리거나 격앙시키는 글을 읽을 때에는 머리칼이 곤두서려 한다.

통쾌한 글을 읽을 적에는 타호(唾壺)가 다 깨진다.[65]

---

62 문장에 적합하다[適]는 동사가 따로 없지만, 9장의 제목 '적(適)' 자를 붙여서 번역했다. 위에 열거한 모든 순간이 책 읽기에 적합하다는 뜻이다.

63 개지(開之)는 명나라 시인이자 불교 거사인 풍몽정(馮夢禎, 1548~1606)의 자이다.

64 이 글들은 방이지(方以智)가 지은 「문장신화(文章薪火)」에도 상당수 보이는데, 순서가 다르다. 이 가운데 일부는 다음 단락 「10. 배(配)」에도 보인다.

65 진(晉)나라 왕돈(王敦)이 술을 마신 후 비분강개해지면 조조(曹操)의 시 "늙은 말이 구유

비가 퍼붓는 듯한 글을 읽을 때에는 흉금이 활짝 열린다.

울분에 찬 글을 읽을 때에는 마음이 슬퍼진다.

허무한 논설을 읽을 때에는 마음이 허황해진다.

실정에 어두운 선비의 진부한 글을 읽을 때에는 곡신(谷神)[66]이 죽는다.

은사의 글을 읽을 때에는 그 상(相)을 따져서 신(神)을 궁리하게 된다.

까다로운 글을 읽을 때에는 편리한 대로 따라 자기 뜻에 맞추게 된다.

글자가 빠진 글을 읽을 때에는 보완할 생각을 한다.

몽롱한 글을 읽을 때에는 참고할 생각을 한다.

적막한 글을 읽을 때에는 목이 타기 전에는 열리지 않게 된다.

화려한 글을 읽을 때에는 청화(淸華)해지거나 부미(浮靡)해지게 된다.

그러므로 한 책을 읽을 때마다 반드시 다른 글을 곁들여 읽어서, 치우치게 괴로운 마음이나 슬프고 기쁘고 분하고 통쾌한 마음을 조절해 제각기 적절한 데로 돌아가도록 해야만 한다. 그래야만 읽기를 그

에 엎드려 있으나 뜻은 천리 밖에 있네. 열사(烈士)는 모년(暮年)이지만 장심(壯心)은 그치지 않네.[老驥伏櫪 志在千里 烈士暮年 壯心不已]"를 노래하면서 여의장(如意杖) 으로 타호(唾壺)를 두드려 박자를 맞췄는데, 타호의 가장자리가 다 부서졌다. 『진서(晉書)』 권98 「왕돈열전(王敦列傳)」. 열사가 술병을 두드리며 호방하게 부르는 노래를 격호가(擊壺歌)라고 한다.

66 곡신(谷神)은 사람의 오장(五臟)을 기르는 신(神)이다. 노자(老子)의 『도덕경』 6장에 "곡신은 죽지 않으니, 이 신을 현빈(玄牝)이라 한다.[谷神不死 是謂玄牝]"했는데, 하상공(河上公)의 주석에, "'곡'은 기른다는 뜻이다. 사람은 신을 기르면 죽지 않는다. 신은 오장의 신이다. 간장에는 혼이 있고, 폐장은 백, 심장은 정신, 비장은 생각, 신장에는 정과 의지가 있다. 오장이 모두 손상되면 곧 다섯 신은 떠난다.[谷養也 人能養神則不死 神謂五臟之神也 肝臟魂 肺臟魄 心臟神 脾臟意 腎臟精與志 五臟盡傷 則五神去]"라고 했다.

만두고 탄식하거나 책을 덮고 실소(失笑)하는 일이 없다. 이것이 바로
배(配)의 설명이다.

11. 호지(護持)

서재(書齋)는 깊숙한 곳이 좋다.

난간은 굽이진 것이 좋다.

수목(樹木)은 성긴 것이 좋다.

담쟁이 덩굴[薜蘿]은 푸르게 드리워진 것이 좋다.

궤석(几席)·난간·창문은 추수(秋水)처럼 깨끗한 것이 좋다.

좌탑(坐榻) 위에는 연운(煙雲)이 떠 있는 것이 좋다.

묵지(墨池)67와 필상(筆牀)에는 수시로 꽃향기가 떠도는 것이 좋다.

필경(筆耕)68하는 데는 사리에 밝은 사람의 배려를 받는 것이 좋다.

아첨(牙籤)을 부착하는 데는 일머리를 아는 하인이 좋다.

독서하기 위해 이같은 호지(護持)를 얻는다면 만권(萬卷)의 책에 모두
다 환희를 느끼게 되리니, 낭환(琅環)69 선동(仙洞)도 부러워할 게 없다.

---

67 묵지(墨池)는 후한(後漢)의 장지(張芝)와 진(晉)나라 왕희지(王羲之)가 못가에서 붓글
씨 연습을 많이 하여 못물이 모두 먹빛이 되었던 데서 온 말인데, 먹물이 고이는 벼루의
오목한 곳을 연지(硯池), 또는 묵지(墨池)라고 한다.

68 원문의 용서(傭書)는 품삯을 받고 남의 책을 베껴주는 일이다.

69 천제(天帝)의 서가(書架)가 있는 곳이다. "진(晉)나라 장화(張華)가 어떤 사람과 함께
어느 곳에 이르자, 큰 바위 가운데서 갑자기 문이 열렸다. 그가 장화를 인도해 문 안으로
두어 걸음을 걸어 들어가 보니, 바로 별천지였다. 궁실이 높다랗게 서 있는데, 한 집에
들어가 보니 책들이 서가에 가득했다.……장화가 그곳 지명을 물어보니, 낭환복지라고
했다.[共至一處 大石中忽然有門 引華入數步 則別有天地 宮室嵯峨 引入一室中 陳書
滿架……華問地名 對曰琅環福地也]"『춘명몽여록(春明夢餘錄)』

12. 감계(鑑戒)

망령되게 훈고(訓詁)하고 쓸데없이 비평한다.

영웅들의 호언장담을 잘못 인용해 사람들을 속인다.

문밖에 나가서 괜히 낙화(落花)를 밟는다.

찬란한 별들을 가리킨다.

온전한 책을 잘라낸다.

부질없이 패거리들과 함께 가서 속자(俗子)에게 글자를 묻는다.

취한(醉漢)이 당돌히 호상(胡床)에 걸터앉아 귀신에 대한 말을 마구 지껄인다.

편견(偏見)을 내세워 검적(檢迹, 행실의 잘잘못을 점검하는 것)을 어지럽힌다.

비바람을 막지 못해 서재(書齋)와 운사(韻事)를 망친다.

몇 가지 경계를 대충 뽑아 놓았으니, 조심하고 조심해서 나의 글을 욕되게 말고, 나의 침상을 범하지 말며, 나의 의상(衣裳)을 전도(顚倒)시키지 말라.

부(附) 서(敍)[70]

천도(天道)는 서리가 내린 뒤에야 만물이 성숙하고 인정(人情)은 법도가 확립된 뒤에야 행세할 수 있다. 그러므로 헌(憲)이 아니면 율(律)을 굳힐 수 없고, 율이 아니면 헌을 받들 수 없으며, 왕자(王者)의 제도가 있는 곳이라야 문맥도 듣게 된다.

경생(經生)들은 칠예(七藝)에 손을 묶고, 운사(韻士)들은 사성(四聲)[71]

---

70 국립중앙도서관본에는 저자를 유사엽(兪思燁)으로 썼는데, 서문 내용으로 보면 서헌(書憲)을 지은 오종선(吳從先) 자신의 글로 보인다.

에 겁을 먹게 되니, 법도를 잃은 자는 월형(刖刑)을 가해야 하고 통발을
잃은 자는 밥을 굶겨야 한다. 머리털이 희도록 중랑서장(中郎署長)[72]에
머무른 것 또한 출세이니, 청산(靑山)이 절로 늙는 것은 아무리 왕(王)이
라도 어쩔 수 없는 일이다.

오늘은 연왕(燕王)을 달래고 내일은 초왕(楚王)을 달래다가 그만 풍
진 속에 지쳐버리고 마니, 어찌 채찍을 갈다가 검(劍)을 얻고 검을 갈다
가 침(針)을 얻는 줄을 알겠는가. 천하를 주름잡으려다가 세월만 흐를
뿐, 영척(寧戚)이 소 먹이던 들판에 온전한 소가 없다.[73]

예전에는 보리가 비에 떠내려가는 줄도 모른 채 독서에 빠졌고, 하
루에 한 권의 책이 떨어졌으며, 붓을 씻느라고 못물이 검어졌다. 그들
의 소매(笑罵)도 다 문장이 되고 놀이도 다 전칙(典則)이 되었으므로,
요즈음 서헌(書憲)을 만들어 공부를 도우려 한다. 칼을 막 숫돌에서 갈
아내면 부용(芙蓉)도 갈라지고 비단을 화축(畫軸)에 조합하면 광채가 찬
란하다는 말은 다 절실한 말이다. 어찌 해학에서 나온 것이겠는가.

세상에서 식견이 있는 자는 글자마다 주옥(珠玉)이고, 식견이 깊은

---

71 한자음의 평성(平聲)·상성(上聲)·거성(去聲)·입성(入聲)이니, 이 사성으로 음운(音韻)
의 고저(高低)와 강약(强弱)과 장단(長短)을 구분한다.
72 풍당(馮唐)은 효행으로 이름이 나, 중랑서장(中郎署長)이 되어 문제(文帝)를 섬겼다.
문제가 수레를 타고 중랑서를 지나다가 풍당에게 물었다. "늙은 나이에 어떻게 낭관으로
있는가?" … 무제(武帝)가 즉위해 현량(賢良)을 구하자 풍당도 추천되었지만, 그때 나이
가 아흔이 넘어 더 이상 관직을 맡을 수 없었다. 『사기(史記)』 권102 「풍당열전」
73 춘추시대 위(衛)나라 사람 영척(寧戚)이 제(齊)나라 동문 밖에서 소를 먹이며 환공(桓公)
이 나오기를 기다리는 동안 소뿔을 두들기며 노래를 불렀다. "남산의 바위 아름답고,
백석이 빛나네. 살아서 요와 순의 선양을 만나지 못하고, 짧고 얇은 베옷은 겨우 갈빗대
에 이르네. 황혼에서 밤중까지 소를 먹이니, 긴 밤이 느린데 언제 날이 새려나?[南山矸
白石爛 生不遭堯與舜禪 短布單衣適至骭 從昏飯牛薄夜半 長夜漫漫何時旦]" 환공이
그를 뒷수레[後車]에 싣고 가 대부를 삼았다.

자는 말마다 혈성(血誠)이다. 그래서 나도 (책에 관한 글을) 뽑아 한 권을 만들어 일 만들기 좋아하는 이들의 오락으로 우선 제공하고, 다음 전서(全書)에 수록해 글 짓는 이들의 감상을 넓히고자 한다.

서화금탕(書畫金湯)[1]

○ 선취(善趣)

감상가(鑑賞家)

정사(精舍)

깨끗한 궤(几)

맑고 아름다운 바람과 날씨

병화(瓶花)

차[茶]와 죽순

등귤(橙橘)이 나는 철

산수간(山水間)

뽐내지 않는 주인(主人)

먼지떨이

---

1 진계유가 서화에 대한 금언(金言)을 이상은(李商隱)의 『잡찬(雜纂)』 형식으로 모은 것이다. 허균이 『한정록』 권15 「섭생(攝生)」 뒤에 「병사(瓶史)」와 「서화금탕」을 필사해 부록으로 편집한 이유는 이 시기의 서화나 명산 탐방이 그에게는 단순한 기호가 아닌 양생법(養生法)의 하나였기 때문이다. 1610년 『한정록』 1차 편집 10권에 들어가지 않았던 부록은 1618년 기준격에게 탄핵당하면서 시시각각 닥쳐오는 불안을 달래기 위한 읽을거리였을 것이다.

이름난 향(香)

죽 뻗은 대나무

고증(考證)

천하 무사(天下無事)

고승(高僧)

백설(白雪)

기이한 돌

서로 빛내주는 옛솥[古鼎]과 종묘(宗廟)의 제기(祭器)

잠에서 깨어난 뒤

병이 나은 뒤

천천히 폈다가 천천히 거두기

○악마(惡魔)

황매우(黃梅雨)가 내릴 때

등불 아래

술 취한 뒤

연지(硯池)에 고인 먹물[^2]

단단한 노끈

교활하게 속이기

경솔하게 빌리기

인(印)을 많이 수장(收藏)하기

난잡하게 제(題)를 쓰기

[^2]: 먹물이 고이는 벼루의 오목한 곳을 연지(硯池)라 한다. 즙(汁)은 먹을 갈아 글씨를 쓴 뒤에 남은 찌끼를 가리킨다.

대용 베개[3]

옆사람의 독촉

지붕에서 새는 물

궂은비[4]

건조한 바람

눈길 끌기

질서 없는 간선(揀選)

시정(市井) 잡담 떠들기

기름 묻은 손으로 만지기

더러운 곳에서 햇볕에 쬐기

서툰 수선

베끼다가 망가뜨리기

좀[蠹]

억지로 해석하기

쥐[鼠] 재채기

동복(僮僕)들이 둘러 선 것

서화 값을 묻기

---

3 시신을 관에 넣을 때에는 비단으로 만든 겹옷을 펴서 머리에 까는 것이 예(禮)인데, 이익 (李瀷)은 평소에 빠진 머리털을 모아 두었다가 '베개를 만들어 관 속에 넣어 달라'고 유언했다. "후손들에게 남겨 주노니[留付後嗣] 남긴 머리카락으로 베개를 대신하라.[遺 髮代枕]"『성호전집(星湖全集)』권48「손발톱에 대한 명[爪甲銘]」. 진계유가 말한 대침 (代枕)이 이런 뜻인지, 낮잠을 잘 때의 대용 베개인지는 확실치 않다.

4 『시경』「소아(小雅)」서묘(黍苗)에 "우북한 기장 싹을 단비가 내려 적셔 주도다, 아득한 남쪽 길을 소백이 위로하도다.[芃芃黍苗 陰雨膏之 悠悠南行 召伯勞之]"라고 한 것처럼 음우(陰雨)가 '단비'로 쓰인 예들이 있지만, '악마'의 예로 들기에는 궂은비나 장맛비가 맞다.

서화에 손톱자국을 내기

부러진 가위와 쭈그러진 부채

○장엄(莊嚴)

대모(玳瑁)·마노(瑪瑙)·유리(琉璃)·자마금(紫磨金)·백옥(白玉)·문서(文犀)[5]

옛날 관요(官窯)에서 나온 화축(畫軸)

수놓인 띠

내고(內庫) 비각(祕閣)의 보참(寶籤)

오색으로 된 옥패기(玉牌記)

옛날의 비단[錦]

제왕(帝王)의 옥새(玉璽)

기이한 비단으로 된 주머니

명현(名賢)의 제발(題跋)

여교서(女校書)[6]의 소장품

짜서[織] 만든 표두(標頭)[7]

5　문서(文犀)는 문채 있는 무소뿔이다. 유구국에서 생산되는 수우(水牛), 즉 물소의 뿔로 활을 만들거나 혁대의 장식품을 만들었다.

6　여교서(女校書)라는 관직이 정식으로 있었던 것은 아니다. 오군(吳郡) 출신의 여성 한난영(韓蘭英)의 문장이 뛰어났는데, 송나라 효무제(孝武帝) 때에 「중흥부(中興賦)」를 올려 그 공으로 궁중에 들어왔다. 명제(明帝)와 무제(武帝)를 연달아 섬겼고, 나이가 많아지자 한공(韓公)으로 불렸다고 한다. 『남제서(南齊書)』 권20 「무목배황후열전(武穆裵皇后列傳)」. 당나라 기생 설도(薛濤)는 사대부의 딸이었으나 기생이 되어 백거이(白居易) 등과 교유했으며, 원진(元稹)이 촉 땅으로 좌천된 뒤에는 성도(成都)의 완화계(浣花溪)에 가서 여생을 보냈다. 서천 절도사(西川節度使) 위고(韋皋)가 설도의 시재(詩才)를 인정해 여교서(女校書)라고 일컬었다. 『당자재전(唐才子傳)』 권8 「설도(薛濤)」

7　가장 오래 계속된 책의 형태가 권축(卷軸)인데, 권(卷), 축(軸), 표(標), 대(帶)의 네 가지

금루(金縷)

주모(珠母)[8]

석청(石靑)[9]

전단목(旃檀木)으로 된 문갑(文匣)

○**낙겁(落劫)**

촌놈의 수중에 들어간 것

돈받고 전당잡히는 것

세도가(勢道家)에게 바치는 것

치마나 버선감으로 잘라내는 것

불초한 자식에게 주는 것

도둑맞는 것

술이나 음식으로 바꿔 먹는 것

수화(水火)의 재앙을 당하는 것

순장(殉葬)시키는 것.

한정록 부편 끝[閑情錄附篇終]

요소로 구성되었다. 표(褾)는 배접하는 부분을 가리킨다. 옷의 소맷부리도 표라고 한다.

8 진주조개를 말한다.

9 그림물감의 한 가지. 중국 남해에서 나는 청록색으로, 오래되어도 변치 않는다고 한다.

[부록]
발문(跋文)[1]

『한정록(閑情錄)』에는 두 가지 본이 있는데, 하나는 제16권 「치농(治農)」까지 있고, 하나는 제16권[2], 제17권, 18권, 제19권인 「병화(瓶花)」·「상정(觴政)」·「서헌(書憲)」·「서화금탕(書畫金湯)」까지 있다. 혹은 한 가지 일을 두고 자세하거나 간략해 같지 않은 것도 있으며, 문류(門類)를 각기 둔 것도 있다. 두 본이 비록 (허균) 한 사람의 손에서 나왔지만, 어느 것이 정본인지 참으로 알 수가 없다.

내가 그래서 (이 두 가지 본을) 서로 참조하며 상고하고 교정해, 줄이고 더하며 남기고 깎아냈는데, 간략하고 마땅한 쪽을 따랐다. 농사가 본(本)이고 문장은 말(末)이기에, 제16권 「치농(治農)」을 남겨 두었다. 「병화사(瓶花史)」 이하는 책 끝에 붙였다. 한가로우면서도 안목을 갖춘 자에게 웃음거리나 되지 않기를 빈다.

閑情錄有兩本, 一則第十六治農, 一則第十六·七·八·九瓶花·觴政·書憲·書畫金湯, 或有一事而詳略不同者, 門類各置者, 蓋兩本雖出一人

---

1 문천본『한정록』마지막 장에 필사기(筆寫記) 형식의 발문이 있는데, 제목은 따로 없다. 국립중앙도서관본이나 연세대 소장본, 홍문관본을 비롯한 여러 이본 가운데 필사기 성격의 발문이 실린 것은 문천본 밖에 없기에, 『한정록』 필사본의 유통 상황을 아는데 중요하다. 표점 원문을 함께 싣고 번역한다.
2 16권 「치농」은 앞에 썼으니, 잘못 쓴 것이다. 부록은 제17권부터 제20권까지가 맞다.

之手, 宋未知孰爲正本. 愚於是參互考校, 略加存刪, 從其簡當, 且農者
本也, 文者末也. 遂取第十六治農, 瓶花史以下附之書末. 得无爲閑而具
眼者所笑歟.

[부록]
한정록 서(閑情錄序)[1]

오호라! 선비가 이 세상에 태어나서 어찌 벼슬을 멸시하여 버리고 산속에서 오래 살기를 바라겠는가. 다만 그 도(道)가 세속과 맞지 않고 그 운명[命]이 그때와 어긋났을 때, 이따금 고상(高尙)을 핑계 대고 세상에서 도피한 자가 있으니 그 뜻도 또한 비장한 것이다.

당우(唐虞)시대에는 요(堯)·순(舜)을 임금으로 모시고 모두 화합하여 임금을 도우니 정치가 잘 되었다. 그런데도 소부(巢父)나 허유(許由) 같은 무리가 있었다. 그들은 귀를 씻거나 표주박을 걸어 놓고서,[2] (자기들이) 이 세상에 의해서 더럽혀지기라도 할까 봐 세상을 버리고 가버렸다. 저들은 또한 세상을 어떻게 본 것인가.

성성옹(惺惺翁)은 어려서부터 버릇이 없었던 데다 부형이나 스승의 가르침을 받지 못해서, 자라서도 행동에 경계가 없었다. 조그만 재주가 세상에 보탬이 되기에 모자라는데도, 상투를 틀고 벼슬길에 올랐다. 그러나 거침없는 행동 때문에 당시 권세가에게 미움을 입고 마침내 노장(老莊)이나 불교로 도피해서, 육신을 벗어나고 득실(得失)을 마

---

1 이 서문은 『한정록』에 실려 있는 글이 아니라, 허균이 1611년 『성소부부고』를 편집할 때 제5권에 실었던 서문이다. 42세에 이 글을 지었다고 했으니, 1610년에 『한정록』을 10편으로 편집하면서 이 서문을 지었다.

2 요 임금이 허유에게 천하를 주려 하자 그는 기산(箕山)에 숨어 살았고, 더러운 말을 들었다고 영수(潁水) 가에서 귀를 씻었다. 표주박으로 물을 떠 먹고는 나무 위에 놓았다.

찬가지로 여기는 자세를 좋게 여겼다. 세상일 되어 가는 대로 내맡기
어, 미치광이로 통하기까지 했다.

(나는) 올해로 벌써 마흔두 살이 되었다. 머리털이 벌써 모지라지는
데 할 일도 주어지지 않고, 세월은 쏜살같이 달리는데 공업(功業)은 아
직도 이루지 못했다. 나 혼자 생각하니 슬퍼만졌다.

가장 멋있게 살았던 사마자미(司馬子微)³나 방덕공(龐德公)⁴처럼 산과
계곡에서 마음껏 놀지도 못했었고, 그에 버금가는 상자평(向子平)⁵이나
도홍경(陶弘景)⁶처럼 자녀들의 혼례를 마쳐 놓고 멀리 노닐다가 벼슬을
내어 놓고 멀리 떠나지도 못했었다. 그들보다는 못하지만 사강락(謝康
樂)⁷이나 백향산(白香山)⁸처럼 벼슬을 하다가 자연 속으로 돌아와 마음
껏 노닐지도 못했었다.

형세에 급급한 채 끝내 한가하지 못하여 조그만 이해라도 어긋날까
마음이 두렵고, 하찮은 자들의 칭찬이나 헐뜯음에도 마음이 흔들렸다.

---

3 자미(子微)는 사마승정(司馬承禎, 647~735)의 자인데, 당나라의 도사이다. 벽곡도인술
   (辟穀導引術)을 익히고, 왕옥산에 계단을 쌓았다.
4 방덕공(龐德公)은 남양의 제갈량이나 영천의 사마휘(司馬徽) 등과 어울려 노닐던 처사
   인데, 처자를 데리고 녹문산으로 들어간 뒤 세상에 나타나지 않았다.
5 자평(子平)은 상장(尙長)의 자인데, 후한 때 사람이다. 자녀의 혼사를 다 끝내고는 오악
   명산(五嶽名山)에 즐겨 노닐었다.
6 도홍경(陶弘景, 456~536)은 양나라 학자인데, 젊었을 때 갈홍(葛洪)의 『신선전(神仙
   傳)』을 읽고 양생(養生)의 뜻을 품었다. 뒤에 구곡산에 숨어 살았는데, 음양·오행·지리
   ·의술·본초(本草)에도 밝았다.
7 강락(康樂)은 사령운(謝靈運, 385~433)이 계승한 봉작이다. 남조(南朝)에 송나라가 서
   자 영가태수(永嘉太守)에까지 올랐지만, 뜻에 맞지 않아 산천을 돌아다니며 글을 짓고
   노닐었다. 뒤에 반역을 음모했다는 혐의로 죽었다.
8 향산(香山)은 당나라 시인 백거이(白居易, 772~846)의 호이다. 한림학사로 출발해서
   형부상서에까지 올랐지만, 나이가 들어가며 시와 술을 좋아해 취음 선생(醉吟先生)이라
   고 자칭했다. 그는 시를 쉽게 썼으며, 산수간에 노니느라고 스님들과도 가깝게 사귀었다.

그래서 발걸음을 멈추고 숨을 죽이며, 덫이나 함정에서 벗어나기만 바랐다. 큰 기러기나 붕이 멀리 날듯이, 매미가 허물을 벗듯이, 혼탁한 세상을 벗어난 옛날의 어진 이와 나를 견주어 보니, 그들의 지혜와 나의 어리석음이 어찌 하늘과 땅만큼만 차이 나겠는가.

요즘 병으로 말미를 얻어 두문불출하는 중에 우연히 유의경(劉義慶)[9]·하양준(何良俊)[10]의 『서일전(棲逸傳)』, 여조겸(呂祖謙)의 『와유록(臥遊錄)』, 도목(都穆)의 『옥호빙(玉壺氷)』을 읽었다. 그러자 거기 담긴 정취가 소슬하게 내 가슴에 와 닿았다. 그래서 마침내 이 네 사람의 기록을 합하고, 그 사이에 내가 보고 기록한 것을 덧붙여 책 한 권을 만들었다.

또 옛 사람의 시부(詩賦)나 잡문에서 한일(閑逸)에 대해 읊은 것을 모아 후집(後集)을 만들었다. 모두 10편을 엮고는 『한정록(閑情錄)』이라 이름 붙였으니, 내 스스로 돌이켜보려는 것이다.

하찮은 재주를 지닌 이 늙은이가 아직 도를 듣지는 못했지만, 성군이 다스리는 세상에 태어나 벼슬은 상대부에 올랐고 직책은 임금의 글을 짓는 일을 맡았다. 어찌 감히 소부나 허유를 따르려고, 요·순 같은 임금과 차마 떨어져서 나 혼자만 고상해지려고 하겠는가.

돌이켜보건대 나의 때와 운명이 맞지 않았으니, 옛 사람이 탄식한

---

9 유의경(劉義慶, 403~444)은 육조 송나라 문인으로, 무제(武帝)의 조카이다. 시호는 강(康)이며, 임천왕(臨川王)에 습봉되었다. 저서로 『세설신어(世說新語)』가 있다.

10 하양준(何良俊, 1506~1573)의 자는 원랑(元朗), 호는 자호거사로, 화정(華亭) 출신이다. 어려서부터 동생 양부(良傳)와 더불어 학문에 뛰어났으며, 사람들은 그와 동생을 서진(西晉) 때의 이륙(二陸;陸機·陸雲)에 비유했다. 공생(貢生)으로 태학(太學)에 들어가 남경한림원공목(南京翰林院孔目)에 임명되었지만, 뒷날 벼슬을 버리고 고향으로 돌아왔다. 박학다식한 사람으로 유명했으며, 스스로도 "소장하고 있는 4만 권을 거의 읽었다"고 할 정도로 많은 지식을 쌓았다. 저서로는 『사우재총설(四友齋叢說)』과 『하씨어림(何氏語林)』이 있다.

것과 비슷한 점이 있다. 만약 내 몸이 건장할 때에 조정에서 물러날 것을 청하여 나에게 주어진 목숨을 다 누린다면 이보다 더 큰 행복은 없을 것이다. 뒷날 숲 아래에서 세상을 버리고 속세와 인연을 끊은 선비를 만나게 된다면, 이 책을 꺼내 가지고 서로 즐겨 읽어 타고난 내 본성을 저버리지는 않으리라.

[부록]
한정록 서(閑情錄序)[1]

내가 경술년(1610) 여름에 병이 들어 세상일을 사절(謝絶)하고 문을 닫고 손님을 만나지 않다 보니 긴 해를 보낼 수가 없었다. 책상자 속에서 책 몇 권을 꺼내 보니, 바로 주난우(朱蘭嵎)[2] 태사(太史)가 준 「서일전(棲逸傳)」[3]·『옥호빙(玉壺氷)』·『와유록(臥遊錄)』 등의 3종이었다. 이 책들을 반복하여 펼쳐 보면서 곧바로 이 세 책을 4문(門)으로 유집(類集)하여 『한정록(閑情錄)』이라 이름했다.

그 유문(類門)의 첫째가 '은일(隱逸)', 둘째가 '한적(閑適)', 셋째가 '퇴휴(退休)', 넷째가 '청사(淸事)'이다. 내 손으로 직접 베껴 책상 위에 올려 두고 뜻이 같은 벗들과 이 책을 함께 보니 모두 좋다고 했다.

내가 일찍부터 집에 있는 사적(史籍)이 적고 이『한정록』에 실린 글이 너무 간략한 것이 아쉬워, 유사(遺事)를 보태어서 전서(全書) 만들기를 간절히 바라 계획한 지 오래되었다. 그러나 바빠서 틈이 없었다.

---

1 문천본이나 국립중앙도서관본에는 서문이 없는데, 단국대학교 퇴계기념도서관 연민문고본(연민 이가원 박사 구장본) 범례에 있는 1618년 서문을 번역했다.
2 난우(蘭嵎)는 1605년에 명나라 신종(神宗)의 황장손 탄생을 반포하러 사신으로 왔던 한림학사 주지번(朱之蕃, 1546~1624)의 호이고, 자는 원개(元介)이다. 허균이 원접사(遠接使) 유근(柳根)의 종사관으로 그를 접대하며 기록한 「병오기행(丙午紀行)」에 주지번에게서 받은 책의 제목들이 실려 있다.
3 유의경(劉義慶)·하양준(何良俊)이 지은 『세설신어(世說新語)』의 편명이다.

갑인(1614)·을묘(1615) 두 해에 일이 있어 북경(北京)에 두 번이나 가게 되어, 그때 집에 있는 돈으로 약 4천여 권의 책을 구입했다. 그 가운데 한정(閑情)에 관련되는 부분에는 찌를 책 윗부분에 끼워두었다가 나중에 옮겨 적을 때에 이용하도록 했다. 그러나 형조 판서를 맡아 공무가 너무 많게 되어 감히 취사선택에 착수하지 못했다.

올해⁴ 봄에 남의 고발을 당해 죄인의 몸이 되자 두렵고 놀란 나머지 깊은 시름을 떨쳐버릴 방도가 없었다. 드디어 여러 책들을 가져다가 끼워놓은 찌를 보고 베껴내고, 이것을 다시 16부문(部門)으로 나누니 권(卷)의 분량도 또한 16권이 되었다.

아! 『한정록』이 이제야 거의 완비되었고, 산림(山林)으로 돌아가고픈 나의 마음이 이로써 더욱 드러났다.

범례(凡例)⁵

1. 옛사람이 세상을 버리려고 하는 것은 이름을 얻기 위해서가 아니고, 이 몸을 오래도록 속세(俗世)를 떠나서 한가롭게 머물며 은거하는 즐거움을 얻으려는 것이다. 그러므로 『한정록』의 첫머리를 '은일지사(隱逸之士)'로 했고, 여기에 수집한 것이 다른 것보다 많다. '은둔(隱遁)'을 제1권으로 한다.

2. 고인(高人)이나 일사(逸士)가 '은둔(隱遁)' 부문에서 많이 나오는 것

---

4 이 서문을 쓴 시기가 기록되어 있지 않은데, 허균이 1616년에 형조판서가 되고 1618년 1월에 제자 기준격이 상소하여 역모(逆謀) 혐의를 받았으므로 1618년 여름쯤에 『한정록』 편집이 끝났음을 짐작할 수 있다. 8월 17일에 기준격과 함께 잡혀 들어가게 되자, 그 전날 『성소부부고』와 문집에 실리지 않은 원고들을 딸네 집으로 보내어 자신의 저술들을 후세에 전하게 하였다.

5 문천본에는 범례가 없는데, 단국대학교 퇴계기념도서관 연민문고본(연민 이가원 박사 구장본)에 있는 1618년 범례를 번역했다.

은 다른 까닭이 아니다. 다만 속세의 선비로서 임천(林泉)으로 달려가고 싶은 뜻과 한적(閑適)을 좋아하는 마음이 있는 자에게는 벼슬을 줄 수 없다. 은둔하는 선비 가운데도 기이한 자취가 있는 자와 높은 관직에 있는 자로서 모범을 보이는 자가 있다. 그러므로 '고일(高逸)'을 제2권으로 했다.

끝의 세 가지 일은, 그 사람이 고상(高尙)하거나 은일(隱逸)한 풍은 없으나 높일 만한 점이 있으므로 끝에다 붙였다.

3. 한적(閑適)이 이 집록(集錄)에서 가장 중요한 곳이니, 은둔하여 이 세상을 떠나 있거나 속세에 있거나 간에 모두 유유자적한 경지에 이를 수 있게 한다. 그러므로 '한적(閑適)'을 제3권으로 했다.

4. 선비가 이 세상에 살면 경륜(經綸)의 포부를 지니게 되니, 어찌 금방 요순(堯舜) 같은 임금을 떠나 오래도록 산림(山林) 속에 은둔할 계획을 하겠는가. 심(心)과 사(事)가 어긋나거나 자취와 시대가 맞지 않거나, 아니면 또 만족하고 그칠 바를 알거나 일의 기미(幾微)를 깨닫거나, 또 아니면 몸이 쇠하여 일이 지겨우면 비로소 관직에서 물러나는데, 이는 자기 허물을 잘 고치는 것이라고 말할 수 있다. 그러므로 '퇴휴(退休)'를 제4권으로 했다.

5. 산천(山川)의 아름다운 경치를 보며 정신을 쉬게 하는 것은 한거(閑居) 중의 하나의 큰 일이다. 그러므로 '유흥(遊興)'을 제5권으로 했다.

6. 한정(閑情)을 좋아하는 선비의 뜻은 저절로 달라서, 속인(俗人)은 비웃고 고인(高人)은 찬탄한다. 그러므로 '아치(雅致)'를 제6권으로 했다.

7. 퇴거(退去)한 사람은 맛난 음식이나 비단옷을 취해서는 안 되고 오직 검소해야 비용도 아끼고 복(福)도 기를 수 있다. 그러므로 '숭검(崇儉)'을 제7권으로 했다.

8. 세속을 벗어난 선비의 소행은 경계가 없지만, 그 풍류(風流)와 아취(雅趣)는 속세의 티끌을 씻거나 더러움을 맑게 하기에 넉넉하다. 그러므로 '임탄(任誕)'을 제8권으로 했다.

9. 장부의 처세는 마땅히 가슴이 탁 트이도록 가져야 하니, 마음을 크게 먹고 순리로써 스스로를 억제하면 인품이 고상하게 되기를 바라지 않더라도 저절로 고상하게 된다. 그러므로 '광회(曠懷)'를 제9권으로 했다.

10. 한가한 곳에서 홀로 살며 담박하게 아무것도 구하지 않아도 일상적인 생활이야 일을 당하면 또한 하게 된다. 그러므로 '유사(幽事)'를 제10권으로 했다

11. 옛사람의 짤막한 말이나 대구(對句) 가운데 속된 것을 치유하거나 세상을 훈계할 만한 것이 있으니, 한가롭게 살면서 살펴보아야 한다. 그러므로 '명훈(名訓)'을 제11권으로 했다.

12. 글은 고요한 데서 하는 일 가운데 하나이니, 한가롭게 사는 자가 글이 아니면 무엇으로 세월을 보내며 흥(興)을 붙이겠는가. 그러므로 '정업(靜業)'을 제12권으로 했다.

13. 옛날에 고인(高人)이나 운사(韻士)는 풍류를 서로 감상하거나 문예로써 스스로 즐겼다. 그러므로 서화나 거문고, 바둑 등 여러 가지 고상한 놀이는 사람의 성미에 맞아 근심을 잊어버릴 수 있는 도구이니 없앨 수 없다. 그러므로 '현상(玄賞)'을 제13권으로 했다.

14. 산에 살 때도 또한 필요한 물품이 있는데, 침석(枕席)이나 음식이 세속에서 좋아하던 것과는 매우 다르다. 그러므로 '청공(淸供)'을 제14권으로 했다.

15. 신선(神仙)을 구하는 것은 현원(玄遠)하여 잘 알 수 없다. 산택구자(山澤臞者)[6]같이 복식(服食)과 섭양(攝養)으로 오래 살 수 있는 방법도

있다. 그러므로 '섭생(攝生)'을 제15권으로 했다.

16. 사민(四民)의 생업 가운데 오직 농업(農業)이 근본으로 한가롭게 사는 자가 해야 할 사업이다. 그러므로 '치농(治農)'을 제16권으로 했다.

17. 시부(詩賦)나 잡문(雜文)으로 한정(閑情)에 대해 읊은 글을 모아 별집(別集)을 만들어 『한정록』 뒤에 붙여야 한다.

18. 오영야(吳寧野)[7]의 『서헌(書憲)』, 원석공(袁石公)의 『병화사(瓶花史)』[8]와 『상정(觴政)』[9], 진미공(陳眉公)[10]의 『서화금탕(書畫金湯)』 등은 모두 사람의 본성에 맞는 놀이 도구이니, 한정(閑情)에 없을 수 없다. 그러므로 『한정록』 끝에 부록으로 붙여 고요하게 감상할 자료로 삼았다.

---

6 산택구자(山澤臞者)는 원(元)나라 도사(道士) 장우(張雨)의 호이다.

7 영야(寧野)는 오종선(吳從先)의 자이고, 호는 소창(小窓)이다. 진계유와 교유하였으며, 『소창청기(小窓淸記)』를 비롯한 소품을 많이 지었다. 허균은 『한정록』을 편찬하면서 오종선의 『소창청기』를 가장 많이 인용하였다. 「서헌(書憲)」은 책을 이용하고 소장하는 법을 소개한 글인데, 오영야의 『소창자기(小窓自紀)』 권2에 실려 있다.

8 석공(石公)은 원굉도(袁宏道)의 호인데, 그의 문집인 『원중랑집(袁中郎集)』 제24권에 실려 있는 제목은 『병화사(瓶花史)』가 아니라 『병사(瓶史)』이다. 『병사』는 전원이 아닌 도회지에 설면서 병화(瓶花)를 더 즐겁게 감상하는 방법 열두 가지를 소개한 글인데, 32세 되던 1599년에 지었다.

9 『상정(觴政)』은 술자리의 흥을 더하기 위해 마련한 음주(飮酒)의 규칙을 말하는데, 상령(觴令) 또는 주령(酒令)이라고도 한다. 원굉도가 39세 되던 1606년에 지었으며, 『원중랑집』 제48권에 실려 있다.

10 미공(眉公)은 진계유(陳繼儒)의 호이다. 당대의 서화가인 동기창(董其昌)과 함께 명성을 떨쳤으며, 29세에 유자의 의관을 태워 버리고 곤산(昆山)에 은거하여 저술에 몰두하였다. 저술로 『미공전집(眉公全集)』이 있다. 「서화금탕(書畫金湯)」은 서화에 관한 금언을 이상은(李商隱)의 「잡찬(雜纂)」 형식으로 모은 글이다.

허경진

연세대학교 국문과를 졸업하고 「허균 시 연구」로 문학박사학위를 받았다. 목원대학교 국어교육과와 연세대학교 국문과 교수로 재직하였고, 지금은 연세대학교 연합신학대학원 객원교수로 있다.

저서로는 『허균평전』, 『사대부 소대헌 호연재 부부의 한평생』, 『중인』, 『한국 고전문학에 나타난 기독교의 편린들』, 『소남 윤동규』, 『허난설헌 강의』 등이 있으며, 역서로는 '한국의 한시' 총서 40여 권 외에 『삼국유사』, 『연암 박지원 소설집』, 『서유견문』 등이 있다.

허균전집 3

한정록(閑情錄)

2022년 12월 30일 초판 1쇄 펴냄

옮긴이 허경진
발행인 김흥국
발행처 보고사

책임편집 황효은
표지디자인 김규범

등록 1990년 12월 13일 제6-0429호
주소 경기도 파주시 회동길 337-15 보고사
전화 031-955-9797(대표), 02-922-5120~1(편집), 02-922-2246(영업)
팩스 02-922-6990
메일 kanapub3@naver.com / bogosabooks@naver.com
http://www.bogosabooks.co.kr

ISBN 979-11-6587-376-9 94910
      979-11-6587-374-5 (세트)
ⓒ 허경진, 2022

정가 33,000원